D1870539

Businessplan für Dummies

Paul Tiffany &
Steven D. Peterson

Businessplan für Dummies

Unternehmensplanung ohne Frust

Übersetzung aus dem
Amerikanischen von
Sabine Walter und
Beate Majetschak

An International Thomson Publishing Company

Bonn • Albany • Belmont • Boston • Cincinnati • Detroit • Johannesburg • London
Madrid • Melbourne • Mexico City • New York • Paris • Singapore • Tokyo

INTERNATIONAL
THOMSON
PUBLISHING

Die Deutsche Bibliothek – CIP-Einheitsaufnahme:

Tiffany, Paul; Peterson, Steven D.:
Businessplan für Dummies / Paul Tiffany, Steven D. Peterson.
Übers. aus dem Amerikan. von Sabine Walter und Beate
Majetschak. - Bonn ; Albany : Internat. Thomson Publ., 1998
Einheitssacht.: Business Plans For Dummies <dt.>
ISBN 3-8266-2795-4
NE: Steven D. Peterson

ISBN 3-8266-2795-4
1. Auflage 1998

Übersetzung der amerikanischen Originalausgabe:
Paul Tiffany, Steven D. Peterson: Business Plans For Dummies

Printed in Germany

Lektorat: Jan Leendertse, Martina Kempfle
Korrektorat: Frauke Wilkens
Druck: Media-Print, Paderborn
Umschlaggestaltung: Sylvia Eifinger, Bornheim
Satz und Layout: Lieselotte und Conrad Neumann, München

Inhaltsverzeichnis

Einführung 13

Warum Sie dieses Buch brauchen 13
Wie Sie mit diesem Buch arbeiten 14
Wie dieses Buch aufgebaut ist 14
Teil I: Festlegen, wo man hin möchte 15
Teil II: Den eigenen Markt einschätzen 15
Teil III: Die Aussichten Ihres Unternehmens einschätzen 15
Teil IV: Ein Blick in die Zukunft 15
Teil V: Ein Werkzeugkasten für Planer 16
Teil VI: Die Top-Ten 16
In diesem Buch verwendete Symbole 16
Wie es von hier aus weitergeht 17

Teil I
Festlegen, wo man hin möchte 19

Kapitel 1
Der Anfang aller Unternehmensplanung 21

Das Bestmögliche aus Ihrem Plan herausholen 22
Nach vorne blicken 22
Zurückblicken 23
Sich umblicken 24
Die Planer benennen 24
Den Plan zu Papier bringen 25
Überblick 26
Das Unternehmen 26
Geschäftsumfeld 27
Unternehmensbeschreibung 27
Unternehmensstrategie 28
Finanzbericht 28
Aktionsplan 29

Kapitel 2
Den richtigen Weg abstecken 31

Die Aufgabenbeschreibung formulieren 31
Vorbereitung 32

Ihr Geschäft in Worte fassen (50 oder weniger) 33
Ziele und Meilensteine festlegen – eine Einführung 34
Warum das alles? 34
Ziele versus Meilensteine 35
Effizienz versus Effektivität 37
Management by Objectives (Management durch Zielvereinbarungen) 37
Eigene Ziele und Meilensteine festlegen 39
Richtlinien für das Festlegen von Zielen 40
Richtlinien für das Festlegen von Meilensteinen 40
Es richtig machen 41
Fallstricke meiden 42
Richtiges Timing ist alles 43

Kapitel 3
In die richtige Richtung aufbrechen 45

Warum Werte wichtig sind 46
Schwierige Wahl 46
Verloren und unvorbereitet 47
Vom Wert, Werte zu haben 47
Die in Ihrem Unternehmen vorhandenen Werte erkennen 49
Investoren 51
Der Rest der Mannschaft 51
Vorhandene Grundsätze und Prinzipien 53
Die Wertebeschreibung formulieren 56
Die schnelle Möglichkeit, eine Wertebeschreibung zu entwickeln 56
Der lange Weg, eine Wertebeschreibung zu entwickeln 57
Für Ihr Unternehmen eine Vision entwickeln 58

Teil II
Den eigenen Markt einschätzen 63

Kapitel 4
Das Geschäftsumfeld prüfen 65

Die wirtschaftliche Tätigkeit, die Sie ausüben, definieren 66
Ihre Branche analysieren 67
Struktur 69
Markt 71
Beziehungen 73
Finanzen 74
Wo Sie Daten herbekommen 76

Die erfolgsentscheidenden Faktoren erkennen 77
Technik 78
Herstellung 78
Human Resources 78
Organisation 79
Dienstleistungen 79
Lage 79
Marketing 79
Distribution 80
Auf Chancen und Risiken vorbereitet sein 80
Was für ein schöner Morgen 81

Kapitel 5
Die Kunden unter die Lupe nehmen **85**

Wer sind Ihre Kunden? 85
Der gute Kunde 86
Der schlechte Kunde 87
Die Kunden der anderen 88
Entdecken, warum Ihre Kunden kaufen 90
Bedürfnisse verstehen 90
Motive erkennen 91
Herausfinden, wie die Kunden ihre Wahl treffen 92
Wahrnehmungen sind Realität 92
Die fünf Schritte bis zur Akzeptanz 93
Den Überblick nicht verlieren 94
Mit Kunden umgehen, die selbst Unternehmen sind 96
Secondhand-Nachfrage 96
Entscheidungsfindung als formale Angelegenheit 97
Kräfte, mit denen man rechnen muß 98

Kapitel 6
Die Kunden in Gruppen einteilen **101**

Marktsegmente definieren 101
Möglichkeiten, Marktsegmente zu bilden 104
Wer kauft? 104
Was wird gekauft? 109
Warum wird gekauft? 112
Nützliche Marktsegmente finden 116
Hat das Segment die richtige Größe? 117
Können die Kunden identifiziert werden? 118
Kann der Markt erreicht werden? 119
Herausfinden, wie sich Marktsegmente verhalten 119

Kapitel 7
Die Konkurrenz durchleuchten **121**

Verstehen, welchen Wert Konkurrenz hat 122
Erkennen, wer Ihre wahren Konkurrenten sind 124
Wettbewerb aufgrund der Art und Weise, wie Kunden ihre Wahl treffen 124
Wettbewerb aufgrund der Art und Weise, wie die Kunden ein Produkt verwenden 127
Wettbewerb aufgrund von Strategie 127
Zukünftiger Wettbewerb 131
Die Aktionen Ihrer Konkurrenten verfolgen 132
Das Potential des Konkurrenten ermitteln 132
Die Strategien der Konkurrenten einschätzen 134
Die Schachzüge der Konkurrenten vorhersehen 135
Die Ziele der Konkurrenz herausfinden 135
Die Vermutungen der Konkurrenten aufdecken 136
Konkurrieren, um zu gewinnen 137
Tatsachen und Zahlen strukturieren 138
Die Schlachten auswählen, in denen Sie kämpfen wollen 140

Teil III
Die Aussichten Ihres Unternehmens einschätzen **141**

Kapitel 8
Ihre Startposition finden **143**

Situationsanalyse 144
Stärken und Schwächen erkennen 144
Blickwinkel 144
Fähigkeiten und Ressourcen 146
Erfolgsentscheidende Faktoren 153
Ihre Situation in 3-D analysieren 155
Ein Blick auf die Konkurrenz 155
Eine SSCR-Analyse erstellen 156

Kapitel 9
Sich auf das konzentrieren, was man am besten kann **159**

Beschreiben, was Sie tun 160
Eine typische Wertkette konstruieren 161
Verschiedene Wertketten miteinander vergleichen 162
Eine eigene Wertkette schmieden 165

Im Geschäft bleiben 167
Nach dem Wettbewerbsvorteil suchen 167
Sich auf die Hauptkompetenz konzentrieren 169
Einen Vorteil erhalten 171
Ressourcen zuordnen 172

Kapitel 10 Die Finanzlage ermitteln 175

Eine Gewinn- und Verlustrechnung lesen 176
Betriebseinnahmen 177
Ausgaben 178
Gewinn 179
Eine Bilanz interpretieren 181
Aktiva 181
Passiva 184
Die Cash-Flow-Analyse 186
Das Geld fließt rein und raus 187
Was übrig bleibt 189
Finanzwirtschaftliche Kennzahlen 191
Liquidität 193
Rentabilität 194
Der Cash-Flow 196
Produktivität 197

Kapitel 11 Finanzplanung und Budgetierung 199

Eine Finanzplanung vorbereiten 200
Eine Pro-forma-Gewinn- und Verlustrechnung 202
Eine geschätzte Bilanz 206
Der geplante Cash-Flow 210
Alternativen erkunden 211
Das DuPont-Control-System 212
Was-wäre-wenn-Analysen 214
Ein Budget erstellen 215
Woraus besteht das Budget 215
Wie man ein Budget erstellt 217

Teil IV
Setzen Sie Ihr Intranet ein, um die Weltherrschaft zu erlangen 223

Kapitel 12
Bereit sein für Veränderungen 225

Die Dimensionen der Veränderung definieren 226
Ökonomische Trends 227
Technologische Trends 231
Politische Trends 233
Kulturelle Trends 236
Veränderungen vorhersehen 239
Trendvorhersagen 239
Szenario-Planung 242
Die Auswirkungen von Veränderungen abschätzen 243
Würfeln 243
Gewinnen oder Verlieren 244

Kapitel 13
Wettbewerbsstrategisch denken 247

Mit einer Wettbewerbsstrategie eine Abgrenzung entwickeln 248
Der Begriff Strategie 248
Wann eine Strategie funktioniert 250
Gebrauchsfertige Strategien anwenden 251
Die Strategie des kostengünstigsten Anbieters 252
Aus der Menge herausragen 256
Den Fokus fokussieren 261
Strategische Alternativen prüfen 264
Oben, unten oder an der Seite 264
Marktführer und Mitläufer 266
Eine eigene Strategie entwickeln 269

Kapitel 14
Mehr als ein Produkt verwalten 271

Der Produktlebenszyklus 272
Start 273
Wachstum 273
Reife 274
Rückgang 275
Wo stehen Sie jetzt 275

Wege finden, um zu wachsen 277
Gleiches Produkt, gleicher Markt 280
Neuer Markt oder neues Produkt 282
Neues Produkt und neuer Markt 285
Das Produkt-Portfolio verwalten 288
Strategische Geschäftsfelder 288
Nach den Sternen streben 289
Produkte anhand ihrer Stärke und Attraktivität beurteilen 294

Teil V
Ein Werkzeugkasten für Planer 299

Kapitel 15
Den Businessplan in die Praxis umsetzen 301

Ihr Unternehmen formen 302
Den Businessplan ausführen 303
Eine Organisationsstruktur zusammenstellen 304
Verfahren entwickeln 308
Die Mitarbeiter vorbereiten 310
Führungsqualitäten fördern 311
Fähigkeiten entwickeln 312
Eine Unternehmenskultur bilden 314

Teil VI
Die Top-Ten 317

Kapitel 16
Zehn Fragen zu Ihrem Plan 319

Sind Ihre Zielsetzungen mit Ihrem Unternehmensziel verbunden? 319
Können Sie auf die wesentlichen Chancen hinweisen? 319
Sind Sie für Gefahren gerüstet? 319
Haben Sie Ihre Zielgruppe definiert? 320
Können Sie sich über Ihre Konkurrenten auf dem Laufenden halten? 320
Kennen Sie Ihre Stärken und Schwächen? 321
Ist Ihre Strategie sinnvoll? 321
Können Sie hinter den Zahlen stehen? 321
Sind Sie wirklich bereit für Veränderungen? 322
Ist Ihr Plan klar, prägnant und aktuell? 322

Kapitel 17
Zehn Dinge, die Sie vermeiden sollten 323

Versäumen, überhaupt erst zu planen 323
Werte und Visionen mit einem Schulterzucken abtun 323
Den Kunden ignorieren 324
Den Wettbewerb unterschätzen 324
Ihre Stärken ignorieren 324
Ein Budget als Businessplan betrachten 325
Vernünftigen Risiken aus dem Weg gehen 325
Zulassen, daß eine Person den Plan dominiert 325
Angst davor haben, etwas zu verändern 325
Vergessen zu motivieren und zu belohnen 326

Kapitel 18
Ein Beispiel-Businessplan 327

Stichwortverzeichnis 343

Einführung

Sie haben also dieses Buch aus dem Regal gezogen und sich entschieden, es mit uns zu versuchen. Gute Wahl. Hier sind Sie richtig. Und wir wissen sogar etwas über Ihren Hintergrund, ohne dazu im Kaffeesatz lesen zu müssen. Höchstwahrscheinlich befinden Sie sich nämlich in einer der folgenden Situationen:

- ✔ Sie haben eine großartige, völlig neue Geschäftsidee und können es gar nicht mehr erwarten, Ihr eigenes Unternehmen zu gründen und zu führen.
- ✔ Ihr Chef schlägt neue Töne an und erwartet, daß Sie in den nächsten drei Wochen einen Businessplan erstellen.
- ✔ Sie haben Ihr Unternehmen immer ohne Businessplan geführt, wollen jetzt aber einen Neuanfang starten.
- ✔ Sie dachten immer, Sie hätten einen Businessplan, aber der ist doch nicht so gut, wie er sein könnte.

Haben wir es erraten? In welcher Situation Sie sich auch immer befinden mögen, Sie brauchen auf keinen Fall im (bereits erwähnten) Kaffeesatz nach einem Businessplan zu suchen. Lesen Sie besser dieses Buch. Wir können zwar nicht die Zukunft Ihres Unternehmens vorhersagen, aber mit dem Plan, den Sie mit unserer Hilfe zusammenstellen werden, sind Sie für die Zukunft bestens gerüstet. Und wir werden Sie bei jedem Schritt begleiten.

Warum Sie dieses Buch brauchen

Sie wissen zwar wahrscheinlich noch nicht, wie man einen Businessplan erstellt, aber Sie sind klug genug zu wissen, daß ein Plan wichtig ist. Wir wiederum wissen aus jahrelanger Erfahrung mit kleinen und großen Unternehmen, daß ein Plan geradezu entscheidend ist: Nur so können Sie die Ziele erreichen, die Sie sich gesetzt haben.

Dieses Buch unterstützt Sie Schritt für Schritt bei der Erstellung eines Businessplans. Dabei werden Sie Dinge über Ihr Unternehmen erfahren, über die Sie sich noch nie Gedanken gemacht haben – die Ihnen aber helfen werden, die Konkurrenz zu schlagen. (Und zum Schmunzeln wollen wir Sie auch ab und zu bringen.)

Natürlich – für einige von Ihnen wird der Businessplan eine Notwendigkeit sein, um Geld zur Gründung des Unternehmens zu bekommen. Er ist dann nur eine Formalität, schlimmstenfalls eine lästige Angelegenheit. Aber man braucht ihn nicht nur, um einen Kredit zu bekommen, er ist auch ein sehr leistungsstarkes Werkzeug: ein Werkzeug, um die Arbeitsbedingungen in Ihrem Unternehmen und Ihren geschäftlichen Erfolg zu optimieren.

Ist ein Businessplan Zauberei? Nein, damit hat es nichts zu tun. Es funktioniert, weil Sie gezwungen werden, darüber nachzudenken, was Sie tun. Sie müssen sich vorstellen, wo Ihr Unternehmen in der Zukunft stehen soll und wie Sie dahin kommen möchten. Der Plan dient dann als Vorlage, die Sie Schritt für Schritt die gewünschten Ziele erreichen läßt. Denn:

- ✔ Für die Erstellung eines Businessplans ist es erforderlich, daß Sie Ihre Branche, Ihre Kunden und die Wettbewerber genau studieren, damit Sie wissen, welche realen Chancen Sie haben und welche Risiken auf Sie zukommen werden.
- ✔ Außerdem müssen Sie auch Ihr eigenes Unternehmen ganz genau unter die Lupe nehmen, damit Sie Fähigkeiten und Ressourcen, Stärken und Schwächen und Ihre Wettbewerbsvorteile ehrlich und objektiv einschätzen können.
- ✔ Für einen Businessplan müssen Sie eine Bilanz, eine Finanzprognose und ein Budget aufstellen, so daß Sie genau wissen, wo Sie heute stehen und was die Zukunft bringen wird.
- ✔ Sie sind mit einem Businessplan für eine unsichere Zukunft gerüstet, weil Sie Geschäftsstrategien und Alternativen entwickeln müssen, um Ihre Erfolgschancen zu erhöhen.

Wie Sie mit diesem Buch arbeiten

Dieses Buch wird Ihnen zu geschäftlichem Erfolg verhelfen, egal wer Sie sind bzw. welchen Job Sie in Ihrem Unternehmen haben, ob Sie in einem großen Unternehmen oder als Einzelkämpfer tätig sind. Je nach Ihrer Situation werden Sie das Buch jedoch unterschiedlich nutzen.

- ✔ Wenn Unternehmenspläne etwas Neues für Sie sind, werden Sie wahrscheinlich mit dem ersten Kapitel starten. Und wir werden Sie begleiten, angefangen bei der Aufgabenbeschreibung für Ihr Unternehmen bis hin zum fertigen Businessplan.
- ✔ Wenn Sie etwas mehr Erfahrung haben, werden Sie vielleicht gleich zu den für Sie interessanten Stellen springen: zum Beispiel wie man die erfolgsentscheidenden Faktoren in einer Branche erkennt, oder wie man Stärken und Schwächen ermittelt. Und wenn Sie irgendwo eingetaucht sind, werden Sie wahrscheinlich einen anderen Abschnitt entdekken, der auch noch interessant für Sie sein könnte.

Wo auch immer Sie gerade stehen, es ist nie zu spät, einen Businessplan zu erstellen, und es ist nie zu spät, einen bereits erstellten Plan zu verbessern. In beiden Fällen finden Sie die gewünschten Informationen auf den Seiten zwischen diesen strahlendgelben Umschlagdeckeln.

Wie dieses Buch aufgebaut ist

Businessplan für Dummies ist in sechs Teile unterteilt, die den Hauptelementen eines Businessplans entsprechen. Sie müssen nicht alle Teile lesen und schon gar nicht die angegebene Reihenfolge einhalten. Jedes Kapitel ist einem bestimmten Thema der Unternehmensplanung gewidmet, wobei einige Kapitel für Sie wichtiger sein können als andere. Sie können also nach Herzenslust herumblättern und das auswählen, was Sie wirklich interessiert.

Teil I: Festlegen, wo man hin möchte

Bevor Sie einen Businessplan zusammenstellen können, müssen Sie wissen, wo Sie in Zukunft stehen wollen. In diesem Teil sollen Sie auf die richtige Spur gebracht werden, indem Sie für Ihr Unternehmen eine Aufgabenbeschreibung sowie Ziele und Meilensteine formulieren. Dann werden wir Sie dabei unterstützen, Ihre Unternehmenswerte und Ihre Vision für die Zukunft genauer zu ermitteln.

Teil II: Den eigenen Markt einschätzen

Damit Ihr Businessplan von Nutzen ist, müssen Sie den Markt, in dem Sie sich befinden, genau kennen. In diesem Teil werden Sie Ihre Branche genauer untersuchen und herausfinden, wo Chancen und Risiken liegen können. Sie werden Ihre Kunden analysieren, so daß Sie wissen, wer Ihre Kunden sind, was sie benötigen, und wie man sie in Gruppen unterteilen kann, um sie noch besser bedienen zu können. Schließlich werden Sie Ihre Wettbewerber genau studieren, damit Sie wissen, wie Sie gegen sie gewinnen können.

Teil III: Die Aussichten Ihres Unternehmens einschätzen

In diesem Teil lenken wir die Aufmerksamkeit voll und ganz auf Ihr Unternehmen. Sie werden sich so objektiv wie möglich die Möglichkeiten und Ressourcen Ihres Unternehmens ansehen, ermitteln, auf welche Stärken Sie sich wirklich verlassen können und mit welchen Schwächen Sie umgehen müssen. Sie werden langsam einkreisen, was Sie am besten können, und so ermitteln, welchen tatsächlichen Wert Sie Ihren Kunden bieten, und welchen Vorteil Sie gegenüber den Wettbewerbern haben. Schließlich werden Sie Ihre Finanzlage klären und eine Finanzprognose und ein Budget aufstellen.

Teil IV: Ein Blick in die Zukunft

Einen Businessplan erstellt man hauptsächlich deshalb, weil man sich für die Zukunft vorbereiten will. In Teil 4 werden Sie einen Blick in die Zukunft werfen und sich für Änderungen wappnen. Es werden verschiedene Standard-Strategien vorgestellt, und es wird gezeigt, wie man diese verwendet, um eigene Strategien zu entwickeln. Außerdem werden die verschiedenen Richtungen gezeigt, die Sie einschlagen können, wenn Ihr Unternehmen sich vergrößert.

Teil V: Ein Werkzeugkasten für Planer

Ihr Businessplan taugt nichts, wenn er nicht in die Realität umgesetzt werden kann. In diesem Teil lernen Sie, Ihr Unternehmen so zu gestalten, daß es so effizient wie möglich arbeitet. Sie werden die Menschen in Ihrem Unternehmen so vorbereiten, daß sie die nötigen Fähigkeiten zur Erfüllung der im Businessplan festgesetzten Ziele haben.

Teil VI: Die Top-Ten

Hier sind Hinweise, Beobachtungen und Warnungen zusammengestellt, die Sie bei der Erstellung eines Plans beachten sollten. In diesem Teil geht es um das Gesamtbild. Lesen Sie ihn also, wenn Sie den Überblick verloren haben und wieder wissen wollen, wo es langgeht. Und zum Abschluß können Sie dann ein amerikanisches Beispiel für einen Businessplan betrachten.

In diesem Buch verwendete Symbole

Am linken Rand des Buches finden Sie hin und wieder Symbole, die folgendes bedeuten:

Dieses Symbol steht bei Abschnitten, die Tips enthalten, mit denen Sie die Konkurrenz abhängen können.

Dieses Symbol weist auf Definitionen und fachsprachliche Begriffe hin.

Dieses Symbol soll Ihre Aufmerksamkeit auf leuchtende Beispiele aus der Unternehmenswelt lenken.

Dieses Symbol findet sich, wenn das Gesagte vor allem Großunternehmen betrifft (kleinere Unternehmen können aber auch davon profitieren).

Vorsicht: Sie könnten sich die Finger verbrennen, wenn Sie die Warnungen nicht beachten.

Diese Tips sollten Sie immer in Erinnerung behalten.

Wie es von hier aus weitergeht

Nehmen Sie sich Zeit, und blättern Sie durch das Buch, um sich mit dem Inhalt vertraut zu machen. Dann lesen Sie ein oder zwei Kapitel, die Sie besonders interessieren. Oder noch besser: Lesen Sie ein Kapitel zu einem Thema, über das Sie bereits etwas wissen. Wenn Sie ganz wagemutig sind, dann fangen Sie am Anfang an.

Vergessen Sie das Inhaltsverzeichnis nicht, in dem Sie sich jeweils die für Sie interessanten Kapitel heraussuchen können. Auch der Index ist gut geeignet, um schnell ganz bestimmte Themen zu finden.

Teil I

Festlegen, wo man hin möchte

The 5th Wave **By Rich Tennant**

»Ziemlich gut, Ihr Businessplan, Frau Schmidt. Jedenfalls ist es das erste Mal, daß ich als Aufgabenbeschreibung gelesen habe: ›... erspart mir sämtlichen Ärger‹.«

In diesem Teil...

Egal, was man machen möchte, ob nun das Schlafzimmer tapezieren oder den Videorecorder anschließen, es passiert ziemlich leicht, daß man alle Vorbereitungen ausläßt und sich gleich in die Arbeit stürzt. Die vorbereitenden Tätigkeiten sind einfach ein bißchen langweilig. Aber für die wirklich wichtigen Dinge im Leben – und im Geschäftsleben – ist Vorbereitung alles. Die Vorbereitungen zur Unternehmensplanung sind daher genauso wichtig wie die einzelnen Schritte zur Erstellung eines Plans.

In diesem Teil werden wir klären, worum es bei der Businessplanung überhaupt geht, und warum sie so wichtig ist. Wir sehen uns an, wie man eine Aufgabenbeschreibung für sein Unternehmen formuliert und einzelne Geschäftsziele und Meilensteine festlegt. Wir werden auch deutlich machen, warum es für ein Unternehmen so wichtig ist, Werte zu haben, und wir zeigen Ihnen, wie Sie die Werte Ihres Unternehmens nutzen können. Schließlich werden wir darüber nachdenken, wie Sie mit Hilfe einer Vision Ihrem Unternehmen Ziel und Richtung geben.

Der Anfang aller Unternehmensplanung

1

In diesem Kapitel:

- Das Bestmögliche aus Ihrem Plan herausholen
- Ihren Plan als Protokoll der Vergangenheit und Leitfaden für die Zukunft nutzen
- Ihren Plan zur Unternehmensbeschreibung einsetzen
- Überlegen, wer den Plan erstellen soll
- Überlegen, wie der geschriebene Plan aussehen soll

Die, die beim Planen versagen, planen zu versagen.

George Hewell

Die meisten von uns gehen durchs Leben und planen für die Zukunft. Wir wollen das Haus streichen, wieder in die Schule gehen, Ferien machen oder wir planen, in Rente zu gehen. Immer haben wir einen oder zwei Pläne in Arbeit. Warum planen wir soviel? Wir können bestimmt nicht vorhersehen, was passieren wird, warum kümmern wir uns also darum? Keiner von uns kennt die Zukunft. Aber jeder von uns weiß, daß Morgen nicht genauso sein wird wie Heute, und Heute nicht dasselbe ist wie Gestern. Sich auf diese Unterschiede einzustellen und sie zu planen, ist eine Möglichkeit, um vorwärtszukommen und Dingen, die ungewohnt oder ungewiß sind, ins Gesicht zu sehen. Die Planung ist sozusagen eine Strategie fürs Überleben.

Aus ziemlich denselben Gründen beschäftigen sich auch Unternehmen mit der Unternehmensplanung. Die Planung ist eine Strategie, um die Wahrscheinlichkeiten zu erhöhen, Erfolg in einer sich ständig ändernden Geschäftswelt zu haben. Businesspläne sind natürlich keine Garantie dafür. Die Unternehmensplanung ist keine Wissenschaft, bei der es auf die Frage nach der Zukunft nur richtige oder falsche Antworten gibt. Aber Unternehmensplanung ist ein Vorgang, der Sie auf die kommenden Ereignisse vorbereitet. Und das Erstellen eines Plans erhöht die Wahrscheinlichkeit, daß Ihr Unternehmen zur richtigen Zeit am richtigen Ort sein wird.

In diesem Kapitel erörtern wir, worum es bei der Planung geht, wie Sie Ihren Businessplan verwenden können, und warum er so wichtig ist. Wir betrachten den Businessplan als Leitfaden für die Zukunft und als Protokoll dessen, was Sie getan und wie Sie es getan haben. Weil Ihr Plan eine fertige Beschreibung Ihres Unternehmens ist, sprechen wir auch darüber, welche Leute interessiert sein könnten, ihn zu sehen. Dann überlegen wir, wer an der Planung beteiligt sein sollte, was von der Größe Ihres Unternehmens abhängt. Und schließlich zeigen wir, wie Ihr Businessplan auf Papier aussehen sollte.

Das Bestmögliche aus Ihrem Plan herausholen

Ein Plan war ursprünglich nur folgendes: eine flache Draufsicht auf ein Bauwerk. Wenn Sie jemals ein Haus gebaut oder umgebaut haben, wissen Sie, daß diese Art von Plan noch existiert (und immer noch teuer ist). Über die Jahrhunderte hinweg wurde die Bedeutung des Worts »Plan« jedoch erweitert und umfaßt jetzt auch Raum und Zeit. Im modernen Sinn wird mit Plan ein Blick in die Zukunft bezeichnet, von der Gegenwart aus betrachtet. Sie machen beispielsweise Pläne für die Geburtstagsparty nächste Woche oder die Geschäftsreise nächsten Monat.

Ein *Businessplan* ist ein Blick in die Zukunft eines Unternehmens und beschreibt folgendes:

- ✔ Wie Ihre Branche aussehen wird.
- ✔ In welchen Märkten Sie konkurrieren werden.
- ✔ Gegen welche Konkurrenz Sie antreten müssen.
- ✔ Welche Produkte und Dienstleistungen Sie anbieten werden.
- ✔ Welchen Wert Sie Ihren Kunden bieten.
- ✔ Welche langfristigen Vorteile Sie haben.
- ✔ Wie groß und profitabel Ihr Unternehmen sein wird.

Für einen detaillierten Blick in die Zukunft müssen Sie auch einige Vorhersagen darüber treffen, was auf dem Weg alles passieren wird. Wenn Sie in Ihrem Unternehmen Kristallkugeln herstellen, haben Sie Glück. Wenn nicht, müssen Sie andere Wege finden, um einige grundlegende Vermutungen über die Zukunft Ihres Unternehmens anstellen zu können, wobei wir Ihnen das ganze Buch hindurch zur Seite stehen werden.

Am Ende ist Ihr Businessplan nur so gut wie all die Vermutungen, die Sie angestellt haben. Damit Ihre Annahmen sinnvoll sind, sollten Sie bei der Planung versuchen, Ihre heutige Umgebung zu verstehen: Was ist in Ihrer Branche und auf Ihrem Markt momentan los? Wenn Sie darüber möglichst genau Bescheid wissen, können Sie umso bessere Vorhersagen für Ihr Unternehmen und seine Zukunft treffen. Werden Ihre Vorhersagen dann wirklich eintreffen? Das kann nur die Zeit entscheiden. Aber glücklicherweise sind Sie durch den Planungsprozeß besser vorbereitet auf alles, was vor Ihnen liegt.

Nach vorne blicken

Ein Businessplan wirft einen Blick in die Zukunft. Unabhängig davon, ob Ihr Unternehmen klein oder groß ist, ob Sie neu starten oder Teil eines am Markt eingeführten Unternehmens sind, brauchen Sie irgendeine Art von Planung, um die richtige Richtung einzuschlagen und auf dem Weg eine Führung zu haben.

- ✔ Ein ganz neues Unternehmen erstellt einen Plan, um seine Orientierung zu finden, und kann den Plan für die Kreditbeantragung nutzen.
- ✔ Ein bereits eingeführtes Unternehmen ist mit Hilfe des Plans besser vorbereitet.
- ✔ Ein großes Unternehmen braucht eine Planung, damit jeder dieselbe Blickrichtung hat.
- ✔ Ein kleines Unternehmen erstellt einen Plan, um sicherzustellen, daß es die entscheidenden ersten zwei Jahre überlebt.

Die kleinen Unternehmen haben Planung am allernötigsten. Wenn Sie ein kleines Unternehmen besitzen oder führen, wissen Sie bereits, daß Sie alles und nichts können müssen. Sie haben kaum genug Zeit, um die täglichen Geschäfte zu erledigen, geschweige denn, um für die nächste Woche, den nächsten Monat oder das nächste Jahr zu planen. Aber gerade weil Sie ein kleines Unternehmen führen, können Sie es sich einfach nicht leisten, nicht zu planen.

Wenn ein Riesenunternehmen stolpert, hat es meist genügend finanzielle Reserven, um den Fall abzumildern und wieder auf die Füße zu kommen. Wenn die Ressourcen jedoch beschränkt sind, kann ein einziger Fehler, wie zum Beispiel die Nachfrage nach den Produkten zu überschätzen oder die Wartezeit bis zur Bezahlung zu unterschätzen, das Ende bedeuten für alles, was Sie investiert und wofür Sie so hart gearbeitet haben. Bei der Unternehmensplanung werden Sie auf viele Gefahren hingewiesen und vor den vor Ihnen liegenden Risiken und Hindernissen gewarnt, so daß Sie solche Fallen vermeiden können. Denken Sie daran: Dreiviertel aller neuen Unternehmungen scheitern in den ersten zwei oder drei Jahren.

Zurückblicken

In einem Businessplan wird ein Bild davon gezeichnet, wo das Unternehmen herkommt, und wie es sich über die Jahre verändert hat. Indem man die Leistung der Vergangenheit beurteilt, gewinnt man eine Vorstellung davon, was funktioniert hat und was nicht. Ein Businessplan bietet Ihnen die Möglichkeit, zu überprüfen, inwieweit die gesetzten Ziele erreicht wurden. Zum Beispiel:

- ✔ In dem Plan entwirft man eine Zukunftsprognose. In den kommenden Jahren kann man dann mit Hilfe der alten Pläne prüfen, wie gut man vorausgesehen hat, was die Zukunft bringen wird.
- ✔ Der Plan zeigt eine Richtung auf, in die man gehen will, und den Weg, den man einschlagen will. Sie können mit ihm messen, wie geschickt Sie bei der Durchführung dessen, was Sie skizziert haben, waren.
- ✔ Ihr Plan hält fest, wo Sie hin möchten. Sie können mit ihm prüfen, wie nah Sie im Hinblick auf Ihre Branche, Ihren Markt und Ihre Finanzen an die gesetzten Ziele herangekommen sind.

Die in Businessplänen geschriebene Geschichte lehrt Sie wichtige Lektionen über die Branche, in der Sie sich befinden. Sie sind daher nicht dazu verteufelt, immer wieder dieselben Fehler machen zu müssen. Wenn Sie nicht mehr genau wissen, wo Ihre Firma stand, werden Sie wahrscheinlich auch nicht sehen, wo sie hinkommen soll.

Sich umblicken

Sie können den Businessplan dazu verwenden, der ganzen Welt (oder wenigsten einigen wenigen Interessierten) eine Menge Informationen über Ihr Unternehmen zu geben. Egal mit wem Sie in Beziehung stehen und warum – Ihr Plan enthält eine fertige Beschreibung, mit der Sie alle aufgestellten Behauptungen untermauern können. Er ist vor allem praktisch, wenn Sie mit folgenden Leuten verhandeln:

- ✔ Zulieferern, die Sie bitten, einen Kredit zu verlängern, und die Ihnen Bedingungen anbieten.
- ✔ Distributoren, die Ihr Produkt oder Ihre Dienstleistung in ihr Sortiment aufnehmen wollen.
- ✔ Großkunden, die langfristige Geschäftsbeziehungen eingehen wollen.
- ✔ Dem Vorstand oder anderen Beratern, die Sie unterstützen wollen.
- ✔ Externen Beratern, die Sie zur Lösung bestimmter Probleme hinzuziehen.
- ✔ Bankleuten, die entscheiden, ob sie Ihnen Geld geben oder nicht.
- ✔ Investoren, die daran interessiert sind, Anteile an Ihrem Unternehmen zu erwerben.

Alle diese Leute haben ihre eigenen Gründe, mehr Informationen über das Unternehmen haben zu wollen, und jeder wird wahrscheinlich an einem anderen Teil des Plans interessiert sein. Mit einem guten Plan können Sie alle diese Gruppen zufriedenstellen. Und Ihr Unternehmen wird bei diesem Vorgang gestärkt.

- ✔ Ein Businessplan verbessert die Erfolgschancen Ihres Unternehmens.
- ✔ Ein Businessplan zeigt, wo Ihr Unternehmen gestanden, und wie es sich entwickelt hat.
- ✔ Ein Businessplan bietet einen Entwurf für die Zukunft.
- ✔ Unternehmensplanung ist ein Vorgang, der immer im Fluß ist.

Die Planer benennen

Ein Businessplan ist also wichtig. Aber wer soll das verdammte Ding zusammenstellen? Die Antwort hängt davon ab, wie groß Ihr Unternehmen ist:

- **Kleine Unternehmen:** Wenn Ihr Unternehmen nur aus Ihnen besteht, oder vielleicht aus Ihnen und noch ein paar anderen Leuten, dann wissen Sie bereits, wer für die Erstellung von Plänen im Unternehmen verantwortlich ist. Und wenn Sie genauer darüber nachdenken, ist das auch gar nicht so schlimm. Denn wer ist besser geeignet, einen Blick in die Zukunft zu werfen und Geschäftsziele festzulegen, als die Leute, die auch für das Erreichen der Ziele und für die Zukunft verantwortlich sind.
- **Unternehmen mittlerer Größe:** Wenn Ihr Unternehmen etwas größer ist, wollen Sie den Businessplan wahrscheinlich nicht ganz im Alleingang erstellen. Denn es ist erstens keine leichte Aufgabe und zweitens hat es einen gewissen Vorteil, wenn die wichtigsten Personen an der Planung beteiligt sind: Alle Beteiligten haben dann auch Anteil daran, sicherzustellen, daß Ihr Unternehmen Erfolg haben wird.

Große Unternehmen: Wenn Sie Teil eines Großunternehmens sind, brauchen Sie wahrscheinlich Hilfe, um einen vollständigen und aktuellen Plan zu erstellen. Damit alle Arbeit erledigt wird, können Sie Leute anstellen, die mit nichts anderem beschäftigt sind, als sich um den Businessplan zu kümmern. Leider besteht auch eine Gefahr, wenn man ein eigenes Planungsteam hat: Der Plan kann ein Eigenleben entwickeln und völlig von dem getrennt sein, was wirklich im Unternehmen passiert. Denken Sie daran: Es muß gewährleistet sein, daß die Planer die Pläne nicht ganz allein erstellen. Das Planungsteam muß die Verantwortlichen unterstützen, die den Plan dann auch auszuführen haben, wenn das Ganze langfristig von Nutzen sein soll.

Den Plan zu Papier bringen

Wenn Sie einen Plan erstellen, gehen Ihre Bemühungen in viele verschiedene Richtungen. Sie werden sich mit allen möglichen Fragen im Zusammenhang mit Ihrem Unternehmen auseinandersetzen. Sie müssen zum Beispiel grundlegende Fragen zu Ihrem Unternehmen beantworten und sich fragen, wo es in der Zukunft stehen soll. Dafür müssen Sie sich Ziele und Meilensteine setzen.

Für einen Großteil der Unternehmensplanung ist nur einfach gesunder Menschenverstand erforderlich. Sie müssen sich jedoch auch Zeit für folgendes nehmen, wenn ihre Planung erfolgreich sein soll:

- Sich die Branche genau ansehen
- Ihre Kunden kennen
- Ihre Konkurrenten kennen
- Alle Ressourcen des Unternehmens auflisten
- Festhalten, was Ihr Unternehmen besonders auszeichnet
- Alle Vorteile des Unternehmens auflisten

- ✔ Ihre finanzielle Lage beschreiben
- ✔ Eine Finanzprognose und ein Budget aufstellen

Zusätzlich müssen Sie darauf vorbereitet sein, daß sich alles ändern kann. Sie müssen also auch über andere Optionen und Alternativen nachdenken, und nach neuen Möglichkeiten Ausschau halten, um Ihr Unternehmen zum Blühen zu bringen.

Sie wollen die Leute bestimmt nicht mit einem Plan verschrecken, der viel zu lang ist. Je umfangreicher das Schriftstück ist, desto weniger Leute werden es lesen. Idealerweise sollte der Plan nicht länger als 15 bis 20 Seiten sein. Sie können den Haupttext ja immer wieder durch Anlagen, Fußnoten oder Verweise ergänzen. In Kapitel 18 können Sie einen Blick auf einen Beispiel-Businessplan werfen.

Wir empfehlen, den Plan in einem Ordner aufzubewahren, damit Sie (und andere Leute) immer daran erinnert werden, daß die Version des Plans keine endgültige Fassung ist. Sie können dann Seiten hinzufügen oder rausnehmen oder ganze Abschnitte austauschen, wenn sich der Businessplan ändert – und wir sind sicher, daß er sich ändern wird. Glücklicherweise bleibt jedoch das inhaltliche Format, also die einzelnen Teile eines Businessplans, immer dasselbe.

Überblick

In Ihrem Überblick wird alles angesprochen, was in Ihrem Businessplan wichtig ist. Dies ist mehr als nur eine einfache Einführung. Es ist der gesamte Plan, nur kürzer. In vielen Fällen werden die Leute nicht die gesamte Darstellung lesen, sondern nur den Überblick. Sie sollten dann alles Wichtige wissen.

Er ist etwa ein bis zwei Seiten lang und wird erst geschrieben, wenn der gesamte Plan fertig ist. Für das Schreiben des Überblicks müssen Sie nur den Plan durchgehen und die wichtigsten Ideen noch einmal herausgreifen.

Wenn Sie sicher sein wollen, daß die Leute sich das Gesagte auch merken, müssen Sie sagen, was Sie sagen werden, es dann sagen, und zuletzt nochmal sagen, was Sie gesagt haben. Der Überblick ist der Ort, wo Sie sagen, was Sie sagen werden.

Das Unternehmen

In diesem Abschnitt können Sie wichtige Anmerkungen zu der Art Ihres Unterehmens machen. Hier sprechen Sie über Ihre Branche, Ihre Kunden, die Produkte und Dienstleistungen, die Sie anbieten oder entwickeln wollen. Sie sollten auch kurz auf die Geschichte des Unternehmens eingehen und die wichtigsten Aktivitäten nennen, können sich jedoch die genaueren Details für spätere Abschnitte aufheben.

In diesem allgemeinen Überblick sollten Sie auf folgende Themen eingehen und die jeweils erstellten Unterlagen beachten:

- ✔ **Aufgabenbeschreibung:** Eine Beschreibung des Unternehmensauftrags, die angibt, was das Unternehmen ist und was es tut.
- ✔ **Ziele und Meilensteine:** Eine Liste der Ziele, die Sie sich für Ihr Unternehmen gesetzt haben, und die Meilensteine, die Sie dafür jeweils erreichen müssen.
- ✔ **Wertebeschreibung:** Die Prinzipien und Wertvorstellungen, von denen die Unternehmensaktionen und -aktivitäten geleitet werden.
- ✔ **Vision:** Ein oder zwei Sätze, die verdeutlichen, was Sie mit Ihrem Unternehmen erreichen wollen.

In Kapitel 2 und 3 finden Sie weitere Informationen zu diesen einzelnen Themen.

Geschäftsumfeld

In diesem Abschnitt sollten Sie alle wichtigen Aspekte der Unternehmenssituation berücksichtigen, die außerhalb Ihrer unmittelbaren Kontrolle liegen: Art der Branche, Richtung des Marktes und Intensität des Wettbewerbs. Sie sollten jeden dieser Bereiche detailliert ansehen und eine Liste der neuen Geschäftsmöglichkeiten, die sich unter Umständen bieten, aufstellen sowie eine Liste der Risiken, die sich Ihnen in den Weg stellen können. Aufgrund dieser Beobachtungen können Sie dann festhalten, was für den Erfolg des Unternehmens nötig sein wird.

Sehen Sie sich auch genau an, wie Ihre Branche funktioniert. Sie sollten die wichtigsten Kräfte der Branche beschreiben können, sowie die wichtigsten Beziehungen, die darüber entscheiden, wie die Geschäfte gemacht werden. Sie sollten dann detailliert auf Ihren Markt und Ihre Kunden zu sprechen kommen, vielleicht sogar den Markt in Segmente einteilen, die die verschiedenen Kundentypen repräsentieren. Schließlich sollten Sie noch auf die Konkurrenz eingehen: welche Unternehmen Konkurrenten sind, wie sie arbeiten, und wo sie wahrscheinlich in Zukunft stehen werden.

Mehr Informationen dazu, wie Sie das gesamte Geschäftsumfeld untersuchen können, erhalten Sie in den Kapiteln 4, 5, 6, und 7.

Unternehmensbeschreibung

In der Unternehmensbeschreibung gehen Sie sehr viel detaillierter darauf ein, was Ihr Unternehmen zu bieten hat. Dieser Abschnitt sollte Informationen zu Management und Organisation des Unternehmens, zu neuen Techniken, den Produkten und Dienstleistungen, den betrieblichen Prozessen und dem Marketing-Potential enthalten. Kurz gesagt: Alles, was Sie einbringen.

Sie sollten besonders sorgfältig und objektiv die lange Liste der Fähigkeiten und Ressourcen Ihres Unternehmens betrachten. Sortieren Sie die Fähigkeiten nach Stärken und Schwächen. Versuchen Sie dabei herauszuarbeiten, welche realen Vorteile Sie gegenüber den Wettbewerbern haben.

Es hilft, das Unternehmen durch die Brille des Kunden zu sehen. Aus diesem Blickwinkel können Sie manchmal Nutzen für die Kunden entdecken, von denen Sie nichts wußten. Als Ergebnis können Sie zusätzliche langfristige Möglichkeiten entwickeln, um auf dem Markt konkurrieren zu können.

Informationen dazu, wie Sie alle Ihr Unternehmen betreffenden Dinge zusammensammeln können, finden Sie in den Kapiteln 8 und 9.

Unternehmensstrategie

In diesem Abschnitt wird alles, was Sie über Ihr Unternehmensumfeld und über Ihr eigenes Unternehmen wissen, zusammengebracht, so daß Sie mit Hilfe dieser Basis einen Entwurf für die Zukunft entwickeln können.

Sie sollten sich hier Zeit nehmen, um die grundlegenden Strategien für die wichtigsten Bereiche Ihres Unternehmens (im Hinblick auf die Branche, die Märkte und den Wettbewerb) zu entwerfen. Legen Sie dar, warum die Strategie aufgrund Ihrer Geschäftssituation richtig ist. Beschreiben Sie, wie die Strategie in der Zukunft aufgehen wird. Und weisen Sie schließlich darauf hin, was Ihr Unternehmen tun muß, damit die Strategie Erfolg hat.

Jeder weiß, daß die Zukunft ungewiß ist. Sie sollten darüber sprechen, wie sich die Geschäftswelt von morgen von der momentanen unterscheiden wird. Geben Sie auch alternative Möglichkeiten an, und beschreiben Sie, was Ihr Unternehmen tut, um sich auf Veränderungen einzustellen und neue Möglichkeiten zu nutzen.

In den Kapiteln 12, 13 und 14 erfahren Sie, wie man sich auf die sich ändernde Geschäftswelt vorbereiten kann und Strategien für die Zukunft entwickelt.

Finanzbericht

Ihr Finanzbericht sagt, wo Sie heute stehen, und wo Sie Ihrer Erwartung nach in der Zukunft sein werden.

Sie sollten Ihre derzeitige finanzielle Situation mit verschiedenen Standard-Finanzabschlüssen beschreiben. Das ist zwar nicht gerade spannende Lektüre, aber die Leute, die sich für diesen Teil des Plans interessieren, erwarten solche Zahlen.

- **Gewinn- und Verlustrechnung**: Eine Liste von Zahlen, die zusammenaddiert die Einnahmen Ihres Unternehmens über einen Monat, ein Vierteljahr oder ein Jahr wiedergibt. Abgezogen wird davon der Gesamtbetrag der Kosten, die Sie für den Betrieb des Unternehmens aufgebracht haben. Was dabei herauskommt ist der *Endgewinn*, also der Gewinn, den Sie in der jeweiligen Periode gemacht haben.
- **Bilanz**: Ein Schnappschuß Ihrer Finanzlage zu einem bestimmten Zeitpunkt, der genau zeigt, welche Dinge im Besitz Ihres Unternehmens sind, wieviel Geld vorhanden ist, und was Ihr Unternehmen wert ist.
- **Cash-Flow-Analyse**: Ein Protokoll, das den Cash-Flow in und aus Ihrem Unternehmen über einen bestimmten Zeitraum hinweg aufzeichnet und auch angibt, wo das Geld herkommt und wo es hingegangen ist. In der Cash-Flow-Analyse ist nur Geld angegeben, das Sie tatsächlich empfangen oder ausgegeben haben.

Für die Prognose Ihrer zukünftigen finanziellen Situation verwenden Sie genau dieselben Finanzabschlüsse. Aber in der Prognose schätzen Sie alle Zahlen, wobei Sie sich auf Ihre Beurteilung dessen, was passieren wird, verlassen. Weil nichts sicher ist, geben Sie zu den Schätzungen auch an, auf welcher Annahme sie begründet sind.

Lesen Sie die Kapitel 10 und 11, in denen sich alles um die Finanzplanung für Ihr Unternehmen dreht.

Aktionsplan

Im Aktionsplan stellen Sie dar, wie der Businessplan in die Praxis umgesetzt werden soll. Es wird auf vorgeschlagene Änderungen im Management oder in der Organisation hingewiesen sowie auf neue Regeln oder Verfahren, die Sie einführen wollen. Sie sollten auch angeben, wenn zusätzliche Fähigkeiten nötig werden, die Sie, Ihre Manager und Mitarbeiter erwerben müssen, damit der Plan umgesetzt werden kann. Schließlich ist auch noch interessant, wie Sie vorgehen wollen, um Begeisterung für den Plan in Ihrem Unternehmen zu wecken und eine Kultur zu schaffen, die das, was Sie erreichen wollen, unterstützt. Nur dann können Sie wirklich Vertrauen haben, daß Ihr Businessplan Erfolg haben wird.

Mehr Hintergrundinformationen, wie der erstellte Businessplan in die Praxis umgesetzt werden kann, finden Sie in Kapitel 15.

- Im Überblick werden alle wichtigen Teile des Businessplans angesprochen.
- Im Überblick über das Unternehmen wird die Art des Unternehmens beschrieben und auch auf Aufgabenbeschreibung, Werte und Vision eingegangen.
- Der Businessplan sollte das Geschäftsumfeld genau analysieren.

- In der Unternehmensbeschreibung werden die spezifischen Fähigkeiten und Ressourcen Ihres Unternehmens betrachtet.
- Im Plan sollte die derzeitige Geschäftsstrategie diskutiert werden.
- Im Finanzbericht ist die Gewinn- und Verlustrechnung, die Bilanz und die Cash-Flow-Analyse des Unternehmens enthalten.

Den richtigen Weg abstecken

2

In diesem Kapitel:

- Die Aufgabenbeschreibung formulieren
- Ziele und Meilensteine – eine Einführung
- Effizienz versus Effektivität
- Management by Objectives (Management durch Zielvereinbarungen)
- Eigene Ziele und Meilensteine festlegen

Eine tausend Kilometer lange Reise beginnt mit dem ersten Schritt.

Chinesisches Sprichwort

Sie haben wahrscheinlich eine ganz gute Geschäftsidee. Aber wie setzen Sie diese Idee in die Realität um? Sie beginnen, indem Sie erstmal die Geschäftsaktivitäten, mit denen Sie sich in Ihrem Unternehmen beschäftigen wollen, sowie die Ziele, die Sie erreichen wollen, und die Mittel, mit denen Sie Ihren Erfolg messen werden, definieren.

In diesem Kapitel sollen Sie lernen, einen Überblick über Ihr Unternehmen und seine Aktivitäten zu bekommen und diesen Überblick als Aufgabenbeschreibung zu formulieren. Wir geben eine Einführung in Ziele und Meilensteine und zeigen, wie man mit Hilfe von diesen die Ergebnisse, die Sie erreichen wollen, mißt. Wir klären die Begriffe Effektivität und Effizienz sowie Management durch Zielvereinbarungen (Management by Objectives) und helfen Ihnen dabei, Ihre eigenen Ziele und Meilensteine festzulegen.

Die Aufgabenbeschreibung formulieren

Klar, man springt bei dem Gedanken an eine Aufgabenbeschreibung nicht gerade vor Begeisterung vom Stuhl. Meist hängen solche Beschreibungen am Schwarzen Brett in der Cafeteria und vergilben, weil keiner sie zur Kenntnis nimmt, außer den Leuten, die sie geschrieben haben. Aber das muß nicht so sein.

In der *Aufgabenbeschreibung* wollen Sie den Leuten in und außerhalb Ihres Unternehmens darlegen, welchen Zweck und welche Aufgaben das Unternehmen erfüllen soll. Es wird festgelegt, wer Sie sind und was Sie tun. Damit eine Aufgabenbeschreibung nützlich ist, muß folgendes beachtet werden:

- ✔ Es müssen die Geschäftsaktivitäten angegeben werden, einschließlich der Märkte, die bedient werden, der abgedeckten geographischen Gebiete und der Produkte oder Dienstleistungen, die angeboten werden.

- ✔ Es werden die Dinge hervorgehoben, die das Unternehmen gegenüber allen anderen Unternehmen da draußen auszeichnen.
- ✔ Es werden die Hauptziele, die in den nächsten Jahren realisiert werden sollen, genannt.
- ✔ Dies alles sollte in klarer, knapper, informativer und interessanter Art und Weise gesagt werden.

Vorbereitung

Wir wissen, daß das Formulieren der Aufgabenbeschreibung als unmögliche Aufgabe erscheinen kann, sozusagen der Mount Everest unter den Aufgaben der Unternehmensplanung. Etwas Vorbereitung kann jedoch den ganzen Vorgang vereinfachen. Stellen Sie sich die folgenden grundsätzlichen Fragen, bevor Sie mit dem Formulieren beginnen. Es ist okay, wenn die Antworten zu diesem Zeitpunkt noch ziemlich allgemein sind, weil Sie jetzt ja auch nur an den grundsätzlichen, allgemeinen Dingen interessiert sind. (Wenn Sie hierbei Hilfe brauchen, blättern Sie zu Kapitel 5 und 6, wo es um die Kunden geht.)

- ✔ Welche Kunden oder Kundengruppen will Ihr Unternehmen bedienen?
- ✔ Welche Produkte oder Dienstleistungen will Ihr Unternehmen anbieten?
- ✔ Welche Bedürfnisse werden befriedigt?
- ✔ Wie unterscheiden sich die Produkte Ihres Unternehmens von der Konkurrenz?
- ✔ Welchen zusätzlichen Wert oder welche Vorzüge haben die Kunden, wenn Sie Ihr Unternehmen wählen?
- ✔ Wie schnell ändern sich diese Antworten?

Mit anderen Worten: Eine gut formulierte Aufgabenbeschreibung beantwortet die folgende grundsätzliche Frage:

Worum geht es bei Ihrem Unternehmen?

Brauchen Sie mehr Hilfe? Das ist nicht erstaunlich. Für die Erstellung einer Aufgabenbeschreibung, die etwas taugt, sind Personen nötig, die mit allen Aspekten des Unternehmens vertraut sind. Gehen Sie wie folgt vor:

1. **Stellen Sie eine kleine Gruppe von Leuten zusammen, deren Verantwortungsbereiche die wichtigsten Funktionen und Aktivitäten in Ihrem Unternehmen abdecken.**

   Wenn Ihr Unternehmen wirklich ganz klein ist, bitten Sie Freunde, denen Sie vertrauen, oder frühere Arbeitskollegen, an der Gruppe teilzunehmen

2. **Bitten Sie die Teilnehmer, sich für das Treffen vorzubereiten, indem sie die weiter oben in diesem Abschnitt aufgelisteten Fragen beantworten.**

3. **Erklären Sie zunächst, warum man überhaupt eine Aufgabenbeschreibung formulieren und was eine Aufgabenbeschreibung beinhalten sollte.**
4. **Setzen Sie mehrere Meetings an, in denen die Teilnehmer ihre eigenen Perspektiven präsentieren, machen Sie Brainstormings, und versuchen Sie einen Konsens zu bilden.**
5. **Erstellen, revidieren und überprüfen Sie die Aufgabenbeschreibung so oft, wie nötig, bis jeder in der Gruppe mit der endgültigen Aufgabenbeschreibung zufrieden ist.**

Ihr Geschäft in Worte fassen (50 oder weniger)

Die Aufgabenbeschreibung für Ihr Unternehmen sollte ein bezwingendes Bild dessen zeichnen, worum es in Ihrem Unternehmen geht. Wir beginnen mit dem ersten Versuch einer Aufgabenbeschreibung:

Unser Krimskrams bietet den Leuten, wo auch immer sie sich befinden, einzigartigen Wert.

Nun, diese Aufgabenbeschreibung ist für den Anfang gar nicht schlecht. Sie sagt etwas darüber aus, wo die Leute herkommen, und etwas über die Einzigartigkeit des Produkts. Aber das reicht bei weitem noch nicht. Um die Aktivitäten, Ziele und Fähigkeiten des Unternehmens klarer und mit mehr Pfeffer rüberzubringen, schlagen wir folgendes vor:

Wir bieten den qualitativ hochwertigsten Krimskrams mit unübertroffenem Wert für die gesamte Krimskrams-Branche, so daß unsere Kunden auf ihren eigenen Gebieten führend sein können.

In dieser Beschreibung wird gesagt, was das Unternehmen tut (*bietet den qualitativ hochwertigsten Krimskrams*), wen es bedient (*für die gesamte Krimskrams-Branche*) und was es von der Konkurrenz unterscheidet (*mit unübertroffenem Wert, so daß die Kunden auf ihren eigenen Gebieten führend sein können*). Mit dieser Energie ist die Aufgabenbeschreibung sehr viel eindringlicher als die vorherige Version.

Wie gehen Unternehmen vor, um ihre Aufgaben klar und präzise mit 50 Wörtern oder weniger zu beschreiben? Die folgenden Beispiele bieten nützliche Anhaltspunkte:

Otis-Aufzüge (führender Hersteller von Aufzügen): Unsere Aufgabe ist es, allen Kunden eine Möglichkeit zu bieten, Personen oder Gegenstände über kurze Distanzen nach oben, unten oder seitwärts zu transportieren mit größerer Zuverlässigkeit als alle anderen entsprechenden Unternehmen weltweit.

Keystrokes Word Processing (lokales amerikanisches Unternehmen für Bürodienstleistungen): Unsere Aufgabe ist es, schnell und zuverlässig Dienste im Bereich Textverarbeitung und Computer-Grafik anzubieten. Wir wollen uns unter den lokal ansässigen Unternehmen den Ruf erwerben, daß wir für kleine und große Aufträge die Experten erster Wahl für Textverarbeitung sind.

Amerikanisches Rotes Kreuz (Hilfsorganisation): Die Aufgabe des Amerikanischen Roten Kreuzes ist es, die Qualität menschlichen Lebens zu verbessern, die Selbständigkeit und die Sorge um andere zu fördern sowie Menschen zu helfen, Notfälle zu verhindern, sich darauf vorzubereiten und damit fertigzuwerden.

(Quelle: Geschäftsberichte der Unternehmen)

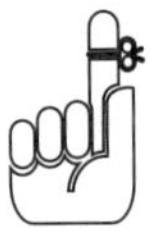

- ✔ In der Aufgabenbeschreibung ist angegeben, was ein Unternehmen ist und was es tut.
- ✔ Bringen Sie zur Formulierung Ihrer Aufgabenbeschreibung Leute aus allen Bereichen Ihres Unternehmens zusammen.
- ✔ Ihre Aufgabenbeschreibung sollte klar, präzise, informativ und interessant sein.

Ziele und Meilensteine festlegen – eine Einführung

Mit Ihrer Aufgabenbeschreibung haben Sie einen riesigen Schritt nach vorne gemacht. Sie geben den Zweck Ihres Unternehmens an, indem Sie Ihr Geschäftsfeld definieren. Aber das ist erst der erste Schritt. Haben Sie jemals Ferien mit dem Auto geplant? Die Wahl des Zielorts ist entscheidend (und oft ganz schön nervig, weil die Kinder nach Disney World bei Paris wollen, Sie aber lieber Ferien am Meer machen möchten). Richtig anstrengend wird es jedoch erst, wenn Sie die Reiseroute ausarbeiten und die einzelnen Etappen und Sightseeing-Ziele festlegen, damit Ihre dreiwöchige Flucht zum einmaligen Erlebnis wird. Ziele und Etappenziele sind für die erfolgreiche Unternehmensplanung genauso entscheidend.

Wir wetten, daß Sie schon ganz verrückt danach sind, mit Ihrer Unternehmensplanung weiterzukommen und Ihre Ziele festzulegen. Wir wollen uns aber noch ein paar Momente Zeit lassen, um einige wichtige Gedanken einzuführen, die Sie beim Festlegen der eigenen Ziele und Meilensteine dann zu Ihrem Vorteil berücksichtigen können.

Warum das alles?

Wer braucht überhaupt Ziele? Vielleicht sind Sie ja der Typ Mensch, der für einen Ausflug nur schnell sein Auto mit Benzin füllt, beim nächsten Geldautomaten haltmacht und dann beim Verlassen der Stadt eine Münze wirft. Warum sollte man Zeit damit verschwenden, eine Landkarte zu entziffern? Vielleicht ist Ihre Art und Weise gut für einen kurzen Abenteuer-Trip, aber für ein Unternehmen kann es ernsthafte Konsequenzen nach sich ziehen, wenn es keine Geschäftsziele festlegt.

Können Sie sich noch an den klugen Dialog zwischen Alice und der Cheshire Cat in *Alice im Wunderland* von Lewis Caroll erinnern? Alice fragt:

»Können Sie mir bitte sagen, welchen Weg ich von hier aus einschlagen soll?«

»Das hängt ziemlich davon ab, wo Sie hin wollen«, sagte die Katze.

»Ist mir ziemlich egal«, sagte Alice.

»Dann ist es auch egal, welchen Weg Sie nehmen«, sagte die Katze.

Wenn Ihr Unternehmen keine Ziele hat, auf die es hinarbeitet, sind alle Richtungen gleich gut, jede Anstrengung ist nützlich und jede Aktivität repräsentiert Fortschritt.

Wenn Ihre Geschäftschancen so eindeutig und so überwältigend sind, daß Sie keine bestimmte Aktionsrichtung festlegen müssen, um ans Ziel zu kommen, haben Sie das große Los gezogen. Es ist jedoch wahrscheinlicher, daß Sie von einer gefährlichen Kreuzung zur anderen rennen, und dann kann mangelnde Planung ziemlich gefährlich sein.

Das Festlegen von Zielen und Meilensteinen bietet eine wichtige Versicherungspolice für Ihr Unternehmen: die Möglichkeit, eine erfolgreiche Aktionsrichtung zu planen und die jeweils erreichten Etappen zu überprüfen.

Ziele versus Meilensteine

Nachdem Sie Ihre Aufgabenbeschreibung formuliert haben, stecken die Ziele die grundsätzliche Route ab, um dorthin zu gelangen. Als Ergebnis werden für die Ziele häufig allgemeine Geschäftsabsichten formuliert. Sie können die Unternehmensziele mit Phrasen wie »Marktführer werden« oder »günstigster Anbieter am Markt« definieren. Diese Ziele sind klar genug, so daß die Unternehmensaktivitäten darauf konzentriert werden können, ohne jedoch zu eng gefaßt zu sein und damit die Kreativität oder Flexibilität einzuschränken.

Ziele sind weit gefaßte Unternehmensergebnisse, die Ihr Unternehmen unbedingt erreichen will. Während auf die Ziele hingearbeitet wird, muß das Unternehmen gewillt sein, die nötigen Ressourcen (Geld und Mitarbeiter) zur Erfüllung der beabsichtigten Ergebnisse zur Verfügung zu stellen. Die Ziele, die Sie für Ihr Unternehmen festlegen, sollten letztendlich alle Geschäftsentscheidungen diktieren und den Entscheidungsprozeß im gesamten Unternehmen antreiben. Die Ziele sollten eine untrennbare Verknüpfung zwischen den Unternehmensaktionen und der Aufgabenbeschreibung bilden.

Wenn man ein allgemeines Ziel für sein Unternehmen formuliert hat, ist das jedoch noch nicht das Ende vom Lied. Soll das Ziel erreicht werden, muß es auch irgendeine Art von Führung geben, um dorthin zu gelangen. Zu dem Ziel müssen auch noch einige Meilensteine aufgestellt werden: Anweisungen, die genau beschreiben, was getan werden muß, um das Ziel zu erreichen.

Meilensteine bilden den Weg zu einem Ziel. Sie geben die Details an, was und wann etwas getan werden muß. Häufig gehört zu einem Meilenstein eine Zahl und ein Datum. In jedem Fall sollte leicht zu erkennen sein, daß man einen bestimmten Meilenstein erreicht hat. Meilensteine stehen nie für sich allein da. Wenn sie nicht im Kontext des größeren Ziels gesehen werden, bedeuten sie für sich genommen nur wenig. Dann können sie sogar richtig verwirrend sein.

Das Ziel, die »Moral der Mitarbeiter verbessern« ist zum Beispiel zu allgemein, wenn es nicht durch spezifische Meilensteine ergänzt wird. »Klagen der Mitarbeiter im kommenden Jahr um 35 % reduzieren« kann jedoch falsch verstanden werden, wenn es für sich allein steht. (Eine Möglichkeit, diesen Meilenstein zu erreichen, ist, einigen Mitarbeitern zu kündigen und den Rest zu terrorisieren.) Wenn Ziel und Meilenstein zusammen betrachtet werden, wird deren Bedeutung jedoch klar.

Benutzen Sie statt Ziele und Meilensteine andere Begriffe? Keine Sorge, Sie werden nicht durchdrehen. Das einzige, was verrückt ist, ist der Mangel an Standard-Begriffsdefinitionen im Bereich der Unternehmensplanung. Das Wichtigste ist, sich über die Begriffe, die Sie verwenden wollen, zu einigen und konsequent dabei zu bleiben. Dadurch können Sie sich und Ihrem Unternehmen unnötige Verwirrung ersparen.

Das Ziel der Whirlpool Corporation in Asien

Whirlpool Corporation ist ein führender Hersteller und Vertreiber von Haushaltsgeräten. Im letzten Geschäftsbericht nannte das Unternehmen verschiedene Ziele, darunter auch das Ziel, Marktführer in Asien zu werden. Viele Jahre lang haben japanische Firmen diese Position eingenommen.

Whirlpool ist in vier regionale Bereiche unterteilt: Nordamerika, Europa, Lateinamerika und Asien. Außer Asien haben alle Regionen vor kurzem höhere Gewinne verzeichnet. Statt nun Kosten einzusparen und so die Gewinne in Asien zu erhöhen, investierte das Unternehmen in diese Region, um sich in der Zukunft dort zu positionieren. Das Ziel, Marktführer zu werden, hat ganz klar das Verhalten der Firma gesteuert, Ressourcen in diese Gegend zu investieren.

Das Unternehmen unterstützt dieses Ziel mit fünf Meilensteinen:

- ✔ Eingehen von Partnerschaften mit soliden lokalen Unternehmen
- ✔ Positionierung seiner Marken in der Region
- ✔ Transfer der besten Praktiken in die Region
- ✔ Aufschwung für seine globalen Unternehmungen
- ✔ Aufbau der Human Resources in der Region

Whirlpool glaubt, daß es die Marktführung in Asien erreichen wird, wenn es diese fünf Meilensteine aggressiv verfolgt, mit denen es seine Absichten klarstellen und seinen Erfolg messen kann.

Effizienz versus Effektivität

Dieses ganze Gerede von Zielen und Meilensteinen bietet uns die perfekte Gelegenheit, ein weiteres Begriffspaar ins Spiel zu bringen, mit dem seit Jahren um sich geworfen wird: *Effizienz* und *Effektivität*. Die Begriffe wurden zum ersten Mal in einem absolut faszinierenden Business-Klassiker zusammen verwendet: *Functions of the Executive*, geschrieben von Chester Barnard im Jahr 1939. Der alte Chester war Präsident der New York Telephone Company und hatte wohl etwas zuviel Zeit zur Verfügung. Aber er hat ein Thema aufgebracht, das für Ihre Arbeit mit Zielen und Meilensteinen immer noch von Nutzen ist: Effizienz versus Effektivität.

Wir alle streben natürlich danach, bei unserer jeweiligen Arbeit sowohl effizient als auch effektiv zu sein. *Effektivität* läßt sich damit umschreiben, daß man »die richtige Sache tut«, wohingegen *Effizienz* bedeutet, daß man »die Sachen richtig macht«. Chester hatte die Idee, diese Konzepte auch auf Firmen und ihre Aktivitäten anzuwenden.

In diesem Zusammenhang hat Effektivität – die richtige Sache tun – viel damit zu tun, daß man die richtigen Ziele wählt. In der Aufgabenbeschreibung des Krimskrams-Unternehmens kann zum Beispiel besonderer Wert darauf gelegt werden, in allen Produktbereichen kunden- und marktorientierter zu werden. Wenn das Krimskrams-Unternehmen effektiv sein soll, muß das Management Ziele setzen, die die Produktdesigner und Ingenieure ermutigen, *zuerst* mit ihren Kunden in Kontakt zu treten und die Forderungen des Marktes herauszubekommen und *erst dann* mit dem Design und der Fertigung neuer Produkte zu beginnen.

Effizienz – die Sachen richtig machen – hat mehr damit zu tun, wie gut ein Unternehmen seine Ressourcen zur Erfüllung von Zielen einsetzt. Um effizient zu sein, müssen die Mitarbeiter des Krimskrams-Unternehmens Meilensteine haben, die gewährleisten, daß das Unternehmen die Ziele Kunden- und Marktorientiertheit erreichen kann. Unter anderem sollten die Meilensteine dazu führen, daß das Budget für Entwicklung zwischen Design, Produktentwicklung und Marktforschung richtig aufgeteilt wird. Ressourcen sind immer knapp, und das Krimskrams-Unternehmen kann es sich nicht leisten, sie zu verschwenden.

Erfolgreiche Unternehmen sind nicht nur entweder effektiv oder effizient. Die besten Unternehmen sind sowohl effektiv als auch effizient. Die Unternehmen kommen so weit, weil sie in ihrem Streben, beständig die Unternehmensaufgabe zu erfüllen, sowohl das Setzen von Zielen als auch das Entwickeln von klaren, meßbaren Meilensteinen ernst nehmen.

Management by Objectives (Management durch Zielvereinbarungen)

Wenn man genauer darüber nachdenkt, geht es bei all den heroischen Anstrengungen, die Sie unternehmen, wenn Sie die Aufgabenbeschreibung Ihres Unternehmens formulieren und dann Ziele und Meilensteine festlegen, nur darum, die Effizienz und Effektivität zu verbessern. Das bedeutet weitgehend, daß Sie die Leute in Ihrem Unternehmen dazu bringen, im

Takt des Trommlers zu marschieren, der idealerweise mit Ihrer Aufgabenbeschreibung, Ihren Zielen und Meilensteinen in Einklang steht.

1954 hatte Peter Drucker, ein weiterer Management-Guru, eine neue Idee, um Unternehmensabsichten (Aufgaben, Ziele, Meilensteine) zu erstellen und zu vermitteln: Dies sollte erfolgen, indem man einfach alle Mitarbeiter, die die Absichten auch ausführen sollten, in den Prozeß miteinbezog. Er hat, was nicht erstaunlich ist, für diese neue Methode auch einen Begriff geprägt und sie *Management by Objectives* (MBO oder Management durch Zielvereinbarungen) genannt.

In seinem umfangreichen Werk *Die Praxis des Management (The Practice of Management)* beobachtete Drucker, daß die Ziele und Meilensteine eines Unternehmens zu oft auf der höchsten Organisationsebene festgelegt werden und nur langsam zur mittleren Ebene und schließlich zu allen anderen durchsickern. Die oberste Geschäftsführung nimmt meist an, daß ihre Perlen der Weisheit von allen anderen froh und dankbar entgegengenommen werden.

Aber natürlich sind nicht alle der loyalen Untertanen, von denen erwartet wird, daß sie diese hochfliegenden Ziele ausführen, notwendigerweise auch damit einverstanden. Oft sind diese Mitarbeiter näher an den Problemen und Fragestellungen dran, und haben einen besseren Blick für das, was wirklich getan werden muß, als die Unternehmensführung. Deshalb empfahl Drucker MBO als einen Prozeß, bei dem alle Organisationsebenen eines Unternehmens bei der Festlegung der Ziele und Meilensteine beteiligt sind.

MBO bei der Firma Cyprus Semiconductor

Cyprus Semiconductor ist ein im High-Tech-Bereich tätiges Unternehmen, das konsequent gute Ergebnisse verzeichnet und dies zum Teil, weil das Unternehmen eine auf Computer gestützte Form des Management by Objectives (genannt Turbo MBO) eingeführt hat. Wie funktioniert das? Jede Woche zeichnet das Computersystem Tausende von Meilensteinen für die mehreren Hundert Mitarbeiter des Unternehmens auf. Jeden Montag prüfen Arbeitsgruppen, inwieweit die Meilensteine der vorhergehenden Woche realisiert worden sind, geben die Ergebnisse in das System ein und gehen dann wieder an die Arbeit. Am Dienstag sehen sich die Manager die Ergebnisse an und passen die Meilensteine der Mitarbeiter jeweils an. Am Mittwoch prüfen die Geschäftsführer den allgemeinen Status aller Ziele, ermitteln die Probleme und entwickeln geeignete Lösungen.

Obwohl Turbo MBO wöchentlich ausgeführt wird, benötigt jeder Manager nur wenige Stunden seiner Wochenarbeitszeit dafür. Das Unternehmen schätzt, daß es mit Hilfe von Turbo MBO die Produktentwicklungs- und Lieferzeiten um die Hälfte reduzieren und dadurch die Gewinne erheblich erhöhen konnte.

Die Idee des Management by Objectives war bei seiner Einführung vor allem in Amerika ziemlich erfolgreich. Nicht jeder war natürlich damit glücklich. Einige Unternehmen schimpften über Zeit und Mühe, die zur Festlegung von MBO-Zielen und -Meilensteinen nötig sind. Andere Unternehmen schafften es nicht, den für das System erforderlichen Papierkram zu erledigen. Wieder andere Unternehmen fanden das Konzept, daß Entscheidungen gemeinsam von allen getroffen werden, zu verrückt und die neue Unternehmenskultur war ihnen zu fremd.

Für Unternehmen, die MBO korrekt einsetzen, hat es sich als unschätzbares Management-Werkzeug bewährt: als ein Vorgang, um neue Ideen zu finden, Unternehmensabsichten mitzuteilen und die Unternehmensenergie auf gemeinsam beschlossene Ziele und Meilensteine zu konzentrieren. MBO funktioniert, weil die Menschen an der Gestaltung ihrer eigenen Zukunft beteiligt sind. Die Mitarbeiter engagieren sich mehr für diese Zukunft, weil sie größeren Einfluß auf den Prozeß haben, der sie dorthin bringen wird. Wenn Sie damit anfangen, eigene Unternehmensziele und -meilensteine auszuarbeiten, sollten Sie auch etwas Zeit investieren und sich überlegen, wie Sie den Geist von MBO in Ihren Arbeitsprozeß einbringen können.

- ✔ *Ziele* sind die großen Ergebnisse, die Sie mit Ihrem Unternehmen erreichen wollen.
- ✔ *Meilensteine* sind die Schritte, die nötig sind, um Ziele zu erreichen.
- ✔ Die richtigen Ziele bewirken, daß Ihr Unternehmen effektiver ist. Die richtigen Meilensteine schaffen mehr Effizienz.
- ✔ Wenn jeder innerhalb eines Unternehmens an der Festlegung von Meilensteinen beteiligt ist, sind die Erfolgschancen besser.

Eigene Ziele und Meilensteine festlegen

Die Ziele und Meilensteine Ihres Unternehmens spiegeln Ihre primären Geschäftsabsichten wider und bestimmen sowohl den Weg als auch den Zeitplan, der erforderlich ist, um anzukommen. Mit anderen Worten, Ziele und Meilensteine zwingen ein Unternehmen, sich auf die wichtige Arbeit zu konzentrieren, und bieten einen Mechanismus, um den Erfolg zu messen.

Mit Hilfe von Zielen und Meilensteinen soll das Unternehmen letztendlich effektiver und effizienter werden. Aber wie stellt man es an, daß das Festlegen selbst auch so effektiv und effizient wie möglich erfolgt. Wie bei so vielen Dingen in der Unternehmensplanung ist auch hier wieder eine kräftige Dosis gesunder Menschenverstand erforderlich.

Richtlinien für das Festlegen von Zielen

Ziele sind die großen Geschäftsergebnisse, die Sie mit Ihrem Unternehmen erreichen wollen. Im folgenden finden Sie ein paar nützliche Richtlinien, um Sie beim Festlegen von Zielen möglichst schnell auf den richtigen Weg zu bringen:

- ✔ Bestimmen Sie, wer beteiligt sein soll, wenn die Ziele festgelegt werden. Weil Ziele das Herzstück Ihres Unternehmens sind, sollten sich in der Gruppe die Personen befinden, die für die wichtigen Geschäftsaktivitäten verantwortlich sind. Wenn Sie ein Ein-Personen-Unternehmen sind, sollten Sie eine Gruppe von Beratern finden, mit denen Sie sich von Zeit zu Zeit wieder treffen, um die Ziele festzulegen.
- ✔ Überlegen Sie sich ein Verfahren, mit dem die Ziele routinemäßig überwacht werden, so daß die Ziele überprüft und neu formuliert werden können, wenn sich die Geschäftsumstände ändern.
- ✔ Erstellen Sie individuelle Ziele, die über die Geschäftsaktivitäten Ihres Unternehmens Auskunft geben, ohne die Flexibilität und Kreativität einzuschränken.
- ✔ Überprüfen Sie, ob alle Ziele zusammen einen effektiven Entwurf darstellen, mit dem die großen Geschäftsabsichten erreicht werden können.
- ✔ Überprüfen Sie auch, ob die angegebenen Ziele eng mit der Aufgabenbeschreibung Ihres Unternehmens verbunden sind.
- ✔ Teilen Sie mit Hilfe der Ziele Ihre Geschäftsabsichten den Leuten in und außerhalb des Unternehmens mit.

Richtlinien für das Festlegen von Meilensteinen

Mit den folgenden Richtlinien erhalten Sie nützliche Anhaltspunkte, wenn Sie damit beginnen, Meilensteine für Ihr Unternehmen zu bestimmen. Denken Sie daran: Meilensteine geben die Details an, sie legen also exakt fest, wie jedes der Unternehmensziele erreicht werden soll. Die Meilensteine sollten soviel wie möglich mit kalten, harten Zahlen verknüpft sein: zum Beispiel die Zahl an Neukunden, die Sie gewinnen wollen, die Zahl der verkauften Produkte oder der eingenommenen DM.

- ✔ Bestimmen Sie, wer die Meilensteine in Ihrem Unternehmen festlegt. Meilensteine geben an, was getan werden muß und wann, deshalb sollten alle Mitarbeiter an der Festlegung beteiligt sein.
- ✔ Entwickeln Sie ein System, mit dem die Meilensteine im gesamten Unternehmen festgelegt, überprüft und verwaltet werden.
- ✔ Stellen Sie sicher, daß die Meilensteine erreichbar und überprüfbar sind, indem Sie, wo möglich, Zahlen und Daten angeben.

- ✔ Erstellen Sie Meilensteine, die klar mit den größeren Geschäftszielen verknüpft sind und darauf hinarbeiten.
- ✔ Überprüfen Sie, ob alle Meilensteine zusammen zu einer effizienten Nutzung der Ressourcen (Geld und Menschen) führen.
- ✔ Überlegen Sie sich eine formale Methode (zum Beispiel Management by Objectives), mit der alle Mitarbeiter des Unternehmens am kontinuierlichen Prozeß der Festlegung, Überprüfung und des Erreichens von Meilensteinen beteiligt sind.

Es richtig machen

Wir haben es schon oft gesagt, aber es ist so wichtig, daß wir es noch einmal wiederholen: Die Ziele und Meilensteine Ihres Unternehmens müssen eng mit der Aufgabenbeschreibung verknüpft sein.

Zu viele Unternehmen werden kurzsichtig und vergessen einfach die großen Geschäftsabsichten, wenn sie sich an die Kleinarbeit machen und Ziele festlegen und sie mit meßbaren Meilensteinen verbinden. Die Führungskräfte beginnen mit irgend etwas, was gerade zur Hand ist. Sie sehen sich die Aktivitäten und das Verhalten der Mitarbeiter an, wollen Anreize und Prämien bieten, die momentan als richtig erscheinen, um die Mitarbeiter für bestimmte (und vielleicht sogar lobenswerte) Ziele zu motivieren. Aber diese Art von Zielen und Meilensteinen ist meist kurzsichtig und kann völlig im Widerspruch zu den größeren Unternehmenszielen stehen.

Angenommen, ein PC-Versandhandel stellt fest, daß seine Gewinnspannen zu gering sind. Deshalb setzt das Unternehmen neue Meilensteine und bietet den Managern, die während der nächsten sechs Monate die Kosten um 15 Prozent reduzieren können, Anreizprämien an. Der Kundendienstleiter befiehlt, daß ab sofort die durchschnittliche Zeit, in der Kundendienstleute telefonische Anfragen der Kunden beantworten, verkürzt wird. Er erteilt diese Anweisung, obwohl das Unternehmen sich den Ruf erworben hat, besonders kundenfreundlich zu sein, und obwohl die Unternehmensaufgabe lautet: »Das Unternehmen ist bestrebt, den besten Kundendienst in der Branche anzubieten.«

Gehetzte Gespräche führen aber unvermeidbar zu unzufriedenen Kunden. Und noch schlimmer: Diese Meilensteine geben den Mitarbeitern das deutliche Zeichen, daß Effizienz und Kosteneinsparung wirklich zählen, Kundenzufriedenheit dagegen nicht zählt. Wenn bei Zielen und Meilensteinen die Aufgabenbeschreibung berücksichtigt wird, würde dem Kundendienstleiter vielleicht eine innovativere Lösung einfallen, zum Beispiel die Einführung eines automatischen Fax-Abrufsystems. Wenn man Kunden die Möglichkeit gibt, Faxe zu empfangen, die die häufigsten Fragen klären, könnte dies gleichzeitig zu einer Verringerung der Anrufe und zu einem verbesserten Service führen.

Fallstricke meiden

Beim Festlegen von Zielen und Meilensteinen geht es letztlich darum, menschliches Verhalten zu beeinflussen. Mit Hilfe von Zielen und Meilensteinen sollen alle Mitarbeiter motiviert werden. Sie sorgen auch dafür, daß die Aktivitäten aller Mitarbeiter in dieselbe Richtung gelenkt werden und jeder für dieselben Ergebnisse arbeitet. Aber nichts ist sicher, wenn die menschliche Natur ins Spiel kommt. Aber man kann die Wahrscheinlichkeit, daß die Aktionen auch zu den gewünschten Ergebnissen führen, erhöhen, indem man bei der Arbeit an den Geschäftszielen und Meilensteinen einige Fallstricke meidet.

Setzen Sie sich keine unerreichbaren Ziele: Wenn Sie nicht wirklich daran glauben, ein Ziel auch erreichen zu können, dann brauchen Sie es gar nicht erst festzulegen. Ziele sind dazu da, um zu motivieren. Unmögliche, unerreichbare Ziele entmutigen nur. Sie wollen sich doch nicht eine Super-Geschäftschance vermasseln, nur weil Sie etwas mehr Zeit, Ressourcen und Energie bräuchten.

Verkaufen Sie Ihr Unternehmen nicht unter Wert: Zwar ist es gefährlich, seine Ziele zu weit zu stecken, aber man sollte auch nicht zu schnell klein beigeben. Ziele werden oft zu sich selbst erfüllenden Prophezeiungen. Unternehmen legen sie fest, erreichen sie und lehnen sich zurück – während der Auto-Pilot eingeschaltet bleibt –, bis sie neue Ziele festlegen. Setzen Sie im Zweifelsfall die Ziele lieber ein bißchen höher, und wählen Sie Ziele, mit denen die Leistungsfähigkeiten des Unternehmens erweitert werden können. Sie werden erstaunt sein über die Potentiale und Erfahrungen, die in Ihrem eigenen Unternehmen vorhanden sind.

Prüfen Sie sorgfältig, wonach Sie streben: Es ist schrecklich wichtig, daß die Ziele auch klar angeben, was passieren soll. Wenn die Ziele unklar sind, kann es sein, daß Sie und Ihre Mitarbeiter fest entschlossen falschen Zielen hinterhereilen. Ziele, die nicht mit der Unternehmensphilosophie übereinstimmen, können zu Verhaltensweisen führen, die von der breiteren Perspektive aus gesehen wenig Sinn machen.

Meiden Sie zu viele Wörter oder zu viele Zahlen: Denken Sie daran: Ein Ziel ist eine weit gefaßte Aussage zu einer Geschäftsabsicht, die sich direkt durch die Unternehmensphilosophie ergibt. Meilensteine sind enger definiert und immer mit einem bestimmten Ziel verknüpft. Sie geben die Details an, den Zeitrahmen und ermöglichen, den Erfolg zu messen. Wie bereits gesagt, Ziele werden meist in Worten ausgedrückt, Meilensteine eher in Zahlen. Aber das ist keine feste Regel. In der Realität werden zur Definition von Zielen und Meilensteinen Wörter und Zahlen gemeinsam verwendet. Wörter allein sind manchmal zu vage, um eine wirkliche Bedeutung zu haben, und nicht alle ersehnten Ergebnisse können auf bloße Zahlen reduziert werden.

Ihre Ziele und Meilensteine sollten kein Geheimnis bleiben: Wenn es der Sinn von Zielen und Meilensteinen sein soll, das Unternehmensverhalten zu konzentrieren und zu lenken, muß jeder darüber Bescheid wissen. Das ist so selbstverständlich, daß die Aussage beinahe dumm klingt. Aber Sie wären erstaunt, wenn Sie wüßten, wie viele Geschäftsführer und Eigentümer Ziele und Meilensteine definieren und sich dann alle Mühe geben, sie vor den anderen geheimzuhalten. Sie schützen ihre Ziele, als ob sie Juwelen wären. Aber diese Juwelen sind erst dann wertvoll, wenn sie allen im Unternehmen mitgeteilt und von allen akzeptiert werden.

Richtiges Timing ist alles

Welches ist der richtige Zeitrahmen für Ihre Ziele und Meilensteine? Wie weit sollte Ihr Planungshorizont sein, ein Jahr, drei Jahre oder vielleicht fünf? (Im Kommunismus waren Fünfjahrespläne hoch im Kurs.) Die Antwort ist ... es hängt von verschiedenen Faktoren ab.

In bestimmten Branchen bleibt das Schrittempo immer gleich. Viele amerikanische Möbelhersteller arbeiten zum Beispiel noch genauso wie vor 50 Jahren. Der Verbrauchergeschmack hat sich nur langsam geändert und die verwendeten Materialien und die erforderliche Handwerkskunst sind ziemlich gleich geblieben. Veränderungen zeichnen sich jedoch am Horizont ab, weil es in den sogenannten Billigländern Produzenten gibt, die Stil, Materialien und Qualität zu bedeutend geringeren Kosten nachmachen.

Für andere Branchen dagegen ist der Wandel die einzige Konstante. Zum Beispiel im medizinischen Bereich: Die Welt der Ärzte und Krankenhäuser war einst ein überschaubares Universum, in dem Ziele und Meilensteine Jahre im voraus festgelegt werden konnten. Nun aber gibt es ein Meer von Veränderungen. Und oft ist es eine frustrierende Angelegenheit, wenn man voraussagen soll, wo die rauhe See hinführen wird. Wenn man heutzutage in der Krankenhausverwaltung sitzt, geht es sicher nicht mehr um Fünfjahrespläne. Die Planungszyklen liegen eher im Bereich von Monaten.

Veränderungen bedeuten für Unternehmensplaner, daß man sich bei Zukunftsprognosen nicht zu weit nach vorne wagen sollte. Man hat natürlich keine andere Wahl, als Ziele und Meilensteine festzulegen und sie dann zu befolgen. Aber man sollte sich nicht in eine Position bringen, in der rigide Richtlinien über einen unmöglich langen zeitlichen Rahmen hinweg befolgt werden müssen. Seien Sie flexibel, so daß Sie die Möglichkeit haben, Ziele und Meilensteine zu überprüfen und Veränderungen vorzunehmen, damit Sie nicht an der Ungewißheit scheitern.

Ermitteln Sie die Kräfte, die in Ihrer Branche zu Veränderungen führen. Welche Kräfte sind dies? Wie schnell schreiten sie voran? In Kapitel 4 wird gezeigt, wie man Chancen und Risiken erkennt. Kapitel 12 bietet Hilfestellung um sich besser auf Veränderungen einzustellen.

- ✔ Prüfen Sie, ob Ihre Ziele eng mit der Aufgabenbeschreibung verbunden sind.
- ✔ Ehrgeizige Ziele motivieren, unerreichbare Ziele entmutigen.
- ✔ Definieren Sie Meilensteine, die sowohl erreichbar als auch meßbar sind.
- ✔ Teilen Sie die Ziele und Meilensteine des Unternehmens allen Mitarbeitern mit.

In die richtige Richtung aufbrechen

3

In diesem Kapitel:

- Verstehen, warum Werte für ein Unternehmen so wichtig sind
- Herausfinden, wer Ihre Interessengruppen sind
- Die momentanen Grundsätze und Prinzipien Ihres Unternehmens erkennen
- Eine Wertebeschreibung formulieren
- Dem Unternehmen eine Vision geben

Tue immer das Richtige. Dies wird einige Leute zufriedenstellen, den Rest erstaunen.

Mark Twain

Sie werden sich vielleicht fragen, warum um Himmels willen in einem Buch über Unternehmensplanung von Werten und Visionen die Rede ist. Wir können hören, was Sie denken: Hey, wir leben in den 90ern. Bei der heutigen Geschäftsethik geht es vor allem um das Überleben in einem Markt: Bediene deine Kunden, schlage die Konkurrenz (besser zerstöre sie!), mach viel Geld, und sieh zu, daß alles am Laufen bleibt.

Und trotzdem sind auch in einer Geschäftswelt, die von der Marktökonomie, dem globalen Wettbewerb und den Gesetzen des Dschungels dominiert wird, Werte noch wichtig. Wir sind sogar überzeugt, daß erfolgreiche Unternehmensplanung mit einer Beschreibung der Unternehmenswerte beginnen muß.

Nun, verstehen Sie uns nicht falsch: Wir haben nichts gegen Gewinne. Wir lieben sie und hoffen, mit der Zeit selbst große Gewinne zu machen. Kurzfristige Gewinne reichen jedoch auf lange Sicht nicht aus. Es sind Werte und eine Vision, die die Leute in Ihrem Unternehmen (auch wenn es nur zwei sind) auf Kurs halten und in dieselbe Richtung gehen lassen. Und was, wenn Sie alleine sind? Auch dann sollten Sie sich Zeit nehmen und über Werte und eine Vision nachdenken, damit Sie, wenn Ihr Unternehmen größer wird, auf dem richtigen Weg bleiben.

In diesem Kapitel zeigen wir zunächst, warum Werte so wichtig sind. Sie werden erkennen, was die Werte Ihres Unternehmens sind, indem Sie beachten, wer an Ihrem Unternehmen beteiligt ist, und sich darüber klar werden, welche Grundsätze und Prinzipien in Ihrem Unternehmen bereits vorhanden sind. Dann zeigen wir Ihnen, wie man eine Wertebeschreibung und eine Vision formuliert.

Warum Werte wichtig sind

Ihr Unternehmen steht Tag für Tag vor einer Reihe von Optionen, Alternativen und Entscheidungen. Wenn Sie sich die Zeit nehmen und Ihre Werte definieren, können diese Prinzipien Ihre Mitarbeiter oder auch nur Sie selbst (wenn Sie ein Ein-Personen-Unternehmen haben) bei komplizierten, nicht leicht zu beantwortenden Fragen leiten. Wenn das Unerwartete passiert, können Sie schnell und entschieden reagieren, weil Sie genau wissen, was wichtig ist.

Schwierige Wahl

Betrachten Sie folgenden Fall: Frank Little ist unabhängiger Berater und arbeitet für eine große petrochemische Firma, die wir Bigg Oil nennen wollen, mit Hauptsitz in den USA. Er macht eine Marktanalyse für einen der größten Geschäftsbereiche des Unternehmens, und ist an einem wichtigen Projekt beteiligt, bei dem es um die Entwicklung neuer Geschäftsmöglichkeiten in Übersee geht.

Frank macht das, was er tut, gut und skizziert verschiedene Möglichkeiten für Produktion, Vertrieb und Preisbildung von petrochemischen Erzeugnissen in drei Ländern. In einem seiner vielversprechendsten Szenarios sind die kurzfristigen Gewinne in einem Land, das wir Friedonia nennen wollen, sehr viel höher als in den beiden anderen. Dies liegt in der Hauptsache daran, daß in dem Land keine aufwendigen Verfahren für den Umweltschutz eingehalten werden müssen. In den beiden anderen Ländern gibt es Umweltschutzgesetze, die denen in den USA entsprechen.

Hier nun das Dilemma von Frank Little: Bei der Verlagerung seiner Produktion nach Friedonia könnte Franks Kunde riesige Gewinne erzielen. Sicherlich würde durch die entstehende Verschmutzung an der Umwelt großer Schaden angerichtet, der möglicherweise auch auf Bigg Oil zurückgeführt werden könnte. Aber aufgrund der derzeitigen Gesetze in Friedonia würde das Unternehmen nichts Illegales machen, und Frank würde bei Durchführung des Projekts weiter mit Bigg Oil im Geschäft bleiben.

Er zerbricht sich den Kopf darüber, was er der Geschäftsführung raten soll:

- ✔ Die kurzfristigen Gewinne einzufahren?
- ✔ Freiwillig Verfahren zum Umweltschutz zu erlassen, auch wenn das Unternehmen nicht gesetzlich dazu verpflichtet ist?
- ✔ Friedonia so lange zu vergessen, bis es bessere Umweltschutzgesetze hat?

Vielleicht können Sie Franks Dilemma verstehen, weil Sie selbst schon einmal vor ähnlichen ethischen Fragen und Entscheidungen gestanden haben.

Wenn Frank ein Blatt Papier mit einer Wertebeschreibung des Unternehmens zur Verfügung hätte, könnten diese Informationen ihm helfen, einen Weg aus seinem Dilemma zu finden. Werte bilden einen Rahmen, so daß alle, die mit schwierigen Entscheidungen konfrontiert sind, eine Anleitung haben.

Wenn man keine Richtlinien hat – oder, noch schlimmer, die Anweisung hat, immer auf Nummer Sicher zu gehen –, sind Geschäftsleute in Franks Position gezwungen, den sicheren Weg zu wählen und bei diesem Weg sind oft nur die Gewinne entscheidend. Aber der einfachste Weg ist nicht immer der beste.

Verloren und unvorbereitet

Was passiert, wenn das Unglück über einem hereinbricht? Wir alle erinnern uns an Schlagzeilen, bei denen unerwartete Probleme das Image von Unternehmen getrübt haben. Zum Beispiel:

- ✔ **Exxon** (Ölerzeuger und -exporteur): Der berühmt-berüchtigte Öltanker Valdez verlor Millionen von Tonnen Rohöl, die sich in die unberührte Bucht von Alaska ergossen und unvorstellbare Umweltschäden hinterließen.
- ✔ **Intel** (Hersteller von Computer-Prozessoren): Ein kleiner Fehler auf dem Pentium-Chip (der, je nachdem mit wem man sprach, wichtig oder überhaupt nicht wichtig war) war schuld, daß das Unternehmen sich entschuldigen und das Produkt ersetzen mußte.

Diese beiden Unternehmen stolperten über die sogenannten Externalitäten (um im Fachchinesisch zu bleiben). *Externalitäten* sind die Umstände, die über die unmittelbare Kontrolle eines Unternehmens hinausgehen und Problembereiche berühren, bei denen es um mehr geht als einfach nur ums Geldmachen. Wenn man die Macht dieser von außen einwirkenden Kräfte übersieht – und bei Entscheidungen nicht auch soziale und ethische Werte berücksichtigt –, kann dies ernsthafte oder sogar katastrophale Konsequenzen für ein Unternehmen haben. Wie die Beispiele zeigen, sprechen wir hier nicht nur von einem Kunden, der unglücklich ist, sondern über richtig schwerwiegende Probleme.

Unsere Beispiele könnten wir beliebig erweitern und Firmen jeder Größe und jeder Branche anführen. Gegenüber unerwarteten Ereignissen reagieren unvorbereitete Unternehmen oft, als wären sie in totaler Auflösung begriffen. Wenn ein Unternehmen keine Werte hat, mit denen sich alle Mitarbeiter identifizieren, bleibt die Interpretation von wichtigen Fragen jedem und jeder im Unternehmen überlassen. Dann findet sich das Unternehmen höchstwahrscheinlich in der Situation wieder, daß es mit vielen Stimmen spricht und in verschiedene Richtungen geht, so daß die Mitarbeiter verwirrt, die Kunden unzufrieden, die Öffentlichkeit wütend und die Investoren vielleicht enttäuscht sind.

Vom Wert, Werte zu haben

Eine *Wertebeschreibung* enthält die Grundsätze und Prinzipien, die die Aktivitäten eines Unternehmens, egal welcher Größe, leiten. Die Leute an der Spitze eines Unternehmens müssen die angegebenen Werte beispielhaft vertreten, Anreize und Belohnungen sollten dazu führen, daß alle Mitarbeiter im Sinne der Unternehmenswerte handeln.

Hier ein Beispiel dafür, wie wichtig eine Wertebeschreibung sein kann. Im Sommer 1985 erlebten die Vereinigten Staaten etwas, das viele als terroristischen Angriff beschrieben. Jemand in der Gegend um Chicago machte sich an Tylenol-Flaschen zu schaffen, dem bestverkauften Schmerzmittel von McNeil Laboratories, einer Tochtergesellschaft des Pharma-Riesen Johnson & Johnson. Eine unbekannte Anzahl von Tylenol-Kapseln wurde mit Zyanid versetzt und acht Menschen starben. Die Tragödie führte bei Johnson & Johnson zu einer Geschäftskrise.

Johnson & Johnson reagierte angesichts der Bedrohung seiner Kunden schnell und entschieden. Das Unternehmen nahm in ganz Amerika alle Tylenol-Flaschen aus den Regalen – ein Unterfangen, das die Firma mehr als 100 Millionen Dollar kostete – und zwar sofort, nachdem es von dem Problem erfahren hatte.

Als die Krise schließlich vorüber war, wurde Johnson & Johnson zum Vorbild für Unternehmen weltweit. Durch die blitzschnelle Reaktion auf den Tylenol-Vorfall erntete das Unternehmen den Ruf, eine der verantwortungsvollsten Firmen weltweit zu sein, eine, die ihre Pflichten sehr ernst nimmt und bereit ist, das Wohlergehen der Öffentlichkeit über den eigenen Profit zu stellen. Die vielen Geschäftsbereiche von Johnson & Johnson profitierten davon.

Warum verhielt sich Johnson & Johnson so gut, während viele andere Firmen in einer ähnlichen Situation wie gelähmt wären. Die Gründe dafür sind in der Wertebeschreibung des Unternehmens aufgeführt, einem außergewöhnlichen Dokument, das als das Credo von Johnson & Johnson bezeichnet wird (siehe weiter unten).

Mehr als ein halbes Jahrhundert lang hat dieses Credo Verhalten und Aktionen im gesamten Johnson & Johnson Imperium, derzeit einem Unternehmen mit weltweit 20 Milliarden Dollar und mehr als 80 000 Mitarbeitern, geleitet.

Das Credo von Johnson & Johnson funktioniert so gut, weil alle Mitarbeiter es ernst nehmen. Mit aktiver Unterstützung und Beteiligung des Top-Management, angefangen beim Vorsitzenden, beruft man sich im gesamten Unternehmen auf das Credo, lobt und diskutiert es. Oldtimer und neue Mitarbeiter werden kontinuierlich an die Wichtigkeit der Botschaft erinnert. Beförderungen hängen zum Teil davon ab, wie gut die Manager die Werte verkörpern und sie innerhalb ihres Verantwortungsbereichs verbreiten. Das Credo ist ein bedeutender Faktor für die beständige Spitzenposition des Unternehmens innerhalb der Branche – und deutlicher Hinweis, warum die Firma bei so vielen Leuten so angesehen ist.

- ✔ In der Wertebeschreibung sind die Grundsätze und Prinzipien niedergelegt, die die Aktivitäten eines Unternehmens leiten sollen.
- ✔ Klare Werte helfen dem Unternehmen, schnell und entschieden zu reagieren, wenn das Unerwartete eintrifft.
- ✔ Alle im Unternehmen müssen die Werte des Unternehmens akzeptieren und gutheißen.

Das Credo von Johnson & Johnson

Wir glauben, daß wir höchste Verantwortung gegenüber den Ärzten, Krankenschwestern sowie Patienten, Müttern und allen anderen, die unsere Produkte und Dienste nutzen, tragen. Alles, was wir tun, um deren Bedürfnisse zu befriedigen, muß von höchster Qualität sein. Wir müssen konsequent danach streben, Kosten zu senken, damit wir vernünftige Preise beibehalten können. Die Bestellungen der Kunden müssen prompt und akkurat erledigt werden. Unsere Zulieferer und Händler müssen die Möglichkeit haben, einen fairen Gewinn zu machen.

Wir sind für unsere Mitarbeiter verantwortlich, die Männer und Frauen, die weltweit bei uns arbeiten. Jeder muß als Persönlichkeit geachtet werden. Wir müssen ihre Würde respektieren und ihre Leistung anerkennen. Sie müssen in ihren jeweiligen Positionen Sicherheit haben. Die Bezahlung muß fair und angemessen sein, die Arbeitsbedingungen müssen sauber, ordnungsgemäß und sicher sein. Die Mitarbeiter müssen Vorschläge und Beschwerden frei äußern können. Für Anstellung, Weiterentwicklung und Beförderung muß es für gleich Qualifizierte gleiche Chancen geben. Das Management muß kompetent sein, seine Aktionen gerecht und ethisch einwandfrei sein.

Wir sind verantwortlich für die Gesellschaften, in denen wir leben und arbeiten, sowie für die Welt insgesamt. Wir müssen gute Bürger sein, gute Arbeiten und Wohltätigkeitsorganisationen unterstützen und unseren Steueranteil leisten. Wir müssen Verbesserungen in den gemeinschaftlichen Einrichtungen sowie im Bereich Gesundheit und Bildung fördern. Die Gebiete, für die wir das Privileg der Nutzung haben, müssen wir in gutem Zustand erhalten und die Umwelt sowie die natürlichen Ressourcen schützen.

Schließlich tragen wir auch gegenüber den Aktionären Verantwortung. Die Geschäfte müssen guten Gewinn einbringen. Wir müssen mit neuen Ideen experimentieren. Die Forschung muß fortgesetzt, innovative Programme müssen weiterentwickelt und für Fehler muß bezahlt werden. Neue Ausrüstungsgüter müssen erworben, neue Betriebsanlagen bereitgestellt und neue Produkte auf den Markt gebracht werden. Für schlechte Zeiten müssen Reserven gebildet werden. Wenn wir gemäß dieser Prinzipien arbeiten, sollten die Aktionäre eine faire Rendite erzielen können.

Die in Ihrem Unternehmen vorhandenen Werte erkennen

Wertebeschreibungen richten sich oft an unterschiedlichste Leser. Das Credo von Johnson & Johnson zum Beispiel wendet sich an Ärzte, Patienten, Zulieferer, Händler, Mitarbeiter, Aktionäre und die Gesellschaft insgesamt. Wenn Sie die Werte für Ihr Unternehmen ausarbeiten, sollten Sie an die verschiedenen Gruppen denken, die jeweils eine Beziehung zu Ihrem Unternehmen haben.

Interessengruppen sind die Gruppen, die einen Anteil oder ein Interesse daran haben, wie Ihr Unternehmen betrieben wird. Der Anteil kann dabei materiell oder rechtsverbindlich sein, oder es kann sich um informelle Abmachungen oder Erwartungen handeln, die sich mit der Zeit entwickelt haben. Obwohl all diese interessierten Parteien Anteil daran haben, was Sie tun, haben Interessengruppen unterschiedliche Vorstellungen und jeweils ziemlich ausgeprägte Ansichten darüber, welche Werte Ihr Unternehmen gutheißen sollte.

Eine kurze Wertebeschreibung, die funktioniert

Hier nun eine weitere Wertebeschreibung. ReliaStar Financial Corporation ist eine in Minnesota ansässige Holding-Gesellschaft, die Einzelpersonen oder anderen Firmen Finanzdienstleistungen anbietet. ReliaStar hat einfache Richtlinien aufgestellt, die festlegen, wie in verschiedenen Geschäftssituationen agiert werden soll. Jede Richtlinie enthält eine klare Aussage darüber, welches Verhalten von den Mitarbeitern erwartet wird.

Wir von ReliaStar Financial Corporation wollen nach folgenden Verhaltensrichtlinien handeln:

- ✔ Handle mit Integrität.
- ✔ Bediene die Kunden, wie diese wünschen, bedient zu werden.
- ✔ Ergreife die Initiative.
- ✔ Fördere Partnerschaft und Kooperation.
- ✔ Würdige die Fähigkeiten des einzelnen.
- ✔ Zeige Verantwortung für dein Tun.
- ✔ Strebe beständig nach Verbesserung und Innovation.
- ✔ Biete den Aktionären einen Gegenwert.

Sie werden die Wertebeschreibung hauptsächlich natürlich für die Mitarbeiter formulieren (oder nur für sich selbst, wenn Sie alleine operieren). Aber die Werte Ihres Unternehmens haben Einfluß auf alle Interessengruppen, also auf Eigentümer, Aktionäre, Kunden, Zulieferer – und sogar auf Ihre Mutter, wenn sie es war, die Ihnen die 100.000 DM Startkapital geliehen hat. Bei der Überlegung, welche Werte für Ihr Unternehmen am wichtigsten sind, müssen Sie verschiedene Perspektiven beachten, zum Beispiel die folgenden:

- ✔ Die Forderungen der Aktionäre (wenn Sie welche haben)
- ✔ Die Interessen und Erwartungen all Ihrer Interessengruppen
- ✔ Die Grundsätze und Prinzipien, die in Ihrem Unternehmen bereits vorhanden sind

In den folgenden Abschnitten werden wir uns diese Bereiche näher betrachten. Wenn Sie erst einmal eine vorläufige Liste der Unternehmenswerte erstellt haben, die Sie für wichtig halten, sind Sie in einer guten Position, um die Wertebeschreibung zu verfassen.

Investoren

Wirtschaftswissenschaftler argumentieren, daß es bei der Formulierung von Firmenwerten nur eine Gruppe gibt, die man beachten muß: die Aktionäre. Auf dem Papier zumindest sind die Aktionäre die wahren Eigentümer Ihres Unternehmens und verdienen daher Ihre ungeteilte Aufmerksamkeit. Von diesem Blickwinkel aus sind die Geschäftsführer und leitenden Angestellten einfach nur Personen, die von denen bezahlt werden, denen das Unternehmen gehört – und dabei ist es ganz egal wie weit diese Eigentümer entfernt sein mögen. Eigentlich braucht man über Werte nichts zu wissen, man muß nur die Wünsche der Aktionäre ausführen.

Wir wollen dieses Bild gar nicht weiter diskutieren, aber es ist heute nicht mehr ganz im Einklang mit den Absichten vieler Aktionäre. Jungunternehmer haben wahrscheinlich gar keine Investoren (außer sich selbst und einem geplünderten Bankkonto). Außerdem sind die öffentlich gehaltenen Anteile heute in der Mehrzahl Pensionsfonds und offene Investmentfonds und die Investoren, die diese Fonds kaufen, sind in der Hauptsache daran interessiert, die Eier in ihrem eigenen Nest wachsen zu sehen. Diese Aktionäre sind abwesende Eigentümer. Sie fordern nur selten ein Mitspracherecht bei Entscheidungen. Wenn irgend etwas schiefläuft mit dem Unternehmen oder mit ihrem Fond, dann verkaufen sie die Anteile und suchen sich ein neues Investitionsobjekt.

Aber worum geht es? Die Aktionäre sind zwar offensichtlich eine wichtige Truppe, die auch die Aufmerksamkeit der Unternehmen, die Aktionäre haben, fordert, aber deren Forderungen sollten nicht unbedingt alle anderen Stimmen verdrängen. Denken Sie daran: Ihre Aktionäre können die Aktien verkaufen und sich andere Investitionsmöglichkeiten suchen, wenn etwas schiefgeht. Sie als Geschäftsführer oder Eigentümer haben diese Möglichkeit nicht.

Ihr Unternehmen ist auf lange Sicht hin besser dran, wenn Sie Ihre Perspektive erweitern und nicht nur die Aktionäre berücksichtigen, sondern auch alle anderen Interessengruppen, und jeder Gruppe die Aufmerksamkeit schenken, die sie verdient.

Der Rest der Mannschaft

Sie werden erstaunt sein, wie viele Leute an dem Tun in Ihrem Unternehmen Anteil haben und nehmen: von den Zulieferern bis zu den Händlern, von den Bankiers bis hin zu den Kunden. Jede Gruppe hat ihre eigenen Interessen und Vorstellungen, welche Versprechen Ihr Unternehmen einlösen sollte. Die expliziten Versprechen, die Sie eingehen, sind gesetzliche Vereinbarungen, Lizenzen, Verträge oder Bestellungen. Die impliziten Versprechen sind die ungeschriebenen Erwartungen, die die verschiedenen Gruppen gegenüber Ihrem Unternehmen haben.

Für jede dieser Interessengruppen sollten Sie sich zwei Fragen stellen:

- ✔ Woran sind diese Leute am meisten interessiert?
- ✔ Was erwarten sie von meinem Unternehmen?

Mit anderen Worten: Was ist deren Anteil an den Aktivitäten und am Funktionieren Ihres Unternehmens? Auf den ersten Blick scheinen Ihre Interessen und die der Interessengruppen im Widerspruch zu stehen. Sie wollen zum Beispiel als wichtigsten Wert die Gewinne des Unternehmens maximieren. Außerdem denken Sie auch, es ist wichtig, die Kunden gut zu bedienen. Aber was wollen Ihre Kunden? Sie haben ganz bestimmt einen Anteil an Ihrem Geschäft und man kann mit einiger Sicherheit sagen, daß sie qualitativ hochwertige Produkte und gute Dienstleistungen zu einem vernünftigen Preis haben wollen. Stehen diese beiden Werte also nicht im Widerspruch zueinander? Nicht unbedingt. Kaufen nicht die meisten Kunden lieber bei Unternehmen, denen sie vertrauen können, mit denen sie zufrieden sind und die sie in der Vergangenheit gut bedient haben? Außerdem mögen die Kunden keine Unsicherheit und wollen keine Zeit damit verschwenden, neue Produkte oder Dienstleistungen auszuprobieren, und sie werden keinen Wechsel vornehmen, wenn sie nicht wirklich dazu gezwungen sind. Die meisten Kunden wollen Ihnen also Ihre Gewinne nicht verweigern, weil sie wissen, daß es Ihr Unternehmen – und damit die von ihnen favorisierten Produkte und Dienstleistungen – nicht mehr geben wird, wenn Sie kein Geld mehr machen. (Weitere Informationen zu den Kunden finden Sie in Kapitel 5 und 6.)

Gleichzeitig sind Kunden nicht dumm und wollen nicht ausgenützt werden. Wir alle haben schon Geschichten von Geschäftemachern gehört, die nach einer Katastrophe (Flut, Hurrikan, Erdbeben ...) eine schnelle Mark machen wollen. Der Wettbewerb hält die Preise zwar in Schach, aber ein Mangel schafft die Möglichkeit und die Versuchung, zu überteuerten Preisen zu verkaufen. Aber auch hier gilt, die Kunden haben Anteil an Ihrem Unternehmen und haben damit Interessen und Erwartungen. Wenn die Katastrophe vorbei und alles wieder aufgeräumt ist, werden dieselben Kunden ihr Geld woanders hinbringen und die Unternehmen belohnen, die sich während der Krise verantwortlicher gezeigt haben.

Es ist an der Zeit, die Informationen über die Leute, die ein Interesse an Ihrem Unternehmen haben, zusammenzustellen und ein Profil der Interessengruppen zu erstellen. Gehen Sie wie folgt vor:

1. **Listen Sie alle Interessengruppen auf, die mit Ihrem Unternehmen in Beziehung stehen.**

   Vergessen Sie auch nicht die weniger offensichtlichen Kandidaten. In Ihrer Liste sollten zum Beispiel Kunden, Eigentümer, Aktionäre, Banken, Kreditgeber, Zulieferer, Händler, Geschäftspartner, Branchenverbindungen und andere aufgeführt sein.

2. **Ordnen Sie die verschiedenen Gruppen nach ihrer Wichtigkeit.**

   Welchen Einfluß hat jede dieser Gruppen auf Ihre Unternehmensziele?

3. **Schreiben Sie auf, welche Interessen jede der Gruppen Ihrer Meinung nach hat.**

4. **Schreiben Sie auf, welche Erwartungen jede der Gruppen Ihrer Meinung nach hat.**

Passen Ihre Unternehmensaktionen zu den Erwartungen der wichtigen Interessengruppen? Sie sollten sich immer klarmachen, wie Ihre Geschäftsentscheidungen für die andere Seite aussehen. Sehen Sie zufriedene Kunden und zufriedene Mitarbeiter, hilfreiche Geldgeber, schnell reagierende Zulieferer und fleißige Händler? Wenn nicht, wie kann Ihr Unternehmen auf die Interessengruppen, die sich von Ihnen im Stich gelassen fühlen, reagieren?

Idealerweise wollen Sie natürlich Ihre Beziehungen mit den Interessengruppen schon im vorhinein planen. Das Geheimnis einer schnellen Reaktion (bevor Maulwurfshügel zu Bergen werden) ist, die Erwartungen und Werte jeder Interessengruppe deutlich zu erkennen und zu verstehen.

Vorhandene Grundsätze und Prinzipien

Eine Liste abstrakter Grundsätze und Prinzipien aufzustellen, ist eine Sache, diese Grundsätze einem Test zu unterwerfen, eine andere. Dabei muß man harte Entscheidungen treffen, die einen zwingen, die Grundsätze näher zu untersuchen. Wenn Sie ein Ein-Personen-Unternehmen führen, wissen Sie schon in etwa, wofür Sie stehen. Wenn Sie einem größeren Unternehmen angehören, gibt es mit großer Wahrscheinlichkeit bestimmte Grundsätze und Prinzipien für die Art und Weise, wie Ihr Unternehmen Geschäfte macht. Die beste Möglichkeit, um ins Innere dieser Grundsätze und Prinzipien vorzustoßen, ist sich vorzustellen, wie man in sehr schwierigen Situationen reagieren würde.

Sehen Sie sich die Situationen an, die unten im Fragebogen (Abbildung 3.1) beschrieben sind. Fragen Sie andere Mitarbeiter des Unternehmens oder vertraute Kollegen, die nicht zum Unternehmen gehören, wie sie in diesen Situationen reagieren würden. Wahrscheinlich werden Sie sich wünschen, daß der Fragebogen auch die Option *Weiß nicht* enthält. Aber die Situationen, in denen Ihre Werte auf den Prüfstand kommen, sind eben nicht einfach.

Fragebogen: Grundsätze und Prinzipien

Situation	Mögliche Reaktion
Ein unzufriedener Kunde verlangt für ein Produkt den vollen Kaufpreis zurück. Das Produkt ist nicht beschädigt, kann aber nicht mehr weiterverkauft werden. Der Kunde bleibt bei seiner Ansicht, daß das Produkt nicht richtig funktioniert. Wie würden Sie reagieren:	☐ Den Kunden wegschicken, ohne ihm das Geld zu geben. ☐ Dem Kunden das Geld zurückgeben, den Verlust tragen und darauf setzen, daß das Geschäft mit loyaleren Kunden weitergeht.
Sie müssen eine Schlüsselposition in Ihrem Unternehmen neu besetzen. Wie würden Sie vorgehen:	☐ Eine neue Person einstellen, die die nötigen Fähigkeiten für die Stelle mitbringt, aber wenig Erfahrung in der Branche hat. ☐ Einen erfahrenen und loyalen Mitarbeiter befördern und ihm die Möglichkeit zur Weiterbildung geben.
Sie müssen einen Ihrer Mitarbeiter entlassen. Wen würden Sie auswählen:	☐ Den jungen, erst vor kurzem eingestellten Studienabgänger, unerfahren, aber mit viel Initiative. ☐ Den 55 Jahre alten Manager, der schon 20 Jahre im Unternehmen ist, solide und gut arbeitet, aber seine Eigenarten entwickelt hat.
Sie stellen fest, daß ein langjähriger Zulieferer regelmäßig zu wenig Geld für seine Dienste berechnet hat, so daß Sie größeren Gewinn gemacht haben. Wie würden Sie vorgehen:	☐ Die Sache auf sich beruhen lassen, da es ja der Fehler des Zulieferers ist und er dafür verantwortlich ist. ☐ Den Berechnungsfehler bei künftigen Lieferungen korrigieren. ☐ Anbieten, nicht nur den Fehler zu korrigieren, sondern auch die Differenz zurückzuzahlen.
Sie haben einen brillanten und kreativen Mitarbeiter. Leider mißachtet er ständig die Regeln und stört den gesamten Betrieb. Wie würden Sie vorgehen:	☐ Das Verhalten tolerieren. ☐ Nach Möglichkeiten suchen, um die Situation zu beheben. ☐ Den Mitarbeiter entlassen.
Ein Mitarbeiter steht vor einem persönlichen Dilemma. Um den Termin für ein wichtiges Projekt halten zu können, muß er Überstunden machen und versäumt die Geburtstagsfeier seines Kindes. Welchen halten Sie für den »besseren« Mitarbeiter:	☐ Denjenigen, der bereitwillig Überstunden macht. ☐ Denjenigen, der keine Überstunden macht, sondern zur Geburtstagsfeier geht.

Fragebogen: Grundsätze und Prinzipien

Situation	Mögliche Reaktion
Damit Sie Ihr Profitziel für das kommende Vierteljahr erreichen, müssen Sie Kosten reduzieren. Was würden Sie tun:	☐ Ausgaben für den Kundendienst kürzen. ☐ Momentane Investitionen für die neue Produktentwicklung reduzieren. ☐ Das vierteljährliche Ziel nicht erreichen und beschließen, daß langfristige Investitionen nötig und gerechtfertigt sind.
Wenn Sie die Prämienpakete für die Manager Ihres Unternehmens ausarbeiten, was würden Sie unterstützen:	☐ Prämien, die hauptsächlich Einzelerfolge belohnen. ☐ Ein Kompensationssystem, bei dem von Gruppen oder Teams erreichte Ziele gefördert werden.
Sie bemerken, daß eines Ihrer Produkte die veröffentlichten Spezifikationen nicht ganz erfüllt. Wie würden Sie reagieren:	☐ Die Kunden sofort auf die Diskrepanz hinweisen. ☐ Zeit und Mühe investieren, um das Problem zunächst zu verstehen, und dann die Kunden informieren. ☐ Den Fehler ohne Aufhebens korrigieren und davon ausgehen, daß die Kunden sich bereits gemeldet hätten, wenn Probleme aufgetaucht wären.
Ordnen Sie die folgenden Faktoren danach, wie wichtig Sie für Ihr Unternehmen sind:	☐ Gewinne maximieren ☐ Zufriedene Kunden ☐ Arbeitsplätze schaffen ☐ Neue Techniken fördern ☐ Qualitätswettbewerbe für Produkte gewinnen ☐ Die Konkurrenz schlagen ☐ Langfristiges Wachstum erhalten ☐ Die Märkte dominieren

Abbildung 3.1: Die im Fragebogen gegebenen Antworten zeigen, welche Grundsätze und Werte bei den Mitarbeitern und Managern Ihres Unternehmens bereits vorhanden sind.

Denken Sie daran, daß es keine richtigen oder falschen Antworten gibt. Sie bekommen hier keine Noten, sondern sollen versuchen, die Werte zu erkennen, die sich in Ihrem Unternehmen bereits eingebürgert haben. Der ausgefüllte Fragebogen gibt einen Einblick in die allgemeinen Grundsätze und Prinzipien, die in Ihrem Unternehmen für richtig gehalten werden.

- Viele Leute, von den Mitarbeitern bis zu den Kunden, haben Anteil daran, was Ihr Unternehmen tut.
- Unterschiedliche Interessengruppen haben unterschiedliche Perspektiven, wenn es um Unternehmenswerte geht.
- Es ist wichtig, daß Sie so viele Perspektiven wie möglich zur Kenntnis nehmen.
- Die Unternehmenswerte sollten anknüpfen an die Grundsätze und Prinzipien, die bereits in Ihrem Unternehmen vorhanden sind.

Die Wertebeschreibung formulieren

Wenn Sie eine gute Vorstellung davon haben, wer die Interessengruppen Ihres Unternehmens sind, und erkannt haben, welche allgemeinen Grundsätze und Prinzipien bereits in Ihrem Unternehmen vorhanden sind, müssen Sie diese zwei Welten noch zusammenbringen. Aber wie erstellt man eine Wertebeschreibung, die auf diesen allgemeinen Grundsätzen und Prinzipien basiert, und die Ihr Unternehmen anleiten wird, in den Augen aller Interessengruppen das Richtige zu tun?

Zunächst sollten Sie daran denken, daß eine Wertebeschreibung mehr darstellt als nur eine einfache Liste der Dinge, die erledigt werden müssen. Ihre Werte gehen über vierteljährlich zu erreichende Ziele oder sogar Jahresziele hinaus. Sie sollen Ihnen bei diesen schwierigen Entscheidungen helfen, die auftreten werden, während Sie ein florierendes Unternehmen aufbauen, das über Jahre und Jahrzehnte wachsen und gedeihen soll.

Vielleicht gibt es in Ihrem Unternehmen schon ein Werte-Credo. Wenn ja, sind Sie einen Schritt weiter. (Sie verlieren allerdings Punkte, wenn Sie erst einen Blick auf das verstaubte Plakat werfen müssen, um sie zu lesen.) Wenn Sie keine bereits erstellte Wertebeschreibung ausgraben können, beginnen Sie mit dem Formulieren ganz von vorne. Sie haben zwei Möglichkeiten.

Die schnelle Möglichkeit, eine Wertebeschreibung zu entwickeln

Sie können sich vielleicht nicht den Luxus erlauben und Wochen oder Monate mit der Erstellung einer Wertebeschreibung zubringen. Deshalb zeigen wir Ihnen eine schnelle Möglichkeit, mit der Sie Ihr Unternehmen auf den richtigen Weg bringen. Wenn Ihr Unternehmen klein ist, können Sie die Schritte selbst oder zusammen mit ein oder zwei Kollegen nachvollziehen (lange Meetings und sorgfältige Revisionen sind nicht nötig). Wenn Sie jedoch einem größeren Unternehmen angehören, müssen Sie etwas mehr Redereien auf sich nehmen, um einen Konsens zu erreichen. (Sorry.)

1. **Treffen Sie sich mit den Hauptentscheidungsträgern des Unternehmens, und sprechen Sie mit Ihnen über die allgemeinen Unternehmenswerte, die das Mitarbeiterverhalten leiten sollten.**

   Bereiten Sie eine Tagesordnung vor, und stellen Sie Ihre eigenen Beobachtungen zusammen. Machen Sie sich Notizen.

2. **Erstellen Sie einen ersten Entwurf der bei dem Treffen diskutierten Werte, und lassen Sie allen Beteiligten Kopien zukommen.**

3. **Setzen Sie ein oder zwei Treffen mit dem oberen Management an, um die Werte zu besprechen und festzulegen.**

4. **Erstellen Sie eine Wertebeschreibung, die alle vereinbarten Werte klar und präzise wiedergibt, und lassen Sie sie absegnen.**

5. **Treffen Sie sich mit Verantwortlichen aus allen Ebenen, und prüfen Sie, ob sie verstehen, warum die Wertebeschreibung so wichtig ist und welchen Grund es für die Erstellung gibt.**

6. **Sorgen Sie dafür, daß jeder Mitarbeiter eine Kopie erhält.**

Die so erstellte Wertebeschreibung kann Ihnen lange Zeit dienlich sein. Zumindest sollte sie für die Zeit ausreichen, während der sie an einer vollständigeren und dauerhafteren Version arbeiten.

Sorgen Sie dafür, daß alle Mitarbeiter eine Kopie und dazu eine Erklärung erhalten, warum die Wertebeschreibung so wichtig ist. Wenn Sie ein ein-Personen-Unternehmen haben, stellen Sie eine gerahmte Kopie auf Ihren Schreibtisch oder (sollten Sie zu Hause arbeiten) hängen Sie sie an den Kühlschrank. Lassen Sie sie nicht verstauben. Größere Unternehmen sollten sie auf Karten in Brieftaschengröße drucken lassen und immer im Geschäftsbericht aufführen. Es ist wichtig, daß auf die Unternehmenswerte verwiesen wird, daß man sich darauf verläßt und die Werte als die Kraft verstanden werden, die die Aktionen und Aktivitäten jedes Repräsentanten des Unternehmens leiten.

Der lange Weg, eine Wertebeschreibung zu entwickeln

Warum ist der schnelle Weg nicht für alle Situationen gut genug? Wenn Sie einer größeren Firma angehören, verläßt man sich bei der schnellen Lösung auf die Ideen und Vorschläge der Personen, die an der Spitze der Organisation stehen. Die besten Einsichten im Hinblick auf die Firmenwerte kommen jedoch oft von den Mitarbeitern selbst, Leuten mit unterschiedlichem Hintergrund, die im Unternehmen auf unterschiedlichen Ebenen arbeiten und daher einen ganzen Bereich von Geschäftserfahrungen abdecken.

Der lange Weg kostet ein bißchen mehr Mühe, aber es lohnt sich im allgemeinen, die Mitarbeiter zu beteiligen. Gehen Sie wie folgt vor:

1. **Wählen Sie drei oder vier repräsentative Gruppen der Mitarbeiter, wobei Leute aus allen Ebenen und Funktionsbereichen zusammenkommen sollten.**

2. **Die Gruppen sollten sich im Zeitraum von zwei bis drei Monaten regelmäßig treffen, um die Werte zu bestimmen, die das Verhalten aller Mitarbeiter des Unternehmens leiten sollen.**

   Zu Beginn müssen Sie die Gruppen in die richtige Richtung führen. Lassen Sie alle Gruppenmitglieder den in Abbildung 3.1 gezeigten Fragebogen ausfüllen.

3. **Bitten Sie die Gruppenmitglieder, eine kurze Liste von Werten zu erstellen, die Sie für wichtig halten.**

   Die Gruppenmitglieder können in der Liste auch Gründe angeben. Erinnern Sie daran, daß Werte oft ausschlaggebend sind, wenn schwierige Management-Entscheidungen getroffen werden müssen.

4. **Erstellen Sie aus den einzelnen Listen eine Gesamtliste, und ordnen Sie die Werte nach ihrer Priorität.**

5. **Erstellen Sie eine Wertebeschreibung (ein Motto oder Credo), die die wichtigsten Werte beinhaltet und auch die Gründe für diese Werte angibt.**

6. **Lassen Sie Ihre Wertebeschreibung in den einzelnen Gruppen prüfen und absegnen.**

Bringen Sie zu Mitarbeiterbesprechungen die Wertebeschreibung mit, und fragen Sie jeden Mitarbeiter, wie gut er die Unternehmenswerte bei seinen Aktivitäten berücksichtigt. Fragen Sie sich selbst, ob das Prämien- und Belohnungssystem zur Unterstützung dieser Werte dient.

- ✔ Auch wenn Sie glauben, Ihre Werte zu kennen, sollten Sie sie unbedingt zu Papier bringen.
- ✔ Die besten Einblicke in die Unternehmenswerte erhalten Sie von den Mitarbeitern selbst.
- ✔ Jeder Mitarbeiter im Unternehmen sollte eine Kopie der Wertebeschreibung erhalten.

Für Ihr Unternehmen eine Vision entwickeln

Nachdem Sie ermittelt haben, wer Ihre Interessengruppen sind, und eine Wertebeschreibung formuliert haben, ist es an der Zeit, sich eine *Vision* zu überlegen: eine präzise, wohlformulierte Anordnung von Wörtern, die angeben, wo Ihr Unternehmen hin will, oder ein Bild dessen zeichnen, was Ihr Unternehmen werden will. Für die Leute innerhalb und außerhalb des Unternehmens ist die Vision wie ein Kompaß, der der ganzen Welt die Richtung zeigt, auf die Ihr Unternehmen zusteuert.

Eine Vision zeigt nicht nur den Weg in die Zukunft, sondern bewirkt auch, daß man sich aufmacht, um dorthin zu gelangen. Sie repräsentiert die größten Hoffnungen und die schönsten Träume, die Sie mit Ihrem Unternehmen haben. Nun, wir wissen, daß Karl Marx und seine Mannschaft heute nicht mehr bei Cocktail-Parties zugegen ist, nicht mal mehr in Moskau. Aber wenn Sie hören:

Proletarier aller Länder, vereinigt euch! Ihr habt nichts zu verlieren außer euren Ketten!

wird man sogar heute noch in Bewegung gebracht. Effektive Visionen sind, zum Teil, inspirierende Aufrufe zu Taten. Was wäre, wenn Marx ungefähr folgendes formuliert hätte:

Hallo Leute, laßt uns alle mal zusammenkommen. Vielleicht können wir uns ja mal überlegen, wie wir mehr Kohle machen könnten.

Karl wer? Das alles wäre nie Geschichte geworden.

Nur keine Panik, wenn Sie nicht das Zeug zu einem dynamischen, charismatischen Führer haben. Eine Vision entwickelt sich viel eher, wenn ein Team unterschiedlicher, hart arbeitender Leute zusammenkommt, und entspringt nur selten dem Gehirn eines Anführers, der eine inspirierte Erleuchtung hatte. Und wenn Sie so lange warten, bis die Person an der Spitze etwas produziert hat, wird wahrscheinlich nie eine Vision formuliert werden. Gehen Sie die Aufgabe selbst an, bevor sie von oben angefordert wird, und Sie werden vielleicht feststellen, daß dieser Vorgang längst überfällig war.

Es wird Sie vielleicht nicht erstaunen, daß die Art und Weise, wie man am besten eine Vision formuliert, dem Erstellen einer Wertebeschreibung nicht ganz unähnlich ist. Gehen Sie wie folgt vor:

1. **Stellen Sie eine kleine Gruppe ausgewählter Mitarbeiter aus verschiedenen Ebenen des Unternehmens zusammen.**

   Wenn Ihr Unternehmen klein ist, bringen Sie die ganze Truppe zusammen. Wenn Sie Chefkoch und Abwäscher in einem sind, sind Sie der einzige Repräsentant. Denken Sie daran, je mehr Leute beteiligt sind, desto breiter die Perspektive und desto besser die Chance, eine Vision zu formulieren, die wirklich auf die Zukunft des Unternehmens hinweist.

2. **Die Gruppe soll die Wertebeschreibung durchlesen und die Liste der Interessengruppen, die einen Anteil am Unternehmen haben, durchgehen.**

3. **Lassen Sie jeden zu Wort kommen.**

   Jeder soll seine persönliche Meinung und seine Vorstellungen über die zukünftige Form und Richtung des Unternehmens äußern.

4. **Wenn das Visions-Team mit seiner Arbeit zufrieden ist, geben Sie dem Ganzen noch den Schlußanstrich und senden den Entwurf nach oben.**

   Wenn die Vision ihre rechtmäßige Rolle einnehmen soll, muß sie von den Leuten an der Spitze abgesegnet und gefördert werden.

Behalten Sie diese Tips im Auge, wenn Sie die Vision formulieren:

- ✔ Keiner darf die Diskussion dominieren, wenn das Team für die Formulierung der Unternehmensvision mit Ideen und Sätzen um sich wirft. Nichts tötet die Kreativität schneller, als wenn alle Ideen von einer Person kommen.
- ✔ Lassen Sie sich genügend Zeit, um die richtigen Worte für die Vision zu finden. Im Schnelldurchgang kann man keine Vision erstellen. Gute Formulierungen haben die Tendenz, sich erst mit der Zeit (und in mehreren Meetings) zu entwickeln.
- ✔ Prüfen Sie, ob die Vision des Unternehmens realistisch bleibt. Es gibt nichts Schlimmeres als eine Vision, die mehr mit Phantasie zu tun hat, als mit der Zukunft. Phantasievisionen erzeugen bei allen Beteiligten eher Verwirrung und Befremden.

Auch wenn Ihre Vision nur ein paar Sätze oder nur einen halben Satz lang ist, ist sie der Kompaß, der dem Unternehmen den Weg in die Zukunft weist. Lassen Sie sich genug Zeit, damit Sie sicher sind, daß Norden auch wirklich Norden ist – daß die Vision auch wirklich in die Richtung zeigt, in die Sie gehen wollen.

Als Faustregel sollten Sie annehmen, daß die Vision dem Unternehmen etwa die nächsten zehn Jahre dienen wird. Bedeutet das, daß sie nie mehr geändert werden kann? Nein, aber es sollten wirklich erst Änderungen vorgenommen werden, wenn die Geschäftsbedingungen nach einem neuen Aktionskurs verlangen. Denken Sie daran, daß die Ideen, die hinter der Vision stehen, nicht bei der kleinsten Kleinigkeit ungültig werden dürfen. Sie stehen für dauerhafte Themen, die Ihr Unternehmen zu jeder Zeit und unter allen Umständen leiten sollen.

Unternehmen mit Vision

Die Besten sein ... unseren Kunden dienen, indem wir durch Partnerschaft bei der Bewältigung bevorstehender Risiken ihnen innere Ruhe geben und ihre Lebensqualität bereichern.

The Allstate Corporation (Versicherungsunternehmen)

Wir wollen, daß unsere Kunden immer wiederkommen, weil sie gutes Essen, aufmerksamen Service und freundliche Atmosphäre suchen.

The Applewood Café (kleines Restaurant)

Unsere Aufgabe ist es, menschliches Leben zu erhalten und Lebensbedingungen zu verbessern. Alle unsere Taten müssen daran gemessen werden, ob wir bei der Verwirklichung dieses Ziels erfolgreich waren.

Merk, Inc. (Pharma-Unternehmen)

Die Welt durch Technik ändern.

Apple Computer, Inc. (Internationaler Computer-Hersteller)

Aber nur Diamanten sind für die Ewigkeit. Wenn eine sich ändernde Umgebung Sie mit unerwarteten Umständen konfrontiert, dann ändern Sie um Himmels willen die Vision, so daß sie die neue Realität widerspiegelt. Wenn die Worte auf dem Papier für Ihr Unternehmen keine Bedeutung mehr haben, sind sie nichts mehr wert. Die Vision ist nur insoweit von Nutzen, als sie die Kraft hat, die Leute vorwärts in Richtung Zukunft zu bewegen.

- ✔ Eine Vision beschreibt, wo Ihr Unternehmen hin will und was aus ihm werden soll.
- ✔ Je mehr Leute bei der Formulierung der Vision beteiligt sind, desto weiter ist der Blickwinkel.
- ✔ Stellen Sie sicher, daß die Vision in der Realität verankert ist.

Teil II

Den eigenen Markt einschätzen

»Kann man sich nur schwer vorstellen. Das Konzept war im alten Ägypten ein echter Hit.«

In diesem Teil...

Am schnellsten kommt man zu Erfolg, wenn man sich noch vor dem Start genaue Vorstellungen davon macht, auf was man sich einläßt – besonders von den Dingen, die man nicht unter Kontrolle hat. Denken Sie zum Beispiel an den Garten in Ihrem Hinterhof. Wenn Sie dieses verwahrloste Stück Erde in ein Schmuckstück umwandeln möchten, müssen Sie erst mal eine Menge Hausaufgaben erledigen. Sie müssen den Boden und das Klima kennen. Ist es schattig oder sonnig? Wie kalt wird es nachts? Welche Art von Pflanzen gedeiht hier? Welche verschiedenen Pflanzen passen zusammen? Vor welchem Unkraut müssen Sie sich schützen? Und welche Schädlinge gibt es? Und wer hat überhaupt gesagt, daß Gärtnern einfach ist?

Bei einem Businessplan ist es nicht viel anders. In diesem Teil werden Sie aus dem Fenster blicken und erkennen, welcher Garten zu Ihrem Unternehmen gehört. Zunächst werden wir die Branche betrachten und ermitteln, was gerade für Sie und Ihren Erfolg spricht. Sie werden Ihre Chancen einschätzen lernen und die Risiken kennenlernen, die auftauchen können. Viel Zeit werden wir damit verbringen, über Ihre Kunden zu sprechen – was sie brauchen, was sie wollen und was sie glücklich macht. Wie werden uns ansehen, wie man die Kunden in Gruppen mit ähnlichen Bedürfnissen und Wünschen einteilen kann, so daß man sie noch besser zufriedenstellen kann. Schließlich sprechen wir über Ihre Konkurrenten: wer sie sind, auf was sie es abgesehen haben, und wie Sie mit ihnen konkurrieren und dabei gewinnen können.

Das Geschäftsumfeld prüfen

4

In diesem Kapitel:

- Die wirtschaftliche Tätigkeit, die Sie ausüben, definieren
- Ihre Branche analysieren
- Herausfinden, wo man Daten herbekommt
- Die erfolgsentscheidenden Faktoren erkennen
- Auf Chancen und Risiken vorbereitet sein

Manche Menschen sehen den Wald vor lauter Bäumen nicht.

Sprichwort

Eine der wichtigsten Fragen, die Sie sich bei den Vorbereitungen zur Erstellung eines Businessplans stellen können, ist: »In welchem Geschäft bin ich eigentlich tätig?« Die Frage mag einfach klingen, sogar trivial, und wird vielleicht gerade deshalb so oft ignoriert. Wenn Sie diese grundlegende Frage jedoch richtig beantworten können, haben Sie den ersten Riesenschritt zur Erstellung eines effektiven Businessplans gemacht.

Können Sie sich noch an die Züge erinnern, mit den eleganten Speisewaggons, den komfortabel ausgestatteten, nostalgischen Waggons und den Raucher-Salons, die quer durch die USA gefahren sind und die man in den alten Western-Filmen noch bewundern kann. Die Eisenbahngesellschaften in den 30er, 40er und 50er Jahren dachten, sie wüßten genau, in welchem Business sie sich befänden: dem Eisenbahn-Business. Man machte sich gar keine Gedanken darüber. Wie es sich jedoch herausstellte, wollten die Passagiere etwas anderes: Sie wollten einfach nur transportiert werden. Die Eisenbahnen mußten bald mit Autobahn, General Motors und Ford, Pan Am, Boeing und den internationalen Flughäfen konkurrieren. Die im Eisenbahn-Business bestimmenden Kräfte hatten gar nichts mehr mit Schwellen und Schienen zu tun. Aber die Eisenbahngesellschaften hatten es verpaßt, den Überblick zu behalten, und konnten ihren früheren Ruhm nie wieder zurückgewinnen.

In diesem Kapitel sollen Sie den Überblick bekommen, indem Sie die wirtschaftliche Tätigkeit, die Sie ausüben, genau definieren. Wir werden Ihre Branche analysieren, nach erfolgsentscheidenden Faktoren suchen und Ihnen dann einige Hinweise zur Vorbereitung auf Chancen und Risiken geben, die sich am Horizont abzeichnen können.

Die wirtschaftliche Tätigkeit, die Sie ausüben, definieren

Okay, welche wirtschaftliche Tätigkeit üben Sie denn nun tatsächlich aus? Sagen Sie nicht, Sie sind »Krimskrams-Hersteller«, nur weil Sie irgendwelchen Krimskrams herstellen. Zur Beantwortung der Frage reicht es nicht, anzugeben, was man tut oder was man herstellt. Sie müssen schon ein bißchen tiefer graben und sich fragen, was in Ihrer Branche vor sich geht.

- ✔ Welche grundlegenden Bedürfnisse erfüllen Sie?
- ✔ Welche zugrundeliegenden Kräfte sind am Spiel?
- ✔ Welche Rolle spielt Ihr Unternehmen?

Sie können sich absichern, damit es Ihrem Unternehmen nicht wie den amerikanischen Eisenbahngesellschaften ergeht, indem Sie die zugrundeliegenden Kräfte verstehen, die Ihr Geschäftsumfeld formen. Analysieren Sie die Branche, in der Sie sich befinden. In Kapitel 5 und 6 werden Ihre Kunden genauer betrachtet und in Kapitel 7 geht es um Ihre Konkurrenten. Ihr eigenes Unternehmen wird dann in den Kapiteln 8 und 9 unter die Lupe genommen.

BEISPIEL

Eastman Kodak:

1880 von dem Unternehmer George Eastman gegründet, entwickelte sich Eastman Kodak schnell zum führenden Unternehmen für Amateurfotografie. Man verkaufte Kameras, Filme und entwickelte die Fotos, die wir längst in irgendwelche Alben, Schubladen oder Schuhkartons gestopft haben. Wo machte das Unternehmen vor allem sein Geld? Die Kameras waren nur wenig profitabel. Aber Kodak wollte, daß die Menschen Kameras haben, damit das Unternehmen Geld durch den Verkauf von Filmen und noch mehr Geld durch die Entwicklung der Filme machen konnte.

Tatsächlich konnte Kodak riesige Gewinne durch die Filmentwicklung erzielen. Das Unternehmen stellte seine eigenen Foto-Chemikalien und sein Fotopapier her und besaß die Entwicklungslabors. Schließlich hielt sich Kodak für ein in der Foto-Chemie tätiges Unternehmen und erzählte dies an der Börse und jedem, der es hören wollte. Während sich die Direktoren und Manager bei Kodak gegenseitig auf die Schultern klopften, kamen neue Konkurrenten – und neue Technologien – zur Hintertür herein.

Wie sich herausstellte, waren die Kunden nicht besonders an der chemischen Seite interessiert. Niemand hatte eine spezielle Vorliebe für Fotopapier oder für die verschiedensten Chemikalien, die Kodak so gut herstellte. Was die Leute wirklich wollten, waren Erinnerungen. Sie wollten spezielle Momente einfangen und sie für immer aufbewahren. Kodak war also eigentlich im »Erinnerungsgeschäft« tätig. Und da entwickelten sich neue Methoden, um Erinnerungen zu speichern.

Es kam eine japanische Firma und führte der Welt die neuen Videokameras vor. Plötzlich wurden Erinnerungen nicht mehr chemisch, sondern elektronisch möglich gemacht. Zu Sony gesellten sich bald Hitachi, Matsushita und Sharp. Da nur wenige Schienen übrig geblieben waren, konnte sich Kodak nur noch wundern, von welchem Zug es überrollt worden war. Auch wenn man immer noch Schnappschüsse macht, hat Kodak nicht mehr das Monopol für »Erinnerungen«, und das Unternehmen hat sich noch nicht wieder völlig erholt.

Ihre Branche analysieren

Egal in welcher Art von Unternehmen Sie tätig sind – die Welt um uns herum wird von Kräften geformt, die man erkennen, einplanen und mit denen man umgehen muß, wenn man über lange Zeit erfolgreich sein will. Die Typen im Elfenbeinturm nennen diesen Vorgang *Branchenanalyse*. Unter Umständen verspüren Sie den Drang, gleich davonzulaufen, wenn irgend etwas auftaucht, das mit Analyse zu tun hat. Wir wollen diesen Schritt gar nicht mit Zucker überziehen, aber werden versuchen, das Ganze so schmerzlos wie möglich zu machen.

Wieviel wissen Sie denn bereits? Nehmen Sie sich einen Moment Zeit, und füllen Sie den Fragebogen zur Branchenanalyse (Abbildung 4.1) aus. Wenn Sie zu einer Frage keine Antwort wissen, wählen sie das Feld?

Fragebogen zur Branchenanalyse

Anzahl der Konkurrenten in Ihrer Branche:	☐ Viele	☐ Einige	☐ Wenige	☐ ?
Wird Ihre Branche von mehreren großen Unternehmen dominiert?	☐ Ja	☐ Nein		☐ ?
Der Marktanteil der drei größten Unternehmen in Ihrer Branche beträgt:	☐ <40%	☐ Dazwischen	☐ >80%	☐ ?
Neue Technologien verändern die Methoden in Ihrer Branche:	☐ Jedes Jahr	☐ Alle 5 Jahre	☐ Alle 10 Jahre	☐ ?
Die Schranken, die neue Konkurrenten von Ihrer Branche abhalten, sind:	☐ Hoch	☐ Mittel	☐ Niedrig	☐ ?

➤

Fragebogen zur Branchenanalyse

Die Schranken, die Konkurrenten davon abhalten, die Branche zu verlassen, sind:	☐ Hoch	☐ Mittel	☐ Niedrig	☐ ?
Die allgemeine Marktnachfrage in Ihrer Branche ist:	☐ Wachsend	☐ Stabil	☐ Abnehmend	☐ ?
Es gibt einen großen, ungenutzten Markt, den Ihre Branche noch erobern kann:	☐ Ja	☐ Vielleicht	☐ Nein	☐ ?
Die Auswahl an Funktionen und Optionen in den verschiedenen Produktlinien, die Ihre Branche bietet, ist:	☐ Umfang-reich	☐ Durch-schnittlich	☐ Begrenzt	☐ ?
Die Kunden kaufen die Produkte in Ihrer Branche fast ausschließlich aufgrund des Preises:	☐ Ja	☐ Nein		☐ ?
Die Kunden können als Ersatz für die Produkte Ihrer Branche andere Alternativen finden:	☐ Leicht	☐ Schwieriger	☐ Nein	☐ ?
Die Branchenzulieferer haben bei der Festlegung der Bedingungen großen Einfluß:	☐ Ja	☐ Nein		☐ ?
Die Kunden haben beim Kauf der Produkte Ihrer Branche großen Handelsspielraum:	☐ Ja	☐ Nein		☐ ?
Die Distributoren haben in Ihrer Branche viel Macht und spielen eine wichtige Rolle:	☐ Ja	☐ Nein		☐ ?
Die Gesamtkosten in Ihrer Branche waren:	☐ Abnehmend	☐ Stabil	☐ Zunehmend	☐ ?
Die Gewinnspanne in Ihrer Branche ist:	☐ Hoch	☐ Durch-schnittlich	☐ Gering	☐ ?

Abbildung 4.1: Fragebogen zur Branchenanalyse

Ihre Antworten zeigen skizzenhaft, was Sie denken. An den Stellen, an denen Sie ein Fragezeichen angekreuzt haben, müssen Sie sich genauer informieren. Auf jeden Fall ist es jetzt Zeit, die Ärmel hochzukrempeln und sich ernsthaft mit der Branchenanalyse zu beschäftigen.

Die gute Nachricht ist, daß bereits viele, intelligente Leute alle möglichen Branchen analysiert haben. Zwar sind zwei gleiche Unternehmen nie wirklich gleich, aber in vielen Branchen scheinen grundlegende Kräfte am Werk zu sein (siehe Abbildung 4.2).

In den folgenden Abschnitten werden die wichtigsten dieser Kräfte beschrieben – die, die höchstwahrscheinlich auch in Ihrer Branche eine Rolle spielen –, und es werden Hinweise gegeben, wie man diese Kräfte bei der eigenen Unternehmensplanung beachtet.

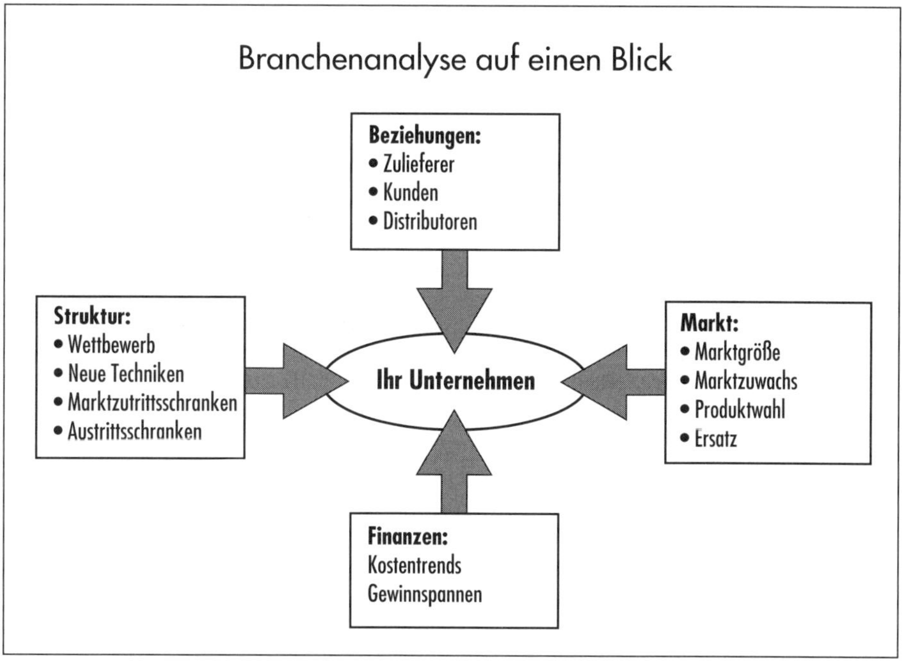

Abbildung 4.2: Die vier Hauptkomponenten der Branchenanalyse

Struktur

Jede Branche, vom Blumen- bis zum Antiquitätenhandel, hat ihre eigene Struktur. Im folgenden finden Sie Tips, auf was Sie achten sollten.

Die Rivalen

Die Anzahl der Konkurrenten hat großen Einfluß auf eine Branche. In einer Branche kann ein *Monopol* herrschen (ein Monsterunternehmen ohne jegliche Konkurrenten), ein *Oligopol* (eine kleine Anzahl starker Konkurrenten) oder ein *Multiopol* (viele Konkurrenten). Wobei wir das Wort Multiopol gerade erfunden haben, weil wir denken, daß es ein Wort geben sollte, das den Zustand beschreibt, der in den meisten Branchen in dieser Wettbewerbswelt vorherrscht. Zusätzlich zu der bloßen Anzahl an Konkurrenten sollten Sie auch herausfinden, wie viele der Unternehmen groß und wie viele klein sind, und wie sie die Märkte, in denen sie miteinander konkurrieren, aufgeteilt haben.

Erstellen Sie eine Liste der wichtigsten Konkurrenten Ihrer Branche. Ermitteln Sie anhand der Einnahmen, Gewinne und anderer zur Verfügung stehender Maßzahlen deren Größe, und schätzen Sie deren relativen Marktanteil an den Märkten, für die Sie sich am meisten interessieren.

Neue Techniken

In vielen Branchen ändert sich die Technik sehr schnell. Prüfen Sie, wie stark und wie schnell sich die Dinge in Ihrer Branche ändern. Sie müssen kein Technikspezialist sein, aber sollten doch etwas mit den zugrundeliegenden technischen Fragen vertraut sein. Sie sollten auch herausfinden, von wem technologische Veränderungen ausgehen, und wie einfach neue Techniken zu haben sind.

Klären Sie, auf welche technischen Möglichkeiten Sie verzichten können, wie der aktuelle Stand ist, und welche Techniken in Ihrer Branche in Zukunft eingesetzt werden. Wie lange wurde mit den alten Methoden gearbeitet, bevor sie durch neue ersetzt wurden? Versuchen Sie, vorauszusehen, wann neue Techniken in Ihrer Branche unumgänglich werden. Gleichzeitig sollten sich über Copyrights, Patentschutz oder speziell nötiges Fachwissen informieren, die jeweils die Einführung einer neuen Technik beeinflussen können.

Kann jeder mitmachen?

Die Eintrittskosten, die es neuen Konkurrenten mehr oder weniger schwer machen, auch auf der Party mitzutanzen, werden als *Marktzutrittsschranken* bezeichnet. Einige dieser Schranken sind offensichtlich: hohe Kapitalaufwendungen (viel Geld, das man erst einmal haben muß) zum Beispiel oder komplexe Vertriebsstrukturen, die das Erreichen der Kunden erschweren. Andere Schranken werden leicht übersehen. Durch die *Economies of Scale* (je größer man ist, um so mehr Geld macht man) werden viele neue Konkurrenten abgeschreckt. Auch eine starke Kundenbindung oder hohe Kundenkosten bei Produktänderungen schaffen hohe Schranken für die Neuen.

Erstellen Sie für Ihre Branche eine Liste der Marktzutrittsschranken, von denen Sie glauben, daß sie neue Konkurrenten abhalten könnten: zum Beispiel Kapitalaufwendungen, Vertrieb, Struktur, Rohstoffe, neue Techniken, Economies of Scale (Skaleneffekte), Vorschriften, Patente und Kosten bei der Umstellung auf neue Kunden. Ordnen Sie die einzelnen Punkte danach, wie unüberwindlich sie tatsächlich sind. Auf welcher Seite jeder Schranke stehen Sie?

Der große Ausverkauf

Manchmal ist es gar nicht so einfach, eine Party wieder zu verlassen, auch wenn man gerne möchte. Wie schwierig ist es für die Unternehmen in einer Branche, aus dem Markt herauszukommen, wenn sie dies möchten? Die Bindungen, mit denen Konkurrenten gehalten werden, nennt man *Austrittsschranken*. Dazu gehören zum Beispiel teure Fabrikanlagen oder Spezialeinrichtungen und -maschinen, die aufgrund langfristig geschlossener Verträge nicht einfach verkauft werden können, langfristige Pachtverträge mit Kunden, Service-Vereinbarungen und staatliche Vorschriften.

Fragen Sie nach, wie viele Unternehmen die Branche in den letzten fünf Jahren verlassen haben. Finden Sie heraus, warum sie sich vom Markt verabschiedet haben, und welche Schwierigkeiten sie auf ihrem Weg zum Ausgang hatten. Wie viele von ihnen haben freiwillig aufgehört, und wie viele mußten es?

Markt

Der Wettbewerb wird letzten Endes von den Kunden bestimmt, und Kunden schaffen Märkte. Idealerweise repräsentieren die Kunden, die Sie ansprechen wollen, einen Markt, der reif für neue Waren oder Dienstleistungen ist. Lesen Sie die folgenden Tips und urteilen Sie selbst.

Wie groß ist groß?

Die Größe eines Marktes sagt viel darüber aus, was in der Zukunft wahrscheinlich passieren wird, besonders in bezug auf die Konkurrenzsituation. Große Märkte zum Beispiel sind immer in den Schlagzeilen und ziehen viele Konkurrenten an. Kleinere Märkte ziehen nicht soviel Aufmerksamkeit auf sich und bergen oft gute Geschäftsmöglichkeiten, weil sie leichter zu überschauen sind. Sie haben das große Los gezogen, wenn Sie einen kleinen Markt in einen größeren umwandeln können, weil Sie eine *Marktlücke* entdeckt haben: ein Produkt oder eine Dienstleistung, an die vorher noch niemand gedacht hat.

Versuchen Sie aufgrund der derzeitigen Nutzungsgepflogenheiten die Gesamtgröße Ihres Marktes einzuschätzen. Wenn Sie schon dabei sind, können Sie nach neuen Anwendungsmöglichkeiten suchen, die das Potential haben, den Markt neu zu definieren. Just for fun können Sie dann für die neuen Gepflogenheiten, die Sie sich ausgedacht haben, Marktprognosen erstellen.

Abnehmend oder wachsend?

Wenn große Märkte schon gute Nachrichten bedeuten, dann sind schnell wachsende Märkte großartige Neuigkeiten, die die Konkurrenten veranlassen, aus allen Löchern zu krabbeln. Ein wachsender Markt bietet neuen Mitspielern die besten Möglichkeiten, einen guten Stand zu bekommen und die vorhandene Konkurrenz auf die Plätze zu verweisen. Auch bei abnehmenden Märkten können Sie wetten, daß die alten Konkurrenten zäher und erbitterter kämpfen werden. Die Konkurrenzsituation wird also sehr wahrscheinlich hitziger werden, wenn die Marktgröße ab- oder zunimmt.

Betrachten Sie die letzten fünf Jahre, und ermitteln Sie die Größenänderungen Ihres Marktes im Hinblick auf verkaufte Einheiten sowie im Hinblick auf erzielte Einnahmen. Wenn der Markt sich schnell ändert, suchen Sie nach Chancen und schätzen Sie ab, welchen Effekt dies wahrscheinlich auf Anzahl und Intensität der Konkurrenz haben wird.

Wahlmöglichkeiten

Bei einem schnellen Überblick über die Ähnlichkeiten und Unterschiede zwischen den Produkten und Dienstleistungen eines Marktes wird etwas gemessen, das man *Produktdifferenzierung* nennt. Wenn ein Produkt ziemlich genauso aussieht wie alle anderen Produkte, können Sie wetten, daß den Kunden vor allem der Preis wichtig ist, was als *Rohstoffmarkt* oder *Massengütermarkt* bezeichnet wird. Wenn andererseits jedes Produkt anders ist und dem Kunden etwas Einzigartiges oder Besonderes bietet, werden mit großer Wahrscheinlichkeit vor allen Dingen die Produktfunktionen über den langfristigen Erfolg oder Mißerfolg entscheiden.

Studieren Sie die Produkte oder Dienstleistungen, die von den drei Hauptkonkurrenten Ihres Marktes angeboten werden. Wie ähnlich sind sie sich? Wo sind sie einzigartig? Überlegen Sie sich, wie Sie bei Ihrem eigenen Produkt etwas Neues bringen können, so daß Sie nicht einfach nur über Erhöhen oder Senken des Preises konkurrieren müssen.

Etwas ganz anderes

Hie und da kommt plötzlich ein völlig neuer Produkttyp oder eine neue Dienstleistung auf den Markt und platzt sozusagen uneingeladen in die Party hinein. Das Produkt kommt meistens aus einer anderen Branche und kann unter Umständen auf einer anderen Technik basieren. Das neue Produkt wird über Nacht mit den anderen um die Zuneigung der vorhandenen Kunden rivalisieren. So zum Beispiel als Fax und E-Mail die Post herausforderten oder bei Videokameras, die weiterhin die Fotografie herausfordern. Die Gefahr der *Produktsubstitution* (vorhandene Produkte werden durch neue ersetzt) ist real, besonders in den sich schnell ändernden Märkten mit hoher Konkurrenz.

Überlegen Sie sich, was Ihre Kunden vor fünf, zehn oder sogar zwanzig Jahren taten. Haben sie schon damals Ihr Produkt oder ein ähnliches Produkt verwendet, oder haben sie ihre Bedürfnisse mit einem völlig anderen Produkt befriedigt. Wie wird es in einem, in fünf oder in zehn Jahren sein? Welche Produkte oder Dienstleistungen werden dann die Kundenwünsche befriedigen? Auch wenn Sie nicht die Zukunft vorhersehen können, können Sie doch verschiedene Möglichkeiten anvisieren.

Beziehungen

Im Geschäftsleben dreht sich alles um Beziehungen, und dabei kommt es nicht nur darauf an, ob Sie irgendwelche Leute kennen. Es ist entscheidend, wer Ihre Rohmaterialien liefert, und wer Ihr Produkt vertreibt oder Ihre Dienstleistungen anbietet. Es kommt auch darauf an, wer Ihre Kunden sind, und welche Beziehung Sie zu ihnen haben. Einige Tips können Ihnen helfen, die Schlüsselbeziehungen, von denen Ihr Unternehmen abhängt, zu erkennen.

Zulieferer

Produkte und Dienstleistungen kann man auch unter dem Aspekt betrachten, wie sie letztendlich zusammengesetzt werden. Jedes Unternehmen benötigt zu irgendeinem Zeitpunkt des Fertigungsprozesses externe Zulieferer, ob diese Rohmaterialien liefern oder bereits fertige Komponenten des Produkts. Wenn Zulieferer mit ins Spiel kommen, entscheidet oft die Art dessen, was sie liefern – wie verfügbar, komplex und wichtig es für das Produkt oder die Dienstleistung des Unternehmens ist – darüber, wieviel Kontrolle sie über die Bedingungen der Beziehung zu dem Unternehmen haben. Und sie haben Einfluß auf alles, angefangen von den Preisen und den Kreditbedingungen bis hin zu den Zeitplänen für die Auslieferung des Produkts.

Sehen Sie sich Ihre eigenen Zulieferer an. Sind sie in einer Position, in der sie den Zugriff auf kritische Komponenten begrenzen oder die Preise erhöhen könnten? Können Sie Allianzen mit den Schlüssellieferanten eingehen oder langfristige Verträge abschließen? Sind einige der Zulieferer in der Lage, das zu tun, was Sie tun, und könnten damit zu Konkurrenten für Ihr Unternehmen werden? Wie können Sie sich schützen?

Die Kunden glücklich machen

Sie haben wahrscheinlich schon von dem Ausdruck »Käufermarkt« gehört. Je mehr Konkurrenz in einer Branche herrscht, desto mehr Macht bekommen die Kunden. Weil die Kunden eine große Auswahl an Produkten haben, können sie es sich erlauben, wählerisch zu sein. Sie stellen bei ihren Einkäufen Forderungen, üben zum Beispiel Druck aus, damit die Preise runtergehen, Service-Leistungen erweitert oder neue Produktfunktionen entwickelt werden. Einige besonders große Kunden haben sogar noch mehr Macht und können spezielle Bedingungen aushandeln.

Als Sie und Ihre Konkurrenten das letzte Mal die Preise angepaßt haben, haben Sie da erhöht, oder sind Sie mit den Preisen runtergegangen? Wenn Sie runtergegangen sind, werden Sie durch den Wettbewerbsdruck ohne Zweifel irgendwann wieder dazu gezwungen, noch weiter runterzugehen. Überlegen Sie sich daher andere Möglichkeiten, wie Sie konkurrieren können. Wenn Sie die Preise erhöhen würden, wieviel Widerstand hätten Sie zu erwarten? Wie einfach wäre es bei höheren Preisen, daß die Kunden das, was Sie tun, selbst machen und damit kein Bedürfnis mehr nach Ihrem Produkt oder Ihrer Dienstleistung haben?

Vertrieb

Egal wie begeistert die Kunden von Ihrem Produkt oder Ihrer Dienstleistung sind, sie können es erst kaufen, wenn sie es in einem Geschäft, Katalog, im Internet oder vor ihrer Haustür finden können. Die *Absatzsysteme* sorgen dafür, daß die Produkte dahin kommen, wo die Kunden sind. *Absatzweg* nennt man den Weg, den ein bestimmtes Produkt zurücklegt – einschließlich der Einzelhändler und aller anderen, die noch dazwischengeschaltet sind –, bis es in die Hände des Endkunden gelangt. Je länger diese Kette ist, desto mehr Macht hat sie bei der Bestimmung der Preise und der Bedingungen. Die Unternehmen am Ende der Kette haben die meiste Macht, weil sie direkten Zugang zum Kunden haben.

Überlegen Sie sich Alternativen für den Absatz Ihres Produkts oder Ihrer Dienstleistung. Welche Absatzwege sind am effektivsten? Wer hat bei dem jeweiligen Absatzweg die meiste Macht, und wohin könnte sie sich verlagern? Gibt es Möglichkeiten, wie Sie selbst näher an Ihre Kunden herankommen können, eventuell durch Mailing-Aktionen oder Vermarktung im Internet?

Finanzen

Schließlich hängt die erfolgreiche Unternehmensplanung auch davon ab, ob Sie mit dem schnöden Mammon umgehen können. Welche Kosten entstehen bei Ihrem Unternehmen? Welches Potential für Gewinne besteht? Ein paar Tips sollen Ihnen auf die Sprünge helfen.

Die Kostenseite

Mit ein bißchen Mühe können Sie die Gesamtkosten Ihrer Unternehmung in die verschiedenen Stadien unterteilen, die zur Herstellung des Produkts oder der Dienstleistung nötig sind, also zum Beispiel in Kosten für Rohmaterialien und Herstellung, für den Zusammenbau des Produkts, für Vertrieb, Marketing und Service-Leistungen. Das Kostenprofil ist bei Unternehmen derselben Branche häufig ähnlich. Sie können unter Umständen einen Kostenvorteil erzielen, wenn Sie ausmachen können, wo in Ihrem Unternehmen die meisten Kosten entstehen, und dann nach Möglichkeiten suchen, um diese Kosten zu reduzieren.

Der Skaleneffekt wird zum Beispiel wirksam, wenn größere Kosten im vorhinein festgelegt werden können. Wird die Anzahl der verkauften Produkte erhöht, reduzieren sich automatisch die Kosten pro verkaufter Einheit. (Weitere Informationen zum Skaleneffekt finden Sie weiter oben in diesem Kapitel im Abschnitt

»Kann jeder mitmachen?«.) *Erfahrungskurven* zeigen, daß Kosten auch verringert werden können, wenn irgendwo im Produktionsprozeß neue Technologien, neue Verfahren oder Materialien eingesetzt werden. (Mehr Informationen zu Erfahrungskurven finden Sie in Kapitel 13.)

Unterteilen Sie Ihr Unternehmen in die verschiedenen Produktstadien, und fragen Sie sich, wo die meisten Kosten auftreten. Gibt es irgendwelche offensichtlichen Möglichkeiten, um diese Kosten sofort oder über einen längeren Zeitraum zu verringern? Wie beeinflußt das Verdoppeln der Umsätze die Kosten pro Einheit? Welche Ideen zur Kosteneinsparung haben Ihre Konkurrenten?

Die Gewinnseite

Die Branchen haben traditionellerweise Ihre eigenen Faustregeln, wenn es um die erwarteten *Gewinnspannen* geht: der Betrag, der am Ende herauskommen wird, nachdem alle Kosten zusammengerechnet wurden und von dem eingenommenen Geld abgezogen wurden. In einigen Branchen bleiben diese Gewinnspannen über Jahre hinweg konstant. Ein Blick auf die Geschichte anderer Branchen zeigt jedoch, daß es Zyklen sich ändernder Profitabilität gibt. Diese Zyklen spiegeln häufig die sich ändernde *Kapazität* wider, also wieviel von einem Produkt oder einer Dienstleistung tatsächlich produziert und ausgeliefert werden kann. Ein kurzer Blick darauf, in welchem Stadium des Zyklus der Profitabilität und der Kapazität sich eine Branche befindet, sowie ein Blick auf die Richtung, die die Branche gerade einschlägt, sagt viel über den bevorstehenden Wettbewerbsdruck aus.

- ✔ Gibt es in Ihrer Branche einen solchen Zyklus?
- ✔ Wie lange dauert dieser Zyklus im allgemeinen?
- ✔ Wenn Sie bereits über längere Zeit im Geschäft sind, haben sich Ihre Gewinnspannen im letzten Jahr bzw. in den letzten zwei oder fünf Jahren signifikant verändert?
- ✔ In welche Richtung gehen die Gewinnspannen im Moment?
- ✔ Glauben Sie, daß die Änderungen der Profitabilität Einfluß auf die Anzahl der Konkurrenten oder die Intensität des Wettbewerbs in den nächsten ein bis fünf Jahren haben wird?

Hören Sie an dieser Stelle noch nicht auf. Bestimmt haben wir ein oder zwei Kräfte vergessen, die für Ihre eigene Unternehmenssituation wichtig und vielleicht sogar einzigartig sind. Nehmen Sie sich Zeit, und versuchen Sie weitere Kräfte zu finden, während Sie Ihre eigene Branchenanalyse erstellen.

Nachdem Sie über die verschiedenen Kräfte, die in Ihrer Branche am Werk sind, nachgedacht haben, sollten Sie dies auch schriftlich festhalten. Wenn Sie an einer Stelle hängenbleiben, stellen Sie sich vor, daß jemand, der keine Ahnung von Ihrer

Branche hat, wissen will, ob sich eine Investition in Ihre Branche derzeit lohnen würde. Wie würden Sie antworten? Bringen Sie diese Argumente zu Papier, und Sie sind mit der Analyse Ihrer Branche einen großen Schritt weitergekommen.

Wo Sie Daten herbekommen

In vielen Fällen brauchen Sie etwas Hilfe von außen sowie harte Fakten, mit denen Sie das Unterfangen, wie die verschiedenen Kräfte Ihr eigenes Geschäftsumfeld formen, unterstützen können. Leider ist es nicht immer leicht, die richtigen Informationen, die erklären, was in Ihrer Branche los ist, in die Hände zu bekommen.

Manchmal kann man die Daten einfach nicht bekommen. Vielleicht hat sich niemand darum gekümmert, die Daten zu sammeln und zu ordnen, oder die Unternehmen wollen einfach nicht damit herausrücken, damit Außenstehende (und auch potentielle Konkurrenten) die Branche nicht zu genau analysieren können. Meistens stehen jedoch eher zu viele Daten zur Verfügung, und das Problem ist, wo man die Informationen herbekommt, die man wirklich braucht.

Die gute Nachricht ist, daß die Technik helfen kann, Sie vor einer wahren Informationsflut zu retten. Sie können die derzeitige Explosion an wirtschafts- und branchenbezogenen Daten kontrollieren, indem Sie die im Internet vorhandenen Dienste und Online-Systeme nutzen, mit denen man nach den wirklich brauchbaren Informationen suchen kann.

Im folgenden finden Sie ein paar Vorschläge, an welche Stellen Sie sich wenden können, um Informationen für eine Branchenanalyse zu erhalten. Auf viele der angegebenen Quellen kann über Computer zugegriffen werden. Täglich gehen neue Quellen online. Wenn Sie Zugriff auf das Internet haben, dann beginnen Sie am besten dort mit der Suche.

Fachverbände: In vielen Branchen gibt es Fachverbände, die festhalten, was in ihrer Welt vor sich geht. Dachverbände, wie zum Beispiel die Industrie- und Handelskammer, können bei der Beschaffung relevanter Informationen ebenfalls sehr nützlich sein.

Bibliotheken: Die Bibliotheken der Wirtschaftsinstitute von Universitäten sind gut, aber auch die öffentlichen Bibliotheken beherbergen verschiedenste Wirtschaftszeitschriften und -bücher, Verweise auf schwer auffindbare akademische Quellen, von der Industrie herausgegebene Newsletter und sogar die Geschäftsberichte von Großunternehmen.

Wertpapierhändler: Morgan Stanley/Dean Witter, Merrill Lynch oder Smith Barney – alle größeren Wertpapierhändler beschäftigen Leute, die ausschließlich die verschiedenen Branchen beobachten. Der Trick besteht darin, an die Informationen ranzukommen. Unter Umständen müssen Sie dafür Kunde und Investor werden.

Anbieter in Online-Diensten: Eine wachsende Zahl von Unternehmen hat sich darauf spezialisiert, wirtschafts- und branchenbezogene Daten bereitzustellen. Meade Data Central, Knight-Ridder Information, Dow Jones & Company sowie Standard & Poor´s sind alle schon einige

Zeit im Geschäft und mit dem Wachstum des Internets hat sich auch deren Reichweite vergrößert. Die Informationen sind meistens nicht kostenlos, die Investition lohnt sich aber häufig. Halten Sie nach Angeboten für neue Benutzer oder nach speziellen Werbeangeboten Ausschau.

Direkte Kontakte zur Branche: Wenn möglich, dann gehen Sie gleich zur Quelle. Nützliche Informationen können von überall herstammen, auch von den PR-Abteilungen der Unternehmen, von Zulieferern, Distributoren und Verkäufern. Auch bei Konferenzen, Messen und Fabrikbesichtigungen können Sie wertvolle Informationen erhalten.

- ✔ Ihr Businessplan muß die wichtigsten Kräfte, die in Ihrer Branche am Werk sind, berücksichtigen.
- ✔ Die Anzahl und die Größe der Konkurrenten formt die Struktur der Branche.
- ✔ Größe und Wachstum Ihres Marktes entscheiden darüber, wie erbittert der Konkurrenzkampf sein wird.
- ✔ Wie gut Ihr Geschäft läuft, hängt von den Beziehungen ab, die Sie zu den Zulieferern, Kunden und Distributoren haben.
- ✔ Wenn Ihr Unternehmen Erfolg haben soll, müssen die Kosten niedrig und die Gewinne hoch sein.
- ✔ Im Internet können Sie viele nützliche Daten zu Ihrer Branche finden.

Die erfolgsentscheidenden Faktoren erkennen

Wenn Sie Ihre wertvolle Zeit mit der Erstellung einer Branchenanalyse verbracht haben, sollten Sie dafür mit einem ziemlich vollständigen Bild all der Kräfte, die in Ihrer Branche am Werk sind, belohnt worden sein. Sie sollten jetzt Bescheid wissen über die Grundstruktur Ihrer Branche, die Hauptmärkte, die Beziehungen zu Ihren Zulieferern, Kunden und Distributoren, über Kosten und sich ändernde Gewinnspannen. Die Analyse zeigt auch die Trends in Ihrer Branche auf und weist Sie darauf hin, wo die allgemeinen Branchen- und Geschäftszyklen momentan hinführen.

Das ist schön und gut. Aber wie können Sie diese Branchenlandschaft interpretieren, damit Sie sie zur Verbesserung Ihrer eigenen Unternehmensplanung nutzen können? Stellen Sie sich einen Moment lang vor, Ihre Branche sei ein großer Wildwasserfluß. Die Kräfte, die Sie aufgelistet haben, sind die schnellen Strömungen, gefährliche Stromschnellen, Felsen oder sogar Strudel im Fluß. Sie sitzen im Kanu des Unternehmens, und da müssen Sie schon mehr tun, als nur auf die Dinge hinzuweisen und glücklich und zufrieden dahinzupaddeln. Ihr Job ist es, durch die gefährlichen Stellen zu navigieren. Wie jeder Kanuexperte weiß, bedeutet das, daß man sich bei jedem Paddelschlag Gedanken machen muß, was zu tun ist – welche speziellen Fähigkeiten, Ressourcen und Verbindungswege vorhanden sein müssen, damit Sie überleben und die einzelnen Strecken des Flusses meistern können.

Wieder zurück an Land sollten Sie Ihre Branchenanalyse noch einmal mit neuem Blick begutachten. Fragen Sie sich, was getan werden muß, damit Ihr Unternehmen angesichts der mächtigen Kräfte, die Sie identifiziert haben, erfolgreich sein kann. Welche speziellen Fähigkeiten, welche Organisation und welche Ressourcen müssen vorhanden sein, damit Sie überleben und siegreich sind? In der Geschäftswelt werden diese Aktiva als *erfolgsentscheidende Faktoren* bezeichnet. Erfolgsentscheidende Faktoren sind die fundamentalen Bedingungen, die unbedingt vorhanden sein müssen, wenn ein Unternehmen auf dem Markt gewinnen will. Diese Faktoren sind von Branche zu Branche unterschiedlich, weil sie direkt von den verschiedenen Kräften abhängen, die in der jeweiligen Branche wirken.

Die für Ihr Unternehmen erfolgsentscheidenden Faktoren werden ziemlich spezifisch sein: eine durch Ihre Branchenanalyse und die Kräfte, die Ihre Branche formen, bestimmte Menge von Bedingungen. Wahrscheinlich wollen Sie nicht mit mehr als drei oder vier erfolgsentscheidenden Faktoren gleichzeitig jonglieren. Egal wie viele Faktoren Sie als wichtig erkennen, aller Wahrscheinlichkeit nach werden sie sich in bestimmte allgemeine Kategorien einteilen lassen, die schon vorher feststellbar sind. Im folgenden finden Sie Anhaltspunkte, mit denen Sie Ihre eigene Liste der erfolgsentscheidenden Faktoren erstellen können.

Technik

Als in den späten 50er Jahren Düsentriebwerke zur Verfügung standen, war es schnell klar, daß die Fluggesellschaften diese Technik einführen mußten, um wettbewerbsfähig bleiben zu können. Düsentriebwerke wurden ein erfolgsentscheidender Faktor für die Branche. Wenn Sie (oder Ihre Kinder) Flugzeuge mit Hilfe von Computer-Simulatoren steuern, wissen Sie bereits, daß für den Erfolg im Bereich der Computer-Spiele schnelle Prozessoren und Algorithmen entscheidend sind. Kleine Unternehmen können eine neue Technik wie das Internet als erfolgsentscheidenden Faktor nutzen, indem Sie eine auffallende Homepage gestalten.

Herstellung

Für Rohstoffe wie Stahl oder Öl sind groß angelegte Fabriken bzw. Raffinerien ein erfolgsentscheidender Faktor, damit die Produktionskosten gering gehalten werden können und die Unternehmen im Preis konkurrenzfähig bleiben. In High-Tech-Industrien andererseits sind Automatisierung und effiziente Reinräume die erfolgsentscheidenden Zutaten, die die Produktion von preislich wettbewerbsfähigen Elektronikprodukten wie CD-Spielern, Videokameras, Mobiltelefonen usw. ermöglichen.

Human Resources

Consulting-Firmen rekrutieren Ihr Personal meist nur aus den Top-Universitäten, weil ihr Verkaufsgut die Expertise ihrer Berater ist, und die Kunden häufig Fähigkeit und gute Ausbildung gleichsetzen. Ebenso sind Software-Unternehmen nur so gut, wie ihre Programmierer kreativ und erfahren sind. In beiden Fällen sind die Menschen selbst die erfolgsentscheidenden Faktoren.

Organisation

Der langfristige Erfolg von Filmunternehmen, die einen großen Film nach dem anderen produzieren und Geld machen, hängt oft von deren organisatorischem Talent ab: der Fähigkeit, voneinander unabhängige Autoren, Schauspieler, die Film-Crew und Produktionsunternehmen sowie die Abnehmer im Bereich Medien und Distribution zu beurteilen, zu organisieren und unter einen Hut zu bringen.

Dienstleistungen

Unternehmen, die Dienstleistungen irgendeiner Art anbieten, verkaufen ziemlich abstrakte Produkte, die man nicht anfassen und nur schwierig mit Copyright und Patent versehen kann. Erfolg ist meist den Unternehmen beschieden, die als erste am Markt sind und sich sehr um die Kundenloyalität bemühen. Wirtschaftsprüfer und Finanzberater sind sehr darauf bedacht, einen untadeligen Ruf aufzubauen. Denn einer der Hauptgründe, warum Kunden finanziellen Rat bei ihnen suchen, ist, daß sie allgemein als vertrauenswürdig gelten.

Lage

Es ist kein Zufall, daß profitable Mühlen sich in landwirtschaftlich genutzten Gegenden befinden und Ziegeleien neben Steinbrüchen liegen, denn der Transport von Rohmaterialien ist kostspielig. Aber es sind nicht nur die Transportkosten, die bei der Wahl eines Standortes eine Rolle spielen. Für Fastfood-Restaurants und Tankstellen ist die Lage von alles entscheidender Bedeutung. Der wichtigste erfolgsentscheidende Faktor für diese Art von Unternehmen ist, daß sie genau den richtigen Platz an einer stark befahrenen Straße erwischen.

Marketing

Die Hersteller von Kosmetik, Bekleidung, Parfüm und sicherlich auch von Sportschuhen verkaufen neben dem tatsächlichen Produkt auch eine Menge heißer Luft. In diesen Fällen gehört die Fähigkeit der Unternehmen, ein starkes Marken-Image aufzubauen und aufrechtzuerhalten, mit zu den erfolgsentscheidenden Faktoren. Die Kunden kaufen zuerst den Namen, das Logo oder das Etikett und dann erst den dazugehörigen Lippenstift, die Jeans oder Turnschuhe.

Distribution

Verpackte Nahrungsmittel, Haushaltswaren, Snacks und Getränke leben davon, wieviel Platz ihnen im Supermarktregal zugeteilt wird. Ein erfolgreiches Unternehmen für verpackte Waren arbeitet hart daran, um für jeden in der Auslieferungskette, vom Fahrer bis zum Lebensmittelhändler, Anreize zu schaffen, damit sichergestellt ist, daß in den Regalen viel Platz für die eigene Marke vorhanden ist und eventuell andere Marken verdrängt werden können. Die Schnelligkeit der Auslieferung kann manchmal auch ein erfolgsentscheidender Faktor sein, besonders wenn es auf Frische ankommt.

Staatliche Vorschriften

Unternehmen, die ihre Verträge direkt mit staatlichen Stellen abschließen, zum Beispiel Recycling-Unternehmen und Baufirmen, haben oft Erfolg, weil sie so gut mit Bürokraten und gewählten Staatsvertretern umgehen können. Staatliche Vorschriften spielen jedoch in vielen Branchen eine Rolle, und die Fähigkeit, sich in einem Meer von Vorschriften zurechtzufinden, ist daher oft der für den Erfolg eines Unternehmens entscheidende Faktor. Pharmazeutische Unternehmen investieren beispielsweise riesige Beträge, um neue Arzneimittel zu entwickeln, und setzen den gesamten möglichen Gewinn und Erfolg dafür ein, diese Arzneien durch den komplexen Prozeß der Anerkennung durch die staatlichen Behörden zu bringen.

Eine letzte Sache, bevor Sie selbst Ihre Liste der erfolgsentscheidenden Faktoren erstellen: Die erfolgsentscheidenden Faktoren bestimmen, welche Unternehmen in einer bestimmten Branche mit hoher Wahrscheinlichkeit langfristig Erfolg haben werden. Leider sind die erfolgsentscheidenden Faktoren nicht immer mit den momentanen Fähigkeiten Ihres Unternehmens identisch. In Kapitel 8 sprechen wir über die spezifischen Fähigkeiten Ihres Unternehmens und darüber, wie Sie sicherstellen können, daß diese die von Ihnen gefundenen erfolgsentscheidenden Faktoren reflektieren.

- ✔ Die erfolgsentscheidenden Faktoren sind die Fähigkeiten und Ressourcen, die Sie unbedingt haben müssen, um gewinnen zu können.
- ✔ Zu den erfolgsentscheidenden Faktoren gehören zum Beispiel eine coole Technik, freundlicher Service, dynamisches Marketing oder Lage, Lage und noch mal Lage.
- ✔ Erstellen Sie eine Liste, die Sie überschauen können: vier erfolgsentscheidende Faktoren sind genug.

Auf Chancen und Risiken vorbereitet sein

Wenn Sie über die hauptsächlichen Kräften, die Ihre Branche formen, Bescheid wissen, und die erfolgsentscheidenden Faktoren kennen, die festlegen, welche Art von Unternehmen wohl am ehesten an die Spitze kommen wird, können Sie nach vorne blicken. Nutzen Sie alles, was

Sie über Ihre Branche erfahren haben, und fragen Sie sich: Welche Chancen bestehen für Ihr Unternehmen und wo liegen die Risiken?

Diese Art von Fragen werden gemeinhin unter dem Begriff *Situationsanalyse* zusammengefaßt. Wenn Sie genau darüber nachdenken, dann hängt die Situation Ihres Unternehmens zum Teil von Dingen ab, die in Ihrem Unternehmen ablaufen (auch als Stärken und Schwächen eines Unternehmens bezeichnet), und zum Teil von Dingen, die draußen passieren (Chancen und Risiken).

Im Moment konzentrieren wir uns erst einmal auf die bevorstehenden Chancen und Risiken (über Stärken und Schwächen werden wir in Kapitel 8 reden). Chancen und Risiken ergeben sich durch die Kräfte, Trends und Ereignisse, die jenseits Ihrer Einflußmöglichkeiten als Unternehmer liegen. Aber sie sind die Herausforderungen, mit denen sich Ihr Unternehmen auseinandersetzen muß, wenn Sie die Konkurrenz schlagen möchten.

Was für ein schöner Morgen

Chancen klopfen nicht immer an. Manchmal muß man die Tür selbst finden und wissen, wann sie am besten zu öffnen ist. Sehen Sie sich die folgenden Situationen an, sie können alle neue Chancen ermöglichen. Überlegen Sie also, ob irgend etwas neue Möglichkeiten in Ihrer Branche eröffnen könnte.

Größere Veränderungen der Technik: Wenn sich die Technik ändert, sind Unternehmen bei der Einführung häufig langsam, weil sie soviel in das Alte investiert haben. Angefangen von besseren Software-Produkten, die auf neuen Betriebssystemen basieren, bis zu effizienterer Stahlproduktion durch neue Hochofen-Technik bieten sich hier Geschäftschancen.

Verfügbarkeit neuer Materialien: Die Erforschung neuer Materialien kann zu innovativen Produkten und erweiterten Marktchancen führen. Die Firma DuPont zum Beispiel entwickelte eine chemische Behandlung, die die Fasern vor Verfärbung schützt, und entwickelte dann eine neue so behandelte Teppichart.

Neue Kundenkategorien: Neue Marktchancen werden geboren, wenn Sie ermitteln können, daß eine Gruppe von Kunden mit dem, was auf dem Markt zur Verfügung steht, nicht zufrieden ist. Die Firma Chrysler entdeckte, daß junge Familien etwas Größeres und Komfortableres wollen, als ein Kombi-Wagen bietet, und so war der Minivan-Markt geboren. In der Landwirtschaft gibt es immer mehr kleine, innovative Anbauer, die die wachsende Nachfrage nach ökologischem Anbau erfüllen.

Plötzliches schnelles Wachstum eines Marktes: Wenn ein Markt plötzlich boomt, haben die Unternehmen die besten Chancen, die als erste die Produktion steigern können, um die wachsende Nachfrage zu befriedigen. Nike war zum Beispiel in der Lage, ganz nach vorne zu sprinten, weil es dem phänomenalen Anstieg der Nachfrage nach allen möglichen Arten von Sportschuhen gerecht werden konnte.

Neue Verwendungsmöglichkeiten für alte Produkte: Boomende Märkte entstehen auch, wenn für alte Produkte neue Verwendungsmöglichkeiten gefunden werden. Pager wurden früher nur in medizinischen Kreisen oder für Notrufe verwendet, heute sind sie die Accessoires der Teenager. Teenager können sich noch keine Mobiltelefone leisten, aber hassen es, nicht auf dem Laufenden zu sein, und piepsen sich daher gegenseitig ständig an – und bilden einen großen Anteil des Pager-Marktes.

Zugriff auf hochqualifizierte Leute: In vielen Branchen sind Fähigkeiten eine seltene und wertvolle Ressource. Geschäftschancen entstehen oft, wenn qualifizierte Arbeitskräfte zur Verfügung stehen. Ob Luftfahrtsingenieure in Südkalifornien, indische Programmierer oder russische Wissenschaftler – Unternehmen nutzen gern die Chance, ihren Talent-Pool zu erweitern.

Zusätzliche Standorte: Die Lage ist entscheidend für das Geschäft. Früher wurden Kinos aus den Einkaufszentren verbannt. Heute hält man sie für wichtige Magneten, die zusätzliche Einkäufer anziehen, so daß man in vielen Einkaufszentren heute auch Kinos findet.

Neue Organisationsmodelle: Neue Arten der Geschäftsführung bergen häufig auch Geschäftschancen. Der Zwang zur Verkleinerung der Unternehmen hat zum Beispiel dazu geführt, daß alle möglichen Funktionen an andere Unternehmen übertragen wurden, die jetzt nichts anderes tun, als Computersysteme zu warten, Schulungen zu geben oder den Newsletter für Ihre Kunden zu erstellen.

Neue Distributionswege: Es gibt wirklich nichts Aufregenderes in der Geschäftswelt als neue Möglichkeiten zu finden, an Kunden zu kommen. Der Vertrieb, ob als Discount-Warenhaus oder als Telefon-Marketing-Kampagne, schafft einen Markt. Das phänomenale Wachstum des Internets basiert auf seinem Versprechen, daß via Internet Kunden für alle möglichen Produkte und Dienstleistungen effizient und effektiv erreicht werden können.

Sich ändernde Gesetze oder Vorschriften: Der Staat (welche Überraschung) hat großen Einfluß darauf, wie Unternehmen in allen möglichen Branchen geführt werden und Geld machen. Die Aufhebung des Monopols der Telekom beispielsweise ermöglicht erst, daß auch private Anbieter zum Zug kommen können.

Dunkle Wolken am Horizont

Geschäftemachen ist Risiko. Für diese Erkenntnis brauchen wir uns nicht auf die Schulter zu klopfen, aber man kann es nicht oft genug wiederholen. Zu jeder großen Chance, die sich in einer Branche auftut, gibt es auch ein gleichermaßen hohes Risiko, das die Art und Weise, in der die Dinge momentan getan werden, in Frage stellt. Lesen Sie die folgenden Beispiele, die Unternehmen, die entweder das Risiko nicht gesehen oder die Warnzeichen nicht beachtet haben, größere Probleme bereitet haben. Überlegen Sie, ob eine dieser Lektionen auch auf Ihre Branche zutreffen könnte.

Sinkende Nachfrage: Ein kleiner werdender Markt, ob vorausgesagt oder unvorhergesehen, fordert seinen Tribut. Überschußkapazitäten können ein Unternehmen in die Knie zwingen, egal ob es sich dabei um plötzliche Rückgänge beim Verkauf von Computern oder um den erwarteten Rückgang der von internationalen Fluglinien georderten Anzahl von Passagierflugzeugen handelt. Häufig ist die Lösung, die kurzfristige Produktion zu reduzieren, ohne dabei die Fähigkeit zu verlieren, auf ein plötzliches Ansteigen der Nachfrage schnell reagieren zu können.

Kostspielige Gesetzgebung: Staatliche Programme, Gesetze und Vorschriften beeinflussen oft das Endergebnis. Unternehmen, ob groß oder klein, sollten sich darauf einstellen, alle möglichen Anforderungen erfüllen zu müssen. Unwissenheit schützt nicht vor Strafe, wie man sagt, und nicht beachtete Vorschriften können sehr viel Zeit und Geld kosten.

Sich ändernde Trends: Allgemeine Trends in der Bevölkerung können tiefgreifende Auswirkungen auf bestimmte Märkte haben. Das unausweichliche Älterwerden der geburtenstarken Jahrgänge, der Baby-Boom-Generation, hat dem Wachstum der tropischen Feriendomizile mit dem swingenden Single-Lebensstil, für die der Club Med geworben hat, einen Dämpfer versetzt. Club Med hat darauf mit neuen Ferienanlagen für Familien geantwortet, um mit Disney World, dem Erholungsziel für die ganze Familie, konkurrieren zu können.

Neue und aggressive Konkurrenz: Zwar müssen neue Konkurrenten erst einmal einen harten Kampf führen, aber sie bringen bei ihrem Marktdebüt fast immer den Vorteil unverbrauchter Energie, frischer Talente und den brennenden Wunsch zu gewinnen mit. Nach der Ölkrise der 70er Jahre kamen japanische Automobilhersteller mit ihren kleinen, Benzin sparenden Autos, einer ernsthaften Marketing-Strategie und dem Willen, langfristigen Erfolg zu haben, auf den Markt. Der Rest ist Geschichte.

Ersatzprodukte: Was passiert, wenn irgendein Krimskrams einen anderen Krimskrams ersetzt? Oft ist dann das andere Krimskrams-Unternehmen in großen Schwierigkeiten. Die Gefahr an Ersatzprodukten ist, daß sie oft scheinbar aus dem Nichts auftauchen. Videokameras lassen die Fotofirmen ihrem Geld hinterherlaufen, CDs haben die alten Schallplatten zu Sammelobjekten gemacht und die neuen DVDs (Digital Video Discs) werden wahrscheinlich Videokassetten eines Tages überflüssig machen.

Heftige Kursschwankungen: Heute kann sogar ein auf einen bestimmten Standort beschränktes Unternehmen von den globalen Wirtschaftskräften, zum Beispiel den Wechselkursen, beeinflußt werden. Als der Wert des US-Dollars gegenüber den anderen Hauptwährungen anstieg, wurden die amerikanischen Unternehmen von einer Flut billiger Auslandsimporte überschüttet. Die Schwäche des Dollars bewirkte in bestimmten Branchen in Amerika boomende Exporte, in anderen stiegen jedoch die Kosten für Materialien und Bestandteile.

Rohstoffknappheit: Lieferprobleme können Unternehmen bedrohen, wie man bei der Ölkrise oder während des Mangels an Speicherchips sehen konnte. Firmen gehen oft langfristige Verträge mit ihren Zulieferern ein, um die Risiken dieser Art von Unterbrechung zu minimieren. Aber solche Verträge bergen ihre eigenen Risiken und müssen sorgfältig gehandhabt werden.

Verlust des Patentschutzes: Kreativität und intellektuelles Eigentum sind im allgemeinen durch Copyright oder Patente geschützt. Aber Patente können auslaufen, und Unternehmen müssen sich gegen die Konkurrenz, die unausweichlich folgt, wappnen. Pharmazeutische Unternehmen mußten zum Beispiel lernen, mit den billigeren Nachfolgemedikamenten zu konkurrieren, die sofort auf den Markt kommen, wenn eine erfolgreiche Marke ihren Patentschutz verliert.

Tarifverträge: Gewerkschaften haben entscheidenden Einfluß auf die Kosten, die bei einer Unternehmung entstehen können, und Unternehmen in verschiedenen Branchen haben gelernt, wie sie ihre jeweiligen Beziehungen zu den Gewerkschaften einzuberechnen haben. Auch wenn der Einfluß der Gewerkschaften eher im Schwinden ist, müssen sich Unternehmen, die keine Gewerkschaftsgeschichte haben, unter Umständen in Zukunft mit organisierten Arbeitskräften arrangieren, besonders in den Dienstleistungsbranchen, wo lange Arbeitszeiten und wenig Vorteile die Norm werden.

Nachlässigkeit und Bequemlichkeit: Man wird leicht nachlässig, wenn das Geld langsam einzurollen beginnt, und die Liste der Unternehmen, die in die Bequemlichkeitsfalle getappt sind, ist ziemlich lang. General Motors, Ford und Chrysler sind zum Beispiel in diese Falle geraten und wurden von Honda, Toyota und Nissan geschlagen.

Die Zahl der in einer Branche möglichen Chancen und Risiken ist unbegrenzt. Ein erfolgreicher Businessplan sollte auch eine Situationsanalyse beinhalten, die auf die größten Chancen und die augenfälligsten Risiken für Ihr Unternehmen hinweist, so daß Sie sich bei Ihrer Planung Mittel und Wege überlegen können, um beides handhaben zu können.

- ✔ Gute Unternehmensplaner haben ein offenes Auge für Chancen und Risiken.
- ✔ Große technische Veränderungen, neue Verwendungsmöglichkeiten für alte Produkte und innovative Wege, die Kunden zu erreichen, eröffnen Ihrem Unternehmen neue Möglichkeiten.
- ✔ Ein sich ändernder Lebensstil, kleiner werdende Märkte und neue Konkurrenten können Ihr Unternehmen bedrohen.
- ✔ Sie können Risiken zu Chancen machen.

Die Kunden unter die Lupe nehmen

5

In diesem Kapitel:

- Wer sind Ihre Kunden?
- Warum kaufen Ihre Kunden überhaupt?
- Wie treffen Ihre Kunden ihre Wahl?
- Den Überblick behalten
- Mit Kunden, die selbst Unternehmen sind, umgehen

Es gibt nur einen Chef: den Kunden. Und der kann jeden in der Firma feuern, auch den Geschäftsführer, einfach indem er sein Geld woanders ausgibt.

Sam Walton

Ein großer Teil der Unternehmensplanung dreht sich darum, die Kunden ganz genau unter die Lupe zu nehmen – die, die Sie gerne haben, die, die Sie gerne ansprechen würden, und die, die Sie gerne Ihren arglosen Konkurrenten überlassen würden. Es steht viel auf dem Spiel. Wie gut Sie Ihre Kunden kennen, entscheidet letztendlich darüber, wie erfolgreich Sie sein werden.

Aber es kann richtig frustrierend sein, sich über seine Kunden Gedanken zu machen. Wenn Sie es schon mal versucht haben, werden Sie vielleicht die Hände über dem Kopf zusammenschlagen und das ganze Durcheinander lieber den sogenannten Experten überlassen, den Marketing-Gurus, Consulting-Firmen oder vielleicht den Astrologen. Tun Sie es nicht. In diesem Kapitel wollen wir Ihnen zeigen, wie Sie Ihre Kunden besser kennenlernen können, so daß Sie Ihnen mehr bieten können, und dabei mehr herausspringt als bei allen anderen da draußen.

In diesem Kapitel werden wir uns zunächst ansehen, warum die Kunden Ihre Produkte und Dienstleistungen kaufen, indem wir deren Bedürfnisse und Motive erforschen. Und wir werden aufspüren, wie sie ihre Auswahl treffen, indem wir die Kundenwahrnehmung und den Vorgang der Entscheidungsfindung untersuchen. Schließlich werden wir uns die Kunden ansehen, die eigentlich andere Unternehmen sind.

Wer sind Ihre Kunden?

Beim Blick auf die Kunden beginnen wir mit den Kunden, die Sie gerne sehen: die, die regelmäßig Ihre Produkte oder Dienstleistungen kaufen. Aber manchmal kann es genauso wertvoll sein, das zu kennen, was man nicht hat. Sie können genauso viel über Ihr Unternehmen und über Ihre besten Kunden erfahren, indem Sie die anderen Arten von Kunden beobachten: die

Kunden, die schwierig sind, die, die weggegangen sind, und die, die Sie noch nie als Kunden gehabt haben.

Der gute Kunde

Gute Kunden sind die, die Ihr Gesicht zum Lächeln bringen, die Sie gerne bedienen, die Sie schätzen und die Ihr Unternehmen am Laufen halten. Es sind die Kunden, von denen Sie sich wünschen, daß sie immer wiederkommen. Damit all diese guten Kunden jedoch glücklich bleiben, müssen Sie mehr wissen als nur, daß Tom chinesisches Essen mag, Frau Schmidt eine Schwäche für Schokolade hat und Herr Müller rote Krawatten liebt.

Warum? Reicht es nicht, wenn man einzelne Kunden persönlich kennt? Schließlich wirbt die amerikanische Brokerfirma Dean Witter Reynolds damit, daß sie ihren Erfolg an jedem einzelnen Investor mißt. Sollte das nicht das ultimative Ziel sein? Jeden Tom, jede Frau Schmidt und jeden Herrn Müller zu kennen (ganz zu schweigen von Maria, Frau Klein und Herrn Soundso), so daß er oder sie mit geöffneter Brieftasche oder Geldbörse zur Tür hereinkommt und bereitwillig bei Ihnen einkauft.

Der Werbeslogan ist großartig, aber man darf die Fakten nicht übersehen. Dean Witter Reynolds ist ein großes Unternehmen mit Know-how, das mit Hilfe von ausgefeilter Marktforschung ein komplexes Profil der Kunden erstellt hat, die Aktien, Anleihen und Investmentfonds kaufen. Dean Witter weiß, daß Erfolg mehr ist, als nur Produkte und Dienstleistungen an individuelle Käufer zu *verkaufen*. Erfolg basiert darauf, daß man weiß, wer die Kunden sind, deren Hintergrund kennt und ihre Bedürfnisse besser erfüllt, als es die Konkurrenz tut. Nachdem er seine Hausaufgaben erledigt hat, weiß Dean Witter, daß er auf einen Investor, der viel Ahnung vom Markt hat (sagen wir einen Möchtegern-Donald-Trump), ganz anders zugehen muß, als auf einen weltfremden Professor, der nicht einmal den Unterschied zwischen einem Fixgeschäft und einem Langläufer kennt.

Die Kunden eines Unternehmens können auf verschiedene Weise beurteilt und beschrieben werden:

- ✔ Stellen Sie fest, wo Ihre Kunden sich befinden: in welchem Land, welcher Region, in welcher Stadt oder in welchem Landkreis.
- ✔ Finden Sie heraus, wer Ihre Kunden sind: Alter, Geschlecht, Beruf, Einkommen und Nationalität.
- ✔ Versuchen Sie, etwas über ihr Leben zu erfahren: zum Beispiel Hobbys, favorisierte Sportvereine, Lieblingsrestaurants und Urlaubsziele.

Sie sind wahrscheinlich schon einen Schritt weiter als wir und haben festgestellt, daß diese Kriterien zu Kundengruppen führen, die jeweils Ähnlichkeiten aufweisen. Wenn Marketing-Gurus die Kunden in bestimmte Gruppen einteilen, nennen sie sie *Marktsegmente*. In Kapitel 6 erfahren Sie mehr darüber, wie Sie Ihre Kunden in Marktsegmente einteilen können.

Eine gute Strategie ist auch, herauszufinden, wie andere Unternehmen vorgehen, um mehr über ihre Kunden zu erfahren. Merken Sie sich die Fragen, die andere Unternehmen Ihnen stellen. In manchen Geschäften werden Sie zum Beispiel beim Bezahlen nach Ihrer Postleitzahl gefragt. Und oft findet man auf Registrierformularen, Garantiekarten oder Kundendienst-Mailings eine Liste mit persönlichen Fragen. Einige Unternehmen versprechen sogar eine kleine Belohnung, wenn Sie ihnen etwas von sich erzählen. Aber seien Sie vorsichtig! Mit allzu vielen Fragen kann man die Kunden auch verärgern oder mißtrauisch machen.

Der schlechte Kunde

»Ein schlechter Kunde? Ist das nicht ein Widerspruch in sich selbst?« werden Sie fragen. »Wie kann es so etwas wie einen schlechten Kunden geben, besonders für ein kundenorientiertes Unternehmen?« Vergessen Sie nicht, daß die erste Reaktion nicht immer die ganze Wahrheit verrät. Denken Sie daran, daß nicht Sie es sind, der seine Geschäftswelt definiert. Es sind die Kunden. Sie stellen die Anforderungen an ein Unternehmen und entscheiden dann, wie gut das Unternehmen diese Anforderungen erfüllt.

Gute Kunden machen folgendes:

- ✔ Sie verlangen Dinge von Ihnen, die Sie gut können.
- ✔ Sie messen den Dingen, die Sie tun, einen Wert bei und sind bereit, dafür zu bezahlen.
- ✔ Fordern Sie heraus, Ihre Fähigkeiten zu verbessern, Ihr Wissen zu erweitern und Ihre Ressourcen zu konzentrieren.
- ✔ Führen Sie in neue Richtungen, die mit Ihrer Strategie und Planung in Einklang stehen.

Schlechte Kunden repräsentieren die Kehrseite der Medaille. Sie machen folgendes:

- ✔ Verlangen Dinge von Ihnen, für deren Herstellung Sie nicht gut genug ausgerüstet sind.
- ✔ Lenken Sie ab, so daß Sie von Ihrer Strategie und Unternehmensplanung abkommen.
- ✔ Kaufen in so kleinen Mengen, daß die Kosten viel höher sind als die Einnahmen.
- ✔ Fordern soviel Service und Aufmerksamkeit, daß Sie sich nicht um wertvollere (und profitablere) Kunden bemühen können.
- ✔ Bleiben trotz all Ihrer Bemühungen unzufrieden mit dem, was Sie tun.

Die Experten haben ein Prinzip aufgestellt, das man hier anwenden kann: das *80/20-Prinzip*. Die Regel besagt in diesem Fall, daß 20 Prozent Ihrer Kunden ungefähr 80 Prozent Ihres Umsatzes ausmachen. Diese 20 Prozent sind gute Kunden, die man natürlich behalten und zufriedenstellen will. Aber sehen Sie sich auch die anderen 80 Prozent an, und Sie werden höchstwahrscheinlich feststellen, daß einige darunter sind, die Sie lieber der Konkurrenz überlassen würden.

Wenn Sie untersuchen, was Sie für diese 80 Prozent tun, und was diese Kunden für Sie tun, dann machen diese Kunden mehr Ärger als sie wert sind. Ihre Schuhmodelle sind nie auf Lager und Extrabestellungen werden immer zurückgebracht. Vielleicht sind ihre Finanzen so ungeordnet, daß sie immer erst spät bezahlen. Trotzdem bleiben Sie mit dieser Gruppe verbunden, wohl weil die zusätzlichen Einnahmen einen Anreiz bieten oder man nie nein zu einem Kunden sagen sollte. Und doch wäre Ihr Leben ohne diese Kunden einfacher.

Gehen Sie im Umgang mit schlechten Kunden wie folgt vor:

1. **Überlegen Sie sich genau, wer sie sind.**
2. **Wandeln Sie sie in gute Kunden um,**

   oder:

   Geben Sie sie an jemand anderen weiter.

Bankkonten und das 80/20-Prinzip

Eine große Bank für Privatkunden unternahm eine umfassende Studie, um die Kunden mit Girokonten zu untersuchen. Als Ergebnis ergab sich die klassische 80/20-Situation: Ungefähr 19 Prozent der Kunden kamen für etwa 90 Prozent der Gesamtgewinne auf. Was war das Hauptcharakteristikum der anderen 81 Prozent? Die meisten dieser Kunden hatten Girokonten mit einem durchschnittlichen Kontostand von weniger als 250 US-Dollar, hatten aber viele Vorgänge. Die Bank verlor Geld mit dieser Kundengruppe, denn die internen Bearbeitungsgebühren waren höher als die Einnahmen, die durch die Geldeinlagen erzielt werden konnten.

Die Bank führte weitere Studien durch. Nicht alle dieser Konteninhaber waren schlechte Kunden. Einige von ihnen waren zum Beispiel ältere Bürger, von denen ein bestimmter Prozentsatz neu zugezogen war und in absehbarer Zeit zu profitablen Kunden werden würde. Die Bank wollte die sich entwickelnden Beziehungen fördern und schaffte Anreize, damit neue Kunden ihre Ersparnisse auf zugehörige Sparkonten einzahlten. Die Bank war sich jedoch auch darüber im Klaren, daß einige der Kunden sich nicht ändern und der Bank weiterhin Verluste bereiten würden. Deshalb wurde eine neue Gebührenstruktur entwickelt, bei der die Konten »bestraft« wurden, deren monatlicher Durchschnittskontostand unter einer bestimmten Grenze lag, außer die Kunden hatten zusätzlich eine bestimmte Geldsumme auf einem Sparkonto angelegt.

Die Kunden der anderen

Vielleicht meinen Sie, daß Sie bei der Betrachtung von Kunden, die Sie noch nie für sich gewinnen konnten, auf einen weiteren Fehler hingewiesen werden, aber tatsächlich bergen diese Leute eine Chance. Die Tatsache, daß Sie diese Gruppe noch nicht bedienen konnten, ist eine Herausforderung: Herauszufinden, was in Ihrem Markt wirklich für wichtig gehalten wird. Die Kunden der Konkurrenten sagen Ihnen, was Sie nicht sind. Diese Information ist äußerst nützlich, besonders wenn Sie zu Beginn Ihrer Unternehmensplanung am Gesamtbild arbeiten und definieren, wer Sie sind und wen Sie bedienen wollen.

Leider ist es häufig eine sehr teure Angelegenheit, von den Kunden der Konkurrenten Informationen zu bekommen. Sie kennen sie nicht und haben noch keine Beziehung zu ihnen. Marktforschungsfirmen sind jedoch immer bestrebt, mit Ihnen zusammenzuarbeiten. Diese Firmen sprechen mit den Konsumenten über alle möglichen Dinge, die alle irgendwie mit einem Vergleich von Ihren Produkten mit denen der Konkurrenz zu tun haben. Der Haken daran ist natürlich, daß das Ganze nicht billig ist.

Glücklicherweise müssen Sie zumindest zu Beginn nicht ganz so formell bei der Informationsbeschaffung vorgehen. Wenn Sie ein paar ausgewählte Leute haben, die ehrliche Antworten geben, können Sie wahrscheinlich Ihre Ergebnisse an die einer Gruppenstudie annähern.

Eine Bekannte von uns ging öfter mal in Supermärkte und stellte sich in den Gängen auf, in denen die Produkte ihres Unternehmens plaziert waren. Wenn ein Kunde dann ein Konkurrenzprodukt aus dem Regal nahm, bot sie dem erstaunten Einkäufer an, ihm das Produkt zu einem höheren Preis als dem angegebenen abzukaufen. Zuerst bot sie einen geringen Betrag an (vielleicht 5 Cents mehr) und ging dann höher, um zu ermitteln, wie treu der Kunde dem Konkurrenzprodukt bleiben würde. Schließlich stellte sie ihm Fragen, um den Grund herauszufinden. Als Belohnung gab sie dem Einkäufer nach dem Gespräch den Preis des Produkts .

Allein durch Beobachten kann man eine Menge lernen.

Die Kunden der Konkurrenz kennenzulernen, ist meist schwierig, aber nicht unmöglich.

- ✔ Gehen Sie dorthin, wo die Kunden sind. Auf Messen beispielsweise können Sie informelle Kontakte schließen und mit ihren Nicht-Kunden ins Gespräch kommen.
- ✔ Stellen Sie den Leuten, die die Konkurrenzprodukte wählen, unverblümte Fragen. Haben Sie sich die Zeit genommen, um zu prüfen, was auf dem Markt alles vorhanden ist? Haben Sie von Ihrem Produkt oder Ihrer Dienstleistung bereits gehört? Wenn sie bereits davon gehört haben, haben sie sich die Zeit genommen, um es genauer anzugucken? Wenn nein, warum nicht? Wenn ja, was war ihr Eindruck?
- ✔ Hören Sie wirklich zu, egal wie schmerzhaft es ist. Gehen Sie nicht in die Defensive, wenn die Leute etwas Negatives über Ihr Unternehmen oder Ihre Produkte sagen.

Informationen über die Kunden sind wertvoll, wenn nicht sogar von unschätzbarem Wert. Ein externer Berater wird für dieselbe Information Tausende von Mark berechnen.

- ✔ Um effektiv zu planen, müssen Sie soviel wie möglich über Ihre Kunden wissen.
- ✔ Von allen Ihren Kunden kommen wahrscheinlich 20 Prozent für 80 Prozent Ihres Umsatz auf.
- ✔ Einige Ihrer Kunden kosten Sie tatsächlich Geld.
- ✔ Die Kunden der Konkurrenz können Sie auf neue Geschäftsideen bringen.

Entdecken, warum Ihre Kunden kaufen

Die vielleicht schwierigste (aber sehr nützliche) Frage, die Sie sich im Hinblick auf Ihre Kunden stellen können, ist, warum sie kaufen, was sie kaufen. Was drängt sie, sich Ihre Produkte oder Dienstleistungen auszusuchen? Was ist ihnen wichtig? Wonach suchen sie?

Bedürfnisse verstehen

Warum kaufen sich die Leute überhaupt Dinge? Psychologen erzählen uns, daß die *Bedürfnisbefriedigung* ganz im Zentrum des Konsumentenverhaltens steht (siehe Abbildung 5.1). Jeder Mensch hat Bedürfnisse und Wünsche. Ein Bedürfnis schafft die Motivation, die den Menschen zu Aktivitäten antreibt.

- ✔ Auf der untersten Ebene steht das Überleben und führt zu dem universalen Bedürfnis nach Lebensmittelläden, Schreinern und Schneidern.
- ✔ Das Streben nach Sicherheit und Stabilität erzeugt das Bedürfnis nach Bankkonten, Invaliditätsversicherungen und Alarmanlagen.
- ✔ Der Wunsch, dazuzugehören und akzeptiert zu sein, schafft das Bedürfnis nach Polo-Shirts mit Designeretikett, nach Clubs, in die nur Mitglieder eingelassen werden, und nach Teilnahme an teuren Abmagerungskuren.
- ✔ Das Streben, anerkannt zu sein und geschätzt zu werden, hat das Bedürfnis nach Geschäftsessen, schnellen Autos und Medaillen geschaffen.
- ✔ Der Wunsch nach Selbstverwirklichung hat zu dem Bedürfnis nach Abenteuerreisen, Quiz-Shows und Kursen für kreatives Schreiben geführt.

Federal Express zum Beispiel ist eigentlich im Zuverlässigkeitsgeschäft tätig. Viele seiner Kunden sind Unternehmen, die die Sicherheit haben wollen, und zwar absolute Sicherheit, daß ihre wertvollen Lieferungen am nächsten Tag oder sogar noch am selben Tag ausgeliefert werden. Diese Kunden werden von diesem Bedürfnis so motiviert, daß sie sogar gewillt sind, viel mehr zu bezahlen als sie für andere Versandmöglichkeiten zahlen müßten – nur um ihrer inneren Ruhe willen.

Motive erkennen

Motive sind Bedürfnisse, die sozusagen geweckt und aktiviert wurden. Die Motive sind es, die die Leute nach Produkten oder Dienstleistungen suchen lassen, die ein bestimmtes Bedürfnis erfüllen können. Motive sind nicht immer das, was sie zu sein scheinen.

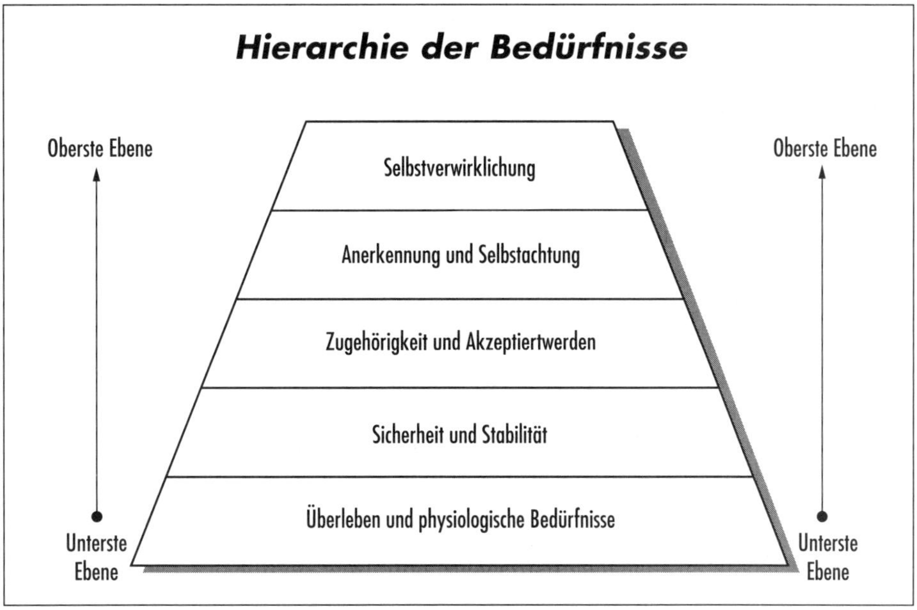

Abbildung 5.1: Ein grober Überblick über die Bedürfnisse der Menschen, wie er vor ungefähr 50 Jahren von dem Sozialpsychologen Abraham Maslow in seinem berühmten Modell der Bedürfnis-Hierarchie skizziert wurde.

- ✔ Die Hersteller von Grußkarten zum Beispiel verkaufen für exorbitante Preise nicht nur nette kleine Sprüche auf buntem Papier. Die Preise sind gerechtfertigt, weil die Unternehmen eigentlich kleine Versicherungspolicen verkaufen gegen die Angst ihrer Kunden, sich schuldig fühlen zu müssen. Vielleicht ist es also die Furcht vor Schuld (wegen eines vergessenen Geburtstags oder Jahrestags), die die Käufer auf dem Grußkartenmarkt eigentlich antreibt.
- ✔ Die Absolventen eines wirtschaftswissenschaftlichen Studiengangs sollten angeben, was für sie bei der Auswahl zwischen verschiedenen Job-Angeboten am wichtigsten war. Die überwiegende Mehrheit setzte spontan Lebensqualität, Gemeinschaft und Schulungen an die erste Stelle der Liste, das Anfangsgehalt stand irgendwo in der Mitte. Bei einer genaueren Studie und Analyse der Selektionskriterien kam jedoch dann meist heraus, daß das Arbeitsentgelt die wichtigste Variable für die Annahme einer neuen Stelle ist.

- Die meisten von uns haben das Bedürfnis, von anderen akzeptiert und gemocht zu werden. Diese mächtige Motivation schafft einen riesigen Markt für Kosmetikgeschäfte, Aerobics-Studios und Hersteller von Mundwasser.

Obwohl Motive offensichtlich etwas individuelles sind, funktionieren Motive auch, um Geschäfts- oder Firmenverhalten zu erklären. Wenn ein Fertigungsunternehmen zum Beispiel spezielle Krankenversicherungsverträge abschließt, ist das Motiv des Unternehmens dann, besser für die Gesundheit der Angestellten zu sorgen? Oder will es die Kosten für Ausfälle infolge von Krankheit reduzieren, um besser mit ausländischen Firmen konkurrieren zu können (und so sein eigenes Bedürfnis nach Überleben zu sichern)?

Ihr Job ist natürlich, über die offensichtlichen Antworten der Kunden und die Konsummuster hinaus, weiterzuforschen und zu ermitteln, was beim Erwerb der Waren und Dienstleistungen in Ihrem Markt die wirklichen Motive der Käufer sind. Wenn Sie verstehen, was die Kunden wirklich antreibt, sind Sie in einer viel besseren Position und können über Ihr eigenes Produkt so sprechen, daß die Kunden darauf reagieren.

- Die wichtigste Frage, die Sie sich im Hinblick auf Ihre Kunden stellen müssen, ist, warum sie kaufen, was sie kaufen.
- Die Bedürfnisse der Kunden beginnen bei den ganz elementaren Bedürfnissen nach Überleben und Sicherheit und reichen bis hin zum Streben nach Selbstverwirklichung.
- Motive wie Eitelkeit, Status und Schuld sind die Dinge, mit denen man die Kunden zum Kaufen bringen kann.

Herausfinden, wie die Kunden ihre Wahl treffen

Wie treffen Kunden in einem Markt ihre Wahl? Das Wichtigste dabei ist, nicht zu übersehen, daß die Kunden sich aufgrund ihrer eigenen Sicht der Welt, ihrer eigenen Wahrnehmung der Realität zum Kauf von Dingen entscheiden. Nur wenige Kunden kaufen, ohne zu denken. Vielmehr bringen sie ihre Wahrnehmung der Welt in den Entscheidungsprozeß ein, die (idealerweise) dazu führt, daß sie Ihr Produkt oder Ihre Dienstleistung anstelle etwas anderes erwerben.

Wahrnehmungen sind Realität

Die Kundenwahrnehmungen stellen die Weltsicht in einem Markt dar und beinhalten nicht nur das, was Ihre Kunden von Ihren Produkten oder Dienstleistungen denken, sondern auch, wie sie Ihr Unternehmen und Ihre Konkurrenten sehen.

Wenn die Kunden sich dem Markt zuwenden, werden sie mit einer irrsinnigen Zahl konkurrierender Produkte konfrontiert. Viele Variablen beeinflussen die Kunden, während sie die verschiedenen Wahlmöglichkeiten abwägen: Werbung, das durch die Werbung aufgebaute Image, Verbrauchertests, Kritiken sowie Verkaufstechniken, ganz zu schweigen von den eigenen gefühlsmäßigen Reaktionen. Sie müssen wissen, wie die Kunden auf all diese Reize reagieren, wenn Sie sie für sich gewinnen und behalten möchten.

Haben Sie sich zum Beispiel schon mal gefragt, warum es in der Männerabteilung von Kaufhäusern so wenig gelbe Pullis gibt? Die Marktforschung hat immer wieder festgestellt, daß die Mehrheit der Männer glaubt, die Farbe Gelb signalisiere Schwäche. Im Unterbewußtsein meinen Männer, daß man sie für Feiglinge hält, wenn sie irgendwas mit der Farbe zu tun haben. Deswegen sind gelbe Pullis nicht sehr beliebt.

Oder ist Ihnen schon aufgefallen, daß Madonna nicht sehr viel Werbung macht? Okay, es ist nicht so, daß sie die zusätzlichen Einnahmen nötig hätte. Aber die Firmen halten wohl ihr Image für zu widersprüchlich, was zu negativen Wahrnehmungen führen könnte und dem Risiko, daß mögliche Käufer eher abgeschreckt werden.

Behalten Sie immer folgendes Motto im Kopf:

Kundenwahrnehmungen sind Marktrealität.

Die Leute kaufen Waren und Dienstleistungen aufgrund dessen, was sie für wahr halten, und nicht notwendigerweise aufgrund der Fakten. Um in einem Markt erfolgreich zu sein, muß man ein gutes Verständnis der Kundenwahrnehmungen haben und wissen, wie die Käufer auf Produkte und Dienstleistungen des Marktes reagieren, bevor man die eigene Unternehmensplanung fertigstellt.

Die fünf Schritte bis zur Akzeptanz

Marketing-Gurus bezeichnen die Phase, bis der Kunde seine Wahl getroffen hat, als *Entscheidungsprozeß*. In vielen Märkten gehören zu dem Entscheidungsprozeß eine Reihe wohldefinierter Schritte, die als *Akzeptanzprozeß* bezeichnet werden.

Wenn Sie wissen, welche Schritte die Kunden bei der Entscheidungsfindung durchlaufen, können Sie dieses Kundenverhalten nutzen und Strategien entwickeln, um sie bei diesem Prozeß zu unterstützen. Der Prozeß besteht im wesentlichen aus fünf Schritten, die in Tabelle 5.1 beschrieben sind.

Nehmen wir mal an, Sie sind in einer neu gegründeten Firma, die 1-a-Verbraucher-Software entwickelt hat. Sie haben jedoch Sorge, daß die Kunden zögern könnten, das Programm auszuprobieren, weil sie unter Umständen meinen, das Programm sei schwierig zu erlernen oder nicht mit ihrem Computer kompatibel. (Denken Sie daran, daß die Leute nach ihrer Wahrnehmung der Realität handeln und nicht danach, was wirklich Realität ist!) Wenn Sie potentielle Kunden weg vom Abwägen und hin zum Ausprobieren des Produkts bringen wollen, können

Sie eine gebührenfreie Hotline für neue Benutzer einrichten und eine Geld-zurück-Garantie anbieten.

Schritte	Kundenbeschreibung	Ihre Aufgabe
Wahrnehmung	Nimmt Produkt oder Dienstleistung wahr, detailliertes Wissen fehlt noch	Strategie entwickeln, die potentielle Kunden beeinflußt und anzieht
Interesse	Neugierig und sucht mehr Informationen	Detailliertere Produktinformationen anbieten und weiterhin Dynamik aufbauen
Abwägen	Wägt ab, ob er Produkt oder Dienstleistung ausprobieren soll	Den Abwägungsprozeß für ein Produkt so leicht und lohnend wie möglich machen
Test	Testet Produkt oder Dienstleistung	Den Test so einfach und risikolos wie möglich machen
Akzeptanz	Entscheidet sich, Benutzer zu werden	Strategien entwickeln, um gute Kunden zu behalten

Tabelle 5.1: Die fünf Schritt bis zur Akzeptanz eines Produkts

- ✔ Die Kunden treffen Entscheidungen aufgrund ihrer Wahrnehmung und nicht unbedingt aufgrund der Tatsachen.
- ✔ Bevor sie kaufen, durchlaufen die Kunden einen Entscheidungsprozeß.
- ✔ Die fünf Schritte, bis eine Entscheidung getroffen wurde, sind: Wahrnehmung, Interesse, Abwägen, Test und Akzeptanz.
- ✔ Wenn Sie verstehen, wie Kunden ihre Wahl treffen, haben Sie bessere Karten, um mit ihnen ins Geschäft zu kommen.

Den Überblick nicht verlieren

Auch hier gilt wieder das Sprichwort, daß man den Wald vor lauter Bäumen nicht übersehen darf. Es ist manchmal verlockend, nur eine kleine Zahl von individuellen Kunden, die man kennt, zu betrachten und sich auf deren Gewohnheiten, Vorlieben und Abneigungen zu konzentrieren. Auch wenn man sich allgemeinere Kundentrends ansieht, einschließlich der Fragen, warum die Kunden kaufen und wie sie ihre Auswahl treffen, ist es doch noch sehr einfach, sich im Detail zu verlieren.

Gehen Sie dem nicht auf den Leim! Seien Sie beim Blick auf die Kunden und Ihre Geschäftsaktivitäten nicht zu eingeschränkt. Sehen Sie sich statt dessen den Wald an: die allgemeinen Verhaltensweisen der Kunden und die Grundbedürfnisse, die Ihren Markt definieren.

Wenn Sie sich bei Ihrem Unternehmen nur auf die vorhandenen Produkte konzentrieren, verlieren Sie den Blick für die Kundenbedürfnisse – Bedürfnisse, die ein Wettbewerber ohne Zweifel befriedigen wird. Sie haben auch nur einen kurzsichtigen Blick auf Ihre eigenen strategischen Möglichkeiten, was dazu führen kann, daß Sie Marktchancen verpassen und Ihre Unternehmensplanung kläglich unzureichend ist.

Leider verlieren Unternehmen (und ganze Branchen) immer noch den Blick für das Gesamtbild. Die Märkte werden zu eingeschränkt betrachtet und Kundenbedürfnisse vernachlässigt – ein klassischer Management-Fehler. Prüfen Sie die folgenden Beispiele:

- ✔ Unternehmen, die Heimwerkerbedarf verkaufen, betrachten ihr Geschäft oft nur im Hinblick auf Produktkomponenten, zum Beispiel Herstellung und Verkauf von 4-Zoll-Bohrern. Wenn man genauer darüber nachdenkt, braucht und will eigentlich niemand 4-Zoll-Bohrer (nicht mal Ihr Zahnarzt). Wonach die Kunden wirklich suchen, sind 4-Zoll-Löcher. Dieses Grundbedürfnis schafft das Potential für alle möglichen Lösungen.
- ✔ Brillenhersteller, also die Unternehmen, die Rahmen und Gläser herstellen, meinen weiterhin, daß sie in der Branche für Brillenmode tätig sind. Aber die Kunden, frustriert, weil sie sich die Speisekarte ohne Brille zehn Zentimeter vor die Nase halten müssen, wollen einfach nur besser sehen. Mit dem Aufkommen der Laser-Technik und der Möglichkeit, die Fehlsichtigkeit durch eine Umformung der Hornhaut regulieren zu können, müssen die Hersteller sich auf einiges gefaßt machen: keine Fehlsichtigkeit, kein Bedürfnis nach Brillen, kein Geschäft.
- ✔ Charles Revlon revolutionierte die Kosmetikindustrie, als er feststellte: »In der Fabrik machen wir Kosmetik, im Geschäft verkaufen wir Hoffnung.« Er, der Gründer von Revlon, verstand, daß er seinen Kunden etwas sehr viel Wichtigeres verkaufte als bloße Chemie: nämlich die Aussicht auf Jugend, Schönheit und Sex-Appeal.

Der springende Punkt hier ist also: Wenn Sie nicht wissen, was Ihre Kunden wirklich wollen, können Sie deren Bedürfnisse unmöglich effektiv erfüllen.

Versetzen Sie sich in die Lage der Kunden.

- ✔ Sehen Sie sich Ihre eigenen Produkte und Dienstleistungen genau an, und fragen Sie sich: »Brauche ich dieses Ding und warum?«
- ✔ Stellen Sie mehreren Leuten, die Ihr Produkt oder Ihre Dienstleistung verwenden, dieselbe Frage.
- ✔ Stellen Sie sich vor, es gäbe Ihr Produkt oder Ihre Dienstleistung nicht. Wie würden Sie es ersetzen?

Durch die Beantwortung dieser Fragen gehen Sie in die richtige Richtung, weil Sie Ihre Kreativität fördern, neue Strategien entwickeln und schließlich Ihre Marktmöglichkeiten erweitern können.

Erfolg durch die Beachtung von Grundbedürfnissen der Kunden

Intuit stellt Quicken her, ein Bestseller-Software-Programm, mit dem die Leute Ordnung in ihr finanzielles Leben bringen können. Das Unternehmen ist jedoch so gut im Geschäft, weil es sich nicht als Software-Unternehmen versteht, sondern als Unternehmen, das im Bereich »Persönliche Finanzen« tätig ist. Dieser weite Blickwinkel gibt Intuit zusätzliche Möglichkeiten, so daß sich das Unternehmen zum Beispiel auch bei der Herstellung von Papierformularen (Schecks, Überweisungsformulare, Umschläge usw.) engagiert.

3M hat viele neue Materialien entwickelt und patentieren lassen, darunter zum Beispiel eine revolutionäre Klebstoffsubstanz, die klebt, aber auch wieder entfernt werden kann. Der Geschäftsbereich Post-it ist jedoch so erfolgreich, weil sie sich nicht als Klebstoffhersteller sieht, sondern im Bereich »Gedächtnisstützen« tätig ist. Post-its gibt es jetzt für alle möglichen Gelegenheiten, wo immer man etwas vergessen könnte. (Einige von Ihnen werden, so hoffen wir, mit Post-it die wichtigen Stellen dieses Buchs markieren.)

Mit Kunden umgehen, die selbst Unternehmen sind

Wir haben zwar schon von Unternehmen gesprochen, die in der Hauptsache nur an andere Unternehmen verkaufen (im Gegensatz zu denen, die individuelle Kunden bedienen), aber einige von Ihnen, die in diesem Markt tätig sind, könnten sich vielleicht vernachlässigt fühlen. Wir vernachlässigen Sie aber nicht! In diesem Abschnitt finden Sie Informationen darüber, wie Unternehmen, Institutionen und staatliche Stellen agieren, wenn sie selbst Kunden sind. Wodurch unterscheiden sie sich von den Individualkunden? Nun, in vielerlei Hinsicht.

Secondhand-Nachfrage

Die Nachfrage nach Waren und Dienstleistungen in diesem speziellen Markt ist fast immer eine *abgeleitete Nachfrage*. Mit anderen Worten, die Unternehmen kaufen nur die Waren und Dienstleistungen, die sie benötigen, um ihre eigenen Kunden besser bedienen zu können.

Stahl ist zum Beispiel ein Produkt, das kein Endverbraucher kauft. Wann hatten Sie zum letzten Mal das Bedürfnis, rauszugehen und ein paar Rollen Walzstahl zu kaufen? Die Käufer von Stahl sind Automobilhersteller, Baufirmen, Hersteller von Haushaltsgeräten und dergleichen. Wenn diese Unternehmen den Stahl zur Herstellung ihrer Produkte verwendet haben (Autos, Bürogebäude und Kühlschränke), treten wir als mögliche Kunden in Erscheinung.

Welche Folgen hat das für die Stahlverkäufer? Wenn ein Stahlhersteller zum Beispiel seine Preise pauschal runtersetzt, kann er dann eine riesige Zunahme an Aufträgen erwarten? Nicht unbedingt. Die Stahlkäufer werden erst dann mehr kaufen, wenn sie mehr von den Dingen verkaufen können, die *sie selbst* herstellen, und das wiederum kann außer vom Stahlpreis von vielen anderen Faktoren abhängen. Wie viele von uns haben panikartig ein neues Auto gekauft, als der Stahlpreis das letzte Mal um zehn Prozent runterging?

Unelastische Nachfrage ist der Begriff dafür, daß sich die Nachfrage nach einem bestimmten Produkt nicht automatisch ändert, wenn sich der Preis des Produkts ändert.

Wenn Sie Produkte oder Dienstleistungen in diesem Markt anbieten, sollten Sie genau durchdenken, was Ihre Planungsentscheidungen für die Unternehmen bedeuten, die bei Ihnen kaufen. Und das bedeutet, daß Sie auch über die Kunden Ihrer Kunden nachdenken müssen.

- ✔ Wird der Verkauf bei Ihren Kunden – und in Ihrem Unternehmen – ansteigen, wenn Sie die Preise reduzieren?
- ✔ Werden Ihre Kunden (und deren Kunden) davon profitieren, wenn Sie Ihnen zusätzlichen Schnickschnack anbieten und deren Kosten erhöhen?
- ✔ Suchen Ihre Kunden Kontinuität und Preisstabilität?

Entscheidungsfindung als formale Angelegenheit

Kaufentscheidungen in diesem Markt sind formaler, rationaler und professioneller als in den meisten Konsumentenmärkten. Viele Leute aus verschiedenen Teilen des Zielunternehmens sind am Entscheidungsprozeß beteiligt. Eine Abteilung des Unternehmens befürwortet Ihr Produkt oder Ihre Dienstleistung, eine andere erwirbt sie und wieder eine andere zahlt dafür, und alle zusammen erledigen die Arbeit für ein separates Kundenzentrum, das dann das Produkt tatsächlich verwendet. Alle diese Abteilungen zusammen bilden die *Entscheidungsinstanz*, ein weiterer Marketing-Begriff, der uns von den Marketing-Gurus aufgedrückt worden ist.

In Tabelle 5.2 sind drei Wege beschrieben, wie sich die Entscheidungsinstanz eines Unternehmens verhalten kann, wenn sie über den Kauf eines Produkts oder einer Dienstleistung nachdenkt.

Kaufverhalten	Entscheidungsprozeß des Kunden
Business as usual	Bestellt weiterhin Produkte oder Dienstleistungen bei Ihnen, automatisiert den Vorgang sogar, damit immer eine bestimmte Menge des Inventars vorhanden ist.
Ja, aber ...	Bittet um Änderung der bestehenden Vereinbarung, wobei eine oder mehrere Kaufbedingungen verändert werden (Preis, Finanzierung, Menge und Zusatzoptionen) und mehrere Leute, die Teil der Entscheidungsinstanz sind, beteiligt sind.
Eine Geschäftsmöglichkeit winkt	Kauft ein Produkt oder eine Dienstleistung zum ersten Mal, vielleicht nachdem er bei verschiedenen Zulieferern ein Angebot eingeholt und dann eine bewußte, vollständige Entscheidung getroffen hat, an der alle Teile der Entscheidungsinstanz beteiligt sind.

Tabelle 5.2: Wie Unternehmen sich verhalten, wenn sie einkaufen.

Kräfte, mit denen man rechnen muß

Wenn Sie mit Kunden zusammenarbeiten, die selbst Unternehmen sind, müssen Sie sehr wahrscheinlich mit verschiedenen mächtigen Kräften umgehen, denen man auf Konsumentenmärkten nur selten begegnet. Wenn Ihre Strategien in diesem Markt langfristig Erfolg haben sollen, müssen Sie diese Kräfte bei Ihrer Unternehmensplanung einberechnen. Sehen Sie sich die folgenden Fragen an.

- ✔ In welchem Zustand ist das Unternehmen des Kunden?
  - Boomt das Unternehmen des Kunden, ist es reif oder ist es am Absterben?
  - Muß es mit zunehmendem Wettbewerb kämpfen oder macht es Rekordgewinne?
  - Lagert es einzelne Geschäftszweige durch Outsourcing aus, und ergeben sich dadurch neue Geschäftsmöglichkeiten?
  - Droht es, ein Konkurrent zu werden?
- ✔ Wie wird das Unternehmen des Kunden geführt?
  - Kauft der Kunde zentral ein oder hat er überall im Land verteilt verschiedene Einkäufer?
  - Gibt es mehrere Ebenen, die vor einer Entscheidung zustimmen müssen?
  - Sind es die Führungskräfte in den oberen Etagen (die mehr oder weniger gut über das Produkt Bescheid wissen), die bei einem Kauf die letzte Entscheidung treffen?

✔ Wer ist wichtig für wen?

- Sind die Hauptentscheidungsträger des Kunden Ingenieure oder Marketing-Leute?
- Arbeitet der Kunde sowohl mit kleinen als auch mit großen Zulieferern?
- Ist es Geschäftspolitik, daß in kritischen Bereichen mehr als ein Zulieferer gewählt wird?

Bei der Entwicklung von Strategien für Unternehmenskunden sollten Sie die Kräfte beachten, die nur beim Verkauf von Unternehmen zu Unternehmen herrschen.

✔ Gehen Sie hinaus, und sprechen Sie mit den Unternehmen, die mögliche Kunden werden könnten.

✔ Lesen Sie Informationen zu der Organisationsstruktur des Kunden und über dessen Branche.

✔ Gehen Sie zu Konferenzen und Tagungen, die der Kunde abhält, und hören Sie, welche kritischen Ereignisse und Kräfte sein Denken formen.

All diese Aktivitäten kosten natürlich Zeit und Ressourcen, aber Sie werden für die Investition um ein Vielfaches entschädigt, wenn Sie das Gelernte in Ihrer Planung berücksichtigen.

✔ Einige Ihrer Kunden sind unter Umständen andere Unternehmen, und die Art und Weise, in der diese einkaufen, unterscheidet sich von der der Individualkunden.

✔ An einer Kaufentscheidung sind unter Umständen mehrere Leute beteiligt.

✔ Die Unternehmenskunden sind oft nicht die Endkunden, Sie müssen also auch die Kunden Ihrer Kunden kennen.

Die Kunden in Gruppen einteilen

6

In diesem Kapitel:

- Marksegmente definieren
- Möglichkeiten, die Kunden in Gruppen zu unterteilen
- Marktsegmente erstellen, mit denen Sie arbeiten können
- Vorhersagen, wie sich die Marktsegmente verhalten werden

Teile und herrsche.

Anonym

Es ist nett, sich vorzustellen, daß die Kunden Leute aus Fleisch und Blut sind – Kunden wie Peter Müller, Hans Meier und Maria Schmidt, die regelmäßig zu Ihrer Tür hereinspazieren. Aber es ist auch verlockend, sich vorzustellen, daß alle da draußen in der Welt Kunden sind. Sollte nicht die ganze Welt Ihre Produkte und Dienstleistungen haben wollen? Leider ist keine dieser beiden Sichtweisen besonders praktisch für die Unternehmensplanung.

Sehen Sie sich Ihre Kunden näher an (am besten beginnen Sie dafür mit Kapitel 5). Als erstes werden Sie feststellen, daß viele der Kunden eine ganze Menge gemeinsam haben. Eine Tatsache, die Ihnen die große Möglichkeit eröffnet, die Kunden aufgrund der Ähnlichkeiten in verschiedene Gruppen einzuteilen. Indem Sie Ihr Unternehmen um diese Kundengruppen herum planen, können Sie den besonderen Bedürfnissen und Wünschen der Kunden noch besser entsprechen.

In diesem Kapitel werden wir die Kunden als Gruppen betrachten und das Konzept der Marktsegmente im Detail besprechen. Wir erkunden verschiedene Möglichkeiten, um Marktsegmente zu bilden: je nachdem, wer kauft, was gekauft wird und warum gekauft wird. Dann zeigen wir, wie Sie nützliche Marktsegmente erstellen, die Sie für Ihre Unternehmensplanung verwenden können. Schließlich sprechen wir über die Dinge, die Sie tun können, um mehr über das Verhalten der jeweiligen Marktsegmente zu erfahren.

Marktsegmente definieren

Nehmen Sie sich einen Moment Zeit, und denken Sie über Ihre Kunden nach. Zweifellos werden viele davon gute Kunden sein, weil sie:

- ✔ viele Geschäfte mit Ihnen machen,
- ✔ loyal sind,

- ✔ nützliche Vorschläge machen,
- ✔ nette Dinge über Sie sagen.

Diese Leute sind gute Kunden, weil sie zufriedene Kunden sind. Sie verstehen, wonach sie suchen, und Sie setzen ihre Bedürfnisse und Wünsche in die Produkte und Dienstleistungen um, die Sie ihnen verkaufen. Aber seien wir ehrlich, nicht alle Kunden sind gute Kunden, und höchstwahrscheinlich wünschen Sie sich, daß Sie ein paar mehr von den guten hätten.

Auf jeden Kunden individuell einzugehen, mag effektiv sein, aber bei den heutigen Märkten ist es kaum effizient. Wie können Sie sichergehen, daß Sie so viele potentielle Kunden wie möglich zufriedenstellen? Auch wenn jeder Kunde einzigartig ist, sind sich bestimmte Gruppen von Kunden oft sehr ähnlich.

Immer wenn Sie Ihren eigenen Markt besser kennenlernen und die Kunden aus den verschiedensten Gründen in Gruppen unterteilen, erstellen Sie *Marktsegmente*. Damit die Marktsegmente für Ihre Unternehmensplanung von praktischem Nutzen sind, sollten die Segmente Kundengruppen beschreiben, die Sie erreichen können und die auf Ihre Produkte und Dienstleistungen auf eine ähnliche Art und Weise ansprechen – eine Art und Weise, die sich von anderen Kundengruppen unterscheidet. Mit einem erfolgreichen Marktsegment können Sie die jeweiligen Bedürfnisse und Wünsche einer ganzen Kundengruppe besser erfüllen.

Es gab eine Zeit, da waren Turnschuhe Stoffschuhe mit Gummisohle, in denen die Kinder spielten und die sie meist im Sportunterricht anhatten. Damals waren die Käufer meist die Eltern, die Träger der Schuhe waren meist Jungs. Wenn man im Turnschuhmarkt mitspielen wollte, mußte man beobachten, was diese Jungs tragen wollten.

Autos, die auch Extras haben!

In den frühen zwanziger Jahren dominierte Henry Ford mit seinem berühmten Model T die wachsende Automobilindustrie in den USA. Ford konnte stolz behaupten:

Man kann den T in jeder gewünschten Farbe bekommen – solange es schwarz ist.

Der Schlüssel zu dem frühen Erfolg des Unternehmens war, daß es sich nur auf ein Produkt konzentrierte. Ford glaubte, daß, wenn eine Größe allen paßte, würden Standardisierung und Massenproduktion zu geringeren Kosten, niedrigeren Preisen und schließlich zufriedenen Kunden führen. Er hatte absolut recht ... bis zu einem gewissen Grad.

Der Markt erreichte einen Punkt, an dem die amerikanischen Autokäufer einen Geschmack für Wahlmöglichkeiten entwickelten. Einige Käufer wollten es sportlicher, andere eher klassisch. Einige wollten mehr Beinfreiheit, andere mehr Platz für die Kinder. Ford entwickelte seine Autos natürlich weiter. Das Fahrgestell wurde stabiler, der Motor leiser und die Fahrt weniger holprig. Aber wenn die Kunden einen Ausstellungsraum von Ford besuchten, sahen sie nur dasselbe alte Model T in allen Schattierungen von Schwarz.

Dann erschien Alfred P. Sloan, Jr., der legendäre Kopf von General Motors. Sein Geniestreich war, daß er erkannte, daß die Autokäufer nicht alle nach demselben Auto suchten. Diese Vision brachte er mit folgenden Worten zum Ausdruck:

GM wird Autos für jeden Zweck und für jede Geldbörse produzieren.

Sloan stellte bald eine neue Art von Mitarbeiter ein: den Marktforscher. Er sollte herausfinden, wonach potentielle Autokäufer wirklich suchten. Auch wenn er nicht für jeden Käufer ein ganz individuelles Auto herstellen konnte, fand seine Marktforschungsabteilung heraus, daß es fünf Hauptgruppen von Käufern mit ähnlichem Geschmack und ähnlichen Bedürfnissen gab. In einem kühnen Schritt wies er seine Entwickler und Ingenieure an, Autos herzustellen, die diese Bedürfnisse erfüllen würden. Das Ergebnis war eine neue Produktlinie, die direkt an die Wünsche der Marktsegmente anknüpfte:

- ✔ Chevrolet als Einsteigermodell
- ✔ Pontiac für die Käufer, die etwas mehr wollten
- ✔ Oldsmobile für die wachsende Mittelklasse
- ✔ Buick für die, die etwas Schönes wollten
- ✔ Cadillac für die, die auf Status bedacht waren

General Motors hatte bald einen höheren Umsatz als Ford, und Marktsegmente nahmen ihren rechtmäßigen Platz als wichtige Geschäftsplanungsinstrumente ein – nicht nur bei Autos, sondern in allen größeren Branchen in Amerika und weltweit.

Wenn man sich den Markt für Sportschuhe heute ansieht, könnte der Unterschied kaum größer sein. Männliche Jugendliche tragen immer noch Sportschuhe, aber genauso tun dies Kleinkinder, coole Jugendliche, ernsthafte Jogger, ältere Mitbürger und alle anderen auch. Alle verlangen nach Sportschuhen in unterschiedlichen Formen und Farben, mit verschiedenen Funktionen und Optionen und zu den unterschiedlichsten Preisen.

Heute gibt es im Sportschuhbereich Dutzende von Segmenten, und jedes Segment ist eindeutig definiert. Für Adidas und Puma wäre der Versuch, den Markt mit nur einem Universal-Turnschuh zu befriedigen, eine schiere Dummheit und ein finanzielles Desaster. Die Sportschuhbranche und die Marktsegmente, die diese Branche formen, haben sich in den vergangenen zwanzig Jahren unvorstellbar verändert.

- Ein Marktsegment wird durch eine Gruppe von Kunden gebildet, die bestimmte gemeinsame Bedürfnisse und Wünsche haben.
- Indem man ähnliche Kunden zu Gruppen zusammenfaßt, kann man auf deren jeweilige Bedürfnisse effizienter eingehen.
- Je mehr Funktionen und je mehr Auswahl die Kunden fordern, desto mehr Grund gibt es, die Kunden in Gruppen einzuteilen.

Möglichkeiten, Marktsegmente zu bilden

Es gibt verschiedene, allgemein verwendete Möglichkeiten, um Kunden in Gruppen zu unterteilen. Aber verlassen Sie sich nicht nur darauf. Je mehr Sie in diesem Bereich Ihre eigene Phantasie und Kreativität einsetzen, desto erfolgreicher werden Sie dabei sein, Marktsegmente zu finden, die einzigartig und effektiv sind.

Im Gegensatz zu dem, was die Marketing-Gurus uns erzählen, gibt es eigentlich bei der Einteilung Ihres Marktes kein richtig oder falsch. Sie müssen Ihre Kunden von verschiedenen Blickwinkeln aus betrachten und sie aufgrund von verschiedenen Faktoren beschreiben. Eine Dimension reicht nicht aus. Wie Abbildung 6.1 zeigt, können Sie Marktsegmente erstellen, indem Sie die drei Grundfragen stellen:

- Wer kauft?
- Was wird gekauft?
- Warum wird gekauft?

Wer kauft?

Eine allgemeine Beschreibung, wer Ihr Produkt oder Ihre Dienstleistung kauft, ist für eine Einteilung der Kunden in Marktsegmente ein guter Ausgangspunkt. Wenn Ihre Kunden individuelle Kunden sind, versuchen Sie etwas darüber herauszufinden, wie sie ihr Leben leben. Wenn Ihre Kunden andere Unternehmen sind, finden Sie heraus, wie sie ihr Geschäft führen. Denken Sie an folgende Stichworte:

- Geographie (wo leben die Kunden?)
- Profil (wie sind sie?)
- Lebensstil (was tun sie?)
- Persönlichkeit (wie handeln sie?)

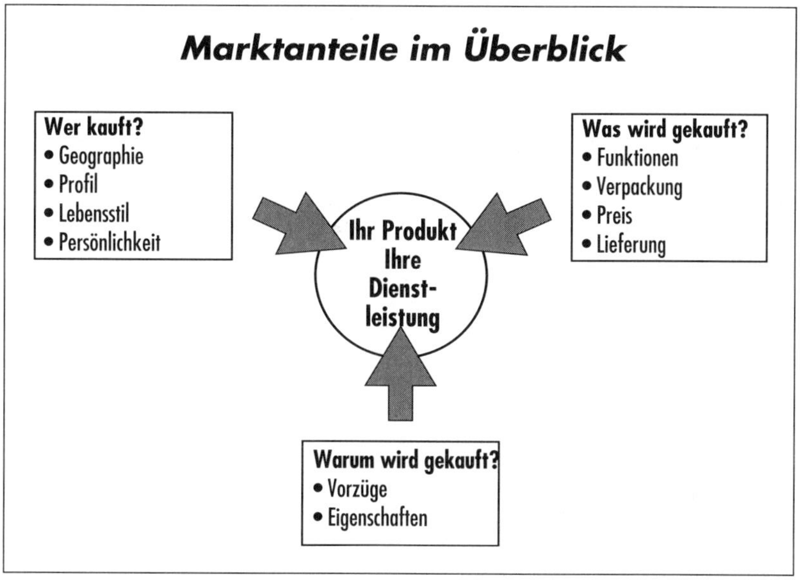

Abbildung 6.1: Sie können Marktsegmente definieren, indem Sie die drei Grundfragen stellen und diese von verschiedenen Marktgesichtspunkten aus beantworten.

Wo leben sie?

Vielleicht die einfachste und am häufigsten verwendete Art zur Kundenbeschreibung basiert darauf, wo sie leben. Dabei werden folgende geographische Faktoren verwendet:

- ✔ Land
- ✔ Region
- ✔ Bundesland
- ✔ Stadt
- ✔ Gemeinde

Aber man kann bei der geographischen Einteilung auch noch viel pingeliger werden und die Kunden mit Hilfe folgender Faktoren beschreiben:

- ✔ Wie nahe leben die nächsten Nachbarn?
- ✔ Wie heiß oder kühl sind die Sommer?
- ✔ Wie lange benötigen sie, um zum nächsten Flughafen zu kommen?

Die Einteilung der Kunden mit Hilfe geographischer Faktoren ist besonders geeignet, wenn man regionale Vorlieben berücksichtigen möchte – was bei der Distribution und Lieferung von Produkten oder Dienstleistungen oft ein wichtiger Faktor ist. Nahrungsmittel der verschiedenen Ethnien verkaufen sich zum Beispiel in bestimmten Regionen der USA besser als in anderen. Mexikanisches Essen verkauft sich am besten im Südwesten, koschere Produkte dagegen besser an der Ostküste und asiatisches Essen findet man überall an der Westküste. Der Pro-Kopf-Verbrauch an Wein ist in San Francisco, Kalifornien, sehr viel höher als in Milwaukee, Wisconsin. Und Bier? Nun, dafür ist wiederum Milwaukee berühmt.

Man sollte auch nicht versuchen, dicke Mäntel an jeden und jede im Land zu verkaufen, sondern seine Verkaufsbemühungen auf die Gebiete beschränken, in denen die Winter für gewöhnlich kalt sind, und so die Marktdifferenzierung aufgrund des Wetters treffen. Wenn man die geographischen Merkmale der Kunden, die mit dem Produkt oder der Dienstleistung in Beziehung stehen, berücksichtigt, erhält man schon die ersten verwendbaren Marktsegmente.

Wie sind sie?

Ein Kundenprofil enthält all die Merkmale, die auch bei einer Volkszählung abgefragt würden. Marketing-Gurus nennen diese Mermale *demographische Daten*. Dabei geht es um folgendes:

- ✔ Alter
- ✔ Geschlecht
- ✔ Größe des Haushalts
- ✔ Ausbildung
- ✔ Beruf
- ✔ Einkommen
- ✔ Nationalität
- ✔ Religion

Firmenprofile sehen natürlich etwas anders aus. Diese Profile können zum Beispiel folgende Merkmale enthalten:

- ✔ Branche
- ✔ Größe des Unternehmens
- ✔ Anzahl der Mitarbeiter
- ✔ Geschäftsjahre

Sie können mit Hilfe von Kundenprofilen oft Markttrends erkennen und potentielle Möglichkeiten ausmachen. Warum boomt der Markt für Gesundheitsprodukte heute? Weil die berühmte Baby-Boom-Generation, also alle, die zwischen 1946 und 1964 geboren wurden, sich langsam mit ihrer eigenen Sterblichkeit auseinandersetzen muß. Und wo läßt sich ein wachsender Markt für Kredite finden? Bei der zunehmenden Anzahl von Familien, die Kinder im Schulalter haben.

Was tun sie?

Lifestyle oder *Lebensstil* ist heutzutage ein schrecklich ausgeleiertes Wort, das verwendet wird, um alles und nichts in unserer modernen Welt zu beschreiben. Aber das Wort bekommt eine neue Bedeutung, wenn es auf Ihre Kunden angewendet wird. Es bedeutet dann, daß Merkmale erfaßt werden, die über die rein demographischen Daten hinausgehen. Zum Beispiel:

- ✔ Hobbys
- ✔ Fernsehgewohnheiten
- ✔ Soziale Aktiviäten
- ✔ Mitgliedschaft in Vereinen
- ✔ Urlaubsvorlieben

Alle diese Informationen werden manchmal auch *psychographische Daten* genannt, weil sie dazu dienen, die Psychologie der Kunden zu erfassen.

McGovern und der Volvo-Lebensstil

Während des Präsidentschaftswahlkampfs von 1972 verschickte der Kandidat der Demokraten, George McGovern, Briefe mit Spendenaufforderungen speziell an die Besitzer von Autos der Marke Volvo. Warum? Von ihm veranlaßte Marktanalysen zeigten, daß Leute, die Volvos kaufen, eine gute Ausbildung haben, zur Mittel- bis Oberschicht gehören, ein überdurchschnittliches Einkommen haben und in ihren politischen Ansichten eher liberal sind – Eigenschaften, die gut zum Wahlkampf von McGovern paßten. Anstatt an eine breite Öffentlichkeit allgemeine Spendenaufrufe zu versenden, befand man, daß eine gezielte Mailing-Aktion an Volvo-Besitzer im Kosten-Nutzen-Verhältnis sehr viel bessere Ergebnisse erzielen würde. Unglücklicherweise für McGovern ist jedoch der Volvo ein Auto, das preislich oder vom Aussehen her nur einer Minderheit von Amerikanern zusagt.

Angewendet auf Kunden, die selbst Unternehmen sind, umfassen die Lebensstil-Faktoren Dinge wie die folgenden:

- ✔ Schutz der Umwelt
- ✔ Spenden an Wohltätigkeitsorganisationen
- ✔ Investitionen in die Schulung der Mitarbeiter

- ✔ Angebot, den Mitarbeitern Vorteile zu gewähren
- ✔ Beförderung von Mitarbeitern des Unternehmens

Mit jedem dieser Merkmale kann man mehr über ein bestimmtes Marktsegment erfahren, um es dann besser bedienen zu können.

Wie handeln sie?

Ihre Kunden sind Individuen, die ihre persönliche Art haben, zu agieren und zu reagieren. Wäre es jedoch nicht nützlich, wenn Sie Marktsegmente aufgrund von allgemeinen Persönlichkeitstypen erstellen könnten? Glücklicherweise müssen Sie nicht ganz von vorne beginnen. Einige Verhaltensforscher (diese etwas sonderbaren Leute, die immer eine Auge auf uns haben) sind zu dem Schluß gekommen, daß es fünf grundsätzliche Kunden-Persönlichkeitstypen gibt, die in Tabelle 6.1 beschrieben sind.

Typ	Beschreibung
Innovatoren	Lieben das Risiko Jung und gut ausgebildet Aufgeschlossen gegenüber neuen Ideen und Technologien Mobil und vernetzt Von äußeren Quellen informiert
Frühadopter	Meinungsführer in ihren Gemeinschaften Sorgfältige Beurteiler Offen gegenüber gut begründeten Argumenten Von gleichrangigen Mitarbeitern respektiert
Frühe Mehrheit	Risikovermeider, wo möglich Wohlüberlegt bei ihren Aktionen Benutzen neue Produkte erst, wenn diese ankommen
Späte Mehrheit	Skeptisch Extrem vorsichtig Von anderen Produkten enttäuscht Probieren neue Produkte nur widerwillig Reagieren nur auf Druck von Freunden
Nachzügler	Halten durch bis zum bitteren Ende Warten, bis Produkte veraltet sind Zögern dann immer noch!

Tabelle 6.1: Kunden-Persönlichkeitstypen

Wie man sieht, hat der Persönlichkeitstyp eine Menge damit zu tun, wie begierig die Leute danach sind, neue Produkte und Dienstleistungen zu kaufen. (Siehe auch den Vorgang bis zur Akzeptanz eines Produkts in Kapitel 5.) Obwohl einige von uns mutiger sind und neue Dinge ausprobieren, verwenden andere ganz im Gegensatz die Dinge erst, wenn sie sich durchgesetzt haben. Die Nachzügler brauchen einfach länger, um neue Ideen zu akzeptieren, als die Innovatoren. Fachsprachlich ausgedrückt nennt sich das Ganze die *Verbreitung oder Diffusion von Innovationen* (siehe Abbildung 6.2).

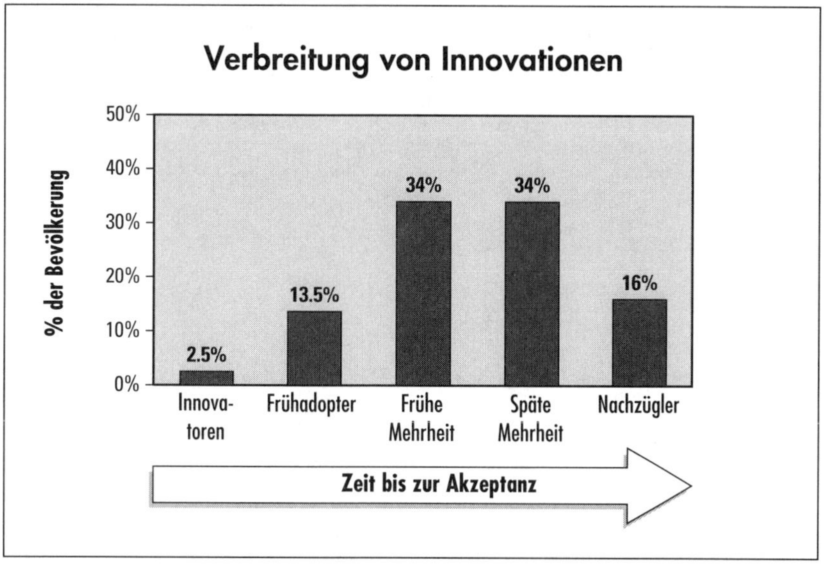

Abbildung 6.2: Die Produktakzeptanz erfolgt bei den verschiedenen Persönlichkeitstypen zu unterschiedlichen Zeitpunkten.

In Abbildung 6.2 ist die Prozentzahl bei jedem Persönlichkeitstyp natürlich nur eine Schätzung. Aber man erhält so eine ungefähre Idee von der relativen Größe, die jeder Persönlichkeitstyp in Ihrem eigenen Markt einnimmt.

Über die Jahre haben die Marktforscher haufenweise Daten zu der typischen Persönlichkeit in jeder der fünf Gruppen gesammelt. Diese Informationen können Sie für Ihre Planung verwenden. Ermitteln Sie zunächst, welche Persönlichkeitstypen mit der größten Wahrscheinlichkeit positiv auf Ihr Produkt oder Ihre Dienstleistung reagieren werden. Dann können Sie eine Beschreibung der Zielkunden zusammenstellen und einen Businessplan aufstellen, mit dem Sie diese Zielkunden effektiv und effizient erreichen können.

Was wird gekauft?

Eine Beschreibung der Kunden im Hinblick auf Wohnort, Profil, Lebensstil und Persönlichkeit bringt Sie nur einen Schritt weiter. Leider sagen diese Basischarakteristika nichts über Ihre Kunden und deren Beziehung zu Ihrem Markt und den Produkten und Dienstleistungen, die Sie verkaufen wollen, aus. Es ist daher schwierig, mit Hilfe dieser Marktsegmente die Kunden besser zu bedienen oder einen höheren Wert zu bieten. Dafür müssen Sie nach anderen Möglichkeiten zur Kundengruppierung suchen.

Wenn Sie die Kunden danach beschreiben können, was sie kaufen, können Sie sie von der Perspektive aus betrachten, die Ihnen sehr vertraut ist: von der Perspektive Ihrer eigenen Produkte und Dienstleistungen aus. Wenn die Marktsegmente darauf basieren, was die Kunden kaufen, können Sie direkt die Bedürfnisse jeder Gruppe berücksichtigen, indem Sie bei folgenden Aspekten der Produkte oder Dienstleistungen Änderungen vornehmen:

- ✔ Funktionen
- ✔ Verpackung
- ✔ Preis
- ✔ Lieferung

Was kann es?

All die Daten und Eigenschaften eines Produkts oder einer Dienstleistung werden *Funktionen* genannt – Dinge also, die häufig in einer Produktbeschreibung, einem Benutzerhandbuch oder auf der Verpackung aufgeführt sind. Wenn Sie die Kunden nach den Produktfunktionen, nach denen sie suchen, in Gruppen einteilen, kommt heraus, daß sie ziemlich viel gemeinsam haben. Ähnlich sind sie sich zum Beispiel bei folgendem:

- ✔ Wie oft sie das Produkt verwenden (selten, mittel, häufig)
- ✔ Wie geschickt sie im Umgang mit dem Produkt sind (Neuling, Fortgeschrittener, Experte)
- ✔ Was sie mit dem Produkt tun (Freizeit, Ausbildung, geschäftliche Nutzung)
- ✔ Welche Art von Kunden sie sind (Berater, Wiederverkäufer, Benutzer)

Packard Bell zum Beispiel verkauft Computer der unteren Preisklasse vor allem an Käufer, die keine Technikspezialisten sind. Diese Käufer verwenden ihre Rechner wahrscheinlich ein paar Stunden pro Woche zu Hause, um die Finanzen der Familie zu erledigen, die Hausaufgaben zu machen, im Internet zu surfen oder für Computer-Spiele. Die Kunden von Packard Bell unterscheiden sich völlig von denen der Firma Sun Microsystems, einem Hersteller von Workstations der oberen Preisklasse. Die Kunden von Sun sind mit hoher Wahrscheinlichkeit Profis, die den Computer viele Stunden am Tag für die Arbeit verwenden. Man muß nur die Funktionen der Packard Bell-Computer mit denen der Sun-Workstations vergleichen, um festzustellen, daß die Produkte dieser Unternehmen zwei ganz unterschiedliche Kundengruppen ansprechen sollen.

Wie wird es verkauft?

Zur *Verpackung* gehört sehr viel mehr als nur etwas Karton, Schrumpfpackung und Plastik. Zur Verpackung gehört eigentlich alles, was das Anbieten des Produkts umgibt, zum Beispiel auch folgendes:

- ✔ Produktwerbung (Radio/TV, Zeitschriften, Plakatwände, T-Shirts)
- ✔ Verkaufsaktionen (Ladenwerbung, Coupons, Verlosungen)
- ✔ Marketing (Rezensionen, Fernsehsendungen für Wohltätigkeitszwecke, Werbung durch berühmte Persönlichkeiten)
- ✔ Produkt-Service (Garantien, Hotline, Service-Center)

Auch hier spiegeln die aufgrund der Verpackungskriterien gefundenen Marktsegmente Kundeneigenschaften wider, die den oben bei Produktfunktionen erwähnten Eigenschaften ähnlich sind: Häufigkeit der Verwendung, Grad der Fähigkeiten, Einsatz des Produkts und Typ des Benutzers.

Weil Packard Bell hauptsächlich Computer für den Heimbedarf verkauft, wird in den Massenmedien dafür geworben, es wird gängige Software vorinstalliert und ein dichtes Service-Netz angeboten. Für die gehobeneren Sun-Workstations wird dagegen in Computer-Zeitschriften geworben, sie sind nur kompatibel mit komplizierteren Betriebssystemen und Service-Leistungen erfolgen über Wartungsverträge vor Ort.

Was kostet es?

Der Preis eines Produkts oder einer Dienstleistung schafft verschiedene Kundengruppen. Kunden, die auf den Preis achten, sind in einem Lager, und die, die für eine bestimmte Qualität auch mehr bezahlen, im anderen. Wenn Sie jemals das Vergnügen hatten, einen Kurs in Mikroökonomie (bäh!) zu belegen, werden Sie zwei Fakten nicht mehr vergessen: Der Preis ist eine wichtige Marktvariable und das Preis-/Leistungsverhältnis ist in jedem Markt eine fundamentale Kraft. Packard Bell-Computer sind preisgünstig, wohingegen den Profis, die Sun-Workstations kaufen, mehr daran gelegen ist, ihre gehobenen Ansprüche zu befriedigen.

Im allgemeinen ist der Massenmarkt preisgünstig, auf dem sogenannten *Markt für hochwertige Güter* wird mehr aufgrund von Qualität, ausgefeilten Funktionen und Status verkauft. Aber der Preis ist nicht der einzige Faktor im Bereich Finanzen, der zu verschiedenen Marktsegmenten führen kann. Weitere Kriterien sind:

- ✔ Ratenzahlung (zum Beispiel von Möbelgeschäften angeboten)
- ✔ Leasing-Optionen (werden Fluglinien angeboten, die Flugzeuge kaufen)
- ✔ Geld-zurück-Garantien (regelmäßig im Fernsehen angeboten)
- ✔ Inzahlungnahme (von Autohändlern angeboten)

Wo wird es gefunden?

Vertrieb und Lieferung bestimmen, wie die Kunden Produkte oder Dienstleistungen erhalten. In diesem Fall lassen sich Marktsegmente danach bilden, wo die Kunden einkaufen. Zum Beispiel:

- ✔ Großhandelsketten
- ✔ Billiganbieter
- ✔ Kaufhäuser
- ✔ Einzelhandelsgeschäfte
- ✔ Katalog
- ✔ Internet

Packard Bell verkauft einen Großteil seiner Computer über Großhandelsketten. In diesen Geschäften werden Sie jedoch keine Sun-Workstations finden. Diese werden fast ausschließlich über Computer-Händler verkauft, die sich auf gehobene Anwendungsbereiche spezialisiert haben.

BEISPIEL

Avon Kosmetik erreicht seine Kunden mit unabhängigen Avon-Beraterinnen direkt zu Hause, die Produkte findet man in keinem Geschäft. Das Unternehmen glaubt, daß Schönheitsmittel etwas sehr Persönliches sind und daher eine sehr persönliche Art des Verkaufs erfordern, um erfolgreich zu sein. Mit dem gleichen Ziel plazieren andere Kosmetikunternehmen ihre Beraterinnen an strategisch günstigen Punkten in Kaufhäusern (man kann sie gut an ihren weißen Kitteln, dem perfekt geschminkten Gesicht und dem teuren Parfüm erkennen).

Für die aufgrund von Vertrieb und Lieferung gebildeten Marktsegmente gibt es auch noch weitere Kriterien:

- ✔ Verfügbarkeit zu jeder Zeit (Automaten)
- ✔ Verfügbarkeit an jedem Ort (Tankstellen)
- ✔ Garantierte Verfügbarkeit (Video-Verleih)
- ✔ Zeitabhängigkeit (Blumen, Pizza)

Warum wird gekauft?

Wenn man die Kundenwünsche über lange Zeit befriedigen möchten, darf man das Gesamtbild nicht vergessen (siehe auch Kapitel 5). Vielleicht die schwierigsten – und nützlichsten – Fragen, die man sich im Zusammenhang mit den Kunden stellen kann, drehen sich darum, warum sie überhaupt kaufen. Diese Fragen sind:

- Wonach suchen die Kunden?
- Was ist ihnen wichtig?
- Was motiviert sie?
- Wie nehmen sie Dinge wahr?
- Wie treffen sie ihre Wahl?

Wenn Sie die Kunden nach den Antworten, die sie auf diese Fragen geben, in Gruppen unterteilen, werden die Marktsegmente aufgrund der Vorzüge, nach denen die Kunden suchen, gebildet. Weil mit Hilfe dieser Marktsegmente die Kunden von *deren* Blickwinkel aus betrachtet werden (und nicht von Ihrem eigenen), bieten sie die beste Möglichkeit, um die bestimmten Wünsche einer ganzen Kundengruppe zu erfüllen.

Was bekommen sie?

Während Sie versuchen, sich genau vorzustellen, warum die Kunden Produkte und Dienstleistungen Ihres Marktes kaufen, erstellen Sie eine Liste der Vorzüge, nach denen sie Ihrer Meinung nach suchen. Sie denken jetzt wahrscheinlich: Produktvorzüge, das klingt ziemlich nach Produktfunktionen. Aber auf subtile und doch entscheidende Art sind Vorzüge und Funktionen zwei Paar Schuhe.

Funktionen werden über das Produkt oder die Dienstleistung definiert. Ein Auto hat zum Beispiel eine Gangschaltung (im Gegensatz zur Automatik) und Fenster, Türschloß und Radioantenne. *Vorzüge* dagegen werden vom Kunden definiert. Je nach Kunde hat eine Gangschaltung Vorzüge, weil sie besseres Handling, bessere Reaktionsmöglichkeit erlaubt oder den Benzinverbrauch verringert. Accessoires können Luxus repräsentieren oder dienen einfach der Bequemlichkeit. Die Vorzüge werden durch das Auge des Kunden bestimmt.

Es ist absolut entscheidend, den Unterschied zwischen Vorzügen und Funktionen zu kennen, wenn Sie die gefundenen Marktsegmente für einen effektiven Businessplan verwenden wollen. Nehmen Sie sich einen Moment Zeit, und denken Sie über die in Abbildung 6.3 skizzierten Geschäftssituationen nach.

Welche der in Abbildung 6.3 aufgeführten Vorzüge stellen für die Kunden jedes Unternehmens echte Vorzüge dar? Das ist natürlich eine Trickfrage. Nicht *Sie* sind es, die Vorzüge definieren, sondern die *Kunden*. Man kann sich leicht vorstellen, daß es in jedem Markt bestimmte Kundengruppen gibt, die nach allen diesen potentiellen Vorzügen suchen.

Wählen Sie als Kunde die Vorzüge

Situation	**Mögliche Kundenvorzüge**
Eine Boutique bietet luxuriöse, aus Amerika importierte Bade- und Schönheitsprodukte, geschmackvolle Verpackungen und problemlose weltweite Auslieferung.	☐ Ein netter Ort, um nach dem Mittagessen vorbeizuschauen, wenn man noch Zeit totzuschlagen hat. ☐ Die Möglichkeit, um Verwandte aus Amerika zu beeindrucken. ☐ Eine Alternative zu einer Scheidung, nachdem man festgestellt hat, daß heute Hochzeitstag ist. ☐ Aromatherapie nach einem anstrengenden Tag im Büro.
In einem Copy-Shop kann man Kopiergeräte in Selbstbedienung benutzen und diverse Papierartikel erwerben; es wird außerdem angeboten, Flugblätter, Poster und Newsletter innerhalb von zwei Stunden zu drucken.	☐ Die Möglichkeit, wie ein großes Unternehmen zu erscheinen – wenigstens auf dem Papier. ☐ Eine Geld sparende Alternative zum Kauf eines Kopierers. ☐ Eine Bedrohung, die das Druck- und Grafikgewerbe zusammenhält. ☐ Erhält Jobs, wenn die gedruckten Broschüren noch rechtzeitig zur Messe erscheinen.
Ein Halbleiterhersteller verkauft individuell angepaßte Chips an High-Tech-Unternehmen zur Verwendung in Marken-Verbraucherprodukten (zum Beispiel Heimelektronik, Computer und Spiele).	☐ Eine Erweiterung für die firmeninterne Forschungs- und Entwicklungsabteilung. ☐ Eine einfache Möglichkeit zur Erweiterung der Produktlinie. ☐ Eine Waffe im Kosten-/Preis-Krieg ☐ Eine Möglichkeit, um bei einem neuen Produkt die Zeit bis zur Markteinführung zu verkürzen.

Abbildung 6.3: Überdenken Sie diese Geschäftssituationen.

Wenn Sie die Vorzüge Ihrer Produkte erkennen wollen, wählen Sie ein Produkt oder eine Dienstleistung und gehen wie folgt vor:

1. **Zeichnen Sie im Kopf ein Bild des Produkts/der Dienstleistung (denken Sie an die Funktionen, Attribute und Optionen).**
2. **Schieben Sie das Bild einen Moment lang ganz beiseite.**
3. **Versetzen Sie sich in Ihre Kunden.**
4. **Erstellen Sie jetzt eine neue Beschreibung des Produkts/der Dienstleistung aus der Perspektive des Kunden, die sich ganz auf die Vorzüge konzentriert, nach denen der Kunde sucht.**

Wenn man Kunden aufgrund der jeweiligen Vorzüge, die sie bei der Wahl eines Produkts oder einer Dienstleistung in einem Markt suchen, zu Gruppen zusammenfaßt, hat man den Schlüssel, mit dem man individuelle Kunden zufriedenstellen und über lange Zeit hinweg glücklich machen kann.

Die Vorzüge von Zahnpasta

Viele Jahre lang widersetzte sich der Zahnpasta-Markt einer Marktanalyse, bis ein Team von Marktforschern das Konzept der Kundenvorzüge anwendete. Bei dieser Studie stellte man fest, daß der Zahnpasta-Kunde vier hauptsächliche Vorzüge auf dem Zahnpasta-Markt sieht. Wenn sie ihre Kaufentscheidung treffen, suchen die Kunden einen oder mehrere der folgenden Vorzüge:

- ✔ **Gesunde Zähne**: Eine Gruppe der Kunden sucht nach diesem offensichtlichen dentalen Vorzug. Mütter hoffen zum Beispiel, daß sie dem Zahnarzt die Chance, eine neue Jacht kaufen zu können, so verbauen.
- ✔ **Guter Geschmack**: Eine weitere Gruppe sucht nach wohlschmeckender Zahnpasta. Besonders Kinder lieben das Zähneputzen nicht gerade.
- ✔ **Sex-Appeal**: Die dritte Gruppe hofft verzweifelt, dem anderen Geschlecht gefallen zu können. Zu dieser Gruppe gehören natürlich die Teenager, die sich durch die Pubertät kämpfen müssen.
- ✔ **Zahnpflege**: Die letzte Gruppe sucht einfach nur nach Zahnhygiene zu einem guten Preis. Die meisten Männer zum Beispiel denken, daß alle Zahnpastas gleich sind.

Die neue Studie führte dazu, daß die Zahnpasta-Anbieter ihre Ware um diese Gruppen herum vermarktet haben: Blendamed zielte auf die Mütter ab, Signal wollte mehr die Teenager ansprechen, und alle Billigmarken sprachen vor allem die Männer an.

Wie entscheiden sie sich?

Kunden sind dazu verdonnert, sich dem Markt auf verschiedene Weise zu nähern. Man kann oft Marktsegmente aufgrund von bestimmten Kundeneigenschaften bilden, die zu der jeweiligen Branche in Beziehung stehen. Einige der Bedingungen, die die Kaufentscheidungen von Kunden leiten, sind:

Geschwindigkeit der Kaufentscheidung: Der *Entscheidungsprozeß*, den die Kunden durchlaufen, bevor sie ein Produkt oder eine Dienstleistung erwerben, variiert je nach Komplexität des Produkts und je nach Preisschild. Kaugummi wird meist ohne viel Nachdenken gekauft. Aber bei Auto- und Immobilienhändlern ist der

Entscheidungsprozeß völlig anders, die Kunden entscheiden sich sehr viel langsamer zu einem Kauf.

Tatsächlicher Entscheidungsträger: Familien stellen zusammen eine gemeinsame *Entscheidungseinheit* dar, die die verschiedenen Verbrauchsgüter kauft. Aber wer hat in der Familie das letzte Wort? Wenn Sie zum Beispiel für Teenager entworfene Kleidung verkaufen, macht es einen großen Unterschied, ob die Kids selbst das letzte Wort haben oder Mama und Papa im Hintergrund die Fäden ziehen. Aufgrund dieses Unterschieds kann man allein zwei Marktsegmente bilden, von denen jedes ganz eigene Anforderungen hat.

- **Kundenloyalität**: Über die Art, in der Unternehmen mit ihren Kunden in Verbindung stehen, lassen sich eine ganze Reihe von Marktsegmenten definieren. Dienstleistungsbranchen haben keine Mühen gescheut, um Kunden aufgrund ihrer Loyalität zu identifizieren und zu Loyalität zu ermutigen. Sie haben wahrscheinlich auch schon mal Treuepunkte gesammelt, um dann für zehn Punkte Rabatt zu bekommen, oder sind am Vielflieger-Programm einer Fluggesellschaft beteiligt und bekommen irgendwann einen Flug gratis.
- **Grad der Produktverwendung**: In vielen Branchen wird ein großer Teil des Umsatzes nur von einem kleinen Teil der Kunden gebildet. Wenn man zum Beispiel Bier verkaufen will, kann man den Bevölkerungsteil, der viel Bier trinkt, nicht ignorieren. In den Vereinigten Staaten kommen fünf Prozent der Bevölkerung für erstaunliche 87 Prozent des Bierverkaufs auf. Diese fünf Prozent zufriedenzustellen, kann in der Tat sehr profitabel sein.

Bei dem kreativen Vorgang der Unterteilung der Märkte in Segmente können Sie die Kunden auf verschiedene Weise in Gruppen unterteilen:

- Um zu verstehen, wer die Kunden sind, sehen Sie sich an, wo sie leben, was sie beruflich und auch sonst tun.
- Um zu verstehen, was die Kunden kaufen, sehen Sie sich Funktionen, Verpackung und Preis der Produkte an, und beachten Sie, wo die Kunden kaufen.
- Um zu verstehen, warum die Kunden kaufen, sehen Sie sich die Vorzüge an, die sie suchen, und die Art und Weise, in der sie ihre Entscheidung treffen.

Nützliche Marktsegmente finden

Natürlich reicht es noch nicht, eine clevere Art zur Beschreibung einer Kundengruppe gefunden zu haben. Ein Marktsegment ist nur nützlich, wenn es Ihnen ermöglicht, diesen Kunden etwas an Wert zu liefern – und das mit Profit. Tatsache ist, daß nicht alle Marktsegmente, die man gefunden hat, auch geeignet sind. Wonach sollten Sie suchen, wenn Sie ein wirklich nützliches Marktsegment finden wollen? Im allgemeinen sollte dieses Segment folgende Merkmale aufweisen:

- ✔ eine Größe, die überschaubar ist
- ✔ Kunden, die Sie identifizieren können
- ✔ Kunden, die Sie erreichen können

Hat das Segment die richtige Größe?

Für das Erkennen nützlicher Marktsegmente muß man die Balance finden zwischen einer zu weiten Definition der Märkte, die dann bei der Planung keinerlei Orientierung bietet, und einer zu engen Definition der Märkte, die dann letztendlich unpraktisch und nicht gewinnbringend ist. Ein nützliches Marktsegment muß handhabbar sein. Die richtige Größe hängt von der jeweiligen Geschäftssituation ab, also von Ihren Ressourcen, dem Wettbewerb und den Kundenwünschen.

Die Wahl einer handhabbaren Kundengruppe bringt Sie wieder zu den beiden Geschäftszielen, zu Effektivität und Effizienz, zurück (beide detailliert in Kapitel 3 besprochen). Sie wollen mit Ihrem Marktsegment effektiv sein, aber Sie müssen auch effizient sein. Die Marktsegmente, die für General Motors, AT&T oder Procter & Gamble handhabbar sind, sind ziemlich groß und unterscheiden sich wesentlich von den Marktsegmenten einer kleinen Boutique, einer neu eröffneten High-Tech-Firma oder eines kleinen, umweltbewußten Herstellungsbetriebs.

Offensichtlich ist der Trend, daß in den letzten fünfzig Jahren die Märkte in immer kleinere Stücke unterteilt wurden. Das kann man an folgenden Schlagzeilen beobachten:

- ✔ »Massenmärkte sind der letzte Schrei« (fünfziger Jahre)
- ✔ »Marktsegmente werden volljährig« (sechziger Jahre)
- ✔ »Nischenmärkte sind im Kommen« (siebziger Jahre)
- ✔ »Massenindividualisierung ist in« (achtziger Jahre)
- ✔ »Mikromärkte sind der Hit« (neunziger Jahre)

Klar, über die Jahre hat sich die Vorstellung davon, was ein handhabbares Marktsegment ist, verändert. Marktsegmente sind am Schrumpfen. Warum? Die Kunden werden in allen Märkten immer anspruchsvoller und fordernder, und die Unternehmen haben neue Möglichkeiten gefunden, um bei dem, was sie tun, effizienter und effektiver zu werden. Wie haben sie das geschafft? Da genügt zur Erklärung ein Wort: Computer.

Haben Sie zum Beispiel gewußt, daß Ihr Kreditkartenunternehmen ziemlich viel Geld macht, indem es Informationen über Sie an andere Unternehmen verkauft? Jedesmal, wenn Sie mit Ihrer Karte einkaufen, zeigen Sie etwas sehr Persönliches und Einzigartiges von sich. Ausgeklügelte Software-Programme analysieren diese Enthüllungen (und die Ihrer Freunde, Nachbarn und aller anderen Verbraucher) mit Hilfe einer Vielzahl von High-Tech-Werkzeugen, so daß Sie in einer bestimmten Kundenkategorie plaziert werden können. Unternehmen – vielleicht ja auch Ihr eigenes – zahlen eine nette Summe für Ihren Namen, für Adresse und

Kundentyp, damit sie Sie direkt mit Produkten und Dienstleistungen bombardieren können, die genau auf Ihre jeweiligen Bedürfnisse abgestimmt sind.

Sie können wetten, daß Ihre eigenen Kunden mit der Zeit immer anspruchsvoller werden, und Ihre Wettbewerber sich immer mehr auf kleinere Märkte spezialisieren werden. Während Sie die handhabbaren Marktsegmente wählen, in denen Sie konkurrieren wollen, sollten Sie auch Möglichkeiten einberechnen, wie Sie die Informationstechnik in Ihrem Unternehmen einsetzen können.

Können die Kunden identifiziert werden?

Wenn Sie ein komplettes Bild Ihrer Kunden zusammensetzen, sollten Sie all die verschiedenen Möglichkeiten nutzen, die wir aufgeführt haben, um Kunden zu beschreiben. Die Marktsegmente, die nach dem Merkmal, warum Kunden kaufen, gebildet wurden, sind oft die besten, weil sie Kundengruppen definieren, die ähnliche Bedürfnisse haben. Wenn möglich sollten Sie also Marktsegmente finden, die die Perspektive der Kunden berücksichtigen: die Vorzüge, nach denen sie suchen, sowie ihr Kaufverhalten.

Aber was dann? Leider ist es manchmal wirklich schwierig, intimes Kundenverhalten wie Motive, Wünsche, Bedürfnisse, Vorlieben von außen zu ermitteln (außer Sie sind Psychotherapeut oder mit einem Verhaltensforscher befreundet). Sie wissen vielleicht, wie diese Leute wirklich sind, aber wie stellt man es an, sie ausfindig zu machen? Wenn Sie die Kunden in Ihrem Marktsegment erkennen wollen, müssen Sie ihr Verhalten an Merkmalen festmachen, die Sie sehen können.

Angenommen, Sie ermitteln einen bestimmten Angestelltentyp aufgrund seiner Einstellung zur Arbeit. Mitglieder dieser Gruppe wären gerne produktiver in ihrem Job, fühlen sich jedoch vernachlässigt und sind frustriert von ihren Arbeitsbedingungen und ihrer Büroumgebung. Vielleicht haben Sie ein potentielles Marktsegment entdeckt. Aber wie geht man weiter vor? Wie erkennt man diese potentiellen Kunden? Vielleicht werden Sie feststellen, daß viele dieser Angestellten Linkshänder sind, und gerne hätten, daß das numerische Tastenfeld auf der linken Seite der Tastatur und der Hörer auf der rechten Seite des Telefons ist. Jetzt haben Sie den entscheidenden Schritt zur Definition eines nützlichen Marktsegments gemacht, weil das Segment auf Kundenwünschen und -bedürfnissen basiert und aus Kunden besteht, die beschrieben, beobachtet und identifiziert werden können.

Aufgrund dieser Situation verspüren Sie vielleicht den Drang, eine Planungsabkürzung zu nehmen und Ihr Marktsegment ganz auf dem basieren zu lassen, was Sie beobachten: Linkshänder, die immerhin zehn Prozent der Bevölkerung ausmachen. Bingo! Sie entscheiden sich dazu, Büroausstattung zu entwickeln und zu produzieren, die ganz auf Linkshänder abgestimmt ist. Aber warten Sie, halten Sie Ihren Drang unter Kontrolle. Sie müssen sich zuerst noch eine wichtige Voraussetzung ansehen, die erfüllt werden muß, bevor Sie wirklich ein nützliches Marktsegment identifiziert haben.

Kann der Markt erreicht werden?

Nachdem Sie ein vielversprechendes Marktsegment definiert haben, das auf einem Bedürfnis basiert und dessen Kunden Sie beschreiben können, müssen Sie Wege entwickeln, um mit diesen Kunden kommunizieren zu können – Wege, die sowohl effektiv als auch effizient sind. Es reicht nicht, zu wissen, daß diese Kundengruppe irgendwo da draußen im Universum der Verbraucher vorhanden ist, selbst wenn Sie sie beschreiben und sogar erkennen können. Sie müssen eine Möglichkeit finden, um über Werbung, Verkaufsaktionen oder die Art der Lieferung mit ihnen in Kontakt zu kommen.

Im Bespiel des Linkshändermarktes müssen Sie sich für Marketing und Vertrieb einen Plan ausdenken, der zu dem allgemeinen Verhalten dieser Gruppe paßt. Idealerweise wollen Sie die volle Aufmerksamkeit der Linkshänder, ohne dafür zahlen zu müssen, daß Sie auch noch die neunzig Prozent der Leute in der Rechtshänderwelt erreichen. Aber wie bekommt man die Aufmerksamkeit und den Zugang zu den linkshändigen Kunden? Eine einfache Methode wäre, Anzeigen in die »Linkshänder-Presse« oder die »Gazette der Linken« zu setzen und die Produkte in allen Filialen der Linkshändergeschäfte anzubieten. Nur leider existieren diese Unternehmen nicht.

Zum Aufgeben ist es vielleicht zu früh. Wenn Sie jedoch keine kreativen Möglichkeiten finden, die linkshändigen Kunden zu erreichen und mit ihnen in Kontakt zu kommen, sind sie kein nützliches Marktsegment. Man braucht für ein nützliches Marktsegment nicht nur ähnliche Bedürfnisse, gemeinsame beobachtbare Eigenschaften und eine handhabbare Größe, sondern auch realistische Möglichkeiten, um die Kunden zu erreichen. Vielleicht ist das der Grund, warum die Linkshänder so frustriert sind.

- ✔ Nützliche Marktsegmente müssen die richtige Größe haben. Wenn sie zu groß sind, sind sie nicht effektiv. Wenn sie zu klein sind, sind sie nicht effizient.
- ✔ Damit ein Marktsegment verwendet werden kann, braucht man eine praktische Methode, um die Kunden in der Gruppe erkennen zu können.
- ✔ Ein wirklich nützliches Marktsegment muß aus einer Gruppe von Kunden bestehen, die Sie auch erreichen können.

Herausfinden, wie sich Marktsegmente verhalten

Erinnern Sie sich an die Schulzeit, wo man aufgefordert wurde, seine Hausaufgaben zu prüfen, bevor man sie abgab – besonders, wenn sie benotet wurden? Nun, der Markt ist eine schwer zu bewältigende Klasse (so schwierig wie Mathematik oder Physik) und es steht viel auf dem Spiel. Bevor Sie sich auf ein bestimmtes Marksegmentschema festlegen, sollten Sie Ihre Hausaufgaben noch mal durchsehen. Stellen Sie sich bei der Überprüfung diese Fragen:

- Nach welchen Vorzügen suchen die Kunden in dem Marktsegment?
- Werden die Produktfunktionen, Optionen und Verpackung die Kundenbedürfnisse zufriedenstellen?
- Ist die Größe des Segments handhabbar?
- Können Sie die Kunden beschreiben, beobachten und identifizieren?
- Können Sie die Kunden über Werbung und Marketing auf effiziente Weise erreichen?
- Sind Vertrieb und Produkt-Service effektiv?

An irgendeinem Punkt werden Sie eine ausgefeiltere Herangehensweise verwenden wollen, um einige dieser Fragen zu beantworten. Diese Herangehensweise wird *Markttest* genannt. Indem Sie Ihre Ideen an sorgfältig ausgewählten, potentiellen Kunden Ihres Marktsegments testen, können Sie oft einschätzen, wie gut Ihr Schema wohl funktionieren wird – bevor Sie jede Menge Geld für weitere Schritte ausgeben. Die schlechte Nachricht ist, daß Markttests wie alle Marktstudien sehr teuer und zeitaufwendig sein können, besonders wenn man große Tiere von außerhalb damit beauftragt. Vielleicht fangen Sie erst mal mit Kundeninterviews an.

Durch Kundeninterviews erhalten Sie eine Vorstellung davon, wer Ihr Produkt kauft, und was die Leute über Ihr Produkt denken. Sie können diese Interviews ganz informell führen. Zum Beispiel wie folgt:

1. **Wählen Sie Kunden aus Ihrem Marktsegment.**
2. **Vereinbaren Sie Einzeltreffen oder Treffen in kleinen Gruppen.**
3. **Lassen Sie sie zunächst etwas über sich selbst erzählen.**
4. **Sie sollen erzählen, was ihnen an Ihrem Produkt gefällt und was nicht.**
5. **Fragen Sie sie, warum sie Ihr Produkt kaufen, und was sie ohne es tun würden.**

Kann sein, daß informelle Interviews bereits zu Ihrer täglichen Routine gehören und Sie es gar nicht bemerken. Wenn nicht, überlegen Sie sich Möglichkeiten, wie Sie mit Ihren Kunden in Kontakt kommen können, und planen Sie informelle Kundeninterviews in Ihren Tagesablauf ein.

Ein Wort zur Vorsicht: Gebrauchen Sie Ihren gesunden Menschenverstand. Diese Interviews sind keine ausgearbeiteten Teile einer Marktstudie, Sie müssen also Vorsicht walten lassen, bevor Sie irgendwelche Schlußfolgerungen auf das Kundenverhalten ziehen.

Die Konkurrenz durchleuchten

7

In diesem Kapitel:

- Den Wert von Konkurrenz erkennen
- Erkennen, wer Ihre wirklichen Konkurrenten sind
- Strategische Gruppen bilden
- Die Aktionen der Konkurrenten verfolgen
- Die nächsten Schritte der Konkurrenten vorhersehen
- Wettbewerbsdaten aufstellen

Wer keine Hitze verträgt, sollte die Küche meiden.

Harry S. Truman

Man beschäftigt sich nicht nur so zum Spaß mit der Konkurrenz. Glauben Sie, daß die hinter Ihnen her sind und Sie kriegen wollen? Aber ganz bestimmt. Je mehr Sie über die Konkurrenz wissen, desto besser können Sie sich vorstellen, was die Konkurrenz vor hat. Der Wettbewerber, den Sie kennen, ist viel weniger gefährlich als ein unbekannter Feind irgendwo da draußen.

Wenn Sie sich bisher noch nicht viele Gedanken über die Konkurrenz gemacht haben, sind Sie in guter Gesellschaft. Viele Unternehmen versäumen es, diesen Teil der Planung ernst zu nehmen. Hier zwei typische Entschuldigungen:

Man kann unmöglich jeden Konkurrenten kennen oder wissen, was er vorhat.

Oder:

Wir wissen bereits alles, was es über sie zu wissen gibt. Wir konkurrieren jeden Tag mit ihnen.

Geschäftseigentümer oder Manager der ersten Gruppe winden sich heraus, weil es nicht einfach ist, etwas über die Konkurrenz herauszufinden. Die in der zweiten Gruppe machen die Augen zu und glauben, daß nichts Schlimmes passieren wird, wenn sie nur nicht allzu genau hinsehen. Beide Gruppen machen einen großen Fehler.

BEISPIEL

Als die Japaner sich entschieden, in den späten sechziger Jahren in den Weltmarkt für die Automobilindustrie einzusteigen, hatten sie sorgfältig geplant. Sie wußten, was sie zu tun hatten, weil sie von amerikanischen Wirtschaftsexperten geschult worden waren. Erstens mußten sie die Verbrauchermärkte in den Vereinigten Staaten und in Europa kennenlernen, zweitens mußten sie alles über die weltweite Konkurrenz wissen.

Deshalb gingen japanische Autohersteller nach Amerika und Europa, um ihre zukünftigen Wettbewerber zu studieren und von ihnen zu lernen. Sie besuchten General Motors, Ford, Chrysler und American Motors. Sie stellten Fragen, zeichneten Besprechungen auf Band auf, machten Fotos, nahmen Maß, machten Skizzen und studierten. Während dessen waren sie erstaunt über die amerikanische Gastfreundschaft. Als sie wieder nach Hause kamen, wurden ihre Pläne ausgebrütet. Und die amerikanischen Automobilhersteller haben nie verstanden, was sie da traf, obwohl der Schlag schon zehn Jahre im voraus vorbereitet wurde.

In diesem Kapitel zeigen wir zunächst, warum es überhaupt so wichtig ist, Konkurrenten zu haben. Dann sollen Sie erkennen, wer Ihre momentanen Konkurrenten sind, und wer ein potentieller Konkurrent ist. Wir betrachten Wettbewerb vom Blickwinkel der Kunden und deren Kaufentscheidungen aus, die auf dem Markt getroffen werden. Und wir erkunden Ihre Wettbewerber im Hinblick auf deren Strategien und Unternehmensstruktur, wobei wir den Begriff strategische Gruppen einführen. Wenn Sie wissen, wer Ihre Konkurrenten sind, sollten Sie sie noch besser kennenlernen, indem Sie sich ansehen, was sie tun und wohin sie gehen. Dazu prüfen wir deren Fähigkeiten, Strategien, Ziele und Annahmen.

Verstehen, welchen Wert Konkurrenz hat

Die Konkurrenten werden fast immer als die bösen Jungs dargestellt. Bestenfalls ist es ärgerlich, daß es sie gibt. Schlimmstenfalls nehmen sie die Kunden weg und Geld aus der Kasse. Kurz gesagt, sie machen Ihnen Ihr Geschäftsleben schwer. Ist dieses Bild unfair?

Machen Sie eine kurze Kampfpause, und wir zeigen Ihnen, welche andere Seite der Wettbewerb hat: Die Konkurrenten sind die, die neue Techniken und Technologien entwickeln, die Marktmöglichkeiten erweitern und manchmal ganze Industriezweige schaffen ... und glauben Sie es oder nicht, sie holen auch das Beste aus Ihnen heraus. Wettbewerber zwingen Sie, Ihre Strategien zu verbessern, an Ihrer Unternehmensplanung zu feilen, und nehmen lange Wege auf sich, wenn es darum geht, Kunden zufriedenzustellen.

Die Macht des Wettbewerbs ist eine Kraft, die die staatlichen Regulatoren weltweit überzeugt hat, ihren Griff in den großen Branchen mehr und mehr zu lockern, zum Beispiel in den folgenden Branchen:

- ✔ Fluglinien
- ✔ Bankwesen
- ✔ Eisenbahn
- ✔ Telekommunikation
- ✔ Versorgungsbetriebe

In jeder dieser Branchen hat der neue Wettbewerb auf dem Markt zu mehr Produkten, mehr Service-Leistungen, mehr Kunden geführt – und zu mehr Auswahl für die Kunden. Gut geführte Unternehmen sind stärker geworden, durch die Markterweiterung wurde Platz für neue Mitspieler geschaffen.

Der Wettbewerb ist eine Kraft, die wegen der Macht der Kunden nicht unterschätzt werden darf. (Wenn Sie einen Auffrischungskurs über Kundenbedürfnisse, Vorzüge und Marktverhalten benötigen, lesen Sie Kapitel 5 und 6.) Die Kunden da draußen treffen ihre Auswahl auf dem Markt, entscheiden aufgrund ihrer Bedürfnisse und ihrer Zahlungsbereitschaft, was sie kaufen und wofür sie ihr Geld ausgeben. Wie machen sie das? Der Vorgang, den sie durchlaufen, basiert auf einer *Wertgleichung*, die wie folgt aussieht:

Kundenwert = Vorzüge / Preis

Abbildung 7.1 veranschaulicht diese Gleichung.

Abbildung 7.1: Die Kunden treffen ihre Auswahl auf dem Markt, indem sie mit Hilfe der Wertgleichung den Wert konkurrierender Produkte abwägen.

Die Gleichung sieht auf den ersten Blick kompliziert aus, aber die Kunden von heute sind gut darin, ihre Auswahl zu treffen. Denken Sie daran, wie Sie das letzte Mal Besorgungen gemacht haben. Sie haben vielleicht beim Lebensmittelhändler vorbeigeschaut, wo Sie mit Hilfe der Wertgleichung alle möglichen Austauschbeziehungen eingegangen sind. Sie haben etwas Fleisch ausgewählt und haben dabei den Preis gegenüber dem abgewogen, worauf Sie Lust haben und was frisch aussieht. Vielleicht haben Sie entschieden, daß Sie keine Zeit mehr haben, um zum Großmarkt zu fahren, und deshalb die teurere Kleinpackung Müsli gekauft. Auf dem Weg nach draußen haben Sie biologisch angebaute Tomaten für den Salat ausgewählt, die dreimal so teuer waren wie herkömmliche Tomaten. Und schließlich haben Sie aus Notwendigkeit noch Benzin in Ihr Auto gefüllt und wiederum einige DM zu der Gesamtrechnung hinzugefügt.

Der Wettbewerb zwingt jeden in Ihrer Branche dazu, sich zu überlegen, wie man den Kunden den bestmöglichen Wert bieten kann. Wettbewerb erzeugt eine Situation, bei der beide Seiten (Kunden und Unternehmer) gewinnen, Sie sollten daher Ihre Konkurrenten nicht einfach ignorieren. Glauben Sie auch nicht, daß Sie immun gegen das alles sind. Statt dessen sollten Sie den Wettbewerb mit all dem, was er für Ihr Unternehmen tun kann, zu Ihrem Vorteil nutzen. Lernen Sie, mit Hilfe des Wettbewerbs zur vollen Entfaltung zu kommen.

- ✔ Wettbewerb ist nicht nur schlecht. Neue Konkurrenten bedeuten mehr Produkte, Dienstleistungen und mehr Kunden auf dem Markt.
- ✔ Kunden wägen die Vorzüge eines Produkts oder einer Dienstleistung gegenüber dem Preis ab, um so den Wert zu ermitteln.
- ✔ Wettbewerb erzeugt eine Situation, auf der beide Seiten (Kunde und Unternehmer) gewinnen.

Erkennen, wer Ihre wahren Konkurrenten sind

Zwei Jungen laufen durch den Wald. Auf einmal stoßen sie auf einen Bären. Einer der Jungen setzt sich sofort hin und zieht seine Schuhbänder fester. Der andere schaut zu ihm hinunter und sagt: »Wir sind unmöglich schneller als der Bär.« Der andere antwortet: »Ich will gar nicht schneller als der Bär sein. Ich will schneller laufen als du.« Es ist zu Ihrem Besten, wenn Sie wissen, wer Ihre wahren Konkurrenten sind.

Sie können Listen Ihrer möglichen Konkurrenten aufstellen und dabei die verschiedensten Faktoren berücksichtigen. Das Problem liegt darin, herauszufinden, welche Methode die erfolgreichste ist, um die Wettbewerber zu erkennen, mit denen Sie wirklich in Konkurrenz stehen.

Damit Sie Ihre Konkurrenten ausmachen können, müssen Sie über folgendes Bescheid wissen:

- ✔ Wie Kunden ihre Auswahl treffen
- ✔ Wie Kunden Produkte verwenden
- ✔ Das Potential Ihrer Konkurrenten
- ✔ Die Strategien der Konkurrenten
- ✔ Wo die zukünftige Konkurrenz herkommen wird

Wettbewerb aufgrund der Art und Weise, wie Kunden ihre Wahl treffen

Kunden entscheiden sich zum Kauf bestimmter Produkte mit Hilfe einer Wertgleichung, bei der sie die Vorzüge verschiedener Produkte gegenüber dem Preis abwägen. Aber welche Produkte vergleichen die Kunden? Wenn Sie wissen wollen, wer Ihre wirklichen Konkurrenten sind, müssen Sie wissen, wie viele Produkte – und welche Produkte – sich Ihre Kunden ansehen, bevor sie ihre Kaufentscheidung treffen.

Beispiel Soll es Coke sein?

Coca-Cola produziert fast die Hälft der Softdrinks, die weltweit konsumiert werden, hat aber trotzdem immer noch Konkurrenz. Man kann mit ziemlicher Sicherheit davon ausgehen, daß die meisten Coke-Trinker auch schon mal Pepsi probiert haben. Pepsi-Cola hat etwa ein Viertel des weltweiten Softdrink-Marktes für sich gewonnen. Aber welche anderen Getränke konkurrieren sonst noch mit Coke? Die folgende Liste zeigt weitere offensichtliche Konkurrenten:

- ✔ Andere Cola-Getränke
- ✔ Andere Limonaden
- ✔ Säfte und Fruchtsaftgetränke
- ✔ Eistees
- ✔ Eiskaffees
- ✔ Mineralwasser mit Geschmack
- ✔ Mineralwasser
- ✔ Bier und Wein
- ✔ Wasser aus dem Wasserhahn

Konkurriert Coke wirklich mit Wasser aus dem Wasserhahn? Wahrscheinlich. Aber irgendwo muß Coca-Cola eine Linie ziehen, wenn es darum geht, seine Hauptkonkurrenten zu identifizieren, also die, die über die Jahre einen wirklichen Einfluß auf das Geschäft haben. Doch wo und wie man diese Linie ziehen muß, hängt davon ab, ob man weiß, wonach die Kunden suchen. Für Coca-Cola heißt das, daß folgende Faktoren, die die Wahl der Kunden beeinflussen, berücksichtigt werden müssen:

- ✔ Cola versus Nicht-Cola
- ✔ Diät versus Nicht-Diät
- ✔ Hohe Kalorienzahl versus niedrige Kalorienzahl
- ✔ Koffeinhaltig versus koffeinfrei
- ✔ Alkoholisch versus nicht-alkoholisch

Wie wichtig diese Kriterien sind, ist von Markt zu Markt verschieden und ändert sich mit der Zeit. Dementsprechend muß Coca-Cola seine Konkurrenz immer wieder neu einschätzen.

Wenn Sie wissen, wer Ihre Kunden sind und ihre *Selektionskriterien* kennen (also wissen, wonach die Kunden bei einem Produkt oder einer Dienstleistung suchen), können Sie die Liste der Konkurrenten danach in Gruppen einteilen, wie stark sie mit Ihnen in Konkurrenz stehen.

- ✔ **Kopf-an-Kopf-Konkurrenten**: Diese Unternehmen sind Ihre stärksten Konkurrenten. Deren Produkte scheinen bei den Kunden immer in der engeren Wahl zu sein, die Kunden fordern Sie dazu auf, Ihre Funktionen, Vorzüge und Preise mit denen der Konkurrenten zu vergleichen. Über diese Konkurrenten sollten Sie soviel wie möglich wissen.
- ✔ **Konkurrenten im ersten Drittel**: Diese Unternehmen sind direkte Wettbewerber, aber vielleicht nicht ganz so stark wie die Kopf-an-Kopf-Konkurrenten. Sie müssen unter Umständen nur in bestimmten Bereichen oder bei bestimmten Kundentypen mit diesen Unternehmen konkurrieren. Sie dürfen diese Gruppe jedoch nicht zu lange ignorieren, weil einige der Unternehmen vielleicht den Wunsch und die Fähigkeit haben, Sie einzuholen und ein Kopf-an-Kopf-Konkurrent zu werden.
- ✔ **Indirekte Konkurrenten**: Das sind Konkurrenten, über die Sie nicht allzu viel nachdenken. Deren Produkte dienen nur gelegentlich als Alternative zu Ihren eigenen. Sie haben für gewöhnlich wichtigere Wettbewerber, um die Sie sich kümmern müssen. Aber auch diese Gruppe verdient, gelegentlich genauer unter die Lupe genommen zu werden, weil indirekte Konkurrenten immer das Potential haben, Sie aus heiterem Himmel mit konkurrierenden Produkten zu überraschen.

Sie sollten Ihre Kopf-an-Kopf-Konkurrenten an einer Hand abzählen können. Vielleicht haben Sie doppelt so viele Konkurrenten, die im ersten Drittel liegen, und genauso viele indirekte Wettbewerber. Die Anzahl der Konkurrenten, die Sie kritisch beäugen, sollte aber überschaubar bleiben. Die Kopf-an-Kopf-Konkurrenten verdienen natürlich sehr viel mehr Aufmerksamkeit als die indirekten Wettbewerber. Vielleicht können Sie ja in einem Zeitplan festlegen, wann Sie jeweils die Überprüfung der Unternehmen in jeder der drei Gruppen wiederholen wollen. Beginnen Sie damit, Ihre Kopf-an-Kopf-Konkurrenten wöchentlich zu analysieren, die im ersten Drittel liegenden einmal im Monat und die indirekten Konkurrenten einmal im Vierteljahr. Dieses Schema können Sie dann der Geschwindigkeit entsprechend, mit der in Ihrer Branche Änderungen vor sich gehen, anpassen.

Eine Möglichkeit, um den Grad des Wettbewerbs in Ihrer Branche festzustellen, ist, potentielle Kunden zu bitten, den Produktauswahlprozeß noch einmal rückwärts für Sie abzuspielen. Manchmal können Sie diese Art von Informationen auch von Verkäufern oder Kundendienstmitarbeitern erhalten.

1. **Fragen Sie die Kunden, welche Produkte sie in die engere Wahl nehmen und ernsthaft begutachten.**

   Das sind höchstwahrscheinlich die Produkte Ihrer Kopf-an-Kopf-Konkurrenten.

2. **Fragen Sie die Kunden, welche Produkte zu dem Zeitpunkt, als sie damit angefangen haben, sich auf dem Markt umzusehen und zu gucken, was alles vorhanden ist, in der weiteren Auswahl waren.**

   Diese Produkte werden wahrscheinlich von den im ersten Drittel liegenden Konkurrenten angeboten.

3. **Fragen Sie die Kunden nach den Produktnamen, die ihnen spontan einfielen, nachdem die Entscheidung gefallen war, zum Einkaufen zu gehen.**

   Unter diesen Produkten können auch die Ihrer indirekten Konkurrenten sein.

Wettbewerb aufgrund der Art und Weise, wie die Kunden ein Produkt verwenden

Wenn man sich ansieht, wie Produkte und Dienstleistungen von den Kunden verwendet werden, hat man einen weiteren Blickwinkel, unter dem die Konkurrenz betrachtet werden kann. In diesem Fall sollten Sie folgende Schritte unternehmen:

1. **Fragen Sie die Kunden, in welchen Situationen oder zu welchen Gelegenheiten Sie wahrscheinlich Ihr Produkt verwenden würden.**
2. **Fragen Sie die Kunden, welche anderen Produkte oder Dienstleistungen auch geeignet und in derselben Situation genauso zufriedenstellend wären.**

BEISPIEL

Coca-Cola-Trinker assoziieren unter Umständen sportliche Aktivitäten im Freien (wie Volleyball oder Fußball) mit dem Genuß von Coke. Sie werden vielleicht alkoholfreies Bier oder sogar Mineralwasser als Alternative angeben, um sich zu erfrischen und nach einem Spiel zu erholen. In diesem Kontext hat Coke eine genau definierte Menge an Konkurrenten, während in einem anderen Kontext andere Konkurrenten eine Rolle spielen.

Indem Sie die Konkurrenten von einer Marktperspektive aus betrachten (wie wählen die Kunden Produkte und welche Alternativen verwenden sie), werden Sie mit einem ziemlich vollständigen Bild Ihrer Wettbewerbslandschaft belohnt.

Wettbewerb aufgrund von Strategie

Manchmal, wenn Sie einen Schritt zurücktreten und sich die Wettbewerber um sich herum ansehen, werden Sie erstaunt sein, wie unterschiedlich sie sein können. In bestimmten Branchen konkurrieren zum Beispiel Unternehmen, die eine vollständige Produktlinie anbieten, mit Unternehmen, die nur ein Produkt haben. In anderen Branchen konkurrieren Unternehmen, die für ihre innovative Forschung und Entwicklung bekannt sind, mit Unternehmen, die selbst überhaupt nichts entwickeln.

Aber wie kann das sein? Wie können Konkurrenten, die in derselben Branche sind, so unterschiedlich sein? Überlegt sich nicht jedes Unternehmen mit der Zeit die besten Strategien und die effizienteste und effektivste Weise, um Geschäfte zu machen? Sollten nicht alle Unternehmen am Ende ziemlich ähnlich aussehen? Gute Fragen. Hier zwei Antworten:

- ✔ Es gibt nicht immer die beste Lösung. Märkte und Branchen sind komplex, und es können verschiedene Möglichkeiten, Geschäfte zu machen, nebeneinander existieren, die gleichermaßen erfolgreich sind.
- ✔ Es ist nicht immer so einfach für ein Unternehmen, das seine Geschäfte auf eine Art betreibt, sich zu ändern und alles anders zu machen.

Die Konkurrenten aufgrund ihrer einzigartigen Fähigkeiten und Strategien zu identifizieren, hat viel gemeinsam mit dem, was in Kapitel 4 über die Branchenanalyse gesagt wurde. Manchmal kann man bei der Analyse noch einen Schritt weitergehen und die Unternehmen Ihrer Branche danach, was sie tun und wie sie vorgehen, in Gruppen unterteilen. So eine Art Einteilung in Marktsegmente, wie wir sie in Kapitel 6 besprochen haben, aber diesmal nicht auf individuelle Kunden angewendet, sondern auf Unternehmen.

Die Unternehmen in einer bestimmten Branche, die sich sehr ähnlich sind und sich ähnliche verhalten, werden als *strategische Gruppe* bezeichnet. Firmen, die in der gleichen strategischen Gruppe sind, haben folgende Gemeinsamkeiten:

- ✔ Sie haben ähnliche Charakteristika (Größe, Geographie, Wachstumsrate).
- ✔ Sie werden auf ähnliche Weise geführt (Risikobereitschaft, Aggressivität).
- ✔ Sie weisen ähnliche Potentiale auf (Mitarbeiter, Fähigkeiten, Image, Geld auf der Bank).
- ✔ Sie verfolgen verwandte Strategien (Vertrieb, Marketing und Entscheidungen hinsichtlich der Produktlinie).

Man kann alle möglichen Geschäftskriterien anwenden, um nützliche strategische Gruppen zu finden. Auch wenn jede Branche sich von den anderen unterscheidet, kann man diese allgemeinen Variablen beachten:

- ✔ Unternehmen, die den größten Teil ihrer Produktkomponenten selbst fertigen, gegenüber denen, die Produkte nur montieren oder wiederverkaufen.
- ✔ Unternehmen, die Produkte mit Markennamen produzieren, gegenüber denen, die markenlose Produkte oder Händlermarken herstellen.
- ✔ Unternehmen, die eine eigene Forschungs- und Entwicklungsabteilung besitzen, gegenüber denen, die in Lizenz arbeiten oder Technik kaufen.
- ✔ Unternehmen, die eine vollständige Produktlinie haben, gegenüber denen, die nur einige oder spezialisierte Produkte haben.

✔ Unternehmen, die Marketing-betont sind, gegenüber denen, die sich auf die Produktion konzentrieren.

✔ Unternehmen, die eine breite Produktpalette anbieten (diversifizierte Unternehmen), gegenüber denen, die nur in einem Bereich tätig sind.

Strategische Gruppen liegen irgendwo in der Mitte zwischen den Einzelunternehmen und einer gesamten Branche. Den Wettbewerb in Gruppen zusammenzufassen, ist hilfreich, weil alle Unternehmen in einer strategischen Gruppe von den Änderungen auf dem Markt auf ähnliche Weise betroffen sind und ähnlich reagieren. Aber das Einteilen funktioniert nur, wenn diese Unternehmen in der Gruppe, der sie zugeordnet wurden, lange genug bleiben, um analysiert werden zu können. Glücklicherweise tun sie das meistens.

Ein Freundeskreis mit gemeinsamer Strategie

Die weltweite Automobilindustrie ist so groß und komplex, daß es ohne strategische Gruppen sehr schwierig wäre, die Wettbewerber im Auge zu behalten. Die Autohersteller können jedoch verschiedene Kriterien verwenden, um die Automobilwelt in verschiedene Branchensegmente zu unterteilen.

Wenn Ford sich die amerikanische Wettbewerbslandschaft betrachtet, sind die größten Konkurrenten General Motors, Chrysler, Toyota, Nissan, Fiat und Volkswagen. Was haben diese Unternehmen gemeinsam, so daß man sie in derselben strategischen Gruppe unterbringen kann? Alle haben zunächst einmal die folgenden Merkmale:

✔ Es sind extrem große Unternehmen.

✔ Sie beschäftigen sich mit beinahe allen Aspekten der Automobilherstellung.

✔ Sie verfügen über eine Produktlinie mit vielen unterschiedlichen Größen, Modellen und Preisen.

✔ Sie vertreiben ihre Autos weltweit.

Diese Unternehmen haben gar keine andere Wahl, als im Hinblick auf Ressourcen, Potentiale, Ziele und Strategien soviel wie möglich übereinander zu wissen. Ford wirft zwar auch ein Auge auf BMW, Volvo und Mercedes Benz (denn Ford besitzt Jaguar), aber gibt sich längst nicht soviel Mühe, Informationen über diese Hersteller von Luxusautos zu bekommen wie bei General Motors und Toyota. Ford konzentriert sich, nachdem man dort erkannt hat, welche anderen Unternehmen derselben strategischen Gruppe angehören, auf die Wettbewerber, die wahrscheinlich den größten Einfluß auf die Geschäfte des Unternehmens haben werden.

Bei Ihrer eigenen Branchenanalyse haben Sie wahrscheinlich schon einige *Marktzutrittsschranken* erkannt: Dinge, die den Eintritt in Ihre Branche erschweren, wie zum Beispiel hohe Kapitalkosten, teure Vertriebssysteme, neue Technologien und gesetzliche Vorschriften. Sie werden auch einige *Marktaustrittsschranken* entdeckt haben: Dinge, die die Wettbewerber davon abhalten, die Branche zu verlassen, wie teure Fabrikanlagen, Spezialeinrichtungen und langfristige Verträge. Strategische Gruppen sind mit der gleichen Art von *Mobilitätsschranken* konfrontiert, die die Wettbewerber meist dort halten, wo sie sind.

Die Einteilung in strategische Gruppen bei der Unternehmensplanung kann wirklich Zeit sparen, weil Sie wissen, worauf Sie Ihre Energien konzentrieren müssen, wenn Sie alle Konkurrenten in strategische Gruppen eingeteilt haben. Sie können die meiste Zeit damit verbringen, die Unternehmen in Ihrer eigenen strategischen Gruppe zu analysieren. Die restlichen Unternehmen können Sie als gesamte Gruppe begutachten und müssen sich nicht über jedes einzelne Unternehmen informieren.

Gehen Sie wie folgt vor, wenn Sie Ihre Wettbewerber in strategische Gruppen einteilen:

1. **Teilen Sie die Wettbewerber auf eine kleine Anzahl von Gruppen auf, je nachdem wie ähnlich sie sich Ihrer Meinung nach sind.**

2. **Ordnen Sie Ihr eigenes Unternehmen einer der Gruppen zu.**

3. **Sehen Sie sich jede der Gruppen sorgfältig an, und überlegen Sie, welches die Hauptkriterien sind, die Sie für Ihre Einteilung verwendet haben.**

4. **Sehen Sie sich die Gruppe, der Sie Ihr eigenes Unternehmen zugeordnet haben, besonders kritisch an.**

   Stehen diese Wettbewerber im Hinblick auf ihre Eigenschaften und im Hinblick auf die erkannten Kriterien Ihnen wirklich am nächsten?

5. **Verändern Sie die Gruppen, wenn nötig, und erarbeiten Sie zusätzliche Kriterien, die zu anderen strategischen Gruppierungen führen könnten.**

Strategische Gruppen sind in vielen Branchen relevant und nützlich. Sie bieten oft eine Möglichkeit, um die Wettbewerber einzuteilen und so die Wettbewerbslandschaft zu vereinfachen. Aber bedenken Sie, daß nicht in allen Branchen nach denselben Regeln gespielt wird. Wenn die Mobilitätsschranken zum Beispiel nicht sehr hoch sind, können die Unternehmen ihr Potential anpassen und Strategien schnell verändern, wodurch die strategischen Gruppen nur beschränkt nützlich bleiben. Prüfen Sie, ob es wirklich der Realität entspricht, was Sie als Gruppen in Ihrer eigenen Branche ausgemacht haben, und sich die Gruppen nicht wieder auflösen werden, bevor Sie sie überhaupt analysieren konnten.

Zukünftiger Wettbewerb

Denken Sie immer daran, daß Konkurrenten aus dem Nichts auftauchen können. Werfen Sie also zumindest ein Auge auf die potentiellen Konkurrenten. Wer sind sie? Im folgenden ist aufgeführt, wodurch neuer Wettbewerb entstehen kann:

✔ **Markterweiterung**: Ein Unternehmen, das über Jahre außerhalb ihres Einflußbereichs erfolgreich war, entscheidet sich, in Ihr Territorium einzudringen, und wird über Nacht zum Konkurrenten.

✔ **Produkterweiterung**: Ein Unternehmen entscheidet sich, seinen guten Markennamen, seine Technik und sein Vertriebssystem zu nutzen und eine neue Produktlinie auf die Beine zu stellen, die in direkter Konkurrenz zu Ihrer eigenen steht.

✔ **Rückwärtsintegration**: Einer Ihrer wichtigsten Kunden entscheidet sich, daß er das kann, was Sie können – und das besser und preiswerter. Der Kunde richtet daher sein Unternehmen dementsprechend ein und behält das Geschäft, das Sie einst für ihn erledigt haben, in seinem Unternehmen.

✔ **Vorwärtsintegration**: Ihr Unternehmen kauft viele Dingen von Zulieferern. Eines Tages entscheidet sich einer der Zulieferer, daß er genauso gut wie Sie alle Teile zusammenbringen kann. Er richtet einen neuen Geschäftszweig ein und erstellt eine Produktlinie, die plötzlich mit Ihrer konkurriert.

Änderung der Vermögenssituation: Aus dem Nichts wird plötzlich ein kleinerer Konkurrent von einer großen Firma aufgekauft. Mit dem Zugang zu neuen Ressourcen (Finanzen, Marketing und Vertrieb) wird der kleine Konkurrent plötzlich zum wichtigen Mitspieler. Auf diese Konkurrenten sollten Sie wirklich achten. Wenn sie aus heiterem Himmel auftauchen, treffen sie Sie wahrscheinlich völlig unvorbereitet und sind deshalb um so gefährlicher.

Es ist mindestens genauso wichtig, die Wettbewerber im Auge zu behalten, die in der Zukunft eine Rolle spielen könnten, wie die, die momentane Wettbewerber sind. Halten Sie Augen und Ohren offen.

✔ Um herauszufinden, wer Ihre Konkurrenten sind, fragen Sie die Kunden, welche Produkte sie von anderen Unternehmen kaufen würden.

✔ Prüfen Sie, wie Produkte verwendet werden, um herauszubekommen, welche alternativen Produkte Ihre Kunden unter Umständen wählen könnten.

✔ Ihr Potential und Ihre Strategie bestimmen, wer mit Ihnen auf dem Markt konkurriert.

✔ Neue Wettbewerber treten auf, wenn Märkte expandieren, neue Produkte erscheinen oder sich die Regeln in Ihrer Branche ändern.

Die Aktionen Ihrer Konkurrenten verfolgen

Angenommen, Sie sind mit einer ganz frischen, aktuellen Liste der Konkurrenten bewaffnet. Vielleicht wissen Sie schon, welche Wettbewerber Sie am sorgfältigsten beobachten müssen, und haben die Konkurrenten in Kopf-an-Kopf-Konkurrenten, im ersten Drittel liegende Konkurrenten und indirekte Konkurrenten eingeteilt. Vielleicht sind Sie auch schon so weit und haben strategische Gruppen gebildet und die Wettbewerber ausgemacht, die sich in Ihrer Gruppe befinden und daher besonderer Aufmerksamkeit bedürfen.

Was kommt jetzt? Sie sollten festlegen, welchen Konkurrenten auf der Liste Sie mehr Zeit widmen wollen. Denken Sie daran: Sie werden wahrscheinlich nicht in der Lage sein, über jeden Wettbewerber alles in Erfahrung zu bringen. Die Aktionen eines Konkurrenten zu verfolgen, bedeutet, daß man sich ansieht, zu welchen Aktionen das Unternehmen fähig ist, und sich darüber informiert, welche Aktionen es plant.

Das Potential des Konkurrenten ermitteln

Die Dinge, die Sie wirklich über Ihre Wettbewerber herausfinden sollten, sind die Dinge, die Sie auch über Ihr eigenes Unternehmen wissen müssen. Es erstaunt also nicht, daß Sie im Hinblick auf Ihre Konkurrenten dieselben Fragen stellen, die Sie sich bei einem Gesamt-Checkup Ihres Unternehmens selbst stellen (siehe Kapitel 8 und 9). Wir beschreiben hier die Grundlagen, all die Details finden Sie dann in den Kapiteln 8 und 9.

Die Fähigkeiten, die Sie am meisten interessieren, sagen Ihnen etwas darüber, wie die Konkurrenten auf Branchenänderungen reagieren können. Wie Sie reagieren können – und die eigene Bereitschaft, sich selbst zu ändern –, sagt viel darüber aus, wie gefährlich die anderen als Konkurrenten sind.

Die folgende Liste mit wichtigen Unternehmensfunktionen und -bereichen sollte erst mal ausreichen, um die Potentiale Ihrer Wettbewerber zu ermitteln. Die angegebenen Fragen sollten Sie auf den richtigen Weg bringen. Sie können jedoch auch in Kapitel 8 nachlesen, wenn Sie mehr Hilfe brauchen.

- ✔ **Management**: Was wissen Sie über den Hintergrund und die Erfahrung der Oberbosse des Unternehmens? Aus welchen Funktionsbereichen (Marketing, Finanzen, Produktion) kommen sie? Was ist mit dem Aufsichtsrat? Wie viele gute Leute sind an der Spitze oder in deren Nähe? Kommen davon irgendwelche Leute aus anderen Branchen? Wenn ja, welche Entwicklung hatten sie bei diesen Unternehmen?
- ✔ **Unternehmensstruktur**: Wie ist die Organisationsstruktur des Unternehmens? Gibt es strenge Kontrollmechanismen oder werden Befugnisse an untere Ebenen abgegeben? Werden die eigenen Mitarbeiter befördert oder Leute von außerhalb neu eingestellt? Wie würden Sie die Unternehmenskultur beschreiben?

- **Kundenbestand**: Welchen Marktanteil hat das Unternehmen? Wächst es? Wie loyal sind die Kunden des Unternehmens? Sind die Kunden konzentriert auf ein Segment, oder sprechen die Produkte des Unternehmen mehrere Segmente an?
- **Forschung und Entwicklung**: Ist das Unternehmen für Innovation und Technologie bekannt? Ist es an der Forschung und Entwicklung beteiligt? Wie oft werden in dem Unternehmen neue Produkte entwickelt und auf dem Markt eingeführt? Hat es Patente und Copyrights? Wie verläßlich und engagiert sind die technischen Mitarbeiter? Holt sich das Unternehmen auch Fachwissen von außen?
- **Betriebliche Prozesse**: Wie modern sind die Betriebsanlagen? Wie hat die Automatisierung den Betrieb beeinflußt? Wenn das Unternehmen ein Herstellungsbetrieb ist, wie flexibel sind die Produktionsmöglichkeiten? Wie sieht es mit der Kapazität aus? Wie zuverlässig sind die Zulieferer? Wie ist die allgemeine Einstellung der Arbeiterschaft? Gab es in dem Unternehmen in der Vergangenheit mehrfach Streiks?
- **Marketing und Verkauf**: Wie stark sind die Produkte des Unternehmens? Wie breit ist die Produktlinie? Hat das Unternehmen den Ruf, Qualität zu liefern? Wie sieht es mit der Wiedererkennung von Markennamen aus? Gibt das Unternehmen einen hohen Anteil seiner Ressourcen für Werbung und Verkaufsförderung aus? Ist es für seinen Kundendienst bekannt? Sind die Verkäufer aggressiv und gut ausgebildet?
- **Vertrieb und Lieferung**: Über wie viele Vertriebswege verkauft das Unternehmen? Hat es eine gute Beziehung zu den Distributoren? Nutzt es neue Vertriebsmöglichkeiten schnell?
- **Finanzielle Lage**: Nimmt der Umsatz des Unternehmens zu? Wie steht es mit den Gewinnen? Kann das Unternehmen die Kosten gut handhaben? Sind die Gewinnspannen stabil oder zunehmend? Wie sieht es mit dem Cash-flow aus? Sind langfristige Verbindlichkeiten zu bewältigen? Hat das Unternehmen schnellen Zugriff auf Bargeld?

Skizzieren Sie für jeden Konkurrenten eine etwa halbseitige Unternehmensbiographie. Die Biographie sollte die hauptsächlichen Wesensmerkmale des Unternehmens enthalten:

- Fähigkeit, schnell zu reagieren
- Bereitschaft zu Änderungen
- Entschlossenheit, zu konkurrieren
- Wachstumspotential

Die Strategien der Konkurrenten einschätzen

Das Potential Ihrer Konkurrenten gibt Aufschluß über deren Fähigkeit, Dinge in Ihrer Branche zu erledigen. Aber was planen die Konkurrenten? Ihre spontane Antwortet lautet vielleicht:

Wie in drei Teufels Namen soll ich das wissen?

Wir hoffen, daß Sie nach Lektüre dieses Buchs mehr tun können, als nur mit den Schultern zu zucken. Wir sprechen in Kapitel 13 ganz ausführlich darüber, wie man strategisch denkt, alle Einzelheiten erfahren Sie also dort. Hier diskutieren wir drei grundsätzliche Strategien, mit denen etwas Licht auf die Planungsvorhaben der Konkurrenz geworfen werden soll. Die folgenden drei Strategien werden manchmal auch als *Basisstrategien* bezeichnet, weil sie in fast allen Märkten und Branchen ausprobiert wurden und funktioniert haben.

Geringe Kosten: Die erste Basisstrategie leitet sich von einem ökonomischen Prinzip ab: Wenn man ein Produkt oder eine Dienstleistung auf dem Markt zum geringsten Preis anbieten kann, werden die Kunden wie selbstverständlich bei dem günstigsten Anbieter kaufen. Bei dieser Strategie wird natürlich vorausgesetzt, daß man das Produkt zu so geringen Kosten produzieren kann, daß das Unternehmen auf lange Sicht Gewinne macht. Außerdem wird davon ausgegangen, daß das Produkt gegenüber den Konkurrenzprodukten ähnlich ist, so daß ein niedrigerer Preis die Kunden zum Kauf verleiten wird.

Ein gewisser Unterschied: Diese Strategie basiert auf der einfachen Annahme, daß, wenn Ihre Produkte oder Dienstleistungen etwas Anderes oder Einzigartiges bieten, die Kunden vor Ihrer Tür Schlange stehen werden. Diese Kunden werden mit hoher Wahrscheinlichkeit gute Kunden, loyale Kunden und Kunden, die nicht allzu sehr auf den Preis achten, weil sie spezielle Vorzüge angeboten bekommen, die sie nirgendwo sonst finden können.

Konzentration: Bei der letzten Basisstrategie geht es darum, welchen Kundentyp Sie bedienen wollen. Statt sich nämlich überall am Markt zu positionieren und zu versuchen, jedem seine Produkte und Dienstleistungen zu verkaufen, kann man die Kunden auch sorgfältig auswählen. Sie gewinnen dann diese Kunden als Gruppe, indem Sie sich darauf konzentrieren, deren Bedürfnisse besser zu verstehen als dies die Konkurrenz tut, und ihnen genau die Vorzüge anbieten, nach denen sie suchen – seien es nun Preisvorteile oder etwas Besonderes, Einzigartiges.

Ein Konkurrent muß nicht nur eine dieser Basisstrategien anwenden. In Kapitel 13 wird gezeigt, daß die Strategien kombiniert werden. Ein Unternehmen, das die Strategie der Konzentration befolgt, ist in einem bestimmten Marktsegment erfolgreich, weil sich die Produkte von denen der Konkurrenz unterscheiden.

Erstellen Sie eine kurze Zusammenfassung darüber, was die Konkurrenten Ihrer Meinung nach strategisch vorhaben. Sehen Sie sich noch mal deren Potential an und das, was sie in der Vergangenheit getan haben, und überdenken Sie die folgenden Fragen:

- ✔ Welche Basisstrategien haben die Konkurrenten jeweils in der Vergangenheit verfolgt?
- ✔ Waren sie damit erfolgreich?
- ✔ Werden die Konkurrenten durch Branchenänderungen gezwungen, ihre Strategie zu ändern?
- ✔ Zu welchen Änderungen ist jeder der Konkurrenten fähig?
- ✔ Wie schnell kann ein Konkurrent jeweils Veränderungen vornehmen?

Meistens werden Sie feststellen, daß eine langfristige Strategie Zeit und totales Engagement von Seiten des Unternehmens erfordert. Deshalb ist es sehr nützlich, die Geschichte der Konkurrenten wenigstens in groben Zügen zu kennen, um deren Strategien besser zu verstehen. Es hilft auch dabei, abzuschätzen, wozu die Konkurrenten zukünftig fähig sein könnten.

- ✔ Lernen Sie Ihre Konkurrenten so gut kennen wir Ihr eigenes Unternehmen.
- ✔ Widmen Sie sich besonders den Fähigkeiten, die die Konkurrenz in die Lage bringen, schnell auf Veränderungen in der Branche zu reagieren.
- ✔ Erkennen Sie, welche grundsätzliche Strategie jeder der Konkurrenten verfolgt, um zu gewinnen.

Die Schachzüge der Konkurrenten vorhersehen

Natürlich ist es nicht einfach, vorherzusehen, wohin sich die Konkurrenz bewegt. Der Blick in die Zukunft ist nie einfach. Aber wo Ihre Konkurrenten in der Zukunft stehen wollen, hängt davon ab, wo sie heute sind, und außerdem von ihren Fähigkeiten und den Strategien, die sie eingeschlagen haben. Für das Vorhersehen von Aktionen ist es auch erforderlich, daß Sie Einblick in die Denkweise Ihrer Konkurrenten haben – also etwas über ihre Ziele wissen, und ihre Vermutungen zur Branchenentwicklung kennen.

Die Ziele der Konkurrenz herausfinden

Die Wertebeschreibung, Vision und Aufgabenbeschreibung der Konkurrenten sagen eine Menge darüber aus, was diese von sich in der Zukunft erwarten. Diese Dokumente sind nicht top-secret, sondern sollen allen Interessengruppen eines Unternehmens mitteilen, welche Absichten das Unternehmen verfolgt. Sie können sich das zunutze machen. Sie müssen nicht die Gedanken Ihrer Konkurrenten lesen können, sondern einfach nur das, was sie über sich selbst und ihr Tun sagen.

Gehen Sie wie folgt vor, um Informationen über die Aufgabenbeschreibung, die Vision und die Wertebeschreibung eines Unternehmens zu erhalten:

1. **Nehmen Sie einige der Konkurrenten in die engere Auswahl.**

2. **Graben Sie zu den Werten, der Vision, den Aufgaben sowie den angegebenen Geschäftszielen und Meilensteinen der einzelnen Konkurrenten soviel an Informationen aus, wie Sie finden können.**

   Wenn ein Unternehmen an die Börse geht, finden Sie die Informationen im jährlichen Geschäftsbericht, der den Aktionären zur Verfügung gestellt wird.

3. **Schreiben Sie die finanziellen und strategischen Ziele der Konkurrenten auf.**

   Vergessen Sie nicht, auch zwischen den Zeilen zu lesen. Suchen Sie vor allem nach folgendem:

   - Zu erzielende Marktanteile
   - Zu erzielende Einnahmen
   - Zu erzielende Rentabilität
   - Im Hinblick auf die Technik gesetzte Meilensteine
   - Kundendienstziele
   - Vertriebsziele

Die Vermutungen der Konkurrenten aufdecken

Was Ihre Wettbewerber planen, steht im allgemeinen mit den Vermutungen in Zusammenhang, die sie über sich selbst und ihre Branche anstellen – wie sie denken und auf welche Weise sie die Welt sehen. Manchmal kann man entscheidende Hinweise über die Vermutungen der Konkurrenz erhalten, indem man sich ihre in der Vergangenheit festgelegten Ziele und Meilensteine ansieht. Es ist für Ihre Konkurrenten schwer, eine Aussage darüber zu machen, wo sie hingehen wollen, ohne gleichzeitig etwas davon preiszugeben, wo sie glauben, heute zu stehen. Man erhält oft wertvolle Einsichten, wenn man die Vermutungen der Konkurrenz im Hinblick auf die Branche mit dem vergleicht, was sich dann später als richtig herausgestellt hat.

In den fünfziger Jahren waren amerikanische Unternehmen weithin der Ansicht, daß die Japaner bestenfalls billige, schlecht gearbeitete Produkte herstellen könnten, die man am besten gleich wieder wegwirft. Als die amerikanischen Unternehmen schließlich realisierten, daß ihre Vermutungen falsch waren, war der Schaden bereits nicht mehr zu beheben. Diese irrtümliche Annahme veränderte den weltweiten Wettbewerb und Handel jahrzehntelang. Seit dem Verkauf der Firma Zenith 1995 an einen koreanischen Mischkonzern ist die USA zum Beispiel bei der Herstellung von Fernsehempfangsgeräten nicht mehr mit von der Partie. Heute wiederum haben viele amerikanische Unternehmen die gleichermaßen falsche Einschätzung, daß es einfach unmöglich ist, mit aggressiven asiatischen Firmen zu konkurrieren.

Vermutungen entsprechen also nicht immer der Realität, deswegen heißen sie ja auch Vermutungen. Falsche Vermutungen können für Unternehmen sehr gefährlich sein, besonders wenn es soweit geht, daß man sie zur allgemeinen Weisheit erklärt, oder sie zu blinden Flecken bei der Konkurrenz führen.

Allgemeine Weisheit: Die in einer Branche vorherrschenden Vermutungen sind oft so tief verwurzelt, daß sie für die reine Wahrheit gehalten werden. Die allgemeine Weisheit wird meist als falsch entlarvt, wenn ein unkonventioneller Wettbewerber auftaucht. Halten Sie bei Ihren Konkurrenten Ausschau nach Anzeichen dafür, ob sie ihre eigenen Vermutungen zu ernst nehmen und dabei vergessen, wie wichtig es ist, immer nach dem Warum zu fragen.

Blinde Flecken: Nur zu leicht übersieht man die Bedeutung von bestimmten Ereignisse oder Trends in einer Branche, besonders wenn sie im Gegensatz zu der vorherrschenden Meinung oder der allgemeinen Weisheit stehen. Die Weltsicht eines Konkurrenten diktiert oft, was das Unternehmen sehen wird und was nicht. Halten Sie bei der Suche nach Informationen über Ihre Wettbewerber auch Ausschau nach Aktionen und Reaktionen, die auf blinke Flecken oder auf eine Fehlinterpretation dessen, was auf dem Markt wirklich passiert, hinweisen könnten.

- ✔ Die Aufgaben, die Werte und die Vision Ihrer Konkurrenten bieten eine großartige Möglichkeit, auch etwas über deren Ziele für die Zukunft in Erfahrung zu bringen.
- ✔ Konkurrenten signalisieren manchmal ihre Absichten durch die Art und Weise, wie sie sich auf dem Markt verhalten.
- ✔ Die Vermutungen ihrer Konkurrenten in Bezug auf die Branchenentwicklung (ob richtig oder falsch) bieten wichtige Anhaltspunkte dahingehend, wie sie agieren werden.

Konkurrieren, um zu gewinnen

Je mehr Sie über Ihre Konkurrenten wissen, desto besser ist Ihre Position, wenn es darum geht, die Aktionen der Konkurrenz zu verstehen und ihre nächsten Schachzüge vorherzusehen.

Aber denken Sie daran: Je mehr Sie über Ihre Konkurrenten erfahren, desto mehr lernen Sie wahrscheinlich über sich selbst. Man kann mit Sicherheit sagen, daß Ihr Unternehmen genau soviel Informationen über sich und seine Absichten preisgibt wie es die Konkurrenz tut. Deshalb ist es nicht nur wichtig, den Konkurrenten zuzuhören, sondern genauso wichtig, sich selbst zuzuhören. Setzen Sie sich selbst auf die Liste Ihrer Konkurrenten. Beurteilen Sie Ihre eigenen Aktionen aus der Sicht der Wettbewerber. Genauso gut, wie Sie das Verhalten der Wettbewerber verstehen, verstehen Sie dann auch, welche Auswirkungen Ihr eigenes Wettbewerbsverhalten auf die Branche hat.

Wenn Sie die Konkurrenz ernst nehmen, können Sie nicht alle diese Analysen an einem Tag machen, dann Ihre Hände waschen und fertig ist die Sache. Sie müssen Ihre Konkurrenten auf systematische Weise überwachen. Wenn Sie sie gut beobachten, sind Sie in der beneidenswerten Lage, die mit der Konkurrenz zu führenden Schlachten, die Sie gewinnen wollen, selbst zu wählen, und geraten nicht in einen Hinterhalt, aus dem Sie doch nur als Verlierer hervorgehen würden.

Tatsachen und Zahlen strukturieren

Sie müssen Daten aus allen möglichen Quellen nutzen (siehe auch Kapitel 4), wenn Sie herausbekommen wollen, was in Ihren Konkurrenten vorgeht. Fast überall können Sie Zahlen und Fakten zur Konkurrenz herbekommen, zum Beispiel aus folgenden Quellen:

- Wirtschafts-, Handels- und technische Publikationen
- Messen
- Firmenunterlagen
- Staatliche Eintragungen
- Börsen-Analysen
- Reden der Geschäftsführung
- Zulieferer und Distributoren
- Feedback der Kunden
- Eigene Mitarbeiter

Der letzte Eintrag in der Liste verdient besondere Beachtung. Ihre eigenen Mitarbeiter sind im Hinblick auf Informationen über die Konkurrenz eine unschätzbare Datenquelle. Beginnen Sie zum Beispiel mit den Verkäufern, die in der Mitte des Informationsstroms stehen, mit Kunden sprechen, mit Distributoren verhandeln und gelegentlich auch auf Konkurrenten treffen. Sie sind die ersten, die all den Klatsch, die Gerüchte und Neuigkeiten, die in Ihrer Branche die Runde machen, mitbekommen. Nutzen Sie deren Position, und überlegen Sie sich, wie Sie deren Wissen anzapfen können.

Sie müssen vorsichtig sein, wenn Sie Informationen von Mitarbeitern aus anderen Bereichen als dem Verkauf einholen. In vielen Branchen wechseln die Leute von Job zu Job und von Unternehmen zu Unternehmen. Es ist nichts Schlechtes dabei, wenn man unter seinen Mitarbeitern ein Brainstorming macht und Informationen einholt, was die Konkurrenz so vor hat. Aber die Warnsignale sollten aufleuchten, wenn jemand Dokumente hervorholt, die mit »Streng geheim« gekennzeichnet sind. Es ist nicht nur schlecht, sondern sogar illegal, eine bestimmte Art von Wissen zu verwenden, die ein früherer Mitarbeiter über die Konkurrenz gesammelt hat. Alles, was als urheberrechtliche Informationen oder Geschäftsgeheimnis aufgefaßt werden kann, ist tabu. Es gab zwischen General Motors und Volkswagen viel Bitterkeit über einen führenden Manager, der von einer auf die andere Seite gewechselt ist – ganz zu schweigen von den Gerichtsverfahren und der strafrechtlichen Anklage. Wenn Sie glauben, daß Sie sich auf wackeligem Boden befinden, lesen Sie in Kapitel 2 den Abschnitt über Firmenwerte, und sprechen Sie mit der Rechtsabteilung Ihres Unternehmens.

Sie müssen die Zahlen und Fakten, die Sie aus den unterschiedlichsten Quellen gesammelt haben, sichten, sortieren und strukturieren, so daß sie zu Informationen über die Konkurrenz werden, die für Sie von echtem Nutzen sind. Aktenschränke und Aktenordner sind in Ordnung, aber vielleicht können Sie ein Computersystem einsetzen, um die Daten aufzuzeichnen. Wenn Sie das System einrichten, dürfen Sie nicht vergessen, daß Daten über die Konkurrenz Ihnen nicht von heute auf morgen in den Schoß fallen werden. Eher schon werden sie in den nächsten Wochen, Monaten oder Jahren hereintröpfeln.

Wahrscheinlich haben Sie ja auch schon hier und dort Daten über die wichtigsten Konkurrenten beiseite geschafft. Sie müssen nur noch ein Verfahren entwickeln, damit auch weiterhin Informationen eingehen und Sie diese so zusammenstellen können, daß ein nützliches, aktuelles Profil der Konkurrenz entsteht. Die folgende Anleitung soll helfen, dieses Verfahren zu entwickeln.

1. **Richten Sie zunächst ein Pilotprojet zur Aufzeichnung der Informationen über die Konkurrenz ein.**

   Beginnen Sie mit der Verkaufsabteilung (oder mit sich selbst, wenn Sie selbständig sind), und richten Sie ein Versuchssystem ein, mit dem die über den Verkaufsweg gewonnenen Wettbewerbsdaten aufgezeichnet werden. Legen Sie außerdem fest, daß in regelmäßigen Abständen Berichte auf Papier in einem Standardformat erstellt werden, und automatisieren Sie den Vorgang, wenn möglich.

2. **Richten Sie nun unternehmensweit ein System ein, mit dem Informationen über die Wettbewerber aufgezeichnet werden.**

   Formalisieren Sie den Vorgang der Informationsgewinnung im ganzen Unternehmen, so daß akkurate Informationen über die Konkurrenz zur Verfügung stehen, wann und wo sie benötigt werden. Die Konkurrenzanalyse ist zu wichtig, als daß Sie sie willkürlich und planlos erledigen könnten, oder sich nur im Krisenfall darum kümmern.

3. **Bestimmen Sie jemanden, der für die Konkurrenzanalyse verantwortlich ist.**

   Übertragen Sie einem leitenden Angestellten (oder sich selbst) die Verantwortung für die Konkurrenzanalyse. Dann weiß jeder, daß die Konkurrenzanalyse wichtig ist. Die Mitarbeiter haben so auch einen Ansprechpartner, wenn sie Informationen über die Konkurrenz geben oder einholen wollen.

4. **Machen Sie es zu Ihrer vordringlichen Sache, sich darum zu kümmern, daß das System ausgeführt wird.**

   Achten Sie darauf, daß die Konkurrenzanalyse in Ihrem Unternehmen ernst genommen wird, indem Sie sie zu einem Teil des Businessplans machen. Werden Sie zum Verfechter der Konkurrenzanalyse, der darauf besteht, daß in jedem Planungsdokument, das über Ihren Schreibtisch geht, auch auf die Konkurrenz eingegangen wird.

Die Schlachten auswählen, in denen Sie kämpfen wollen

Je besser Sie Ihre Konkurrenten kennen und verstehen (und darüber Bescheid wissen, was sie in der Vergangenheit getan haben, was sie jetzt tun, und was sie wahrscheinlich in der Zukunft tun werden), um so besser können Sie die Wettbewerbsschlachten planen und auswählen, an welchen Sie sich beteiligen wollen.

Natürlich bemühen Sie sich um die Märkte, für die Sie eine Strategie haben und in denen Sie gewinnen können. Aber in keinem Markt sind Sie lange allein. Indem Sie, statt die Konkurrenz zu ignorieren, sie umarmen, haben Sie den zusätzlichen Vorteil, daß Sie wissen, wo die Konkurrenz am schwächsten ist. Wählen Sie Ihren Kampfplatz, indem Sie Ihre Stärken und die Schwächen der Konkurrenten miteinander kombinieren. Dann haben Sie schon die Hälfte der Schlacht gewonnen, bevor sie überhaupt angefangen hat.

- ✔ Sich über die Konkurrenz zu informieren, ist ein fortlaufender Vorgang.
- ✔ Richten Sie ein System ein, mit dem die Informationen über die Konkurrenten gesammelt und strukturiert werden können, so daß sie immer auf dem aktuellen Stand sind.
- ✔ Je besser Sie die Konkurrenten kennen, desto besser sind Sie in der Lage, die Schlachten zu wählen, die Sie gewinnen können.

Teil III

Die Aussichten Ihres Unternehmens einschätzen

»Es ist die Crew, Kapitän Columbus. Sie wollen wissen, wie unser Alternativplan aussieht, sollte die Erde doch eine Scheibe sein.«

In diesem Teil...

Immer wenn man etwas Neues beginnt, etwa noch mal in die Schule geht, ein Haus kauft, den Job wechselt, stellen sich einem drängende Fragen. Ist das wirklich die richtige Entscheidung? Kann ich die Herausforderung bestehen? Wird alles gut ausgehen? Das sind gute Fragen, weil sie uns dazu zwingen, die eigenen Fähigkeiten und Qualitäten ehrlich einzuschätzen.

In diesem Teil sollen Sie in den Spiegel sehen und ehrlich beurteilen, was Sie da sehen. Wir wollen Ihr Potential und die Ressourcen, die Sie haben, aufdecken. Wir werden ermitteln, was davon Stärken und was Schwächen sind, indem wir uns ansehen, was Sie für den Erfolg in Ihrer Branche benötigen. Außerdem werden wir ermitteln, welche Chancen und welche Risiken vor Ihnen liegen. Wir werden Ihnen helfen, sich auf das zu konzentrieren, was Sie am besten können, indem wir uns die Bereiche ansehen, in denen Sie Ihren Kunden den größten Wert bieten. Außerdem werden Sie erfahren, wie Sie den Wettbewerbsvorteil, den Sie bereits auf dem Markt haben, beibehalten und weiter ausbauen können. Schließlich wenden wir uns den Finanzen zu und helfen Ihnen dabei, ein objektives Portrait Ihres Unternehmens was Einnahmen, Gewinne, Aktiva und Liquidität betrifft zu zeichnen. Außerdem werden Sie eine Finanzprognose und ein Budget erstellen.

Ihre Startposition finden

8

In diesem Kapitel:

- Ihr Potential und Ihre Ressourcen erkennen
- Die erfolgsentscheidenden Faktoren erkennen
- Die Stärken und Schwächen Ihres Unternehmens ausmachen
- Chancen und Risiken sehen
- Ihre Situation mit Hilfe einer Stärken-Schwächen-Chancen-Risiken-Matrix (SSCR-Matrix) analysieren

Der Fisch ist der letzte, der weiß, daß er im Wasser schwimmt.

Chinesisches Sprichwort

Wenn Sie in den Spiegel blicken, erwarten Sie, ein Bild von sich zu sehen. Wenn Sie den Anrufbeantworter abhören, erwarten Sie, Ihre Stimme zu hören. Wenn Sie sich in einem Heim-Video sehen oder einen Schnappschuß von sich betrachten, erwarten Sie, sich wiederzuerkennen. Aber wie oft haben Sie schon gesagt:

Das soll ich sein?

Oder:

Klinge ich wirklich so?

Ein ehrliches Selbstportrait – ob es nun darum geht, sein Äußeres und seine Stimme richtig einzuschätzen, oder darum, objektive Aussagen über eigene Stärken und Schwächen zu machen – ist harte Arbeit. Stärken und Schwächen müssen in Bezug zu den jeweiligen Situationen gesehen werden, denn eine Fähigkeit, die sich in einer Situation als Stärke erweist, kann in einer anderen eine Schwäche sein. Führung und schnelles Treffen von Entscheidungen kann in Notfällen extrem wichtig sein. Dasselbe Temperament kann jedoch eine Belastung darstellen, wenn man Teil eines Teams ist und Beziehungen auf einem fein ausgewogenen System von Geben und Nehmen beruhen.

Ähnliche Probleme, klar und objektiv zu sehen, werden Sie haben, wenn Sie die Stärken und Schwächen Ihres Unternehmens einschätzen wollen. Sie werden erstaunt sein, wie viele Unternehmen an der Aufgabe, eine objektive Selbstanalyse zu erstellen, scheitern – Unternehmen, die ein falsches Bild ihrer Ressourcen und Fähigkeiten haben und daran festhalten.

In diesem Kapitel helfen wir Ihnen dabei, die Stärken und Schwächen Ihres Unternehmens gegenüber den vor Ihnen liegenden Chancen und Risiken einzuschätzen. Zuerst werden wir mögliche Stärken und Schwächen ausmachen, indem wir eine Liste Ihrer Fähigkeiten und

Ressourcen erstellen. Als nächstes zeigen wir Ihnen, wie die erfolgsentscheidenden Faktoren zum Einsatz kommen, mit denen Sie ermitteln werden, welche der Fähigkeiten und Ressourcen Stärken sind und welche Schwächen. Dann helfen wir Ihnen dabei, alle Teile des Puzzles wieder zusammenzusetzen (Stärken, Schwächen, Chancen, Risiken) und ein komplettes Bild zu erstellen. Wir erstellen auch eine strategische Bilanz, damit Sie darüber auf dem Laufenden bleiben, wo Sie gerade stehen, was Sie tun sollten, und wann Sie es tun sollten.

Situationsanalyse

Die Stärken und Schwächen Ihres Unternehmens können nicht in einem Vakuum ermittelt werden. Ihre Situation hängt nicht nur von Ihren eigenen Fähigkeiten und Ressourcen ab, sondern auch von den Chancen und Risiken, die außerhalb Ihrer Kontrollmöglichkeiten liegen. Blättern Sie zu Kapitel 4 zurück, wenn Sie noch mal über Situationen nachlesen wollen, die Chancen oder Risiken darstellen können. Je nach Situation treten Chancen oder Risiken auf, verschwinden wieder oder ändern sich, und mit ihnen ändern sich auch die Stärken und Schwächen Ihres Unternehmens.

Stärken und Schwächen erkennen

Stärken sind die Fähigkeiten, Ressourcen und Kenntnisse, die Sie zur Verfügung haben, wenn Sie Strategien ausführen, Pläne implementieren und die Ziele erreichen, die Sie sich gesetzt haben. Die *Schwächen* Ihres Unternehmens sind die im Vergleich zum Wettbewerb mangelnden Kenntnisse oder ein Defizit an Fähigkeiten oder Ressourcen, die Sie daran hindern, Strategien oder Pläne auszuführen und Ihre Ziele zu erreichen.

Um einen ersten Eindruck von Ihrem Unternehmen zu gewinnen, füllen Sie den Fragebogen zu den Stärken und Schwächen (Abbildung 8.1) aus. Schätzen Sie auf der rechten Seite des Fragebogens Ihre Fähigkeiten und Ressourcen in jedem Bereich ein. Geben Sie auf der linken Seite an, wie wichtig der jeweilige Bereich für Ihre Branche ist.

Blickwinkel

Wenn Sie den Fragebogen in Abbildung 8.1 ausgefüllt haben, haben Sie einen ersten Eindruck von den Stärken und Schwächen Ihres Unternehmens. Für ein objektives Bild sollten Sie jedoch über den ersten Eindruck hinausgehen und Ihre Geschäftsaktiva von mehr als einem Blickwinkel aus betrachten. Verschiedene Blickwinkel bieten den Vorteil, daß man systematische Fehler glätten kann, die sich bei einer Betrachtungsweise meist automatisch einschleichen. Außerdem hat man bei mehreren Blickwinkeln die beste Chance, daß die Liste so komplett wie möglich wird.

Fragebogen: Unternehmensstärken und -schwächen

Wichtigkeit in der Branche			Geschäftsbereich	Ihre Fähigkeiten und Ressourcen			
unwichtig	mittel	sehr wichtig		gering	mittel	gut	hervorragend
☐	☐	☐	Management	☐	☐	☐	☐
☐	☐	☐	Mitarbeiter/Organisation	☐	☐	☐	☐
☐	☐	☐	Kundenbestand	☐	☐	☐	☐
☐	☐	☐	Forschung & Entwicklung	☐	☐	☐	☐
☐	☐	☐	Betriebliche Prozesse/ Fertigung	☐	☐	☐	☐
☐	☐	☐	Marketing & Verkauf	☐	☐	☐	☐
☐	☐	☐	Vertrieb & Lieferung	☐	☐	☐	☐
☐	☐	☐	Finanzen	☐	☐	☐	☐

Abbildung 8.1: Füllen Sie den Fragebogen aus, um einen ersten Blick auf die Stärken und Schwächen Ihres Unternehmens in den Hauptgeschäftsbereichen zu werfen.

- ✔ **Blick von innen**: Nutzen Sie die Management-Erfahrung in Ihrem Unternehmen (bzw. Ihre eigene Erfahrung oder die von Freunden und früheren Kollegen, wenn Sie selbständig sind), um zu einem Konsens über die Stärken und Schwächen Ihres Unternehmens zu kommen. Vielleicht können Sie sich mit denselben Leuten auch darüber austauschen, was in der Vergangenheit passiert ist. Ein kurzer Rückblick in die Geschichte kann zeigen, wie sich die Stärken und Schwächen über die Zeit verändert haben – und wie leicht die Organisation in einen anderen Gang wechselt.

- ✔ **Blick nach außen**: Sie sollten sich bei dieser Analyse nicht zu sehr mit sich selbst beschäftigen. Es ist wichtig, einen Schritt zurückzutreten, sich umzuschauen und, wenn möglich, die Konkurrenz als Maßstab zu nehmen. All Ihre Konkurrenten betreiben ihr Geschäft in derselben Branche und auf demselben Markt wie Sie, und sie sind in all den für Sie interessanten Schlüsselbereichen stark oder schwach. Wenn Ihre Liste bei der Anwendung auf Ihre Geschäftssituation irgendeine Bedeutung haben soll, müssen Ihre Stärken und Schwächen an denen der Konkurrenten gemessen werden (in Kapitel 7 finden Sie mehr Informationen über Konkurrenz).

- ✔ **Blick von außen**: Vielleicht haben Sie Unternehmensstärken gefunden, die nur deshalb Aktiva sind, weil die Konkurrenten noch nicht reagiert haben, oder Sie ignorieren wirkliche Schwächen, weil alle anderen diese auch haben. Von Zeit zu Zeit brauchen Sie eine objektive von außen erstellte Einschätzung zu dem, was in Ihrem Geschäft passiert. Das ist der Moment, in dem Consultants und Berater von Nutzen sind. Wenn Sie sich diese Art von Rat nicht leisten können, sollten Sie wenigstens die jeweilige Fachpresse lesen und so erfahren, was unbeteiligte Experten über die wichtigsten Mitspieler in Ihrer Branche sagen.

Wenn Sie zur Durchführung dieser Situationsanalyse über kein Management-Team verfügen, sollten Sie eine informelle Gruppe zusammenstellen, die vielleicht auch schon andere Planungsaufgaben übernommen hat. Bitten Sie die Gruppenmitglieder, sich Zeit zu nehmen und die Stärken und Schwächen zu analysieren. Dabei sollte die Gruppe die Unternehmenssituation von den oben genannten verschiedenen Blickwinkeln aus betrachten.

Fähigkeiten und Ressourcen

Wenn Sie eine Liste der Fähigkeiten und Ressourcen Ihres Unternehmens erstellen, werfen Sie Ihr Netz so weit wie möglich aus. Betrachten Sie die Fähigkeiten und Ressourcen auf systematische Weise, indem Sie die einzelnen Geschäftsbereiche (siehe Fragebogen Abbildung 8.1 weiter oben) durchgehen. Versuchen Sie, in jedem Bereich so viele Fähigkeiten und Ressourcen wie möglich zu finden, und verwenden Sie dabei verschiedene Blickwinkel. Beurteilen Sie gleichzeitig, wie relevant jede Fähigkeit und Ressource ist und Ihnen hilft, Ihre Pläne auszuführen und Ihre Ziele zu erreichen. Diese Liste werden Sie als Rohmaterial verwenden, um dann später die Stärken und Schwächen Ihres Unternehmens zu erkennen.

Management: die Richtung festlegen

Im Management-Team sind Fähigkeiten, Talent und Engagement vereinigt. Die Team-Mitglieder sollen ihre Richtung aufgrund der Aufgabenbeschreibung, der Wertebeschreibung und der Vision sowie aufgrund der Ziele und Meilensteine, die Sie zu erreichen erhoffen, finden. Erstklassige Manager und Eigentümer sind besonders wichtig in Branchen, die wachsender Konkurrenz und sich schnell ändernden Techniken ausgesetzt sind. Man kann sich kaum eine Branche vorstellen, in der das nicht der Fall ist.

Das Management ist dazu da, festzulegen, was das Unternehmen tun wird. Die oberste Geschäftsführung hat offiziell die Aufgabe, die Richtung und Strategie für ein Unternehmen festzulegen, aber alle Manager geben indirekt einen Ton an, der zu bestimmten Aktivitäten ermutigt und andere verhindert. 3M, einer der Marktführer für Büroprodukte, gibt seinen Managern beispielsweise die Freiheit, eigene Unternehmer zu sein, was dem Unternehmen ermöglicht, neue Geschäftschancen mit der Geschwindigkeit und der Flexibilität kleinerer konkurrierender Unternehmen zu erkennen und in diese dann zu investieren. Der Bekleidungshersteller Levi Strauss & Company ist für sein soziales Management bekannt. Das Unternehmen wird von gut ausgebildeten Männern und Frauen favorisiert, die in einer

Geschäftsumgebung arbeiten wollen, in der sowohl persönliche als auch soziale Verantwortlichkeit geschätzt wird.

Im folgenden finden Sie einige Schlüsselfragen, die man sich im Hinblick auf Management/ Geschäftsführung stellen kann:

- ✔ Wie lange sind die Manager schon in den verschiedenen Ebenen des Unternehmens tätig? (Wie viel Erfahrung haben Sie als Eigentümer?)
- ✔ Werden in Ihrem Unternehmen neue Mitarbeiter von außen angeworben oder Mitarbeiter befördert?
- ✔ Wie ist der allgemeine Ton, der von Ihnen oder dem Management bestimmt wird?
- ✔ Gibt es bei Ihnen ein Management-Fortbildungsprogramm? (Wie planen Sie, Ihre eigenen Fähigkeiten weiterzuentwickeln, wenn Sie alleiniger Eigentümer sind?)
- ✔ Welchen Hintergrund haben Sie bzw. Ihre Manager?
- ✔ Wie wird die Management-Leistung in Ihrem Unternehmen gemessen?
- ✔ Wie würden Sie die allgemeine Qualität Ihrer eigenen Leistung bzw. der Ihrer Manager beurteilen?

Organisation: die Leute zusammenbringen

Die Menschen, aus denen sich Ihr Unternehmen und seine Arbeitskraft zusammensetzt, stellen eine extrem wichtige Ressource dar und zwar sowohl im Hinblick darauf, wer sie sind, als auch, wie sie strukturiert sind. Obwohl die Mitarbeiter in jedem Unternehmen wichtig sind, sind sie in Unternehmen der Dienstleistungsbranchen ganz besonders entscheidende Faktoren, weil dort die Menschen einen großen Teil des Produkts ausmachen. (In Kapitel 15, wo wir über die praktische Umsetzung der Unternehmensplanung sprechen, werden wir Ihre Firmenstruktur und Organisation genauer betrachten.)

Ihre Organisation beginnt damit, wer Ihre Mitarbeiter sind, und das hängt zunächst davon ab, wie gut Sie sie auswählen und schulen. Darüber hinaus bestimmen die Arbeitsumgebung und das Prämiensystem in Ihrem Unternehmen, aus welchen Mitarbeitern engagierte, hart arbeitende Mitarbeiter werden, und wer frustriert ist und schließlich aufgibt. Die Struktur Ihres Unternehmens kann genauso wichtig sein wie die Mitarbeiter selbst, wenn es darum geht, ein Unternehmensteam (sei es auch noch so klein) zu bilden, das jahrein und jahraus auf höchster Ebene Leistungen erbringt.

Unternehmen, die im Aktien- und Wertpapierhandel tätig sind, werben beispielsweise Tausende von neuen Maklern an, was sie jährlich Millionen kostet. Wachsen diese Unternehmen wirklich so schnell? Natürlich nicht. Aber die Branche verliert routinemäßig bis zu 70 Prozent der neu Eingestellten nach Beenden des dritten Jahres, nachdem viel Geld in Schulung und Training investiert wurde. Warum? Dean Witter Reynolds wollte eine Erklärung dafür finden. Das Unternehmen entdeckte, daß ein Problem im Selektionsprozeß begründet ist: Zu viele der neuen Makler waren dem Streß und den Anforderungen beim Verkauf von Wertpapieren nicht gewachsen. Das Unternehmen überprüfte seine Auswahlkriterien (Werbung, Interview und Test der Kandidaten) und hat daraufhin bereits Verbesserungen bei Leistung und Beständigkeit der Makler feststellen können.

Im folgenden finden Sie einige Schlüsselfragen zur Organisation:

- ✔ Mit welchen Worten läßt sich die Gesamtstruktur Ihres Unternehmens am besten beschreiben?
- ✔ Wie viele Ebenen zwischen einem Mitarbeiter an vorderster Front und dem obersten Chef des Unternehmens gibt es?
- ✔ Wie oft wird in Ihrem Unternehmen umstrukturiert?
- ✔ Wie könnte man die allgemeine Einstellung der Mitarbeiter zu ihrem Job und ihren Verantwortlichkeiten beschreiben?
- ✔ Wie lange bleibt ein Mitarbeiter durchschnittlich bei Ihrem Unternehmen?
- ✔ Gibt es in Ihrem Unternehmen Möglichkeiten, um Einstellung und Arbeitsmoral der Mitarbeiter zu messen und zu beobachten?
- ✔ Was tut Ihr Unternehmen, um eine gute Arbeitsmoral und positive Jobeinstellung beizubehalten?

Kundenbestand: den Massen gefallen

Das Geschäft Ihres Unternehmens hängt zu einem großen Teil von der Zufriedenheit und der Loyalität der Kunden ab. In Kapitel 5 und 6 haben Sie entdeckt, wer Ihre Kunden sind, und wie Sie möglichst viel über sie herausfinden können, weil es für die Zukunft Ihres Unternehmens von größter Bedeutung ist, möglichst viel über die Kunden zu wissen und deren Bedürfnisse und Wünsche befriedigen zu können.

Im folgenden finden Sie einige Schlüsselfragen, die Sie beachten sollten, wenn Sie Ihren eigenen Kundenbestand studieren:

- ✔ Was tut Ihr Unternehmen, um loyale Kunden zu gewinnen?
- ✔ Wieviel Mühe geben Sie sich, etwas über Kundeneinstellungen, Zufriedenheit und Loyalität herauszufinden?
- ✔ Was bieten Sie Ihren Kunden, damit diese wiederkommen?
- ✔ Wie leicht und wie wirtschaftlich ist es für Ihr Unternehmen, neue Kunden zu gewinnen?
- ✔ Wie viele Jahre bleibt ein typischer Kunde bei Ihrem Unternehmen?
- ✔ Wie viele Märkte bedient Ihr Unternehmen?
- ✔ Sind Sie entweder Nummer eins oder Nummer zwei in den Märkten, in denen Sie konkurrieren?

Forschung und Entwicklung: die Zukunft erfinden

Forschung und Entwicklung (F&E) spielen für den langfristigen Erfolg eines Unternehmens oft eine entscheidende Rolle. Besonders entscheidend ist F&E in den Branchen, in denen beständig neue und bessere Produkte auf den Markt kommen. Aber Forschung und Produktentwicklung müssen mit den anderen Kräften, die in Ihrem Markt eine Rolle spielen, im Gleichgewicht sein. F&E ist ein Geschäftsbereich, in dem die Bemühungen eines erstklassigen Teams sich nicht unbedingt automatisch auszahlen.

Sehen Sie sich zum Beispiel die Kosmetikindustrie an. Estee Lauder und Revlon könnten leicht weitere Millionen in Forschung und Entwicklung stecken. Diese Unternehmen könnten eine beliebige Anzahl an Studien finanzieren, um noch mehr über die Eigenschaften der Haut oder über den Geruchssinn des Menschen herauszufinden. Sie könnten topmoderne Labors einrichten, engagierte Dermatologen und erstklassige Chemiker einstellen und dabei unangefochtene Führer in der kosmetischen Grundlagenforschung werden. Aber würden die zusätzlichen Investitionen sich lohnen und zu dauerhaften Unternehmensstärken werden? Wahrscheinlich nicht. Diese Unternehmen wollen nicht, daß Ihre Produkte zu Arzneimitteln werden. Die meisten Kosmetikprodukte leben von der Stärke ihres Images und von den Ressourcen, die in Werbung und Imageförderung gesteckt werden. Denn die Kunden tendieren eher dazu, das Image hinter den Schönheitshilfen zu kaufen als die eigentlichen Ingredienzen.

Die Hersteller von integrierten Schaltkreisen und Mikroprozessoren, den Computer-Gehirnen, haben auf der anderen Seite keine andere Wahl, als aggressive Forschung und Entwicklung zu betreiben. Intel und Motorola haben erstklassige F&E-Abteilungen, weil deren Branche durch kontinuierliche Produktinnovationen angetrieben wird. Diese Unternehmen drängen nach höherer Prozessor-Geschwindigkeit und Leistung in immer kleineren Abmessungen. Für beide Unternehmen könnte es zu einer Katastrophe führen, wenn sie bei der Forschung nicht mehr ganz oben mit dabei sind.

Die folgenden Schlüsselfragen helfen, die Rolle von Forschung und Entwicklung in Ihrem Unternehmen zu ermitteln:

- ✔ In welchem Ausmaß wird Ihre Branche von neuen Techniken und Technologien angetrieben?
- ✔ Erhalten Sie für Ihr investiertes Geld genügend zurück, so daß sich Forschung und Entwicklung überhaupt lohnen?
- ✔ Haben Forschung und Entwicklung in Ihrem Unternehmen eine beständige, seit langem bestehende Tradition?
- ✔ Wieviel Geld geben Sie für Grundlagenforschung aus und wieviel Geld für angewandte Forschung?

- Wie lange sind die wichtigsten Leute im Forschungsteam bereits in Ihrem Unternehmen beschäftigt?
- Schützt Ihr Unternehmen, was es besitzt, durch Copyright und Patente?
- Bestehen Partnerschaften mit Universitäten oder anderen Forschungslabors?
- Gibt es Technologie-Abkommen mit anderen Unternehmen Ihrer Branche?

Betriebliche Prozesse: die Dinge am Laufen halten

Die Fertigungs-/Betriebsseite Ihres Unternehmens ist natürlich entscheidend, wenn in Ihrem Unternehmen etwas hergestellt wird. Die Produkte, die Sie herstellen (und die Art und Weise, wie sie funktionieren, welche Lebensdauer sie haben und was sie kosten), hängen völlig von den Fähigkeiten und Ressourcen Ihrer Produktionsmittel und der Arbeiterschaft ab – so sehr, daß man leicht vergessen kann, daß die betrieblichen Prozesse in Unternehmen der Dienstleistungsbranche gleichermaßen wichtig sind. Die Kunden fordern heute in allen Märkten einen Wert und sind in keinem Geschäft gewillt, für Ineffizienz zu zahlen. Ob Sie nun Autos, Anoraks, Müsli-Schachteln oder serielle Anschlüsse herstellen, eine Bank führen oder ein Hotel managen, die betrieblichen Prozesse sind das Herz Ihres Unternehmens.

Die betrieblichen Prozesse in Ihrem eigenen Unternehmen sind wahrscheinlich zu einem gewissen Maß durch Kosten einerseits und Produkt- oder Dienstleistungsqualität andererseits bestimmt. Die Spannung zwischen Kostenkontrolle und Qualitätsverbesserung hat viele Unternehmen Wege erforschen lassen, um die Kosten zu reduzieren und gleichzeitig die Qualität zu steigern. Eine Möglichkeit ist zum Beispiel, für bestimmte Aspekte der betrieblichen Prozesse Zulieferer einzusetzen, wenn diese Zulieferer über Ressourcen verfügen, mit denen Sie nicht mithalten können. Eine weitere Möglichkeit, beide Ziele zu erreichen, ist, Teile der Betriebsprozesse zu rationalisieren (zum Beispiel durch Automation).

Automatisierung kann auch eine Quelle für Wachstum sein und sogar neue Geschäftsmöglichkeiten in Ihrem Unternehmen erschließen. Die Fluggesellschaften sind heutzutage nur wegen der Computer-Revolution so groß wie sie sind. Mit Hilfe der Computer können sie Millionen von Reservierungen und Flugstrecken gleichzeitig bearbeiten. Stellen Sie sich die Schlangen an den Flughäfen vor, wenn die Fluggesellschaften die Tickets immer noch per Hand ausstellen und die Passagierlisten mit Hilfe von Kohlepapier ausfüllen würden.

Als American Airlines das Computer-Reservierungssystem SABRE entwickelte, konnte die Fluggesellschaft noch nicht vorhersehen, daß *Ertragsmanagement* – die Fähigkeit, den Bedarf an Flügen zu überwachen und kontinuierlich die Preise anzupassen, um alle Sitze eines Flugzeugs zu füllen – genauso wichtig werden würde wie die rechtzeitige Ankunft eines Flugzeugs. Das Unternehmen hat seine Gewinnspannen erhöht, weil die Software zum Ertragsmanagement gewährleistet, daß bei jedem Flug von American Airlines so viele Einnahmen wie möglich erzeugt werden. Die Software ist so ausgeklügelt und erfolgreich, daß Robert Crandall, Vorsitzender von American Airlines, SABRE zum eigenständigen Unternehmen gemacht hat. SABRE kann jetzt zum Beispiel auch in der Hotelbranche eingesetzt werden. Mit Hilfe der Software können hier die Preise von Zimmern automatisch angepaßt werden, um sicherzustellen, daß so viele Betten wie möglich jede Nacht belegt sind.

Im folgenden finden Sie einige Fragen zu den betrieblichen Prozessen in Ihrem Unternehmen, die Sie sich durch den Kopf gehen lassen sollten:

- ✔ Gibt es in Ihrem Unternehmen Programme zur Kostenkontrolle und Qualitätsverbesserung?
- ✔ Nutzt Ihr Unternehmen die neuen Technologien in vollem Umfang?
- ✔ Sind Ihre Produktionskosten in etwa genauso hoch wie bei anderen Unternehmen Ihrer Branche?
- ✔ Wie schnell können Sie die Produktion steigern oder Ihre Dienste erweitern, falls neuer Bedarf besteht?
- ✔ Arbeitet Ihr Unternehmen mit Zulieferern zusammen?
- ✔ Sind die im Bereich betriebliche Prozesse eingestellten Mitarbeiter flexibel, gut ausgebildet und auf Änderungen vorbereitet?
- ✔ Können Sie das bei den betrieblichen Prozessen gewonnene Fachwissen auch in anderen Teilen des Unternehmens anwenden?

Marketing und Verkauf: eine gute Geschichte erzählen

Das beste Produkt oder die beste Dienstleistung der Welt wird es nicht sehr weit bringen, wenn es oder sie nicht erfolgreich vermarktet wird und an all die potentiellen Kunden da draußen verkauft werden kann. Ihre Verkaufs- und Marketing-Leute (oder Sie selbst, wenn Sie Ihr kleines Unternehmen alleine betreiben) sind die Augen und Ohren, und sagen Ihnen, was die Kunden denken und wonach sie suchen. Ihre Verkaufs- und Marketing-Leute sind außerdem auch Ihre Stimme. Sie erzählen die Geschichte Ihres Unternehmens und setzen Ihre Produkte in einen Kontext, wobei sie Lösungen bieten und Bedürfnisse und Wünsche des Marktes erfüllen.

Im folgenden finden Sie einige Schlüsselfragen, die Sie sich zur Vermarktung Ihrer Produktlinie stellen sollten:

- ✔ Wie breit ist die Produktlinie oder das Dienstleistungsspektrum Ihres Unternehmens?
- ✔ Identifizieren sich die Kunden mit den Markennamen Ihres Unternehmens?
- ✔ Verfügen Sie über spezielle Prozesse oder Techniken, die Ihre Konkurrenten nicht nutzen können?
- ✔ Investieren Sie in Marktforschung, und erhalten Sie kontinuierlich ein Feedback der Kunden?

- Verwenden Sie alle Marketing-Ressourcen, die Ihnen zur Verfügung stehen?
- Verfügt das Verkaufspersonal Ihres Unternehmens über viel Wissen, ist es tatkräftig und überzeugend?

Vertrieb und Lieferung: den Kreis schließen

Mit Hilfe von Vertrieb und Lieferung gelangen die Produkte oder Dienstleistungen tatsächlich an ihr Ziel und in die Hände der Kunden. Egal wie gut Ihre Produkte sind, es ist entscheidend, daß die Kunden in der Lage sind, sie zu bekommen, wo und wann immer sie wollen. Wie die Kunden einkaufen ist oft genauso wichtig wie, was sie kaufen, deshalb ist es nicht erstaunlich, daß bei Entwicklung neuer Vertriebsmöglichkeiten (zum Beispiel über Internet) ein Markt oder sogar ein ganzer Wirtschaftszweig revolutioniert wird. Das Internet verspricht eine Zukunft, in der die Unternehmen Ihre Kunden direkter erreichen können. Dadurch wird die Position der Unternehmen gestärkt und gleichzeitig können die Vertriebskosten verringert werden.

Momentan wird Ihr Unternehmen seine Produkte oder Dienstleistungen wahrscheinlich noch über *traditionelle Absatzwege* vertreiben – altbewährte Wege, die Sie und Ihre Konkurrenten nutzen, um die Kunden zu erreichen –, und die Vertriebskosten machen einen bedeutenden Teil Ihrer Gesamtkosten aus. Die Standardkosten beinhalten oft Lagervorgänge, Transport und Produktrücksendungen. Wenn Sie im Einzelhandel tätig sind, müssen Sie unter Umständen auch für den teueren Platz in den Regalen bezahlen. Supermärkte in Amerika fordern heutzutage routinemäßig Geld im voraus, bevor sie ein neues Produkt in den Warenbestand aufnehmen, und für die besten Plätze bezahlt man am meisten. Schließlich wird in den Supermärkten gesteuert, was die Kunden sehen (und kaufen), wenn sie mit Kind und Kegel im Schlepptau, durch die Gänge hetzen.

Im folgenden finden Sie einige Schlüsselfragen zu Vertrieb und Lieferung Ihres Produkts oder Ihrer Dienstleistung:

- Welche Kosten sind mit dem Lagersystem Ihres Unternehmens verbunden?
- Können Sie die Lagerbestände durch Änderung der Art und Weise, in der Bestellungen verarbeitet werden, reduzieren?
- Wie lange dauert es, bis eine Kundenbestellung ausgefüllt ist, und kann diese Zeit verkürzt werden?
- Wie viele Absatzwege nutzt Ihr Unternehmen?
- Wie hoch sind die Kosten bei den jeweiligen Absatzwegen, und welche sind die effektivsten?
- Wieviel Kontrolle haben die Distributoren über Ihr Unternehmen?
- Können Sie neue Absatzwege verwenden, um die Kunden direkter zu erreichen?

Finanzen: das Geld im Auge behalten

Die langfristige finanzielle Gesundheit eines Unternehmens bestimmt die Gesundheit eines Unternehmens, Punkt. Sie können in keiner Branche lange überleben, wenn die Finanzen nicht in Ordnung sind. Wenn man genauer darüber nachdenkt, unterscheiden sich die Dinge, die Sie im Zusammenhang mit den Unternehmensfinanzen beachten müssen, nicht so sehr von denen, die im eigenen Haushalt geregelt werden müssen. Wenn Sie Ihr Unternehmen zum Beispiel gerade erst gestartet haben, ist es für das Überleben entscheidend, daß Sie möglichst viel Geld im vorhinein (als *Startkapital*) bekommen können. (Genauso ist es doch auch, wenn man das erste Haus kauft und einrichtet.) Wenn Ihr Unternehmen schon eine Zeit lang läuft, ist es wichtig, daß mehr Geld eingeht, als ausgegeben wird (*positiver Cash-flow*), damit Sie alle Rechnungen bezahlen können. (Können Sie sich noch daran erinnern, als Miete und Stromrechnung fällig wurden, Zahltag für das Gehalt aber erst Wochen später war?)

Sich zu überlegen, wie Sie Ihr Unternehmen in finanzieller Hinsicht fit halten können, ist für die Unternehmensplanung entscheidend. Wenn Sie sich Zeit nehmen und in bestimmten Abständen die wichtigen Finanzabschlüsse durchsehen, hat dies den Vorteil, daß die Finanzlage Ihres Unternehmen regelmäßig überprüft wird. Der Checkup ist meistens Routine, aber hie und da werden Sie ein Frühwarnsymptom entdecken: zum Beispiel Gewinne, die zu niedrig sind, oder zu hohe Ausgaben für die Verkaufsförderung. Dann war all die Wachsamkeit ihren Preis wert.

Die folgende Liste enthält all die ach-so-schmerzlichen Fragen zur finanziellen Gesundheit eines Unternehmens. (Wenn Sie nicht wissen, wie Sie diese Fragen beantworten sollen, verbringen Sie etwas Zeit mit der Lektüre von Kapitel 10 und 11.)

- ✔ Nehmen Einnahmen und Gewinne zu?
- ✔ Überwachen Sie den Cash-flow des Unternehmens sorgfältig?
- ✔ Hat Ihr Unternehmen einfachen Zugang zu Barreserven?
- ✔ Ist für Ihr Unternehmen – und für jede Geschäftseinheit bzw. jeden Bereich – ein Budget aufgestellt worden?
- ✔ Überprüfen Sie regelmäßig die wichtigsten betriebswirtschaftlichen Kennzahlen Ihres Unternehmens?
- ✔ Wie steht Ihr Unternehmen finanziell im Vergleich zur Konkurrenz da?

Erfolgsentscheidende Faktoren

Es ist wichtig zu prüfen, ob die Fähigkeiten und Ressourcen Stärken darstellen, auf die Sie sich verlassen können, oder Schwächen, die Sie bei der Planung für die Zukunft korrigieren müssen. Für diese Entscheidung müssen Sie genau wissen, was in Ihrer Branche und auf Ihrem Markt an Fähigkeiten und Ressourcen verlangt wird. Die erfolgsentscheidenden Faktoren sind die Fähigkeiten und Ressourcen, die absolut vorhanden sein müssen, wenn Ihr Unternehmen langfristig Erfolg haben will.

Sie haben unter Umständen schon eine Liste der erfolgsentscheidenden Faktoren erstellt (wenn nicht, werfen Sie einen Blick in Kapitel 4). Außer dieser Liste benötigen Sie eine Aufstellung der Fähigkeiten und Ressourcen Ihres Unternehmens. Mit Hilfe dieser beiden Listen können Sie eine Matrix konstruieren, mit der Sie die Fähigkeiten und Ressourcen mit dem vergleichen können, was in Ihrer Branche für wichtig gehalten wird. Im Idealfall sind beide Listen identisch, aber das ist nur selten der Fall. Mit der Matrix können Sie die momentanen Stärken und Schwächen Ihres Unternehmen erkennen (siehe Abbildung 8.2).

Abbildung 8.2: Vergleichen Sie Ihre Fähigkeiten und Ressourcen mit denen, die in Ihrer Branche als erfolgsentscheidende Faktoren gelten, und ermitteln Sie so Ihre Stärken und Schwächen.

Berücksichtigen Sie folgendes, wenn Sie eine Matrix wie die in Abbildung 8.2 gezeigte erstellen möchten:

✔ Die Fähigkeiten und Ressourcen, die Sie auf der linken Seite der Matrix anordnen, sind die, die in Ihrer Branche unbedingt vorhanden sein müssen. Sie sind die erfolgsentscheidenden Faktoren.

✔ Die Fähigkeiten und Ressourcen, die Sie in die obere linke Ecke der Matrix setzen, sind die erfolgsentscheidenden Faktoren, in denen Ihr Unternehmen gut oder hervorragend ist. Dies sind die Stärken Ihres Unternehmens.

- ✔ Die Fähigkeiten und Ressourcen, die Sie in die linke untere Ecke der Matrix setzen, sind erfolgsentscheidende Faktoren, in denen Ihr Unternehmen nur mittelmäßig oder sogar schlecht ist. Dies sind die Schwächen Ihres Unternehmens.

Es ist leicht, Fähigkeiten, in denen Ihr Unternehmen brilliert, als wertvoll einzuschätzen, und genauso leicht ist es, die Bedeutung von Dingen, in denen Ihr Unternehmen nicht so gut ist, zu unterschätzen. Versuchen Sie so objektiv wie möglich zu sein. Es ist nicht einfach, zuzugeben, daß man wertvolle Ressourcen für die Dinge vergeudet, die eigentlich nicht wichtig sind, und genauso hart ist es, zuzugeben, daß man wichtige Geschäftsbereiche vernachlässigt.

- ✔ Verschiedene Leute haben verschiedene Ansichten darüber, was die Stärken und Schwächen Ihres Unternehmens sind.
- ✔ Indem Sie verschiedene Blickwinkel (Blick von innen, Blick von außen) miteinander kombinieren, erhalten Sie ein ausgewogeneres Bild.
- ✔ Sie müssen Ihre Fähigkeiten und Ressourcen in jedem Geschäftsbereich einschätzen (also vom Management bis zum Marketing und von F&E bis Vertrieb).
- ✔ Stärken sind nur dann Stärken, wenn Ihre Fähigkeiten und Ressourcen mit den Faktoren, die in Ihrer Branche als erfolgsentscheidend gelten, auf einer Linie liegen.

Ihre Situation in 3-D analysieren

Sie müssen vorbereitet sein und die Stärken Ihres Unternehmens nutzen, die Schwächen dagegen minimieren. Das bedeutet, daß Sie wissen müssen, wie man nahende Chancen erkennt, und wie man sich auf Risiken vorbereitet, bevor sie einen überraschen. Die richtige Zeitplanung ist hier alles und stellt eine dritte wichtige Dimension dar, an die man denken muß.

In Kapitel 4 haben wir darüber gesprochen, woher größere Chancen oder aber ernsthafte Risiken herkommen können. Sie können von beinahe jeder Quelle und aus jeder Richtung auf Sie zukommen. Oft ändern sie die Spielregeln und können sogar die erfolgsentscheidenden Faktoren ändern, von denen Sie angenommen haben, daß sie immer Teil der Branche sein würden. Viele Chancen und Risiken sind das direkte Ergebnis von Änderung (lesen Sie Kapitel 12, wenn Sie uns nicht glauben). Andere entstehen durch Konkurrenten und die Unsicherheit, die sie mitbringen.

Ein Blick auf die Konkurrenz

Es ist eine gute Idee, eine Stärken-Schwächen-Matrix für zwei oder drei Ihrer schärfsten Konkurrenten zu erstellen. (Blättern Sie zu Kapitel 7 zurück, wenn Sie noch mal auffrischen wollen, wer Ihre Konkurrenten sind, und welche Informationen Sie über diese haben.) Sie werden natürlich nicht genauso viel über Ihre Konkurrenten wissen wie über sich selbst, deshalb wird deren jeweilige Matrix nicht so vollständig sein wie die für Ihr eigenes Unternehmen. Aber das, was Sie wissen, wird auch jede Menge aussagen.

Der Vergleich der Stärken und Schwächen der Konkurrenz mit den eigenen kann helfen, zu sehen, wo Wettbewerbschancen oder Risiken herkommen können. Chancen entstehen oft, wenn Ihr Unternehmen über eine Stärke verfügt, die Sie in einem kritischen Bereich, in dem der Konkurrent schwach ist, nutzen können. Und manchmal können Sie ein Risiko vorhersehen, wenn die Situation sich umgekehrt darstellt: Ein Konkurrent nutzt eine wichtige Stärke und macht einen Zug in einem Bereich, in dem Sie nicht stark sind. Weil sich die Wettbewerbslandschaft immer wieder ändert, sollten Sie die Matrix der Konkurrenten regelmäßig überprüfen.

Eine SSCR-Analyse erstellen

Mit einer SSCR-Analyse (einer Analyse Ihrer Stärken, Schwächen, Chancen und Risiken) können Sie für Ihr Unternehmen eine Strategiebilanz erstellen. In der Analyse bringen Sie alle internen Faktoren, also die Stärken und Schwächen, zusammen. Diese stellen Sie den Faktoren gegenüber, die Sie als externe Kräfte erkannt haben, also den Chancen und Risiken, denen sich Ihr Unternehmen aufgrund der Wettbewerbskräfte oder aufgrund von Trends in Ihrer Geschäftsumgebung stellen muß. Wie diese Faktoren ausbalanciert sind, entscheidet darüber, was Ihr Unternehmen tun sollte und wann es dies tun sollte. Mit den folgenden Schritten können Sie eine SSCR-Analyse erstellen:

1. **Teilen Sie die Stärken, die Sie gefunden haben, in zwei Gruppen ein: in Stärken, die mit möglichen Chancen in Ihrer Branche verbunden sind, und in solche, die mit latenten Risiken verbunden sind.**

2. **Teilen Sie auch die Schwächen in zwei Gruppen ein: eine Gruppe, die mit den Chancen assoziiert wird, eine Gruppe, die eher mit Risiken assoziiert wird.**

3. **Erstellen Sie eine Matrix mit vier Quadraten.**

4. **Setzen Sie die Stärken und Schwächen, die Sie mit Chancen und Risiken in Verbindung gebracht haben, jeweils in eines der vier Felder.**

Die SSCR-Analyse bietet nützliche Hilfe für die strategische Planung. Das meiste dabei ist gesunder Menschenverstand. Zuerst müssen Sie das in Ordnung bringen, was kaputt ist. Dann müssen Sie aus den Geschäftschancen, die Sie erkannt haben, das meiste herausholen. Erst dann können Sie sich den Luxus erlauben und sich anderen Geschäftsfragen und Bereichen zuwenden. Sie sollten jeden der folgenden Schritte bei Ihrer Unternehmensplanung berücksichtigen:

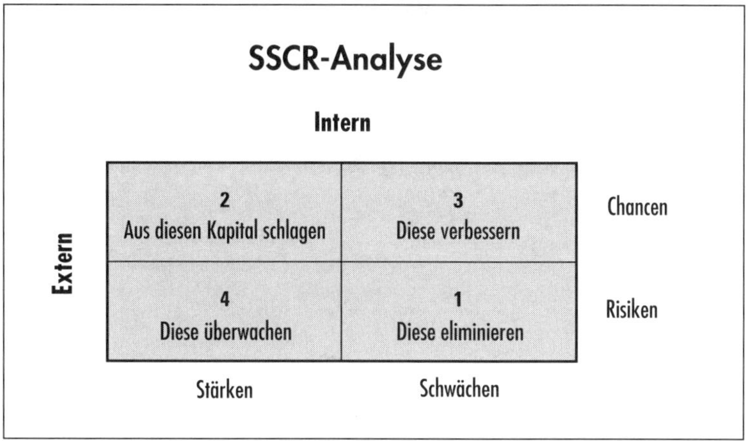

Abbildung 8.3: Bei der SSCR-Analyse werden die in Ihrem Unternehmen vorhandenen Stärken und Schwächen den von außen auf Sie zukommenden Chancen und Risiken gegenübergestellt.

1. **Eliminieren Sie die Schwächen in den Bereichen, in denen ernsthafte Risiken durch Konkurrenten oder durch ungünstige Trends in einer sich wandelnden Geschäftsumgebung drohen.**
2. **Schlagen Sie Kapital aus den Geschäftschancen, für die Ihr Unternehmen wirkliche Stärken aufzuweisen hat.**
3. **Versuchen Sie, Schwächen zu verbessern, die Sie in Bereichen gefunden haben, die mögliche Geschäftschancen beinhalten könnten.**
4. **Überwachen Sie die Geschäftsbereiche, in denen Sie heute stark sind, so daß Sie nicht von latenten Risiken, die auftreten könnten, überrascht werden.**

Der Wandel ist in Ihrem Unternehmen, Ihrer Branche und auf Ihrem Markt die einzige Konstante. Konstante Änderungen bedeuten, daß es nicht reicht, die SSCR-Analyse nur einmal zu erstellen. Sie müssen die Matrix regelmäßig überprüfen, während Ihr Unternehmen wächst und sich Ihre Geschäftsumgebung ändert. Eine SSCR-Analyse ist ein kontinuierlicher Vorgang, etwas, das Sie als wichtigen Teil Ihres Planungszyklus regelmäßig wiederholen sollten.

- ✔ Um mögliche Chancen und Risiken zu erkennen, sollten Sie sich die Stärken und Schwächen Ihrer wichtigsten Konkurrenten genau betrachten.
- ✔ Bei einer SSCR-Analyse werden Ihre Stärken und Schwächen mit den Chancen und Risiken in Zusammenhang gebracht. Das Ergebnis sagt Ihnen, was zu tun ist.
- ✔ Die SSCR-Strategie lautet: Schwächen in Bereichen, in denen Risiken drohen, eliminieren, und aus Stärken in den Bereichen, in denen Sie Chancen wittern, Kapital schlagen.

9 Sich auf das konzentrieren, was man am besten kann

In diesem Kapitel:

- Beschreiben, was Ihr Unternehmen macht
- Eine Wertkette konstruieren
- Ihren Wettbewerbsvorteil finden
- Sich auf die Hauptkompetenz Ihres Unternehmens konzentrieren
- Einen Wettbewerbsvorteil über längere Zeit erhalten
- Mit Hilfe der Wertkette Ressourcen zuordnen

In jedem Markt gibt es zwei Narren: Der eine fragt zu wenig, der andere zuviel.

Russisches Sprichwort

Jedesmal, wenn Sie das Haus zum Einkaufen verlassen, machen Sie sich bereit, um eine komplexe Menge an Entscheidungen zu treffen, die dann bestimmen, womit Sie am Ende des Tages wieder nach Hause kommen. Haben Sie schon mal festgestellt, daß dieser Entscheidungsprozeß während des Urlaubs schwieriger zu sein scheint? Denken Sie an einen typischen Einkaufstag im Urlaub und an alles, was damit zusammenhängt. Während Sie beim morgendlichen Kaffe die Einkaufsliste überfliegen, müssen schon die ersten Entscheidungen getroffen werden:

- ✔ Geschäfte im Stadtzentrum oder außerhalb liegendes Einkaufszentrum
- ✔ Spezialgeschäfte oder Kaufhaus
- ✔ Kleidung, Krimskrams, Spielzeug oder Küchengeräte
- ✔ Designeretiketten oder normale Marken
- ✔ Limit bei 100, 150 oder 200 DM

Wenn Sie zufällig etwas herstellen und Ihre Produkte in einem dieser Geschäfte verkauft werden, sind dies überaus wichtige Entscheidungen für Sie. Wie treffen Einkäufer Ihre Wahl? Warum gehen sie in ein Geschäft und nicht in das nächste? Was entscheidet darüber, wo sie sich umgucken, und welchen Dingen sie einen zweiten Blick schenken? Wie unterscheiden sich die Kunden voneinander? Wo sind sie sich gleich? In jeder Branche sind diese Art von Fragen entscheidend.

Während die Kunden ihre Entscheidung treffen, was und wo sie einkaufen, wägen sie ständig verschiedene Kombinationen von Produkt-/Dienstleistungsvorzügen gegen den Preis ab. Wenn die Kunden den aufgrund ihrer eigenen Berechnungen besten Wert auf dem Markt gefunden haben und ihre Entscheidung treffen, tun sie dies mit Hilfe einer *Wertgleichung*. (In Kapitel 7 finden Sie mehr Informationen über diese Gleichung.) Aber was bedeutet es tatsächlich, den besten Wert zu haben? Wenn Sie einer der Wettbewerber sind, müssen Sie genau wissen, wo und wie Ihre Produkte in den Augen der Kunden mehr Wert erhalten.

In diesem Kapitel beschäftigen wir uns damit, wie Sie Ihren Produkten oder Dienstleistungen für den Kunden Wert geben können. Diese Herangehensweise wird von den Leuten, die einfache Dinge schwierig erscheinen lassen wollen, *Wertkettenanalyse* genannt. Wir verwenden diesen Begriff, um herauszufinden, welche Teile Ihres Unternehmens dafür verantwortlich sind, den in den Augen der Kunden größten Wert hinzuzufügen. Wir zeigen Ihnen, wie Sie mit Hilfe Ihrer Wertkette erklären können, warum Sie einen Wettbewerbsvorteil auf dem Markt haben. Mit Hilfe der Wertkette zeigen wir auch, welches die *Hauptkompetenz* Ihres Unternehmens ist. Wir sprechen darüber, wie Sie Ihren Wettbewerbsvorteil langfristig halten können. Und zuletzt zeigen wir Ihnen, wie Sie das Wissen über Ihre Wertkette und Hauptkompetenz nutzen können, um bei der Erstellung Ihres Businessplans das meiste aus den menschlichen und finanziellen Ressourcen herausholen zu können.

Beschreiben, was Sie tun

Sie denken vielleicht, es sei ganz einfach, zu beschreiben, was Ihr Unternehmen tut. Man muß nur die Hauptgeschäftsaktivitäten in ein paar gut formulierten Sätzen zusammenfassen oder ein, zwei anschauliche Diagramme verwenden. Es ist nicht so einfach. Wenn man vom Inneren eines Unternehmens nach draußen schaut, ist es sehr viel schwieriger, die alltäglichen Details beiseite zu lassen, um dann zu dem Kern dessen zu gelangen, was einen tagtäglich im Geschäft hält.

Das ist der Grund, warum es so viele Unternehmensberater gibt. Viele von ihnen würden nichts lieber tun, als Ihnen bei der Beschreibung dessen, was Sie tun, zu helfen. Ihr kleines Geheimnis ist natürlich, daß sie in Wirklichkeit gar nicht klüger sind als Sie. Sie haben meist einen klareren Blick, weil sie Ihr Unternehmen von außen betrachten.

Aber es ist auch gut möglich, daß Sie tief im Inneren ganz gut wissen, was Sie tun und warum Ihr Unternehmen erfolgreich ist – Sie müssen das, was Sie bereits wissen, nur herauslassen. Während einer Geschäftsreise kam kürzlich eine Kollegin von uns in eine Kleinstadt und suchte nach einer Tankstelle. Es gab nur zwei und die Preise waren bei beiden identisch. Bei der einen Tankstellen standen mehrere Autos an den Zapfsäulen, die andere war leer. Als Sie den Besitzer fragte, wie er sich erklären könnte, daß seine Tankstelle soviel beliebter sei als die auf der anderen Straßenseite, traf er den Nagel auf den Kopf:

Oh, wissen Sie, die drüben sind in einem anderen Business tätig: die haben eine Tankstelle, wir eine Service-Station.

Dieser gewitzte Geschäftsmann hatte ein gutes Gefühl dafür, warum er bei seiner Sache so erfolgreich war. Mit etwas Anleitung können Sie vielleicht auch so aus dem Bauch heraus sagen, um was es bei Ihrem eigenen Unternehmen geht, und eine Kette der Aktivitäten knüpfen, die zeigt, was Ihr Unternehmen wirklich tut, um im Geschäft zu bleiben. Wir wollen uns besonders auf den Kundenwert konzentrieren und Ihr Unternehmen in die Bereiche und Aktivitäten unterteilen, mit denen die von Ihnen angebotenen Produkte oder Dienstleistungen größeren Wert für die Kunden erhalten.

Eine typische Wertkette konstruieren

Ihr Unternehmen konstruiert seine *Wertkette* aus der Abfolge der Aktivitäten, mit denen es den Wert der Produkte oder Dienstleistungen für die Kunden erhöht (siehe Abbildung 9.1). Die Kette verbindet Sie mit dem Markt und gewährleistet, daß Sie nicht zu weit von den Kunden, die Sie bedienen, abweichen.

Abbildung 9.1: Die Wertkette eines Unternehmens hat zwei Arten von Gliedern: primäre Aktivitäten und unterstützende Aktivitäten.

Mit Hilfe der Glieder in einer Wertkette sehen Sie die einzelnen Aktivitäten des Unternehmens:

Primäre Glieder in der Wertkette sind die Geschäftsfunktionen, die das Herz Ihres Unternehmens bilden. Primäre Glieder sind meist sequentiell angeordnet. Sie bezeichnen die Stadien, die zur Entwicklung, Herstellung und Vermarktung von Produkten unbedingt erforderlich sind. Meist sind dies:

- ✔ Forschung und Entwicklung
- ✔ Betriebliche Prozesse
- ✔ Marketing und Verkauf
- ✔ Vertrieb und Lieferung
- ✔ Service

Unterstützende Glieder in der Wertkette tragen zum Gesamterfolg des Unternehmens bei, indem Sie die primären Glieder stärken. Unterstützende Glieder sind oft über die gesamte Unternehmensstruktur verteilt. Sie unterstützen und verbinden die einzelnen primären Geschäftsfunktionen. Zum Beispiel sind dies:

- ✔ Management
- ✔ Organisation
- ✔ Strategie und Planung
- ✔ Finanzkontrolle

Versuchen Sie, sich bei der Anordnung der grundlegenden Geschäftsfunktionen auf den Kundenwert zu konzentrieren, und darauf, daß alles, was Sie in Ihrem Unternehmen tun, irgendwie zu diesem Wert beitragen sollte. Eine Wertkettenanalyse ermöglicht, Ihr Unternehmen auseinanderzunehmen und wieder zusammenzusetzen, wobei jedes Glied in der Kette zu dem Wert beitragen sollte, den die Kunden sehen, wenn sie ein Produkt oder eine Dienstleistung kaufen.

Verschiedene Wertketten miteinander vergleichen

Über die Wertkette kann man ziemlich viel von einem Unternehmen erfahren: Man erfährt, wo und wie es Kundenwert schafft. Man kann mit der Wertkette sogar relativ gut die einzelnen Wettbewerber in einer Branche miteinander vergleichen und Unterschiede erkennen. Vielleicht wollen Sie diese Information ja sogar nutzen, um noch einmal die strategischen Gruppen, in die Sie Ihre Konkurrenten eingeteilt haben, zu überprüfen. (Siehe Kapitel 7, wenn der Begriff strategische Gruppe Ihnen nichts sagt.)

Einen Vergleich der Wertketten kann man zum Beispiel bei den verschiedenen amerikanischen Fluggesellschaften anstellen. Langstreckenflüge, egal mit welcher Fluggesellschaft, sind zwar immer kaum erträglich. Irgendwie kommen einem dabei immer Assoziationen von

Viehwaggons, U-Bahnfahrten zur Hauptverkehrszeit und Guiness-Buch-Rekorden, bei denen möglichst viele Leute in eine Telefonzelle oder einen VW-Käfer gequetscht werden, in den Kopf. Aber innerhalb dieser Einschränkungen sozusagen versuchen die einzelnen Fluggesellschaften, untereinander zu konkurrieren.

Southwest Airlines ist zum Beispiel im sogenannten ohne-Kinkerlitzchen-Segment ein wichtiger Teilnehmer. Verglichen mit anderen Fluggesellschaften kann Southwest bei jedem Flugzeug zwei zusätzliche Flüge pro Tag anbieten, weil es nur etwa zwanzig Minuten braucht – mit Entladen und Beladen –, um wieder neu zu starten. Die größten Kosten entstehen den Fluggesellschaften durch die Flugzeuge und die Gebäude, zusätzliche Flüge pro Tag bedeuten daher zusätzlichen Gewinn oder günstigere Preise für die Kunden. Southwest gibt seine Ersparnisse an die Passagiere weiter. Das Unternehmen will die Leute ansprechen, die ihre Reisen aus eigener Tasche bezahlen und nach dem besten Angebot suchen. Bei Southwest findet man immer günstige Konditionen, so daß das Unternehmen einen loyalen Kundenstamm angezogen hat.

Wie stellt Southwest es an, daß das Unternehmen so gut funktioniert? Ein kurzer Blick auf die Wertkette zeigt einige wichtige wertsteigernde Aktivitäten. Die wichtigsten Kettenglieder sind:

- ✔ **Betriebliche Prozesse**: Southwest ist stolz auf sein effizientes Personal, seine erstklassige Boden-Crew und seine moderne Ausrüstung, die es dem Unternehmen erlaubt, Flugzeuge so schnell wie nur irgend möglich in und aus den Flughäfen zu bringen, enge Flugpläne einzuhalten und die Gesamtkosten zu reduzieren.
- ✔ **Vertrieb**: Die Fluggesellschaft hat ein regionales Streckensystem aufgebaut, bei dem die überfülltesten Flughäfen und die Ziele, die auch viele andere Konkurrenten anfliegen, gemieden werden. Bei regelmäßigen Überprüfungen des Passagierverkehrs und der Konkurrenz werden Expansionsmöglichkeiten vorgeschlagen, die im Einklang stehen mit der Strategie, die Kosten möglichst gering zu halten.
- ✔ **Management**: Southwest verfügt über ein Team von Managern und Experten, deren Wissen, Fähigkeiten und Temperament sie auch mit beachtlichen Streßsituationen fertig werden läßt, und die gut zusammenarbeiten.
- ✔ **Organisation**: Statt eine stark strukturierte Arbeitsumgebung zu schaffen, die von Regeln und feindseligen Beziehungen dominiert wird, herrscht im Unternehmen eine entspannte, informelle Kultur, bei der man neben der Erledigung der anfallenden Arbeiten auch Spaß hat. Selbst die Passagiere werden gelegentlich zur Mitarbeit aufgefordert.

Im Gegensatz dazu steht American Airlines als weltweit tätige Fluggesellschaft mit Komplett-Service am anderen Ende des Spektrums. Die Gesellschaft fliegt täglich Hunderte von Zielen an und bietet regelmäßig Linienflüge zu so ziemlich allen Flughäfen in Amerika an. Neben dem umfangreichen Netz in Amerika werden auch internationale Strecken geflogen. American Airlines verfügt über eine kostenlose Reservierungsnummer, enge Beziehungen zu Reiseveranstaltern und ein Vielfliegerprogramm mit Prämienflügen in die ganze Welt. Die Kunden verlassen sich darauf, daß American sie während des Flugs mit Mahlzeiten und Kinofilmen versorgt, den Gepäcktransport regelt und für Unterbringung sorgt, sollte irgend etwas schiefgehen. Wer sind diese Kunden? Viele von ihnen sind Geschäftsreisende und andere Reisende, die gerne den Preis für all diese Serviceleistungen bezahlen.

Obwohl es auch für American Airlines wichtig ist, die Flugzeuge nach jedem Flug möglichst schnell wieder startklar zu machen, ist das Unternehmen nicht so davon abhängig wie etwa Southwest. Bei den Dienstleistungen, die die Kunden von American Airlines fordern, ist es für die Crew sogar fast unmöglich, mit Southwest mithalten zu können. Die Wertkette von American Airlines zeigt die Bereiche, in denen diese Fluggesellschaft Ihren Kunden zusätzlichen Wert bietet will. Die wichtigsten Glieder der Kette sind:

- ✔ **Forschung und Entwicklung**: Ob es darum geht, bequemere Sitze in der Business-Class zu entwickeln, bessere Unterhaltungsprogramme anzubieten oder Internet-Verbindungen in luftiger Höhe zu ermöglichen – American Airlines will auch die anspruchsvollsten Kunden zufriedenstellen. Gleichzeitig ermöglichen das Reservierungssystem SABRE und die Ertragsmanagement-Software, daß Einnahmen maximiert und die Preise in bestimmten Wettbewerbsbereichen an die anderer Unternehmen angeglichen werden können.

- ✔ **Marketing und Verkauf**: Das Unternehmen wendet viel Zeit und Ressourcen zur Vermarktung seines Images und des weltweiten Markennamens auf. American wirbt in vielen Medien weltweit, sponsort alle möglichen Arten von Ereignissen und unterhält enge Beziehungen zu den Reiseveranstaltern in Amerika und weltweit.

- ✔ **Kundendienst**: Der Kundendienst ist eines der wichtigsten Glieder in der Wertkette von American Airlines. Das Unternehmen scheut keine Mühe, um über sein Vielfliegerprogramm eine dauerhafte Beziehung zu seinen loyalsten Kunden aufzubauen. Und es sorgt dafür, daß diese geschätzten Kunden mit speziellen Warteräumen in den Flughäfen, problemlosem Check-in sowie dem Service, daß das Gepäck immer als erstes bei der Gepäckausgabe erscheint, verwöhnt werden.

- ✔ **Finanzen**: American Airlines verfügt über die finanziellen Ressourcen und die Flexibilität, um kontinuierlich in umfangreiche Bodeneinrichtungen und eine riesige Flugzeugflotte investieren zu können, mit der ein weltweites Netz an Strecken und Flugzielen bedient wird.

Sowohl Southwest als auch American Airlines sind im Transportgeschäft tätig und fliegen Passagiere in regelmäßigen Linienflügen von einem Ort zu einem anderen, und doch sind ihre Wertketten und die für den Kundenwert entscheidenden Glieder sehr unterschiedlich. Wie verschieden die beiden Fluggesellschaften sind, zeigt sich auch daran, daß United Airlines (ein American Airlines ähnliches Unternehmen) bei dem Versuch, mit Southwest zu konkurrieren, eine »Fluggesellschaft in der Fluggesellschaft« gründete. Shuttle by United fliegt die Städte an der Westküste an und hat eine Wertkette, die der von Southwest sehr viel ähnlicher ist als der seiner Muttergesellschaft United Airlines.

Eine eigene Wertkette schmieden

Damit Sie für Ihr Unternehmen eine Wertkette erstellen können – eine Abfolge von Aktivitäten, die Sie unternehmen, um den Kundenwert Ihrer Produkte oder Dienstleistungen zu erhöhen –, benötigen Sie eine Liste der Fähigkeiten und Ressourcen Ihres Unternehmens. Weitere Informationen hierzu erhalten Sie in Kapitel 8.

Sie können mit Hilfe eines Rasters, das Ihr Geschäft in die wertgebenden Bereiche unterteilt, ein Grundgerüst für Ihre Wertkette konstruieren (siehe Abbildung 9.2). Dann ordnen Sie die Aktivitäten den jeweiligen Bereichen des Rasters zu und zwar je nachdem, ob sie Teil der primären Geschäftsfunktionen sind oder mit unterstützenden Bereichen verbunden sind.

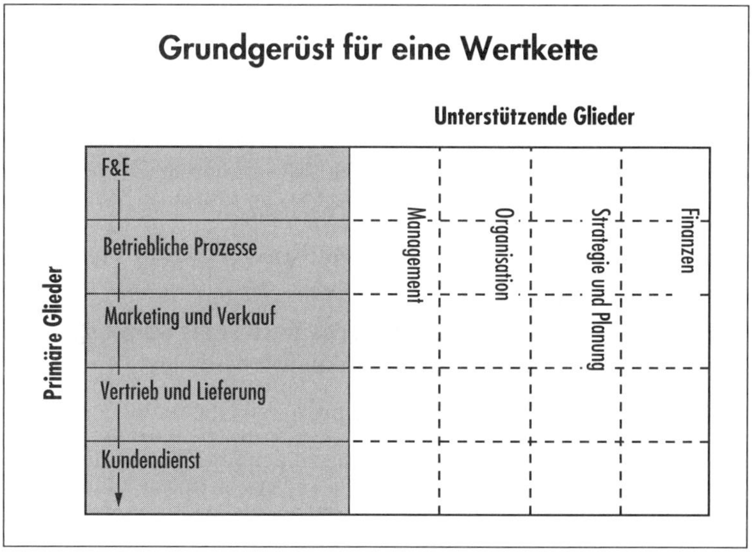

Abbildung 9.2: Grundgerüst für eine Wertkette

Gehen Sie wie folgt vor, um das Raster für Ihre Wertkette zu erstellen:

1. **Listen Sie alle wichtigen Geschäftsbereiche auf, die direkt daran beteiligt sind, die Produkte oder Dienstleistungen Ihres Unternehmens zusammenzustellen und zu den Kunden zu bringen.**

   Dazu gehören zum Beispiel F&E, betriebliche Prozesse, Marketing, Verkauf, Vertrieb, Lieferung und Kundendienst.

2. **Bringen Sie die Liste der Geschäftsbereiche in eine Reihenfolge (von der ersten guten Idee in der Forschungsabteilung bis hin zum fertigen Produkt).**

3. **Listen Sie die allgemeinen Geschäftsbereiche auf, die die primären Geschäftsfunktionen unterstützen.**

   Dazu gehören Management, Organisation, Human Resources, Strategie und Planung sowie Finanzen.

4. **Erstellen Sie mit Ihrer eigenen Liste der primären und unterstützenden Geschäftsbereiche ein Raster wie in Abbildung 9.2.**

Ihre Wertkette sieht vielleicht nicht genauso aus wie all diese Organisationsdiagramme, die in den Unternehmen gern verteilt werden. Die primären und unterstützenden Geschäftsfunktionen, mit denen mehr Kundenwert geschaffen wird, können je nachdem, wen Sie fragen, anders konstruiert werden. Deshalb ist es wichtig, mit Kunden und mit Kollegen zu sprechen. Bitten Sie die Kunden, Ihr Unternehmen so zu beschreiben, wie sie es sehen. Ihre Kunden haben vielleicht einen besseren Überblick.

Füllen Sie das Raster der Wertkette, indem Sie alle wertsteigernden Aktivitäten eintragen, also alle Fähigkeiten und Ressourcen, mit denen Ihr Unternehmen den Wert der Produkte oder Dienstleistungen in den Augen der Kunden erhöht. Gehen Sie dabei wie folgt vor:

1. **Sehen Sie sich die Liste der Fähigkeiten und Ressourcen an, und machen Sie einen ersten Versuch, sie in das Raster einzutragen.**

2. **Tragen Sie in die Felder auf der linken Seite des Rasters die wertsteigernden Aktivitäten ein, die direkt zu den primären Geschäftsfunktionen beitragen.**

   Diese Aktivitäten stellen in der Wertkette die primären Glieder dar.

3. **Tragen Sie die wertsteigernden Aktivitäten, die zu den jeweiligen unterstützenden Funktionen gehören, in die Rasterfelder neben den primären Funktionen ein, die sie jeweils unterstützen.**

   Diese Aktivitäten sind in der Wertkette die unterstützenden Glieder.

4. **Geben Sie im Raster auch eine Beschreibung des Kundenwerts an, der bei jedem Glied hinzugefügt wird, und geben Sie an, wie der Wert gesteigert wird.**

Die Wertkette ermöglicht einen Blick auf Ihr Unternehmen und zwar durch die Brille der Kunden. Jedes Glied in der Wertkette stellt etwas dar, was Sie als Unternehmen tun. Jedes Glied ist eine Aktivität, für die Sie Geld ausgeben. Die Wertkette ermöglicht, genau zu ermitteln, welchen Wert die Kunden durch jedes der einzelnen Glieder bekommen. Durch eine Wertkettenanalyse erhalten Sie ein relativ klares Bild davon, warum Sie im Geschäft bleiben, und wo Sie sich noch besser engagieren könnten.

- ✔ In der Wertkette sind all die Dinge beschrieben, die Sie tun, um den Wert der den Kunden angebotenen Produkte oder Dienstleistungen zu steigern.
- ✔ Der Wert wird durch die Brille der Kunden festgelegt.

- ✔ Durch einen Vergleich der Wertketten anderer Unternehmen Ihrer Branche erfahren Sie etwas über die Wettbewerbslandschaft und darüber, wie Sie in diese Landschaft passen.
- ✔ Eine Wertkette zeigt genau, welchen Wert die Kunden durch jede der Basis-Geschäftsfunktionen erhalten.

Im Geschäft bleiben

Nicht per Zufall bleiben Unternehmen Jahr für Jahr im Geschäft. Vielleicht kommt es vor, daß ein Manager irgendwo Glück hat und einen brillanten Schachzug macht, ohne zu wissen, warum dieser so brillant ist. Aber diese Art von Glück hält nie lange vor, besonders nicht bei starkem Wettbewerb. Unternehmen haben über lange Zeit hinweg Erfolg, weil sie wissen, worauf ihre Kunden den meisten Wert legen, und dieses Wissen in Produkte und Dienstleistungen umsetzen, die die Erwartungen der Kunden erfüllen oder übertreffen – häufig auf Kosten von arglosen Wettbewerber.

Mit Hilfe einer für Ihr Unternehmen erstellten Wertkette können Sie die Geschäftsbereiche und Aktivitäten aufzeigen, in denen der größte Kundenwert erzielt wird. Diese Schlüsselbereiche und Aktivitäten zeigen Ihnen, welchen Vorteil Ihr Unternehmen auf dem Markt hat, und wie es diesen Vorteil erreicht hat. Die Wertkette weist Sie zum Beispiel darauf hin, wie wichtig der Kostenvorteil auf dem Markt ist, und zeigt, daß Ihr Unternehmen diesen Vorteil durch vorsichtige, kontinuierliche Verbesserungen, mit denen der Herstellungsvorgang effizienter gestaltet wurde, erreicht hat. Oder Ihre Wertkette hebt hervor, daß die Professionalität Ihres Personals einer der Hauptvorteile auf dem Markt ist, was durch vermehrtes Engagement, nur die fähigsten Leute einzustellen, zu fördern und zu unterstützen, erreicht wurde.

Nehmen Sie sich Zeit, und sehen Sie sich genau an, was es bedeutet, einen Marktvorteil gegenüber der Konkurrenz zu haben, wo dieser Vorteil herkommt, und wie Sie ihn langfristig beibehalten können.

Nach dem Wettbewerbsvorteil suchen

Jeder kennt Leute, die gerne Ausflüge mit dem Auto unternehmen: an Winterwochenenden vielleicht zu einem Skiort oder, wenn das Wetter schön ist, zur Wochenendhütte der Familie. Wenn man sie fragt, wo sie auf dem Weg anhalten, kennen sie immer einen Kiosk, ein gutes Restaurant oder ein Eis-Café, bei dem sie unbedingt einen Stopp einlegen. Warum haben Reisende eine solche Vorliebe für bestimmte Plätze auf ihrer Route, wo es auf dem Weg doch auch noch Hunderte anderer Möglichkeiten gäbe? Was macht bestimmte Einrichtungen so einzigartig?

Wenn man die Reisenden fragt, bekommt man alle möglichen Gründe zu hören. Sie erzählen einem vielleicht, daß sie schon seit Jahren dort Halt machen, daß sie das Essen für gut halten, die Atmosphäre genießen, die Besitzer kennen, sich auf den Service verlassen können usw.

Zweifellos sind alle diese Dinge richtig. Aber wenn man sich die Wertkette von vielen dieser Restaurants ansieht, fällt ein wichtiges Glied sofort ins Auge, und das ist die Lage. Entfernungen und Fahrtzeiten sind höchstwahrscheinlich die Hauptgründe, warum viele der Kunden überhaupt auf diese Haltepunkte stoßen. Die Eingangstüren scheinen zur rechten Zeit am rechten Ort zu sein. Auf diesem Reisemarkt stellt Lage einen entscheidenden Wettbewerbsvorteil dar.

Wettbewerbsvorteil bedeutet, wie der Name schon sagt, daß ein Unternehmen einen bestimmten Vorteil gegenüber den Wettbewerbern hat. Wie kommt es zu dem Vorteil? Meistens aufgrund des individuellen und ganz besonderen Werts, den das Unternehmen seinen Kunden bieten kann – und aufgrund dessen, daß die Kunden diesen Wert hoch einschätzen. Stellen Sie sich selbst folgende grundlegende Frage:

Warum wählen die Kunden mein Unternehmen und seine Produkte, wenn die anderen Konkurrenten in der Branche mehr oder weniger ähnliche Produkte anbieten?

Die Antwort finden Sie bei den stärksten Gliedern Ihrer Wertkette. Die Glieder, die den größten Kundenwert erzeugen (seien es nun Lage, Kundendienst, Image oder Produktfunktionen), sind die Glieder, die für den Wettbewerbsvorteil auf dem Markt verantwortlich sind.

1975 bestand Microsoft aus zwei Partnern: Bill Gates und Paul Allen. Sie begannen, gegen ein Heer von klugen, jungen Unternehmern zu konkurrieren, und fanden sich schließlich Kopf an Kopf mit IBM wieder. Heute hat Microsoft 20.000 Angestellte und Einnahmen von 8 Milliarden US-Dollar und bietet, angefangen von Textverarbeitung, Tabellenkalkulation bis hin zu Sprachen-Tools und Betriebssystemen, eine große Palette an Software-Produkten. Allein das Betriebssystem Windows wurde mehr als 100 Millionen mal verkauft. Worin liegt der Wettbewerbsvorteil von Microsoft begründet?

- ✔ **Standards**: Die Programme von Microsoft setzen in der PC-Welt Standards. Microsoft bietet das Standardbetriebssystem und die Standard-Suite der Office-Applikationen. Obwohl andere Unternehmen hier und da bessere Produkte verkaufen, werden Microsofts Produkte als die sichere und vernünftige Lösung angesehen.
- ✔ **Kompatibilität**: Die Programme von Microsoft arbeiten untereinander und mit dem Betriebssystem zusammen. Man braucht keine Sorge zu haben, daß die bevorzugte Anwendung zum Außenseiter wird oder sich irgendwie sonst auf dem Computer falsch benimmt.
- ✔ **Produktauswahl**: Sie nennen Ihren Wunsch und Microsoft hat höchstwahrscheinlich ein Produkt, das es für Sie erledigt. Das Unternehmen ist aggressiv und kontinuierlich dabei, für die sich schnell ändernden Märkte neue Software zu entwickeln. Erst kürzlich wurden Internet-Benutzer mit einer ganzen Reihe neuer Produkte bombardiert.

- ✔ **Kundendienst und Support**: Mit Microsoft weiß man, was man hat. Wenn etwas nicht funktioniert, arbeitet das Unternehmen hart daran, das Problem zu beheben. In der Zwischenzeit kann man sich damit trösten, daß es immer auch noch andere Leute gibt, die genau dasselbe Problem haben.

Hertz ist bei weitem der größte Autovermieter weltweit. Das Unternehmen hat in mehr als 150 Ländern Zweigstellen und verfügt über eine Flotte von mehr als 500.000 Fahrzeugen. Aber Hertz hat auf allen Ebenen Konkurrenten, seien es nun die Verleiher, die ihr Geschäft an beliebten Ferienorten machen, regionale Agenturen oder andere weltweit tätige Unternehmen wie Avis. Welchen Wettbewerbsvorteil hat Hertz?

- ✔ **Einfache Reservierungen**: Mit einem Anruf bei Hertz kann man schnell und einfach die gewünschte Art von Fahrzeug buchen und angeben, wann und wo man es haben will. Wenn man seine Meinung ändert, genügt auch wieder ein Anruf.
- ✔ **Internationale Präsenz**: Es spielt keine Rolle, wo man das Auto benötigt – ob für eine Safari in Afrika, eine Reise durch Italien oder bei einer Geschäftsreise in Idaho. Man kann sicher sein, daß Hertz das Gewünschte zur Verfügung stellen kann.
- ✔ **Seelenfrieden**: Mit Hertz braucht man sich keine Gedanken machen, ob das Auto auch da sein wird, daß der Preis sich verdoppeln könnte, oder man für ein verbeultes, altes Auto bezahlen muß. Außerdem bietet das Unternehmen Straßenkarten zur Orientierung und ist dabei, ein neues Navigationssystem einzuführen.
- ✔ **Belohnungen für Loyalität**: Als treuer Hertz-Kunde werden Sie Mitglied in einem Club und erhalten dann zusätzlichen Service, mehr Aufmerksamkeit und die Möglichkeit, für das ausgegebene Geld zusätzliche freie Miettage zu bekommen.

Sich auf die Hauptkompetenz konzentrieren

Ihr Wettbewerbsvorteil wird auf dem Markt geschaffen. Dieser Vorteil ist ganz und gar durch die Kunden begründet und durch den Wert, den diese Ihren Produkten und Dienstleistungen geben, sowie durch die Kaufentscheidungen, die sie letztendlich treffen. Aber was ist mit Ihrem Unternehmen, mit dem Sie diesen Wettbewerbsvorteil erreichen? Welche internen Fähigkeiten und Ressourcen haben Sie, und welche Geschäftsaktivitäten führen direkt zu Ihrem Wettbewerbsvorteil?

Sie kennen wahrscheinlich bereits die Antwort. Gehen Sie zurück zur Wertkette Ihres Unternehmens, und konzentrieren Sie sich auf die Glieder, auf die sich Ihr Wettbewerbsvorteil stützt. Dabei werden Sie etwas bemerken, was man auch als Hauptkompetenz bezeichnet. Die *Hauptkompetenz* ist die spezielle Fähigkeit Ihres

Unternehmens, mit der es den Wettbewerbsvorteil auf einem Markt erringt. In fast allen Fällen findet man dieses Merkmal nur bei dem jeweiligen Unternehmen. Es ist sozusagen die DNS des Unternehmens. Im Gegensatz zum genetischen Code kann man jedoch auf die Hauptkompetenz aufbauen oder sie wieder verlieren – je nachdem, wie sorgfältig man mit den Märkten und mit seinem Geschäft umgeht.

Im Abschnitt »Nach dem Wettbewerbsvorteil suchen« weiter oben in diesem Kapitel haben wir zwei wohl jedem bekannte Unternehmen vorgestellt. Können Sie die Hauptkompetenz erkennen, die hinter dem Wettbewerbsvorteil von Microsoft beziehungsweise von Hertz steht?

Die Hauptkompetenz von Microsoft:

- ✔ **Führungskräfte mit Vision**: Die Führungskräfte haben eine breite Vision der Unternehmenszukunft, mit der das Unternehmen die Software-Standards von heute schmieden und die von morgen formen kann.
- ✔ **Erstklassiges Entwicklungsteam**: Das Unternehmen ist bestrebt, ein erstklassiges Team von Entwicklern und Programmierern zu unterstützen, dessen Aufgabe es ist, eine auf dem neuesten Stand der Technik beruhende Produktlinie zu schaffen und zu erhalten.
- ✔ **Management der Komplexität**: Microsoft managt eine komplexe, miteinander verbundene Menge an Software-Produkten, die alle zusammenpassen und zusammenarbeiten müssen.
- ✔ **Fähigkeit zur schnellen Richtungsänderung**: Das Unternehmen hat die Fähigkeit, Ressourcen und Energien umzuleiten, wenn der sich schnell verändernde Markt eine andere Richtung einschlägt und sich die Spielregeln plötzlich ändern.

Die Hauptkompetenz von Hertz:

- ✔ **Informationssysteme**: Mit einer ausgeklügelten Computer-Datenbank kann das Unternehmen Kundenprofile erstellen und hat so eine Basis, um dem sich ständig ändernden Bedarf an Mietautos weltweit entgegenzutreten.
- ✔ **Logistik**: Das Unternehmen hat die Fähigkeit, eine riesige Flotte von Fahrzeugen in allen Größen und Formen weltweit zu verwalten, zu verteilen, einzurichten und wieder neu anzuordnen.
- ✔ **Größe**: Das Unternehmen nutzt seine bloße Größe und sein Geschäftsvolumen, um bei Neukäufen oder bei Versicherungsvereinbarungen günstige Bedingungen auszuhandeln.
- ✔ **Beziehungen und Verbindungen**: Hertz hat die Ressourcen, um eng mit den Reisebüros und der Reisebranche zusammenzuarbeiten und schafft neue Geschäftsmöglichkeiten, indem es die Vermietoptionen erweitert.

Manchmal kann die Hauptkompetenz eines Unternehmens den Weg zu neuen Marktmöglichkeiten weisen. Honda zum Beispiel nutzte seine Hauptkompetenz beim Entwickeln von Motoren, um seine Märkte zu erweitern. Das Unternehmen baute Motoren für Rasenmäher, Schneekanonen, Pistenraupen und Geländefahrzeuge, um nur einige seiner Aktivitäten im Motorbereich zu nennen. Honda profitiert in jedem dieser Märkte von einem gemeinsamen Wettbewerbsvorteil. Sehen Sie sich also nochmals die Hauptkompetenz Ihres Unternehmens an, und prüfen Sie, ob sich aufgrund der Dinge, die Sie bereits sehr gut können, nicht neue Geschäftsrichtungen entwickeln lassen.

Einen Vorteil erhalten

Jedes Unternehmen, das von einem Monat zum nächsten im Geschäft bleibt, hat irgendeinen Wettbewerbsvorteil und eine Hauptkompetenz. Andernfalls würde es nicht überleben. Aber die große Frage ist, wie man diesen Vorteil über Jahre und sogar Jahrzehnte hinweg erneuert und aufrechterhält. Die Kunden und deren Bedürfnisse ändern sich, die Konkurrenz wird härter und neue Branchen entwickeln sich, so daß es keine Garantie gibt, daß der Wettbewerbsvorteil und die zugrundeliegende Hauptkompetenz erhalten bleiben. Man mietet sie, aber besitzt sie nicht. Aber am besten geht man bei beiden einen langfristigen Mietvertrag ein.

Stetiger Wettbewerbsvorteil bezeichnet die Fähigkeit eines Unternehmens, seinen Wettbewerbsvorteil auch angesichts einer sich ständig ändernden Geschäftsumgebung und eines sich ändernden Marktes immer wieder zu erneuern. Aber wenn Sie einen Wettbewerbsvorteil über lange Zeit aufrechterhalten wollen, brauchen Sie eine langfristige Strategie. In Kapitel 7 haben wir über drei Basisstrategien gesprochen, mit denen Sie eine Vorstellung bekommen haben, was Ihre Konkurrenten im Schild führen könnten. In Kapitel 13 wollen wir uns genauer mit Ihren eigenen Strategiemöglichkeiten beschäftigen.

Denken Sie über die Dinge nach, die Ihr Unternehmen langfristig tun kann, damit Ihre Hauptkompetenz erhalten bleibt. Wie können Sie den Wettbewerbsvorteil, den Ihr Unternehmen bereits hat, beibehalten? Nehmen Sie ein Blatt Papier, und beantworten Sie folgende Schlüsselfragen:

- ✔ Woher kommen in Ihrem Geschäft mit hoher Wahrscheinlichkeit Änderungen?
- ✔ Wie werden diese Änderungen den Wettbewerbsvorteil Ihres Unternehmens wahrscheinlich beeinflussen?

Konzentrieren Sie sich auf die Hauptkräfte, die Änderungen in Ihrer Branche antreiben:

- ✔ Ihre Kunden und deren sich ändernde Wünsche und Bedürfnisse
- ✔ Ihre Konkurrenten und deren sich ändernde Fähigkeiten, Strategien und Ziele
- ✔ Ihr Unternehmen, seine Wertkette und seine sich verlagernden Stärken und Schwächen

Achten Sie darauf, daß Sie bei der Erstellung des Businessplans diese Kräfte berücksichtigen, so daß sie die Hauptkompetenz, für die Sie so hart gearbeitet haben, nicht bedrohen.

- ✔ Ihre Hauptkompetenz (also das, was Sie auszeichnet) basiert auf den stärksten Gliedern in Ihrer Wertkette.
- ✔ Der Wettbewerbsvorteil in einem Markt ist das direkte Ergebnis der individuellen Hauptkompetenz eines Unternehmens.
- ✔ An der Spitze der Konkurrenz zu bleiben, bedeutet, den Wettbewerbsvorteil zu erhalten, wofür eine langfristige Strategie erforderlich ist.

Ressourcen zuordnen

Die Wertkette zeichnet ein Portrait Ihres Unternehmens, wie es Ihre Kunden sehen. Die Glieder der Kette zeigen den Wert, den die Kunden einzelnen Aspekten Ihrer Produkte oder Dienstleistungen geben. Die stärksten Glieder bilden den Wettbewerbsvorteil auf dem Markt und definieren die Hauptkompetenz. Weil die Wertkette so gut geeignet ist, die Bedeutung der Dinge, die Ihr Unternehmen tut, einzuschätzen, kommt sie auch recht, wenn Sie die zu verwendenden Ressourcen einplanen.

Waren Sie schon mal bei einem Pferderennen? Wenn ja, wissen Sie, daß dort ein Stammpublikum an den Boxen und Zäunen herumhängt. Diese Leute betreiben das Pferderennen ernsthaft. Sie verbringen Zeit damit, Rennaufstellungen und Zeitungen zu studieren, kreisen dies ein, prüfen das. Sie laufen hin und her, gelegentlich verschwinden sie für eine Weile, um dies oder jenes zu tun. Was haben sie vor?

Nun, natürlich setzen sie ihre Wetten. Aber ganz sicher verlassen sie sich, um zu ihrem Glück zu kommen, nicht nur auf Lady Luck. Sie nutzen statt dessen alle zur Verfügung stehenden Informationen – die Bedingungen auf der Rennstrecke, die Gesundheit des Pferds, die Statistik des Jockeys und die Wett-Tips, die die Runde machen – und setzen ihr Geld dann nur auf die Pferde, die höchstwahrscheinlich die besten Ergebnisse und die größten Gewinne erzielen werden.

Das Wetten ist für diese Experten ein ernsthaftes Geschäft. Vielleicht kann man von diesen Wettern etwas darüber lernen, wie man seine Güter des Umlaufvermögens am geschicktesten aufteilt. Ist es vernünftig, die beschränkten Ressourcen gleichmäßig auf alle Bereiche des Unternehmens zu verteilen? Wahrscheinlich nicht. Jedesmal, wenn Sie Zeit und Geld für eine bestimmte Geschäftsaktivität aufwenden, gehen Sie eine Wette ein. Sie wetten, daß die eingesetzten Ressourcen zu Ihrem Geschäft beitragen werden, daß sie den Wert dessen, was Sie tun, steigern und letztendlich zu Einnahmen und Gewinnen führen werden.

In Kapitel 10 und 11 werden wir über die Zahlen sprechen (Jahresabschlüsse, betriebswirtschaftliche Kennzahlen, Budgets), aus denen Sie ersehen können, wo das Geld ausgegeben wurde, und ob Sie dabei gewinnen. Ihre ganzen Finanzzahlen sagen also sehr viel darüber aus, wie Sie Ihr Geld verwalten, welche Wetten Sie setzen, und wie gut Sie dabei sind. Aber sie sagen Ihnen nicht, *was* Sie tun sollen. Wie erfährt man also, auf was man sein Wettgeld setzen soll?

Sie haben es bereits geahnt: Man geht zurück zur Wertkette. Denken Sie an diese einfache Möglichkeit, und nehmen Sie die Ressourcenverteilung aufgrund Ihrer eigenen Wertkette vor.

1. **Sehen Sie sich an, wo Ihr Unternehmen derzeit Geld ausgibt.**

   Machen Sie eine grobe Schätzung, wie die jährlichen Ausgaben zwischen den einzelnen Geschäftsbereichen aufgeteilt werden (von F&E bis Lieferung und Kundendienst), und tragen Sie die Zahlen in das Raster Ihrer Wertkette ein. Verwenden Sie der Einfachheit halber Prozentzahlen, und prüfen Sie, ob alle Zahlen zusammen 100 Prozent ergeben.

2. **Sehen Sie sich an, wo Sie nach Ansicht der Kunden Wert bieten.**

   Nehmen Sie den Gesamtwert, den Sie nach Ansicht der Kunden bieten, und teilen Sie ihn zwischen den einzelnen Geschäftsaktivitäten auf. Wenn die Kunden zum Beispiel 100 DM für Ihren Krimskrams bezahlen, wieviel davon würden sie für Funktionen bezahlen, wieviel für den Kundendienst und wieviel für Bequemlichkeit. Verwenden Sie auch hier Prozentzahlen, und tragen Sie die Zahlen in das Wertkettenraster ein. Alle Zahlen zusammen müssen wieder 100 Prozent ergeben.

3. **Markieren Sie die Felder im Wertkettenraster, die Ihre Hauptkompetenz repräsentieren und Ihren Wettbewerbsvorteil auf dem Markt begründen.**

4. **Analysieren Sie das fertige Raster.**

   Wenn die Prozentzahlen vor allem in den markierten Feldern auftauchen, haben Sie eine gute Position. Aber wenn Sie feststellen, daß Sie Ihr Geld nicht für Ihre Hauptkompetenz ausgeben und nicht dafür, was nach Ansicht Ihrer Kunden Ihre Produkte am wertvollsten macht, ist es höchste Zeit, neu zu bewerten, wo die Ressourcen Ihres Unternehmens hinfließen.

Die Wertkette ist für die Zuordnung von Ressourcen zu Ihren Geschäftsaktivitäten von unschätzbarem Wert. Mit einem klaren Verständnis dafür, wo Ihre Hauptkompetenz und Ihr Wettbewerbsvorteil liegen, können Sie bei der Aufteilung Ihrer spärlichen Ressourcen informierte Entscheidungen treffen.

- ✔ Die Wertkette ist auch gut geeignet, wenn es darum geht, die Ressourcenzuordnung in Ihrem Unternehmen zu planen.
- ✔ Die Wertkette weist Sie darauf hin, wenn Sie in den Bereichen, in denen Sie den Kunden den größten Wert bieten, zu geringe Ausgaben haben, in anderen Bereichen dagegen unverhältnismäßig hohe Ausgaben.

Die Finanzlage ermitteln

10

In diesem Kapitel

- Eine Gewinn- und Verlustrechnung lesen
- Eine Bilanz interpretieren
- Den Kapitalfluß prüfen
- Finanzwirtschaftliche Kennzahlen auswerten

Ich habe die Erfahrung gemacht, daß 3 Prozent von etwas besser sind als 100 Prozent von nichts.

Art Linkletter

Zahlen wecken die unterschiedlichsten Gefühle. Manche Menschen lieben sie, andere finden sie langweilig und manche beginnen sogar zu zittern, haben Schweißausbrüche oder andere körperliche Symptome von Streß, wenn sie mit Zahlen zu tun haben. Unabhängig davon, ob sie Zahlen hassen oder lieben, stimmen die meisten Menschen zu, daß man mit Zahlen Dinge wie Fußballergebnisse, den Cholesterinspiegel, die Börse und das neueste Unternehmensprojekt verfolgen kann. Mit Zahlen kann man wesentlich mehr tun, als sie am Ende des Spiels oder beim Abschluß des DAX zusammenzuzählen. Wenn sie auf die richtige Weise zusammengefügt werden, können Zahlen ein detailliertes Bild abgeben und ganze Bände von der Laufbahn eines Fußballspielers bis zu dem wirtschaftlichen Zustand einer Nation erzählen.

Sie sind vielleicht bereits mit den numerischen Momentaufnahmen vertraut, die eine Bank benötigt, wenn Sie einen Kredit für den Kauf eines neuen Autos, eines größeren Hauses oder einer Ferienwohnung benötigen. Diese Momentaufnahmen beinhalten immer einen Gehaltsnachweis und/oder eine Art Bilanz. Der Gehaltsnachweis sagt der Bank, woher Sie Ihr Geld erhalten, und in der Bilanz werden sämtliche Dinge, die Sie besitzen, Ihren bereits bestehenden Krediten, Hypotheken, Krediten auf Kreditkartenkonten und sogar Schuldscheinen gegenübergestellt.

Durch solche Finanzierungsaufstellungen erfährt die Bank eine Menge über Sie, und das steigert sich sogar noch, wenn die Bank mit Ihren Zahlen ein paar Kennziffern berechnet. Die Bank summiert alle Ihre Ratenzahlungen für Kredite und teilt die Gesamtsumme zum Beispiel durch Ihr monatliches Einkommen. Das Resultat wird dann mit dem Durchschnitt anderer Kreditnehmer verglichen. Das Ergebnis gibt der Bank ein relativ gutes Maß für die Einschätzung Ihrer Möglichkeiten, den Kredit zurückzubezahlen. Die Finanzierungsaufstellungen und die von der Bank errechneten finanzwirtschaftlichen Kennzahlen erzeugen ein Portrait Ihrer Finanzlage und bieten der Bank Aufschluß über Ihre Verhältnisse. Und je besser die Bank Sie kennt, desto zuverlässiger sind die resultierenden Entscheidungen.

In diesem Kapitel lernen Sie die grundlegenden Finanzübersichten kennen, die in der Finanzplanung eines Unternehmens eingesetzt werden. Sie entsprechen denen, die Sie auch im privaten Bereich nutzen. Als erstes zeigen wir Ihnen, wie Sie Gewinn- und Verlustrechnungen und Bilanzen lesen und aus dem resultierenden Jahresabschluß das Jahresergebnis, d.h. den Gewinn bzw. Verlust des Geschäftsjahres ermitteln. Als nächstes erklären wir Ihnen die Kapitalflußrechnung. Zum Schluß erkunden wir einige Kennzahlen, die Sie einsetzen können, um den Erfolg Ihres Unternehmens zu bewerten.

Eine Gewinn- und Verlustrechnung lesen

Eine Gewinn- und Verlustrechnung (GuV) präsentiert das Jahresergebnis. Es werden alle Betriebseinnahmen addiert, die Sie beim Verkauf von Waren oder Dienstleistungen machen, dann werden die gesamten Betriebsausgaben Ihres Unternehmens subtrahiert. Die GuV zeigt den *Gewinn* – d.h., die Summe, die das Unternehmen in einem bestimmten Zeitraum als Überschuß oder Fehlbetrag erwirtschaftet hat. Als Funktion ausgedrückt berechnet sich der Gewinn folgendermaßen:

Gewinn = Betriebseinnahmen – Betriebsausgaben

Wichtig ist die Tatsache, daß die Gewinn- und Verlustrechnung eine einfache Idee beinhaltet. Egal, wie Ihre Buchhalter dies nennen – Erfolgsrechnung, Verdienstübersicht oder Gewinn- und Verlustrechnung – oder wie kompliziert das Rechnungswesen sie aussehen läßt, die Grundlage ist immer das Prinzip, die Betriebsausgaben von den Betriebseinnahmen zu subtrahieren, um den Gewinn zu ermitteln.

Gewinn- und Verlustrechnungen können nach dem Gesamtkosten- oder nach dem Umsatzkostenverfahren erstellt werden. Das Ergebnis ist bei beiden Verfahren gleich. Sie unterscheiden sich jedoch in der Höhe der insgesamt ausgewiesenen Erträge bzw. Aufwendungen. Das Gesamtkostenverfahren eignet sich eher für »produktionsorientierte« Betrachtungsweisen, während das Umsatzkostenverfahren »absatzorientiert« ist.

Betrachten Sie die verschiedenen Teile der Gewinn- und Verlustrechnung für das Unternehmen Global Krimskrams (siehe Abbildung 10.1) nach dem Umsatzkostenverfahren. Beachten Sie, daß die Gewinn- und Verlustrechnung für Global Krimskrams einen Zweijahresvergleich beinhaltet, um aufzuzeigen, wie sich die Betriebseinnahmen, -ausgaben und Gewinne im Laufe der Zeit verändert haben. Global Krimskrams ist ein kleines Unternehmen. Wenn Sie daraus ein großes Unternehmen machen möchten, brauchen Sie nur an jede Zahl drei Nullen anzuhängen. Die Gewinn- und Verlustrechnung funktioniert jedoch gleich.

Gewinn- und Verlustrechnung

Global Krimskrams 

	Gewinn- und Verlustrechnung vom 1.1. bis zum 31.12.		
		Geschäftsjahr DM	**Vorjahr DM**
1	**Umsatzerlöse**	810.000	750.000
2	Herstellungskosten der zur Erzielung der Umsatzerlöse erbrachten Leistungen	- 560.000	- 520.000
	Bruttogewinn vom Umsatz	250.000	230.000
3	Vertriebskosten	- 100.000	- 100.000
	Allgemeine Verwaltungskosten	- 70.000	- 65.000
	Betriebsgewinn	80.000	65.000
4	Erträge aus Beteiligungen	+ 1.000	+ 1.000
	Sonst. Zins u.ä. Erträge	+ 2.000	+ 1.000
	Zinsen u.ä. Aufwendungen	- 13.000	- 14.000
	Gewinn vor Steuern	70.000	53.000
5	Steuern	- 20.000	- 18.000
	Jahresüberschuß (Nettogewinn)	**50.000**	**35.000**

Abbildung 10.1: Eine Gewinn- und Verlustrechnung beginnt mit den Umsatzerlösen, von denen die Ausgaben für die verschiedenen Geschäftsaktivitäten subtrahiert werden, um die verschiedenen Gewinnarten zu ermitteln.

Betriebseinnahmen

Betriebseinnahmen beziehen sich auf das gesamte Geld, das ein Unternehmen als Ergebnis seiner Geschäftstätigkeit erhält. Die wichtigste Einnahmequelle (normalerweise der Verkauf von Waren oder Dienstleistungen) erscheint immer an erster Stelle – bei Global Krimskrams sind dies die Umsatzerlöse für den Verkauf von Waren. Die Einnahmen aus anderen Quellen als dem Verkauf von Waren oder Dienstleistungen, wie zum Beispiel sonstige Erträge und Erträge aus Beteiligungen und Zinseinkünfte, werden normalerweise weiter unten aufgeführt.

Umsatzerlöse

1 Umsatzerlöse basieren normalerweise auf der Stückzahl der verkauften Güter in einer bestimmten Zeitdauer multipliziert mit dem Verkaufspreis. Global Krimskrams verkaufte 32.400 Produkte zu einem Stückpreis von DM 25. Das ergibt einen Bruttoumsatz von DM 810.000. Es gibt natürlich auch wesentlich komplexere Abläufe. Ihr Unternehmen kann zum Beispiel verschiedene Produkte oder Arten von Dienstleistungen anbieten, oder die Preise können sich im

Lauf der Zeit verändern. Möglicherweise müssen Sie auch Retouren zulassen. Alle diese Überlegungen tragen zur Berechnung der Umsatzerlöse aus dem Verkauf von Gütern bei.

Erträge aus Beteiligungen und Zinserträge

Erträge aus Beteiligungen und Zinserträge sind Erträge, die unabhängig vom Vertrieb erwirtschaftet werden – wie zum Beispiel Einkommen aus Sparkonten und anderen Sicherheiten, Dividenden. Weil Sie sowieso Betriebskapital für Ihr Unternehmen benötigen, wünschen Sie vielleicht, daß sich dieses Geld vermehrt, während es herumliegt. Sie sollten diese Einnahmen aus Kapitalanlagen von Ihren anderen Einnahmen trennen, damit Sie immer wissen, wie hoch die Einnahmen sind, die das Unternehmen selbst erwirtschaftet. In Ihrer Gewinn- und Verlustrechnung werden die Einnahmen aus Dividenden und Zinsen deshalb getrennt aufgeführt.

Ausgaben

Unglücklicherweise müssen Sie Geld ausgeben, um welches einzunehmen. Die Ausgaben, um Ihr Unternehmen zu betreiben, werden normalerweise in allgemeine Kategorien unterteilt, die die verschiedenen Aktivitäten Ihres Unternehmens und die dabei auftretenden Arten von Ausgaben widerspiegeln. Dazu gehören der Materialaufwand für die verkauften Güter, der Personalaufwand, sonstige betriebliche Aufwendungen, Zinsen und ähnliche Aufwendungen und – nicht zu vergessen – die Steuern. Jedes Element erfordert einen eigenen Eintrag in der Gewinn- und Verlustrechnung.

Herstellungskosten der zur Erzielung der Umsatzerlöse erbrachten Leistungen

Die *Herstellungskosten der zur Erzielung der Umsatzerlöse erbrachten Leistungen* beinhalten alle direkten Kosten für Ihre Produkte oder Dienstleistungen. Roh-, Hilfs- und Betriebsstoffe und die Arbeit, die beim Zusammenbau bzw. der Herstellung der Produkte aufgewendet werden muß, sind alle Bestandteile der Herstellungskosten. Das gleiche gilt auch für Elektrizität, Wasser und Gas, das bei der Produktion eingesetzt wurde und die Kosten, um die Produktionsstätte zu unterhalten. Wenn Sie zum Beispiel einen Hundeausführdienst für Tierbesitzer anbieten, die in Urlaub fahren, gehen die Kosten für diesen Dienst – die Leinen und das Hundefutter – in die Summe der Herstellungskosten ein.

Es ist häufig eine Frage der Bewertung, was Bestandteil der Herstellungskosten ist und was nicht. Achten Sie jedoch darauf, konsistent zu sein.

Vertriebs- und allgemeine Verwaltungskosten

3 *Vertriebs- und allgemeine Verwaltungskosten* beinhalten alle Kosten, die mit der Unterstützung Ihres Produkts oder der Dienstleistung zusammenhängen, die Ihr Unternehmen anbietet. Wenn Ihr Unternehmen nur aus Ihnen selbst, einem Telefon und einem kleinen gemieteten Büro im Hinterhof besteht, sind die Kosten nicht so hoch. Bei größeren Unternehmen jedoch scheinen diese Kosten kein Ende zu nehmen. Diese Kostenart beinhaltet die Gehälter, die mit dem Außendienst zusammenhängenden Kosten und die Kosten für die Empfangsdame, die Sekretärin und den Boß. Außerdem gehören die Kosten für Anzeigen und Verkaufsförderung, Reisen, Telefon, Bürobedarf, Zeitschriftenabonnements und sonstige Ausgaben dazu.

Die Ausgaben für den Vertrieb und die allgemeinen Verwaltungskosten werden separat aufgeführt, weil sie nicht direkt mit den Einnahmen verbunden sind und leicht außer Kontrolle geraten können. Haben Sie ein Auge auf diesen Eintrag.

Zinsen und ähnliche Aufwendungen

4 *Zinsen und ähnliche Aufwendungen* beinhalten das gesamte Geld, das Sie an diejenigen bezahlen, die Ihnen Betriebskapital für Ihr Unternehmen geliehen haben. Sie sollten diese Kosten nicht übersehen. Möglicherweise haben Sie Vereinbarungen mit Banken oder anderen Investoren getroffen und müssen Zinsen nach einem fest vereinbarten Plan zurückbezahlen. Zinsen werden in der GuV isoliert, weil sie definitiv Jahr für Jahr bezahlt werden müssen.

Steuern

5 Selbst Albert Einstein schaffte es nicht, seine eigenen Steuern zu berechnen. Aber Steuern sind ein Bestandteil des Lebens und stellen eine weitere Kostenquelle dar. Sie können die Steuern jedoch gering halten, wenn Sie sorgfältig Buch über die Unternehmensausgaben führen.

Gewinn

Der Gewinn ist der heilige Gral. Wenn Sie Ihr Unternehmen richtig betreiben, sind die Ausgaben geringer als die Einnahmen. Ihr Gewinn stellt natürlich die Differenz dar. Aber es ist nützlich, über verschiedene Arten von Gewinnen auf unterschiedlichen Stufen zu sprechen. Sie können Buch über den Bruttogewinn, den Geschäftsgewinn, den Gewinn vor Steuern sowie den Reingewinn bzw. Jahresüberschuß führen. Ein Vergleich der Gewinne der verschiedenen Ebenen bietet Ihnen ein klareres Bild davon, in welchen Bereichen Ihr Unternehmen am effizientesten ist und was man noch besser machen könnte.

Bruttogewinn vom Umsatz

2 Der *Bruttogewinn vom Umsatz* gibt an, wieviel Geld Ihr Unternehmen noch hat, nachdem alle direkten Kosten zur Herstellung Ihres Produkts vom Umsatzerlös, der durch den Vertrieb erzielt wurde, abgezogen wurden. Indirekte Kosten, die beim Betrieb Ihres Unternehmens anfielen, und andere Einnahmequellen als der Vertrieb wurden nicht berücksichtigt.

Betriebsgewinn

3 Beim *Betriebsgewinn* werden Vertriebs- und allgemeine Verwaltungskosten berücksichtigt. Der Betriebsgewinn spiegelt also den Gewinn wider, den Sie mit all Ihren Geschäftsaktivitäten erwirtschaften.

Gewinn vor Steuern

4 Der *Gewinn vor Steuern* bezieht alles weitere mit ein, wie zum Beispiel finanzielle Transaktionen. Ihre Einnahmen aus anderen Quellen wie Dividenden und Zinsen sind hier enthalten und auch Ihre Zinszahlungen an Gläubiger.

Jahresüberschuß

5 Der *Jahresüberschuß* oder *Reingewinn* steht in der letzten Zeile, nachdem die Steuerzahlungen des Unternehmens abgezogen wurden. Global Krimskrams hat also in der letzten Geschäftsperiode wirklich Gewinne gemacht (super!).

- ✔ Eine Gewinn- und Verlustrechnung beginnt mit Ihren Einnahmen, von denen alle Ihre Kosten subtrahiert werden. Das Ergebnis ist der Jahresüberschuß (Reingewinn für ein Jahr).
- ✔ Die Einnahmen beinhalten alles, was Sie beim Vertrieb von Gütern einnehmen, und die Einnahmen aus Dividenden und Zinsen.
- ✔ Ihre Ausgaben beinhalten die Kosten aller verkauften Güter, die Vertriebskosten, allgemeinen Verwaltungskosten, Zinsausgaben und Steuern.
- ✔ Durch die Berechnung des Gewinns auf den unterschiedlichen Ebenen – Bruttogewinn, Betriebsgewinn und Gewinn vor Steuern – können Sie genau sehen, woher Ihr Geld kommt und wohin es geht.

Eine Bilanz interpretieren

Während eine Gewinn- und Verlustrechnung das Finanzergebnis Ihrer Unternehmensaktivitäten in einem bestimmten Zeitraum wiedergibt, ist eine *Bilanz* mehr wie ein Momentaufnahme Ihrer finanziellen Bedingungen zu einem bestimmten Stichtag. Die *Gewinn- und Verlustrechnung* (GuV) führt Ihre Einnahmen, Ausgaben und den Gewinn auf, den Sie machen. Die Bilanz dagegen widmet sich dem, was Ihr Unternehmen besitzt, was es anderen schuldet und was es in einem bestimmten Augenblick wert ist. Im Idealfall erfahren Sie aus der Bilanz, wieviel Geld Ihnen noch bleibt, wenn Sie alles verkauft und Ihre gesamten Schulden bezahlt haben.

Personen, die sich auf Buchprüfungen freuen und von Standards im Rechnungswesen träumen, bezeichnen die Besitztümer Ihres Unternehmens als *Aktiva*. All das, was Sie anderen schulden, nennt man *Passiva*. Die Differenz zwischen diesen beiden Größen stellt das *Reinvermögen* dar. Dieses entspricht dem auf der Passivseite ausgewiesenen Eigenkapital. Denken Sie bei Reinvermögen immer an die folgende Gleichung:

Reinvermögen = Aktiva – Passiva

Sie müssen zugeben, daß die Gleichung sehr einfach ist. Unglücklicherweise haben unsere Buchhalterfreunde sich eine andere, kompliziertere Betrachtungsweise ausgedacht:

Aktiva = Passiva + Reinvermögen

Auf dieser Gleichung basiert die Bilanz.

Eine Bilanz besteht immer aus zwei Teilen. Die linke Hälfte befaßt sich mit den Aktiva eines Unternehmens und die rechte führt die Passiva und das Eigenkapital auf. Wegen der zweiten Gleichung sind die beiden Hälften immer ausgeglichen und müssen die gleiche Summe ausweisen. Obwohl die beiden Summen immer übereinstimmen, sagen die einzelnen Einträge sehr viel über die Gesundheit des Unternehmens aus.

Genau wie die Gewinn- und Verlustrechnung normalerweise ein volles Jahr umfaßt, ist auch die Bilanz häufig auf den letzten Tag des Jahres ausgelegt. Abbildung 10.2 zeigt die Bilanz des Unternehmens Global Krimskrams. In der Bilanz sind die Zahlen für zwei Jahre ausgewiesen, damit der Leser einen Vergleich zwischen den beiden Jahren ziehen kann.

Aktiva

Die *Aktiva* Ihres Unternehmens umfassen absolut alles in Ihrem Besitz befindliche mit einem Geldwert. Wenn Sie Ihre Bilanz unter der Perspektive der Aktiva betrachten, sind Sie nur daran interessiert, wieviel jeder Aktivposten wert ist und wie schnell man ihn verkaufen kann. Aktiva werden entsprechend ihrer Liquidität in zwei Kategorien unterteilt: Es wird beurteilt, wie schnell und leicht sie sich in harte, kalte Währung umwandeln lassen. Das *Umlaufvermögen* umfaßt alle Dinge, über die Sie innerhalb einer kürzeren Zeitspanne (zum Beispiel ein Jahr) verfügen können, wenn Sie müßten. *Anlagevermögen* ist häufig wesentlich schwieriger umzuwandeln. *Immaterielles Anlagevermögen* läßt sich möglicherweise niemals zu Geld machen.

Bilanz

Global Krimskrams

Aktiva — Bilanz zum 31.12.

	Aktiva	Buchwert 1.1. DM	Zugänge	Abgänge	Abschreibungen	Buchwert 31.12. DM (Geschäftsjahr DM)	Vorjahr DM
	A. Anlagevermögen						
3	I. Immaterielle Vermögensgegenstände	5.000				5.000	5.000
	II. Sachanlagen	415.000			- 125.000	290.000	280.000
2	III. Finanzanlagen						
	Summe Anlagevermögen					295.000	285.000
	B. Umlaufvermögen						
	I. Vorräte					115.000	120.000
	II. Forderungen und sonstige Vermögensgegenstände					135.000	150.000
1	III. Wertpapiere					35.000	20.000
	IV. Schecks, Kassenbestand, Bundesbank- und Postgiroguthaben, Guthaben bei Kreditinstituten					30.000	15.000
	Summe Umlaufvermögen					315.000	305.000
	C. Rechnungsabgrenzungsposten					5.000	5.000
	Bilanzverlust					615.000	595.000

Passiva

Passiva	Geschäftsjahr DM	Vorjahr DM	
A. Eigenkapital			
I. Gezeichnetes Kapital	155.000	150.000	4
II. Gewinnrücklagen	230.000	185.000	
Summe Eigenkapital	385.000	335.000	
B. Rückstellungen			
C. Verbindlichkeiten			
Kurzfristige Verbindlichkeiten	60.000	70.000	6
Langfristige Verbindlichkeiten	90.000	100.000	5
Summe Verbindlichkeiten	150.000	170.000	
D. Rechnungsabgrenzungsposten	80.000	90.000	
	615.000	595.000	

Abbildung 10.2: Die Bilanz ermittelt, was das Unternehmen besitzt, anderen schuldet und wieviel es an einem bestimmten Stichtag wert ist.

Umlaufvermögen

1 Das *Umlaufvermögen* repräsentiert die bereits verfügbaren Reserven Ihres Unternehmens. Mit diesen finanzieren Sie das Tagesgeschäft und greifen darauf in finanziellen Notlagen zu. Zum Umlaufvermögen gehören:

- **Kassenbestand:** Es gibt nichts Liquideres als Zahlungsmittel. Es handelt sich bei diesem Punkt genau um das, was Sie erwarten: Geldscheine, Münzen, das Geld in der Portokasse, Schecks und die Ersparnisse auf der Bank.
- **Effektenportefeuille:** Kapitalanlagen sind normalerweise auch liquide Aktivposten. Ihr Effektenportefeuille kann Sparkonten, Staatsanleihen mit einer kurzen Laufzeit und andere Sicherheiten enthalten, in die Sie investieren, um mit Ihrem Geld etwas zu arbeiten, solange Sie es nicht benötigen.
- **Buchforderungen:** Buchforderungen (*Außenstände*) sind Gelder, die Kunden Ihnen für Waren und Dienstleistungen schulden, die Sie bereits geliefert haben. Sie können Ihren Kunden zum Beispiel Zahlungsziele von 30, 60 oder 90 Tagen anbieten. Diesen Aktivposten sollten Sie überwachen. Möglicherweise müssen Sie den Posten um einen bestimmten Prozentsatz reduzieren, wenn Kunden zahlungsunfähig sind und Sie Ihr Geld nicht erhalten.

- **Warenbestand:** Es kann sehr schwierig sein, den Geldwert Ihres Lagerbestands zu berechnen, aber er sollte die Kosten der Roh-, Hilfs- und Betriebsstoffe, den Wert der halbfertigen Produkte und der gebrauchsfertigen Güter widerspiegeln.

Rechnungsabgrenzungsposten

7 ▷ Wenn Sie irgendwelche Vorauszahlungen auf Güter oder Dienstleistungen leisten, sollten Sie diese als laufende Aktivposten behandeln. Diese Ausgaben können zum Beispiel bereits geleistete Prämienvorauszahlungen oder noch nicht ausgenutzte Kontingente von Dienstleistungen im Bereich Buchprüfung oder Werbung sein.

Anlagevermögen

2 ▷ Anlagevermögen ist fest gebunden und kann nicht einfach in Zahlungsmittel umgewandelt werden. Es handelt sich normalerweise um größere Anschaffungen, die eine Menge kosten und deren Investition auf mehrere Jahre angelegt ist, wie zum Beispiel Gebäude, Lastwägen, Maschinen und Computer.

In der Bilanz basiert der Wert des Anlagevermögens auf seinen ursprünglichen Kosten abzüglich seiner akkumulierten Wertminderung über einen bestimmten Zeitraum. Die Zahlen müssen nicht unbedingt den wirklichen Markt- oder den aktuellen Wiederbeschaffungswert widerspiegeln. Zum Anlagevermögen gehören:

- **Grundbesitz:** Der Grundbesitz Ihres Unternehmens wird in der Bilanz separat ausgewiesen, weil er keinen Wertverlust erleidet. Sein Buchwert bleibt von Jahr zu Jahr gleich.
- **Gebäude, Maschinen und Ausrüstungsgegenstände:** Dieser Aktivposten repräsentiert die ursprünglichen Kosten aller größeren Anschaffungen, in die Sie investiert haben, um Ihr Geschäft zu betreiben. Der Eintrag sollte alles beinhalten, das Sie gekauft haben, um es länger als ein Jahr zu nutzen.
- **Abschreibungsobjekte:** Bei Abschreibungsobjekten wird der Wertverlust größerer Anschaffungen in sinnvollen Werteinheiten gemessen. Die Originalkosten Ihrer fixen Aktivposten werden über die Jahre um den Abschreibungsbetrag reduziert. Beachten Sie, daß der Wert der Abschreibungsobjekte bei des Unternehmens Global Krimskrams um DM 30.000 angestiegen ist. Da das Anlagevermögen auf dem Papier nun DM 30.000 weniger wert ist, muß die Wertminderung in der GuV berücksichtigt werden.

Immaterielles Anlagevermögen

3 ▷ Auch wenn Sie keinen der Aktivposten aus dieser Kategorie aufpolieren können, immaterielles Anlagevermögen kann sehr wichtig für Ihr Unternehmen sein. Zu diesem gehören Patente für bestimmte Herstellungsverfahren, Langzeitverträge oder exklusive Dienstleistungskonzessionen. Immaterielle Anlagen kön-

nen auch das beinhalten, was man als guten Willen (Goodwill), beinhalten. Obwohl das aus dem Namen nicht hervorgeht, repräsentiert der »Goodwill« das Geld, das Sie für einen Aktivposten über seinen eigentlichen Marktwert hinaus bezahlen, weil es für Ihr Unternehmen mehr wert ist als für alle anderen.

Per definitionem sind immaterielle Anlagen schwer zu beschreiben und in Werte zu fassen. Manche Unternehmen versuchen dies noch nicht einmal. Statt dessen belegen sie alle immateriellen Anlagen mit dem symbolischen Wert von DM 1, um darauf hinzuweisen, daß es keine Möglichkeit gibt, den eigentlichen Wert dieser tatsächlich vorhandenen Anlagen zu messen.

Passiva

Die *Passiva* Ihres Unternehmens umfassen alle Schulden und Zahlungsverpflichtungen, die Sie eingegangen sind. Wie Aktivposten werden auch Passivposten in Kategorien aufgeteilt, und zwar gemäß ihrer Fälligkeit. *Kurzfristige Verbindlichkeiten* müssen innerhalb eines Jahres beglichen werden. *Langfristige Verbindlichkeiten* können sich wesentlich länger in den Büchern halten. Wenn diese Verbindlichkeiten von der Summe der Aktivposten subtrahiert werden, bleibt das *Eigenkapital* übrig. Das Eigenkapital ist ein Maß für den tatsächlichen Wert eines Unternehmens.

Kurzfristige Verbindlichkeiten

[4] *Kurzfristige Verbindlichkeiten* sind Schulden, bei denen sich Ihr Unternehmen auf eine kurze Rückzahlungsfrist festgelegt hat, zum Beispiel innerhalb eines Jahres. Sie müssen folglich in der Lage sein, diese Verbindlichkeiten mit Ihren laufenden Aktivposten zu bestreiten. Was davon übrig bleibt (die Differenz zwischen Ihren laufenden Aktivposten und den laufenden Verbindlichkeiten) ist so wichtig, daß es sogar einen Namen hat: *Betriebskapital*. Es handelt sich um den Geldanteil, mit dem Sie wirklich arbeiten können. Ein Beispiel für kurzfristige Verbindlichkeiten sind die *Warenverbindlichkeiten*.

Warenverbindlichkeiten repräsentieren die Geldsumme, die Sie Ihren Geschäftspartnern für deren Lieferungen und Leistungen schulden. Möglicherweise haben Sie beständig Warenverbindlichkeiten gegenüber Zulieferern und Personen, die Dienstleistungen für Ihr Unternehmen erbringen, und sogar gegenüber Versorgungsunternehmen.

Langfristige Verbindlichkeiten

[5] *Langfristige Verbindlichkeiten* repräsentieren normalerweise größere Mengen an Geld, das Sie über mehrere Jahre zurückbezahlen. Diese Verbindlichkeiten bilden häufig das Herz des Unternehmens. Sie mögen zum Beispiel Obligationen an Investoren ausgegeben haben, oder Sie sind direkt zu Ihrer Bank gegangen und

haben einen Kredit aufgenommen, bei dem Sie mit den Aktivposten Ihres Unternehmens bürgen. Egal, woher Sie das Geld erhalten haben, Sie werden es wahrscheinlich verwenden, um in das langfristige Wachstum Ihres Unternehmens zu investieren, indem Sie neue Maschinen und Geräte oder eine neue Produktionshalle kaufen, neue Produkte entwickeln oder in neue Märkte expandieren.

Eigenkapital

Die Eigentümer eines Unternehmens können verschiedene Formen haben und bei Unternehmen als Eigentümern unterschiedliche Größen haben. Die Verteilung der Investitionen und Anteile kann ungemein komplex werden. Das gilt insbesondere, wenn es sich um Kapitalgesellschaften handelt. Aber lassen Sie sich nicht verwirren. Diese ganze Komplexität läßt sich auf zwei wesentliche Quellen des Eigenkapitals reduzieren: Geld und Ressourcen, die von außen in das Unternehmen fließen, und Gewinne, die die Eigentümer zurückhalten, um sie in das Unternehmen zu reinvestieren. Insgesamt gehören zum Eigenkapital die folgenden fünf Kategorien:

- ✔ Gezeichnetes Kapital
- ✔ Kapitalrücklagen
- ✔ Gewinnrücklagen
- ✔ Gewinnvortrag/Verlustvortrag
- ✔ Jahresüberschuß/Jahresfehlbetrag

Gezeichnetes Kapital: Das Geld, das in Ihr Unternehmen investiert wird, kann verschiedene Formen annehmen. Es kann zum Beispiel direkt als Bargeld von Eigentümern eingebracht werden, die im Unternehmen arbeiten, es kann aber auch aus dem Verkauf von Aktien stammen, bei dem kleine Einheiten des Unternehmens an Investoren veräußert werden. Das gezeichnete Kapital repräsentiert die Summe dieses ganzen Geldes, egal, woher es stammt.

Gewinnrücklagen: Ihr Unternehmen erwirtschaftet jedes Jahr einen Gewinn (zumindest hoffen wir das), und Sie können wählen, was mit dem überschüssigen Geld geschehen soll. Sie können es an die Eigentümer ausschütten (daher stammen die Dividenden) oder einen Teil zurückhalten, um ihn in das Unternehmen zu reinvestieren. Wenn Sie Gewinne in das Unternehmen fließen lassen, kann dieses wachsen. Und wenn Ihr Unternehmen wächst, können Sie dessen Wert und das Eigenkapital erhöhen (zumindest hoffen wir das). Die Gewinnrücklagen repräsentieren den Gewinn, den Sie Jahr für Jahr in das Unternehmen zurückgeben.

Denken Sie an die folgenden Dinge, wenn Sie eine Bilanz interpretieren:

Eine Bilanz ist ein Momentaufnahme Ihrer Finanzlage zu einem bestimmten Zeitpunkt – normalerweise dem 31. Dezember.

- ✔ Ihre Aktiva enthalten alles, das einen Geldwert hat. Das reicht von Zahlungsmitteln und Kapitalanlagen bis zu Gebäuden und Lagerbestand.

- Verbindlichkeiten beinhalten alle Schulden und finanziellen Verpflichtungen, die Sie im Rahmen Ihrer Geschäftstätigkeit auf sich nehmen.
- Subtrahieren Sie die Verbindlichkeiten von den Aktivposten, um das Eigenkapital Ihres Unternehmens zu errechnen.

Rechnungsabgrenzungsposten

An einem bestimmten Stichtag schuldet Ihr Unternehmen den Mitarbeitern Löhne und Gehälter, Bankzinsen für Kredite und Versicherungsprämien – und natürlich dürfen auch die Steuern nicht vergessen werden. Sofern diese Zahlungsverpflichtungen zum Zeitpunkt der Bilanzerstellung noch nicht beglichen wurden, erscheinen sie in dieser als Verbindlichkeiten.

Die Cash-Flow-Analyse

Wenn Sie den Wert Ihres Unternehmens kennen und wissen, wieviel Gewinne jedes Jahr erzielt werden, können Sie sich dann nicht einfach ausruhen und davon ausgehen, daß Ihr Finanzplan ganz in Ordnung ist? Was müssen Sie denn noch wissen?

Es stellt sich heraus, daß Sie einen sehr guten Überblick über eine andere absolut unerläßliche Ressource behalten sollten: die Zahlungsmittel. Egal, wie gut die Lage auf dem Papier aussieht, egal, wie hervorragend Ihre Bilanz ist und wie rosig Ihre Gewinn- und Verlustrechnung wirkt: Sie benötigen trotzdem Zahlungsmittel, um Rechnungen zu bezahlen. Die Tatsache, daß Sie Gewinne machen, bedeutet nicht automatisch, daß Sie Geld auf der Bank haben. Zahlungsmittel können in manchen Situationen wesentlich wichtiger sein als Gewinne, Aktivposten und Verbindlichkeiten zusammen. Das gilt insbesondere im Anfangsstadium eines Unternehmens.

Die Cash-Flow-Analyse (Kapitalflußrechnung) ist laut deutschem Handelsrecht (im Gegensatz zu den USA) bisher nicht erforderlich, wird jedoch von Wirtschaftsprüfern empfohlen.

Die *Cash-Flow-Analyse* überwacht Veränderungen Ihrer Liquiditätslage über einen bestimmten Zeitraum hinweg. Sie gliedert sich in die drei Bereiche Umsatz (Mittelzu-/abfluß aus laufender Geschäftstätigkeit), Investition (Mittelzu-/abfluß aus laufender Investitionstätigkeit) und Finanzierung (Mittelzu-/abfluß aus Finanzierungstätigkeit). Gemessen an der Bedeutung der Liquidität Ihres Unternehmens sollten Sie regelmäßig einmal pro Quartal, Monat oder sogar Woche einen Blick auf die Cash-Flow-Analyse werfen.

Die Kapitalflußrechnung wird unter Einbeziehung der Gewinn- und Verlustrechnung und der Bilanz ausgeführt.

Cash-Flow-Analyse

Global Krimskrams

	Kapitalflußrechnung vom 31. Dezember	Geschäftsjahr (DM)	Nächstes Jahr (DM)
	Laufende Geschäftstätigket		
	+ Umsatzerlöse	+ 825.000	+ 760.000
	+ Zinserträge	+ 2.000	+ 1.000
	+ Erträge aus Beteiligungen	+ 1.000	+ 1.000
	- Aufwendungen für Roh-,	- 555.000	- 515.000
	Hilfs- und Betriebsstoffe	- 100.000	- 100.000
	- Vertriebskosten	- 70.000	- 65.000
	- Allg. Verwaltungskosten	- 13.000	- 14.000
	- Zinsen und akt. Aufwendungen	- 20.000	- 18.000
	- Steuern		
1	**Mittelzufluß aus lauf. Geschäftstätigkeit**	**+ 70.000**	**+ 50.000**
	Investitionstätigkeit		
	- Sachanlagen (Gebäude, Ausrüstung, Maschinen)	- 30.000	- 35.000
2	**Mittelabfluß aus Investitionstätigkeit**	**- 30.000**	**- 35.000**
	Finanzierungstätigkeit		
	+ Einzahlungen aus Kapitalerhöhungen und Zuschüssen der Gesellschafter	+ 5.000	+ 10.000
	- Dividenden	- 5.000	- 5.000
	- Auszahlungen für Tilgungen von Krediten	- 10.000	- 5.000
3	**Mittelabfluß aus Finanzierungstätigkeit**	**- 10.000**	**0.000**
4	**Zunahme des Finanzmittelbestands**	**30.000**	**15.000**
	+ Schecks, Kassenbestand, Bundesbank- und Postgiroguthaben, Guthaben bei Kreditinstituten	+ 15.000	+ 5.000
	+ Wertpapiere	+ 15.000	+ 10.000
5	**Zunahme des Finanzmittelbestands**	**30.000**	**15.000**

Abbildung 10.3: Eine Cash-Flow-Analyse überwacht die Veränderungen der Liquidität eines Unternehmens in einem bestimmten Zeitraum

Das Geld fließt rein und raus

Die obere Hälfte der Kapitalflußrechnung befaßt sich mit dem Mittelzu- und Abfluß und verfolgt, von wem das Unternehmen Kapital erhält und wofür dieses eingesetzt wird. Die Cash-Flow-Analyse ist etwas aufrichtiger als die GuV, weil nur dann ein Mittelzufluß verzeichnet wird, wenn tatsächlich Mittel einbezahlt werden. Ein Mittelabfluß wird ebenfalls nur dann vermerkt, wenn Sie tatsächlich einen Scheck ausstellen.

Mittelzu-/abfluß aus laufender Geschäftstätigkeit

1 Woher stammt das ganze Geld und wohin fließt es? Weil die Cash-Flow-Analyse den tatsächlichen Mitteleingang widerspiegelt – unabhängig von dessen Herkunft –, unterscheiden sich die Einträge leicht von den Umsatzerlösen in der Gewinn- und Verlustrechnung. Die Kapitalanteile setzen sich normalerweise wie folgt zusammen:

Bruttoerträge aus dem Vertrieb. Dieser Eintrag repräsentiert die Gesamtsumme an Geld, das Sie durch den Vertrieb von Waren oder Dienstleistungen im gewählten Zeitraum einnehmen. Bruttoerträge basieren natürlich auf den Umsatzerlösen, es wird jedoch auch berücksichtigt, wann die Zahlung bei Ihnen eingeht. Global Krimskrams zum Beispiel erhielt die gesamten Bruttoerträge in Höhe von DM 810.000 in diesem Jahr. Hinzu kamen Forderungen in Höhe von DM 15.000 aus dem letzten Jahr. Es ergibt sich somit die Gesamtsumme von DM 825.000.

Zinserträge und Erträge aus Beteiligungen. Ihre Einnahmen aus Sparkonten und anderen Sicherheiten werden ebenfalls in der Gewinn- und Verlustrechnung berücksichtigt. Die Summen sollten identisch sein, falls Sie das Geld tatsächlich innerhalb des Zeitraums erhalten, den die Kapitalflußrechnung abdeckt.

Aufwendungen für Roh-, Hilfs- und Betriebsstoffe. Dieser Eintrag repräsentiert die Gesamtkosten, die bei der Produktion der Güter oder Dienstleistungen angefallen sind, und weicht häufig von den Kosten für die Produktion der zur Erzielung der Umsatzerlöse erbrachten Leistungen ab, die in Ihrer Gewinn- und Verlustrechnung aufgeführt werden, weil die Aufwendungen für Roh-, Hilfs- und Betriebsstoffe auch den Vertrieb von Lagerbestand beinhalten.

Vertriebs- und allgemeine Verwaltungskosten. Diese Ausgaben sind normalerweise mit den gleichnamigen Kosten in der Gewinn- und Verlustrechnung identisch. Die Höhe der Kosten kann sich jedoch durch Rechnungen, die Sie noch begleichen müssen, oder die Rückstellung von Zahlungen verändern. Global Krimskrams hat in diesem Jahr sowohl bei den Warenverbindlichkeiten als auch bei den Ausgaben DM 10.000 bezahlt und so den Mittelfluß bei den Vertriebs- und allgemeinen Verwaltungskosten um DM 20.000 auf insgesamt DM 170.000 erhöht.

Zinsen: Zinsen werden auch in der Gewinn- und Verlustrechnung aufgeführt. Diese Zahl entspricht der Summe, die Sie im angegebenen Zeitraum tatsächlich bezahlt haben.

Steuern: Steuern werden ebenfalls in der Gewinn- und Verlustrechnung aufgeführt. Aber in der Cash-Flow-Analyse erscheinen nur die Steuern, die Sie im angegebenen Zeitraum tatsächlich bezahlt haben.

Mittelzu-/abfluß aus Investitionstätigkeit

2 **Gebäude, Geräte und Maschinen:** Wenn Ihr Unternehmen größere Anschaffungen tätigt, erscheinen diese in der Gewinn- und Verlustrechnung nicht als Ausgaben, weil Sie eigentlich nur Zahlungsmittel gegen einen anderen Aktivposten tauschen. Statt dessen nehmen Sie jedes Jahr Abschreibungen vor, um den langsamen Wertverfall dieses Aktivpostens widerzuspiegeln.

Wenn Sie ein Gebäude, einen Lastwagen etc. erwerben, müssen Sie dafür bezahlen. Die Cash-Flow-Analyse führt diese Kosten auf. Global Krimskrams hat dieses Jahr zum Beispiel DM 40.000 für neue Geräte ausgegeben.

Mittelzu-/abfluß aus Finanzierungstätigkeit

3➤ **Einzahlungen aus Kapitalerhöhungen und Zuschüssen der Gesellschafter.** Das Geld, das Sie in das Unternehmen investieren, erscheint in der Bilanz als Eigenkapital. Das gezeichnete Kapital repräsentiert keine Umsätze und taucht deshalb nicht in der Gewinn- und Verlustrechnung auf. Dies kann jedoch eine Geldquelle des Unternehmens sein. Wie Abbildung 10.3 zeigt, erhielt Global Krimskrams dieses Jahr DM 5.000 Investitionskapital.

Tilgung der langfristigen Verbindlichkeiten: Es kostet Sie Geld, alle langfristigen Verbindlichkeiten zu tilgen, die Ihr Unternehmen haben mag, und diese Ausgaben werden nicht in der Gewinn- und Verlustrechnung aufgeführt. Global Krimskrams hat die langfristigen Verbindlichkeiten dieses Jahr zum Beispiel um DM 10.000 und im letzten um DM 5.000 reduziert.

Dividendenausschüttung an die Eigentümer: Der Anteil des Unternehmensgewinns, den Sie an die Eigentümer ausschütten möchten, stammt direkt aus Ihrer Kasse. Auch dieser Eintrag erscheint nicht als Ausgabe in der Gewinn- und Verlustrechnung, kostet Sie jedoch trotzdem Geld. Global Krimskrams hat dieses Jahr DM 5.000 an die Eigentümer ausgeschüttet.

Was übrig bleibt

Der Kapitalfluß in und aus Ihrem Unternehmen ist wie Wasser, das in einen Stausee hinein- und wieder herausfließt. Wenn mehr Wasser ein- als ausfließt, steigt der Wasserpegel und umgekehrt. Wenn sich die liquiden Mittel Ihres Unternehmens erhöhen, fließt das Geld auf eines Ihrer Konten für liquide Mittel. Die untere Hälfte Ihrer Cash-Flow-Analyse verfolgt, was mit diesen Konten geschieht.

Veränderung des Finanzmittelbestands aus laufender Geschäfts-, Investitions- und Finanzierungstätigkeit

4➤ Da das Kapital in das Unternehmen hinein- und aus diesem wieder herausfließt, verändern sich Ihre liquiden Mittel innerhalb des Zeitraums, der von der Cash-Flow-Analyse erfaßt wird. Die Elemente, die hier aufgeführt werden, entsprechen denjenigen, die auch in der Bilanz erscheinen. Dieses Jahr hat Global Krimskrams zum Beispiel seine Barreserven und Investment-Portefeuilles um jeweils DM 15.000 erhöht.

Veränderung des Finanzmittelbestands durch Kapitalveränderungen

5➤ Ein Anstieg auf Bank- und Postgirokonten hat die glückliche Auswirkung, Ihre Zahlungsmittel zu erhöhen. Global Krimskrams hat dieses Jahr sein Umlaufvermögen um DM 30.000

erhöht. Es ist kein Zufall, daß diese 30.000 auch der Differenz zwischen den DM 833.000, die Global Krimskrams dieses Jahr einnahm, und den DM 803.000, die es ausgab, entsprechen.

- ✔ Eine Cash-Flow-Analyse (Kapitalflußrechnung) verfolgt die Bewegung des Geldes, das in Ihr Unternehmen hinein- und aus diesem herausfließt.
- ✔ Die Einnahmen repräsentieren das Geld, das in Ihr Unternehmen eingebracht wird. Die Entnahmen entsprechen den Schecks, die Sie ausstellen.
- ✔ Der Cash-Flow kann zu einer wesentlich wichtigeren Größe werden als das Einkommen, die Aktivposten und der Gewinn zusammen. Das gilt insbesondere für neu gegründete Unternehmen.

Wie man Gewinne machen und gleichzeitig Konkurs gehen kann

Betrachten Sie das Schicksal des Unternehmens Schmidt GmbH, einem klassischen Beispiel für einen Geschäftsführer und Unternehmensinhaber, der in eine verbreitete Finanzfalle ging. Herr Schmidt war früher Angestellter bei Global Krimskrams. Aber eines Tages beschloß er, sich selbständig zu machen und eröffnete selbst ein kleines Unternehmen. Herr Schmidt entwickelte einen Businessplan, um einen kleine Apparat zu verkaufen, den er während seiner Schulzeit entwickelt hatte. Er rechnete sich aus, daß er den Apparat für 75 Pfennig produzieren und für DM 1 verkaufen kann. Um sein Konzept zu testen, nahm Herr Schmidt alle seine Ersparnisse zusammen und ließ 2.000 Apparate produzieren. 1.000 Exemplare verkaufte er sofort.

Ausgerüstet mit einem Produkt, einem Markt und einem Plan eröffnete er am 1. Januar sein Unternehmen. Seine Aktivposten waren DM 1.000 Bargeld, 1.000 Apparate auf Lager und DM 1.000 Forderungen bei seinen ersten Kunden.

Herr Schmidts Businessplan war relativ einfach aufgebaut. Er gewährte seinen Kunden 30 Tage Zeit, um zu bezahlen (Zahlungsziel = 30 Tage), sein Lagerbestand reichte immer für 30 Tage aus, und er bezahlte seine eigenen Rechnungen sofort. Und sein Unternehmen florierte. Er verkaufte im Januar weitere 1.000 Apparate. In den Folgemonaten stiegen die Verkaufszahlen um jeweils 500 Apparate an, und alle seine Kunden bezahlten innerhalb der 30-Tage-Frist. In nur sechs Monaten lag sein Gewinn schon bei DM 2.500.

Aber das spielt jetzt alles keine Rolle mehr, weil die Schmidt GmbH Pleite ist.

Wie konnte das passieren? Werfen Sie einen Blick auf Herrn Schmidts Bücher:

Gewinn- und Verlustrechnung

	Januar DM	Februar DM	März DM	April DM	Mai DM
Umsatzerlöse	1.000	1.500	2.000	2.500	3.000
Herstellungskosten	750	1.125	1.500	1.875	2.250
Monatlicher Bruttogewinn	250	375	500	625	750
Jährlicher Bruttogewinn (aktuell)	250	625	1.125	1.750	2.500

Cash-Flow-Analyse

	Januar DM	Februar DM	März DM	April DM	Mai DM
Mittelzuflüsse	1.000	1.000	1.500	2.000	2.500
Mittelabflüsse	750	1.500	1.875	2.250	2.625
Veränderung des Fianzmittelbestand	250	–500	–375	–250	–125
Zahlungsmittelbestand	**1.250**	**750**	**375**	**125**	**0**

Der arme Herr Schmidt wußte nicht, daß eine wachsendes Unternehmen das gesamte Kapital verschlingen kann, auch wenn das Unternehmen Gewinne macht. Herr Schmidt nahm jeden Monat die Umsätze des Vormonats (seine Forderungen) und bezahlte damit die Kosten, die im nächsten Monat anfielen (seinen Lagerbestand). Der Unterschied zwischen den beiden Größen wuchs mit der Ausweitung seines Unternehmens. Herr Schmidt hatte vergessen, in seinen Businessplan ein Finanzpolster einzubeziehen, mit dem er das Wachstum finanzieren konnte.

Machen Sie es nicht wie Herr Schmidt. Glauben Sie nicht, daß Sie immer Geld auf der Bank haben, nur weil Ihr Unternehmen gut läuft. Das muß nicht so sein.

Finanzwirtschaftliche Kennzahlen

Ausgerüstet mit einer Gewinn- und Verlustrechnung, einer Bilanz und einer Cash-Flow-Analyse haben Sie ein ziemlich vollständiges Bild der Finanzsituation Ihres Unternehmens vor sich. Aber was erfahren Sie denn nun eigentlich aus den ganzen Unterlagen? Geht es Ihrem Unternehmen nun gut oder schlecht? Was sollten Sie in Zukunft anders machen, um Ihren Erfolg zu steigern?

Aus Ihrer Finanzanalyse erfahren Sie zum Beispiel, daß Sie Ihre Rechnungen immer prompt bezahlen, daß Sie sich ein Finanzpolster zulegen oder mehr Gewinne machen sollten. Aber könnte Ihr Unternehmen nicht erfolgreicher arbeiten? Es wäre prima, wenn Sie die Finanzanalyse über mehrere Jahre verfolgen und mit einem oder mehreren Wettbewerbern oder sogar der gesamten Branche vergleichen könnten. Da Unternehmen jedoch die unterschiedlichsten Formen und Größen haben können, ist es sehr schwierig, die Zahlen zweier Unternehmen direkt zu vergleichen und ein sinnvolles Ergebnis zu erhalten.

Deshalb werden finanzwirtschaftliche Kennzahlen eingesetzt, bei denen verschiedene Finanzwerte im Verhältnis zueinander betrachtet werden. Wenn Sie eine Zahl durch eine andere dividieren und dadurch ein Verhältnis erzeugen, umgehen Sie viele der Probleme, die beim Vergleich von Dingen mit verschiedenen Maßstäben entstehen.

Nehmen Sie Ihre persönlichen Finanzen als Beispiel. Sie sehen sich nach jemandem um, der Sie bei der Kapitalanlage beraten kann. Einer Ihrer Freunde brüstet sich damit, daß er im letzten Monat DM 5.000 am Aktienmarkt gewonnen hat. Ein anderer hat dagegen nur DM 1.000 gewonnen. Wen fragen Sie nun um Rat? Das hängt ganz davon ab. Wenn Ihr einer Freund DM 500.000, der andere dagegen nur DM 20.000 investiert hat, wer ist dann der bessere Kapitalanleger?

Eine Kennzahl gibt Ihnen die Antwort. Der erste Freund hatte eine Kapitalrendite von nur 1 Prozent (5.000/500.000), während der zweite Freund eine Kapitalrendite von immerhin 5 Prozent erzielte (1.000/20.000).

Ein Vergleich zweier Unternehmen unterschiedlicher Größe funktioniert auf die gleiche Weise. Wenn Sie die finanzwirtschaftlichen Kennzahlen Ihres Unternehmens mit denen der Hauptwettbewerber oder mit einem Branchendurchschnitt vergleichen möchten, benötigen Sie einige Daten von außerhalb. Ihre Bank, Ihre Finanzberater oder Ihr Steuerberater sind ganz gute Adressen hierfür, weil Finanzinstitute immer die Standardkennzahlen der verschiedenen Branchen verfolgen. Aber Sie sollten auch Finanzdatendienste nutzen, die Publikationen zu Industrienormen und Standardkennzahlen anbieten.

Mit diesen ganzen Daten in der Hand können Sie sehen, wie Ihr Unternehmen abschneidet. Das sollten Sie auf jeden Fall wissen, denn selbst, wenn Sie das nicht interessiert, wird es auf jeden Fall für Ihre Investoren, Gläubiger und Konkurrenten wichtig sein.

Im Jahresabschluß werden fünf Arten von Kennzahlen berücksichtigt:

- ✔ **Kennzahlen zur Vermögens- und Kapitalstruktur:** Bei dieser Kategorie wird das Verhältnis des Anlagevermögens zum Gesamtvermögen betrachtet.
- ✔ **Kennzahlen zur Finanz- und Liquiditätsstruktur:** Bei dieser Art von Kennzahlen wird die Fähigkeit Ihres Unternehmens gemessen, seine Zahlungsverpflichtungen zu erfüllen.
- ✔ **Kennzahlen zur Rentabilität:** Wie der Name schon sagt, wird hier betrachtet, ob Ihr Unternehmen rentabel arbeitet und welche Handelsspanne erzeugt wird.

- ✔ **Cash-Flow:** Der Cash-Flow gibt Aufschluß über den Mittelzufluß aus dem Umsatzprozeß. Die Kennzahl, die sich aus dem Jahresüberschuß der GuV, den nicht Aufwendungen ohne Auszahlungen und den Erträgen ohne Einzahlungen ergibt, liefert einen Anhaltspunkt über die Liquidität Ihres Unternehmens.
- ✔ **Kennzahlen zur Produktivität:** Hier werden Faktoren wie der Umsatz im Verhältnis zum Kapital oder Vorratsvermögen, der Umsatz pro DM Personalkosten, die Reichweite der Erzeugnisse oder die Zielgewährung an Kunden betrachtet.

In den folgenden Abschnitten werden Kennzahlen erklärt, anhand derer Sie feststellen können, ob Ihr Unternehmen in der Lage ist, Zahlungsverpflichtungen zu erfüllen. Außerdem erfahren Sie, wie Sie die Rentabilität Ihres Unternehmes beurteilen können.

Liquidität

Die absolute Wichtigkeit, jeden Monat die Rechnungen bezahlen zu können, ist der Hauptgrund, warum das Umlaufvermögen und die kurzfristigen Verbindlichkeiten in der Bilanz gesondert ausgewiesen werden. Der Unterschied zwischen den beiden – Ihrem Betriebskapital – stellt das Sicherheitsnetz das, das Sie vor der beinahe sicheren finanziellen Katastrophe schützt.

Wieviel Betriebskapital benötigen Sie, um das Überleben zu sichern? Als *Liquidität* wird der Zustand bezeichnet, bei dem Sie alle liquiden Aktivposten zur Verfügung haben, wenn Sie diese benötigen. Die Liquidität Ihres Unternehmens können Sie anhand von verschiedenen Kennzahlen prüfen. Die folgenden Kennzahlen können Sie Jahr für Jahr überwachen und mit denen Ihrer Wettbewerber oder dem Branchendurchschnitt vergleichen.

Liquidität 1. Grades (Barliquidität)

$$\frac{\textit{Zahlungsmittel}}{\textit{kurzfristige Verbindlichkeiten}} \text{ x } 100$$

Die Liquidität ersten Grades wird auch »Lackmustest« genannt. Die Lagerbestände und die Rechnungsabgrenzungsposten dürfen Sie nicht als Bestandteil des Umlaufvermögens rechnen, weil sich diese Aktivposten manchmal nur sehr schwer schnell in Zahlungsmittel umwandeln lassen. Das gilt besonders in Notlagen und für Branchen, in denen Produkte sehr schnell aus der Mode geraten oder durch neue Technologien ersetzt werden.

Global Krimskrams hat eine Barliquidität von 108 % (DM 65.000/DM 60.000 x 100).

Neben der Barliquidität werden noch die Liquidität 2. Grades (*kurzfristige Liquidität*) und die Liquidität 3. Grades (*langfristige Liquidität*) betrachtet, die sich wie folgt berechnen.

Liquidität 2. Grades (kurzfristige Liquidität)

$$\frac{\textit{Zahlungsmittel + kurzfrist. Forderungen}}{\textit{kurzfristige Verbindlichkeiten}} \text{ x } 100$$

Liquidität 3. Grades (langfristige Liquidität)

$$\frac{\textit{Zahlungsmittel + kurzfrist. Forderungen + Bestand}}{\textit{kurzfristige Verbindlichkeiten}} \times 100$$

Wenn die Barliquidität bei 80 % und die kurzfristige Liquidität bei ca. 110 % liegen, kann die Rückzahlung der mittelfristigen Forderungen als relativ gesichert gelten.

Wie die meisten finanzwirtschaftliche Kennzahlen ist die Liquidität kein besonders präzises Maß. Es ist also nicht sehr sinnvoll, wenn Sie mehr als zwei Dezimalstellen hinter dem Komma berücksichtigen.

Wie lautet die magische Zahl, die angestrebt werden sollte? Wenn die Barliquidität Ihres Unternehmens unter 100 % fällt, sind Sie in großer finanzieller Gefahr. Meistens wird eine langfristige Liquidität größer als 200 % gewünscht, was bedeutet, daß Sie mehr als das Zweifache verfügbar haben, um die kurzfristigen Verbindlichkeiten zu erfüllen. Aber auch hier ist die Einschätzung von Ihrer Branche abhängig. Unternehmen, die ihre Waren sehr schnell umschlagen, können mit einer geringeren Liquidität zurechtkommen, weil der Lagerbestand selbst etwas liquider ist als bei Unternehmen mit längeren Verkaufszyklen. Die Liquidität sollte aber auch nicht zu hoch werden, ansonsten würden Sie Zahlungsmittel horten, das eigentlich wieder in das Unternehmen reinvestiert oder in andere Anlageformen investiert werden sollten.

Rentabilität

Wenn Ihr Unternehmen Gewinne macht, muß Rentabilität das oberste Ziel sein. Die Rentabilität sagt Ihnen, wie gut Sie abschneiden, wenn es darum geht, finanziellen Gewinn aus Ihrem Unternehmens zu ziehen. Anhand der Rentabilitätsrate können Sie die Leistungsfähigkeit Ihres Unternehmens über mehrere Jahre hinweg verfolgen. Sie können außerdem die Leistungsfähigkeit Ihres Unternehmens mit der anderer Wettbewerbsteilnehmer, anderer Branchen und sogar anderer Arten, Ressourcen zu investieren, vergleichen.

Sie könnten das Geld, das in Ihr Unternehmen fließt, auch in andere Unternehmen, in Bankkonten, Immobilien oder Staatsanleihen investieren. Jede dieser Kapitalanlagen beinhaltet ein gewisses Risiko. Durch den Vergleich der Rentabilitätsraten erfahren Sie, ob Ihr Unternehmen gut abschneidet und den finanziellen Gewinn bringt, der das vorhandene Risiko rechtfertigt.

Rentabilität gibt es in verschiedenen Geschmacksrichtungen. Bei der ersten Art wird der Gewinn relativ zu den Umsätzen gemessen. Beim zweiten Typ wird der Gewinn in ein Verhältnis zum Gesamtkapital gesetzt. Jede dieser Kennzahlen spiegelt wider, wie attraktiv Ihr Unternehmen für einen Kapitalanleger ist. Grundlage für die Rentabilitätskennzahlen bildet die Gewinn- und Verlustrechnung.

Umsatzrentabilität I in Prozent

$$\frac{\textit{Gewinn}}{\textit{Umsatzerlöse}} \times 100$$

Gesamtkapitalrentabilität vor Zinsen und Steuern in Prozent

$$\frac{\textit{Gewinn + Fremdkapitalzinsen}}{\textit{Gesamtkapital}} \times 100$$

Die Umsatzrentabilität I entspricht Ihrem Gewinn geteilt durch die Umsatzerlöse. Diese Rate sagt eigentlich mehr über Ihre Kosten in Relation zu den Preisen aus. Wenn Ihre Umsatzrentabilität I im Vergleich zu anderen Unternehmen in Ihrer Branche gering ist, sind entweder Ihre Preise im allgemeinen niedriger oder Ihre Kosten sind zu hoch. Geringere Margen sind akzeptabel, wenn sich dadurch die Verkaufszahlen, der Marktanteil oder der Gewinn zu einem späteren Zeitpunkt erhöhen. Sie sollten diesen Wert jedoch genau beobachten. Eine hohe Umsatzrentabilität kann dazu führen, daß andere Wettbewerber in den Markt eintreten.

Global Krimskrams hat eine Umsatzrentabilität von 6,2 Prozent (DM 50.000 / DM 810.000). Dieses Ergebnis stellt gegenüber den 4,6 Prozent vom Vorjahr einen entscheidenden Anstieg dar. Bei dem Unternehmen stiegen also nicht nur die Umsätze, sondern sie ist nun auch wesentlich profitabler.

Wenn Sie die Umsatzrentabilität berechnen, sollten Sie auch die Gewinnspanne betrachten, die auf Ihrem Betriebsergebnis und Ihrem Rohgewinn basiert. Anhand dieser Werte erhalten Sie einen besseren Eindruck davon, wodurch die Rentabilität Ihres Unternehmens verursacht wird. In den USA ist in der Praxis der Rückfluß des investierten Kapitals (*Return on Investment*) eine weit verbreitete Größe zur Beurteilung der Rentabilität.

Return on Investment (ROI)

$$\frac{\textit{Gewinn}}{\textit{Aktiva}} \times 100$$

Das Verhältnis von Gewinn und Aktiva bietet Ihnen einen Wert für den Rückfluß, den Sie mit den Aktiva Ihres Unternehmens erzielen können. Dieser Wert wird auch als Rückfluß der Aktiva (Return on Assets oder ROA) bezeichnet. Weil die Aktiva mit der Summe aus Verbindlichkeiten und Eigenkapital übereinstimmen, mißt diese Kennzahl auch den durchschnittlichen Rückfluß des gesamten in Ihr Unternehmen investierten Kapitals. Was bedeutet diese Kennzahl nun? Das gleiche wie der Return on Investment bei dem neuen Fonds, den Sie kürzlich entdeckt haben. Der Return on Investment (ROI) wird sehr häufig eingesetzt, um die Rentabilität eines Unternehmens zu prüfen, weil Sie den Wert mit anderen Investitionsobjekten vergleichen können, in die Kapitalanleger ihr Geld investieren könnten.

Beachten Sie jedoch folgendes: Der Wert der Aktiva, der bei der Berechnung des ROI verwendet wird, wird der Bilanz des Unternehmens entnommen und kann vom Bezugswert ziemlich weit entfernt sind. Wenn zum Beispiel Sachanlagen bereits älter sind, spiegeln die Zahlen nicht unbedingt den wirklichen Wiederbeschaffungswert wider, und wenn die Aktivposten etwas unterschätzt werden, ist der Wert des ROI etwas zu hoch.

Global Krimskrams hat einen ROI von 8,1 Prozent (DM 20.000 / DM 615.000). (Siehe hierzu die Abbildungen 10.1 und 10.2 der Gewinn- und Verlustrechnung und der Bilanz). Im Vorjahr konnte nur ein ROI von 5,9 Prozent erzielt werden. Die Steigerung ist natürlich erfreulich.

Ob der ROI Ihres Unternehmens als gut einzuschätzen ist, hängt zu einem großen Teil von Ihrer Branche und der allgemeinen wirtschaftlichen Lage ab.

Eigenkapitalrentabilität (ROE = Return on equity)

$$\frac{\textit{Gewinn}}{\textit{Eigenkapital}} \times 100$$

Das Verhältnis aus Gewinn und Eigenkapital bietet einen Wert für den Rückfluß des Eigenkapitalanteils am investierten Kapital, d.h. die Eigenkapitalrentabilität. Denken Sie daran, daß Sie Ihre Banker und sonstigen Gläubiger bereits berücksichtigt haben, indem Sie deren Rendite – der Zinssatz auf Ihr Darlehen – von Ihren Gewinnen bezahlt haben. Was übrig bleibt, geht an die Eigentümer und repräsentiert deren Eigenkapitalrentabilität.

Ihre Gläubiger erhalten ihre Bezahlung immer zuerst, und sie erhalten eine fixe Summe. Alles andere geht an die Eigentümer. Und hier kommt das Verhältnis von Eigen- zu Fremdkapital zum Tragen. Je stärker Sie Ihr Unternehmen über Fremdkapital finanzieren, desto stärker nutzen Sie das Geld anderer Leute, um selbst Geld zu verdienen. Fremdfinanzierung funktioniert so lange gut, solange Sie das Geld gut anlegen und Rückläufe erzielen, die Ihre Zinsraten übertreffen. Ansonsten könnte es Ihnen passieren, daß Ihre Kapitalgeber in den Besitz Ihres Unternehmens gelangen.

Global Krimskrams hat zum Beispiel eine Eigenkapitalrentabilität von 13,0 (DM 50.000 / DM 385.000). (Die Gewinn- und Verlustrechnung und die Bilanz, die Sie in den Abbildungen 10.1 und 10.2 sehen, bringen etwas Licht in die Herkunft dieser Zahlen.) Ohne Fremdfinanzierung würde die Eigenkapitalrentabilität dem ROI entsprechen. Eine stärkere Fremdfinanzierung würde die Eigenkapitalrentabilität eventuell noch erhöhen, aber mit ihr auch das Risiko. Kurz gesagt, verbessert die Fremdfinanzierung die guten Jahre für die Eigentümer, verschlechtert aber auch die schlechten Jahre.

Der Cash-Flow

Der Cash-Flow ist eine Kennzahl über den Mittelzu- bzw. abfluß Ihres Unternehmens und bietet Aufschluß über dessen Liquiditätslage.

Der Cash-Flow berechnet sich wie folgt:

Jahresüberschuß/-fehlbetrag

\+ *Aufwendungen (ohne Auszahlungen)*

\+ *Erträge (ohne Einzahlungen)*

= *Cash-Flow*

Global Krimskrams hat im aktuellen Geschäftsjahr einen Cash-Flow von DM 30.000 zu verzeichnen.

Produktivität

Diese Kennzahlen geben Aufschluß über die Dauer der Vermögensbindung.

Umschlaghäufigkeit des Vorratsvermögens

$$\frac{\textit{Umsatz}}{\textit{Durchschn. Vorratsvermögen}} \text{ x } 100$$

Die Umschlaghäufigkeit des Vorratsvermögens (manchmal auch einfach Lagerumschlag genannt) sagt Ihnen, wie hoch die Umsätze im Verhältnis zu den Herstellungskosten des Vorratsvermögens sind, d.h., welcher Anteil des Umsatzerlöses zur Finanzierung des Vorratsvermögens aufgebracht wird.

Umschlaghäufigkeit des Gesamtkapitals

$$\frac{\textit{Gewinn}}{\textit{Gesamtkapital}} \text{ x } 100$$

Prinzipiell gilt: Je größer die Umschlaghäufigkeit, desto günstiger ist das Unternehmen einzuschätzen.

- ✔ Finanzwirtschaftliche Kennzahlen ermöglichen Ihnen den Vergleich der Leistungsfähigkeit Ihres Unternehmens mit dem anderer Unternehmen und dabei insbesondere der Ihrer Konkurrenten.
- ✔ Mit den Kennzahlen der Liquidität können Sie prüfen, ob Ihr Unternehmen weiterhin solvent bleibt.
- ✔ Ein weiterer Satz Kennzahlen prüft die finanzielle Gesundheit Ihres Unternehmens in Form von Umschlaghäufigkeiten.
- ✔ Die Rentabilität Ihres Unternehmens können Sie über Kennzahlen aus Umsatz, Aktivposten und Eigenkapital errechnen.

Finanzplanung und Budgetierung

11

In diesem Kapitel

- Eine Finanzplanung vorbereiten
- Eine Pro-forma-Gewinn- und Verlustrechnung aufstellen
- Eine Bilanz bewerten
- Den Cash-Flow planen
- Finanzielle Alternativen erkunden
- Ein Budget erstellen

Geld ist ein exzellenter Diener, aber ein fürchterlicher Herr.

P.T. Barnum

Wie oft haben Sie schon mit der ganzen Familie um den Küchentisch gesessen – oder vielleicht zusammen mit Ihrem Hund –, um darüber zu sprechen, wie wichtig es ist, einen Haushaltsplan aufzustellen. Jeder weiß natürlich, was ein Budget ist: Eine Möglichkeit, herauszufinden, wieviel Geld Sie für die Grundnahrungsmittel ausgeben (alles, was Sie unbedingt benötigen) und wieviel für die Nebensächlichkeiten (alles, was Spaß macht). Naturgemäß ist ein Budget etwas, das in die Zukunft blickt und dabei eine Prognose mit einem Satz Richtlinien verbindet, wofür das Geld ausgegeben werden soll.

Wie Sie vielleicht aus Erfahrung wissen, ist es wesentlich einfacher, ein Budget zu erstellen, wenn Sie einige finanzielle Grundinformationen verfügbar haben, mit denen Sie arbeiten können. Es ist zum Beispiel sehr nützlich, zu wissen, wie hoch die Einnahmen sind und wann der Geldeingang erfolgen wird. Es ist auch sehr wichtig, die Auszahlungen zu verfolgen, die auf jeden Fall pünktlich vorgenommen werden müssen, wie zum Beispiel die Raten für Hypotheken und das Auto. Erst dann beginnen Sie, einen Zugriff auf das zu bekommen, was übrig bleibt und was *Betriebskapital* bezeichnet wird.

Bei Ihrem Unternehmen finden sich derartige Finanzinformationen in den Jahresabschlüssen. (Mehr Informationen hierzu finden Sie in Kapitel 10.) Diese Abschlüsse, die aus der Gewinn- und Verlustrechnung, der Bilanz und Anlagen mit finanzwirtschaftlichen Kennzahlen bestehen, lassen sich relativ einfach erstellen, weil sie auf dem basieren, was das Unternehmen in den Vorjahren geleistet hat. Unglücklicherweise lassen sich Finanzinformationen nicht so leicht zusammenfügen und benutzen, wenn Sie eine Planung für das nächste Jahr oder die nächsten drei oder sogar fünf Jahre aufstellen müssen.

Warum sollten Sie überhaupt die Mühe auf sich nehmen, die benötigten Finanzinformationen zusammenzutragen? Die Antwort ist einfach: Obwohl die Zahlen und Finanzen nicht direkt zum Ihrem Businessplan gehören, sind sie bei der Planerfüllung sehr hilfreich. Ohne diese Zahlen laufen Sie Gefahr, daß Ihre finanziellen Bedingungen – d.h. Ihr Geld (oder das nicht vorhandene Geld) – die Kontrolle über Ihren Businessplan übernehmen oder diesen sogar ersetzen.

In diesem Kapitel helfen wir Ihnen dabei, ein Budget für Ihr Unternehmen inklusive einer Gewinn- und Verlustrechnung, einer geschätzten Bilanz und einer Kapitalflußrechnung zu erstellen. Weil nichts, was in der Zukunft liegt, sicher ist, führen wir auch die Planung von Szenarien und Was-wäre-wenn-Analysen als Möglichkeiten ein, alternative Finanzplanungsansätze zu betrachten. Zum Schluß sprechen wir darüber, wie Sie die Finanzinformationen nutzen können, um ein Budget zu erstellen.

Eine Finanzplanung vorbereiten

Über die Zukunft und ob wir versuchen sollten, Vorhersagen darüber aufzustellen, gibt es viele Abhandlungen. Aber wir können die Zukunft nicht umgehen. Sie ist da, sie ist ungewiß und wir werden den Rest unseres Lebens in ihr verbringen.

Wir alle treffen Tag für Tag Entscheidungen, die auf unserer persönlichen Einschätzung der Zukunft basieren. Obwohl die Dinge häufig einen überraschenden Ausgang nehmen, bieten uns unsere Annahmen über die Zukunft wenigstens ein Gerüst, um unser Leben zu planen. Unsere Erwartungen ermutigen uns, uns Ziele zu setzen, vorwärts zu gehen und unsere Ziele irgendwann zu erreichen. Das gilt auch dann, wenn die Erwartungen sehr weit von dem entfernt sind, was tatsächlich eintritt.

Für die Zukunft Ihres Unternehmens gilt das gleiche. Annahmen über Ihre Branche und den Markt – zum Beispiel, daß keine neuen Konkurrenten hinzukommen werden, daß eine neue Technologie den Durchbruch schaffen wird, oder daß sich Ihre Kunden loyal verhalten – bieten einen Rahmen, um den herum Sie planen können. Ihre Erwartungen von dem, was vor Ihnen liegt, beeinflussen Ihre geschäftlichen Ziele und die langfristigen Ziele, die Sie für Ihr Unternehmen aufstellen.

Sie sollten sich klar machen, wie Ihre geschäftlichen Annahmen aussehen und woher sie stammen, weil Ihre Annahmen genauso wichtig sind, wie die Zahlen selbst, wenn es darum geht, Voraussagen zu machen. Wenn Sie überzeugt davon sind, daß keine neuen Konkurrenten in den Markt eintreten werden, sollten Sie auch sagen können, wie Sie zu dieser Annahme kommen. Wenn Sie eine Periode rapider technologischer Veränderungen vor sich sehen, sollten Sie die Gründe dafür erklären können. Versuchen Sie nicht, Ihre geschäftlichen Annahmen irgendwo in eine Fußnote zu packen. Machen Sie sie klar und deutlich. Nur so kann Ihre

Finanzplanung ehrlich, anpassungsfähig und nützlich sein. Wenn Sie alle Ihre Annamen offenlegen, kann keiner sie versehentlich übersehen.

- ✔ Jeder, der Ihre Prognose betrachtet, weiß genau, worauf sie basiert.
- ✔ Sie wissen genau, wo Sie ansetzen müssen, wenn Ihre Annahmen geändert werden müssen.

Wie Sie sich vielleicht bereits gedacht haben, ist es nicht immer leicht, Vorhersagen zu machen, an die Sie tatsächlich glauben. Manchen Zahlen (den Absatzzahlen für das kommende Jahr) trauen Sie vielleicht mehr als anderen (der Größe eines ganz neuen Marktes). Einige Ihrer Vorhersagen sind einfach nur Schätzungen. Zu anderen sind Sie vielleicht über ausgereifte Techniken gelangt. Wenn Sie mehr davon verstehen, beginnen Sie jedoch festzustellen, was für ein umfassendes und leistungsfähiges Planungswerkzeug eine Finanzplanung sein kann. Sie werden dann damit beginnen, Antworten auf wichtige Fragen wie die folgenden zu suchen:

- ✔ Welche Barzahlungsforderungen erwarten Ihr Unternehmen im nächsten Jahr?
- ✔ Kann Ihr Unternehmen seine Zahlungsverpflichtungen für die vorhandenen Schulden in den nächsten drei Jahren erfüllen?
- ✔ Plant Ihr Unternehmen, im nächsten Jahr Gewinne zu machen?
- ✔ Erfüllt Ihr Unternehmen alle finanziellen Ziele?
- ✔ Halten Investoren Ihr Unternehmen für attraktiv?

Wenn so viele wichtige Fragen auf dem Spiel stehen, ist eine Finanzplanung alle Zeit und Mühe wert, die Sie dafür erübrigen können. Wenn Sie nicht sorgfältig arbeiten, kann die Prognose allerdings völlig danebenliegen. Haben Sie jemals den Ausspruch »Garbage in, Garbage out« (das GIGO-Prinzip, »Müll rein, Müll raus«) von Computer-Hackern gehört? Das gleiche gilt auch für die Finanzplanung. Ihre Finanzplanung ist nur so gut wie die Zahlen, auf denen sie basiert. Wenn diese Zahlen weit danebenliegen, hat das meistens einen der folgenden Gründe:

- ✔ Die Erwartungen waren unrealistisch.
- ✔ Die Annahmen waren nicht objektiv.
- ✔ Die Vorhersagen wurden nicht mehrfach überprüft.

In den folgenden Abschnitten werden die Grundlagen geprüft, auf denen ein Budget basiert. Nachdem wir Ihnen erklärt haben, wie Sie die einzelnen Elemente zusammenfügen, zeigen wir Ihnen, welche Zahlen am wichtigsten sind und welche am empfindlichsten auf Veränderungen in Ihren Annahmen und Erwartungen für die Zukunft reagieren.

Eine Pro-forma-Gewinn- und Verlustrechnung

Das *pro forma* bezieht sich auf etwas, das Sie im voraus beschreiben oder abschätzen. (Es kann auch etwas bedeuten, das bloß eine Formalität ist und ignoriert werden kann – machen Sie sich jedoch keine Hoffnung, wir sprechen über einen wichtigen Teil eines Budgets.) Wenn Sie Ihre Finanzplanung erstellen, sollten Sie versuchen, *Pro-forma-Gewinn- und Verlustrechnungen* mit einzubeziehen. Es handelt sich dabei um Dokumente, die zeigen, woher Sie Ihr Geld erhalten und wofür Sie es ausgeben möchten. Diese GuVs sollten einen Zeitraum von bis zu fünf Jahren, mindestens aber drei Jahre, umfassen. Für die ersten beiden Jahre sollten Sie vierteljährliche Umsatzprognosen anfertigen. Nach zwei Jahren, wenn die Umsatzprognosen wesentlich unsicherer sind, reichen auch jährliche Prognosen aus. (In Kapitel 10 können Sie einen Blick auf eine Gewinn- und Verlustrechnung werfen.)

Die Pro-forma-Gewinn- und Verlustrechnungen für Ihr Unternehmen bieten Aufschluß darüber, welche Arte von Gewinn Sie in Zukunft erwarten. Dazu müssen Sie Ihre Umsatzerlöse schätzen und von diesen die erwarteten Kosten subtrahieren. Die folgenden beiden Punkte sollten Sie dabei unterstützen:

- ✔ Wenn Sie Ihr Unternehmen schon länger betreiben und einen finanziellen Hintergrund haben, mit dem Sie arbeiten müssen, sollten Sie sich alle alten Gewinn- und Verlustrechnungen besorgen. Sie können diese benutzen, um herauszufinden, was wahrscheinlich als nächstes passieren wird.
- ✔ Wenn Ihr Unternehmen neu ist und Sie auf keine Geschichte zurückgreifen können, müssen Sie andere Wege finden, um die benötigten Informationen zu erhalten. Sprechen Sie mit Leuten, die in der gleichen Branche tätig sind, setzen Sie sich mit Ihren Ansprechpartnern bei der Bank und mit Ihrem Steuerberater zusammen, besuchen Sie Unternehmerverbände, und lesen Sie Fachzeitschriften und Zeitungen.

Die Pro-forma-GuV besteht aus zwei Teilen: den erwarteten Umsatzerlöse und Kosten.

Erwartete Umsatzerlöse

Die erwarteten Umsatzerlöse basieren im wesentlichen auf Ihrer Verkaufsplanung, d.h. auf den geplanten Absatzzahlen für Ihr Produkt oder Ihre Dienstleistung. Sie müssen dabei zwei Dinge beachten: natürlich, wieviel Sie glauben, verkaufen zu können, und welchen Verkaufspreis Sie einsetzen möchten. Unglücklicherweise können Sie diese beiden Dinge nicht vollständig voneinander trennen, weil Preisveränderungen sich normalerweise auch in den Absatzzahlen niederschlagen.

Ihre Verkaufsplanung wird vermutlich die wichtigste geschäftliche Vorhersage sein, die Sie je machen werden. Wenn Sie danebenliegen, kann das zu Bergen nicht verkaufter Lagerbestände oder einem Heer unglückliche, unzufriedener Kunden führen. Eine drohende finanzielle Katastrophe. Ein Unternehmen, das Souvenir-T-Shirts erzeugt und den Bedarf an FC Bayern-Shirts überschätzt, wird auf einer Riesenmenge wertloser Ware sitzen bleiben. Aus dem gleichen Grund wird die Spielzeughandlung um die Ecke, die den Bedarf für das neueste Tamagochi unterschätzt, die Fragen vieler frustrierter Eltern und unglücklicher Kinder beantworten müssen – und wird natürlich unter den nicht getätigten Absätzen leiden.

Wie kommen Sie zu einer vernünftigen Absatzplanung? Beginnen Sie, indem Sie die folgende Formel betrachten:

Absatzplan = Größe des Marktes x Wachstumsrate x geplanter Marktanteil

Weil Ihre Absatzplanung einen solch großen Einfluß auf den Rest Ihrer Finanzplanung hat – ganz zu schweigen vom Einfluß auf das Unternehmen selbst –, sollten Sie versuchen, so viele harte Daten für Ihre Einschätzung zu sammeln wie möglich. Je nach Ihrer Situation können Sie auch nach folgenden Richtlinien vorgehen:

Erfahrungswerte auf dem Unternehmen: Wenn Sie in einem Markt bereits einiges an Erfahrung vorzuweisen haben, können Sie die Absatzzahlen der letzten Jahre nutzen, um die zukünftigen Absatzzahlen zu planen. Aber denken Sie daran, daß Ihre Absatzzahlen immer eine Kombination aus der Größe des Marktes und Ihrem eigenen Marktanteil darstellen. Sie werden möglicherweise weitere Datenquellen benötigen (die in den folgenden Absätzen aufgeführt werden), um den Markt und Ihren Marktanteil besser abschätzen zu können.

Wenn Sie Daten von außerhalb Ihres Unternehmens nehmen, stellen Sie auch sicher, daß Sie alle Wachstumsmöglichkeiten nutzen, die verfügbar sind. Sehr häufig setzen Unternehmen die Verkaufszahlen des letzten Jahres ein, um die des nächsten Jahres zu planen, ohne die Veränderungen des Marktes zu berücksichtigen. Weil Verkaufsprognosen sich manchmal selbst erfüllen, wissen diese Unternehmen vielleicht gar nicht, was ihnen entgangen ist!

Daten aus der Branche: Branchendaten zur Größe des Marktes und Schätzwerte für das zukünftige Wachstum können Sie überall erhalten, wie zum Beispiel bei der IHK, Handelsvereinigungen, Investment-Unternehmen und Marktforschungsinstituten. Sie können auch Informationen von Zulieferern und Großhändlern erhalten.

Trends außerhalb: In bestimmten Märkten sind die Absatzzahlen eng mit Trends in anderen Märkten, sozialen oder wirtschaftlichen Trends (einem Phänomen, das in Kapitel 12 näher beschrieben wird) verbunden. Absatzzahlen von Autos verschieben sich zum Beispiel mit der allgemeinen wirtschaftlichen Lage. Wenn Autohändler beispielsweise verfolgen, wie sich das Bruttosozialprodukt entwickelt, erhalten sie eine gute Einschätzung für die Höhe der Absatzzahlen ihrer Autos.

Wenn ein Produkt ganz neu ist, können Sie manchmal einen Ersatzmarkt finden, den Sie als Referenz nutzen können.

Multiplizieren Sie als nächstes Ihre geplanten Verkaufszahlen mit dem Preis, den Sie erzielen möchten. Das Ergebnis ist der geplante Umsatz:

Geplanter Umsatz = Geplanter Absatz x Durchschnittspreis

Woher stammt der Durchschnittspreis? Der Durchschnittspreis basiert auf dem Wert, den Ihre Kunden Ihrer Meinung nach bereit sind, zu bezahlen. Der Preis, den Ihre Konkurrenten verlangen, spielt dabei ebenfalls eine Rolle. Benutzen Sie dabei die Informationen, die Sie über Ihre Branche und die Kunden zur Verfügung haben. Beim Verkaufspreis sollten Sie auch Ihre Kosten und die finanzielle Gesamtsituation Ihres Unternehmens berücksichtigen.

Setzen Sie nun alle Zahlen zusammen, und schauen Sie, ob dies funktioniert. Nehmen Sie das Unternehmen Global Krimskrams als Beispiel. Frau Klug, die Produkt-Managerin des Unternehmens, stellt einen Umsatzplan für die kommenden drei Jahre auf. Sie verwendet dazu Branchen- und Marktdaten sowie die Absatzzahlen der vergangenen Jahre. Frau Klug kommt zu der Einschätzung, daß der Markt um 10 % pro Jahr wachsen wird, und daß sich der Marktanteil von Global Krimskrams um ungefähr 2 % pro Jahr erhöhen wird. Der Preisanstieg wird ihrer Meinung nach bei DM 1 bis DM 2 liegen. Sie trägt diese Zahlen in einer Tabelle zusammen, so daß sie leicht auf die zugrunde liegenden Einschätzungen und Annahmen zugreifen kann (siehe Tabelle 11.1).

Umsatzplan	1. Jahr	2. Jahr	3. Jahr
Marktgröße (in Stückzahl)	210.000	231.000	254.000
Marktanteil (in Prozent)	20	22	24
Absatz (in Stückzahl)	42.000	50.820	60.980
Preis	DM 26	DM 27	DM 29
Umsatz	DM 1.092.000	DM 1.372.140	DM 1.768.420

Tabelle 11.1: Umsatzplan für Global Krimskrams

Erwartete Kosten

Sie sind mit Ihrem Umsatzplan jedoch noch nicht fertig. Denn Sie müssen noch die erwarteten Kosten einbeziehen. Um sich das Leben etwas zu erleichtern, können Sie die erwarteten Kosten in die Hauptkategorien unterteilen, die in einer Pro-forma-Gewinn- und Verlustrechnung vorkommen: die erwarteten Kosten der verkauften Güter, die erwarteten Vertriebskosten und die erwarteten allgemeinen Verwaltungskosten. Die folgende Liste definiert diese Kategorien:

Herstellungskosten: Die Herstellungskosten enthalten alle direkten Kosten, die bei der Produktion Ihres Produkts oder der Dienstleistung entstehen. Dieser Posten wird vermutlich Ihre größte Ausgabe sein. Wenn Sie Erfahrung in Ihrer Branche haben, haben Sie einen günstigen Ausgangspunkt für die Einschätzung Ihrer zukünftigen Herstellungskosten.

Auch wenn die folgende Formel häßlich aussehen mag, lassen sich mit ihr sehr leicht die vermutlichen Herstellungskosten unter der Voraussetzung berechnen, daß sich das Verhältnis Ihrer Kosten zu den Umsätzen nicht ändert:

$$\textit{Herstellungskosten}_{Plan} = \frac{\textit{Herstellungskosten (akt.)}}{\textit{Umsatzerlöse (akt.)}} \times \textit{Umsatzerlöse}_{Plan}$$

Wenn Sie noch keine Erfahrung haben oder das Unternehmen erst gegründet haben, haben Sie keinen Zugriff auf derartige Informationen. Aber Sie können die Herstellungskosten schätzen, indem Sie Branchendurchschnittswerte einsetzen oder Werte, die Sie in anderen Unternehmen finden, die ein ähnliches Produkt oder eine ähnliche Dienstleistung vertreiben.

Obwohl die Methode den Vorteil hat, sehr einfach zu sein, können Sie Probleme bekommen, wenn Sie die geplanten Herstellungskosten nicht mit den tatsächlichen vergleichen. Sie sollten zumindest die Hauptkosten (Material, Forschungslabor, Hilfsmittel, Geräte) schätzen, um sicherzugehen, daß die geplanten Herstellungskosten Sinn machen. Sie werden vielleicht angenehm überrascht sein. Wenn Sie länger im Geschäft sind, werden Sie möglicherweise feststellen, daß sich Ihre Umsätze schneller entwickeln als Ihre Kosten. Dieser Effekt wird *Erfahrungskurve* genannt (siehe Kapitel 13) und bedeutet, daß das Verhältnis der Kosten zu den Umsätzen in den kommenden Jahren sinken wird.

Vertriebs- und Verwaltungskosten: Die Vertriebs- und Verwaltungskosten repräsentieren die laufenden Geschäftskosten Ihres Unternehmens: die Ausgaben für den Vertrieb, Werbung, Reisen, Buchführung, Telefon und alle anderen Kosten, die beim Betrieb Ihres Unternehmens anfallen. Wenn Sie Ihr Unternehmen neu gegründet haben, sollten Sie versuchen, ein Gefühl für die Höhe Ihrer allgemeinen Kosten zu bekommen. Sie können dazu Branchenkenner, Fachverbände oder ähnliches fragen. Sie sollten sich jedoch auch selbst Gedanken zu den Zahlen machen. Dazu sollten Sie schätzen, welche wesentlichen laufenden Geschäftskosten anfallen werden.

Wenn Sie bereits eine Weile im Geschäft sind, können Sie den Rahmen für die Ausgaben in den Bereichen Vertrieb und Verwaltung anhand von zwei Berechnungen schätzen. Die erste Methode geht von einem konstanten Ausgabeniveau aus, auch wenn die Verkaufszahlen des Unternehmens ansteigen. Das heißt also, Sie gehen davon aus, daß die verkaufsunterstützenden Maßnahmen effizienter werden und dadurch das zusätzliche Wachstum kompensieren können, ohne daß die verkaufsunterstützenden Maßnahmen selbst mengenmäßig gesteigert werden müßten. Die andere Methode geht von einem konstanten Verhältnis der Vertriebs- und Verwaltungskosten zu den Umsatzerlösen aus. Sie nehmen also an, daß die Vertriebs- und Verwaltungskosten in gleichem Maße zunehmen wie die Umsätze und daß die Effizienz sich nicht steigert. Eine genaue Prognose der Vertriebs- und Verwaltungskosten liegt vermutlich irgendwo dazwischen. Leiten Sie aus Ihrer Kenntnis der Geschäftsaktivitäten Schätzwerte ab.

Zinsausgaben: Ihre Zinsausgaben sind das Ergebnis von Entscheidungen, die Sie über die langfristige Finanzierung Ihres Unternehmens treffen. Solche Entscheidungen sind ihrerseits von der Fähigkeit beeinflußt, Ihre Zinsausgaben aus den Gewinnen zu bezahlen. Denken Sie dabei an die Art der Finanzierungen, die Sie benötigen werden, und die Zinsraten, die Sie bezahlen können. Hieraus müßte sich ein realistischer Schätzwert ergeben.

Steuern und Abschreibungen: Steuern beeinflussen natürlich das, was unter dem Strich herauskommt, und Sie sollten diese Ausgaben in Ihre gesamten Planungen einbeziehen. Es ist normalerweise ziemlich einfach, zukünftige Steuerzahlungen aus den aktuellen Werten abzuleiten. Wenn Sie ein Unternehmen gründen, sollten sich genau über das Thema Steuerzahlungen informieren.

Abschreibungen bieten Buchhaltern eine Möglichkeit, den Wertverlust von Gütern mit der Zeit auszudrücken. Als solche handelt es sich um eine Ausgabe, die Sie nicht jedes Jahr aus Ihrer eigenen Tasche leisten müssen. Sie können die Zahlen schätzen, aber halten Sie sich damit nicht zu lange auf. In Zukunft werden Ihre Abschreibungsausgaben einen Teil der großen Anschaffungen beinhalten, die Sie tätigen, um Ihr Unternehmen gesund und am wachsen zu halten (zum Beispiel Computer, Autos, Gabelstapler).

Wenn Sie Ihre Pro-forma-Gewinn- und Verlustrechnung erstellen und Ihren Nettogewinn ausrechnen, sollten Sie auf einen Schock vorbereitet sein. Sie werden vielleicht feststellen, daß sich der Gewinn, den Sie für das erste Jahr erwartet haben, in einen Verlust verwandelt hat. Geraten Sie jedoch nicht in Panik. Neue Unternehmen schreiben häufig über einen bestimmten Zeitraum rote Zahlen, bis die Produkte am Markt Fuß fassen und ein Teil der Startkosten wieder eingespielt werden kann. Was auch immer Sie tun, Sie sollten nicht versuchen, durch Zahlenspiele einen voraussichtlichen Verlust in einen Gewinn zu verwandeln. Es geht nicht darum, auf dem Papier Geld zu machen, sondern Sie sollten die Gewinn- und Verlustrechnung als Werkzeug einsetzen, mit dem Sie feststellen können, welche Ressourcen und Reserven Sie benötigen, um so lange zu überleben, bis sich Gewinne anstatt Verluste abzeichnen.

Eine geschätzte Bilanz

Ein weiterer Bestandteil Ihres Budgets ist die *geschätzte Bilanz*, die wie eine richtige Bilanz eine Momentaufnahme der Situation Ihres Unternehmens zu einem bestimmten Zeitpunkt ist. Der Bilanz können Sie entnehmen, was das Unternehmen besitzt, was es anderen schuldet und was es wert ist. Über die Jahre füllen diese Schnappschüsse (die geschätzten Bilanzen) dann ein Photoalbum und belegen, wie sich Ihr Unternehmen im Laufe der Zeit verändert hat. Ihre geschätzten Bilanzen beschreiben, wo Sie Ihr Unternehmen gerne sehen würden und was Sie planen, um dies zu erreichen. Die geschätzten Bilanzen, die Sie zu einer Finanzplanung zusammenfassen, sollten mit dem laufenden Geschäftsjahr beginnen und sich über drei bis fünf Jahre erstrecken. (Mehr Informationen zu Bilanzen erhalten Sie in Kapitel 10.)

Während die Pro-forma-Gewinn- und Verlustrechnungen in Ihrer Finanzplanung zukünftige Umsatzerlöse, Kosten und Gewinne prognostizieren, zeigen die Bilanzen genau, wie Ihr Unternehmen wachsen wird, um die Planung zu erfüllen. Als erstes werden Sie betrachten wollen, welche Aktivposten Sie benötigen, um den geplanten Umfang Ihres Unternehmens zu erreichen. Dann müssen Sie einige Entscheidungen treffen, wie Sie diese *Aktiva* finanzieren wollen. Sie müssen auch überlegen, wie Sie Ihr Unternehmen finanzieren möchten, d.h. wieviel Schulden Sie machen möchten (*Verbindlichkeiten*) und wieviel des Unternehmenkapitals (*Eigenkapital*) Sie planen, einzusetzen.

Aktivposten

Die geplanten Aktivposten Ihres Unternehmens am Ende jedes Jahres beinhalten von dem Geld, das Sie in der Kasse erwarten, bis zu den Gebäuden und Maschinen alles, was Sie planen zu besitzen. Einige dieser Aktivposten gehören zum Umlaufvermögen und lassen sich folglich leicht in flüssige Mittel umwandeln. Andere dagegen gehören zum Anlagevermögen.

Umlaufvermögen: Ihr Bargeld, die Schecks, der Kassenbestand, Guthaben bei Kreditinstituten und Wertpapiere, Forderungen und der Lagerbestand bilden das Umlaufvermögen. Wieviel sollten Sie dafür einplanen? Das hängt zum einen von der Liste der Verbindlichkeiten ab, die Sie erwarten, weil Sie kurzfristige Verbindlichkeiten aus dem Umlaufvermögen bezahlen müssen. Was übrig bleibt, ist Ihr Betriebskapital. Die Höhe des Betriebskapitals, die Sie benötigen, ist von Ihrer zukünftigen Cash-Flow-Situation abhängig.

Die geschätzten Forderungen (das Geld, das Kunden Ihnen schulden) hängen von den Zahlungszielen ab, die Sie anbieten und den Verkaufszahlen, die Sie auf Kreditbasis einplanen.

Die Vorräte (der gesamte Lagerbestand) hängen davon ab, wie schnell Ihr Unternehmen Produkte oder Dienstleistungen fertigstellen und an die Kunden ausliefern kann. Je länger es dauert, ein Produkt zu produzieren, desto größer muß Ihr Lagerbestand sein.

Anlagevermögen: Grundbesitz, Gebäude, Apparate, Maschinen und alle anderen Dinge, die sich nicht leicht veräußern lassen, bilden das Anlagevermögen Ihres Unternehmens. Ihre geschätzten Bilanzen sollten die größeren Anschaffungen beinhalten, die Sie machen oder loswerden müssen. Ihre Hauptanschaffungen (wie zum Beispiel zusätzliche Gebäude, mehr Geräte und neuere Maschinen) können einen wesentlichen Beitrag zum Wachstum Ihres Unternehmens leisten und sowohl Ihre Umsatzerlöse erhöhen als auch die Skala Ihrer Geschäftsaktivitäten erweitern.

Verfolgen Sie genau, wie sich der Erwerb der einzelnen Maschinen und Geräte auf Ihren Jahresüberschuß auswirkt. Wenn Sie planen, ein Anlagegut zu erwerben, sollten Sie kurz den Rückzahlungszeitraum berechnen (d.h., wie lang es dauern wird, um die Anschaffungskosten aus den zusätzlichen Gewinnen, die Sie mit dem Gerät oder der Maschine machen werden, zurückzubezahlen). Beträgt die Rückzahlungsdauer mehrere Monate, Jahre oder sogar Jahrzehnte? Bei der Planung sollten Sie auch den erwarteten *ROI*, d.h. das Verhältnis vom Nettogewinn zu den Aktiva, verfolgen. Diese Zahl überwacht, welche Erwartungen Sie in die zukünftige Entwicklung Ihrer Aktiva haben. Vergleichen Sie Ihren geschätzten ROI mit Branchendurchschnittswerten und sogar mit anderen Arten von Investitionen.

Eine bessere Eigenkapitalrentabilität erzielen

Ein kleines, aufstrebendes Unternehmen (namens Die Kluge Küche) hat sich im Bereich der Küchenausstattung einen großen Namen gemacht. Die Kluge Küche produziert alle Arten von neuartigen Apparaten und Utensilien für den Chefkoch – alles von der Nudelzange bis zum Melonenportionierer. Weil viele der Produkte aus Plastik sind, müssen die Inhaber eine Entscheidung über den Kauf einer weiteren Spritzgußmaschine treffen. Sie wissen, daß die Investition vernünftig ist, weil die DM 20.000 teure Maschine des Unternehmens ein neues Wachstum ermöglichen wird, und sie erwarten, damit jährlich einen Zusatzgewinn von DM 4.000 zu erzielen. Daraus resultiert eine geschätzte Rückzahlungsdauer von fünf Jahren (DM 20.000 / DM 4.000). Die Frage ist nun, ob die Maschine über Kredite oder die Eigenkapitalreserven des Unternehmens finanziert werden soll.

Die Eigentümer wissen, daß Kredite eine Möglichkeit darstellen, das Unternehmen fremdzufinanzieren. Die Bank hat bereits zugestimmt, Der Klugen Küche 75 Prozent der Investitionssumme von DM 20.000 zu einem Zinssatz von 8 Prozent zur Verfügung zu stellen. Aber was besagen diese Zahlen?

Der Eigenkapitalrentabilität (ROE) bietet ein Maß dafür, wieviel Geld Die Kluge Küche mit dem Geld machen kann, das investiert wird (Eigenkapitalrentabilität = ((Zusatzgewinn – Fremdkapitalzinsen) / Eigenkapital) x 100). Wenn sie einen Kredit aufnehmen, erwarten die Eigentümer, zusätzlich DM 2.800 für ihre Investition von DM 5.000 in die neue Maschine zu verdienen. Die Eigenkapitalrentabilität beträgt 56 Prozent. Diese Zahl ist fast dreimal so hoch wie der Eigenkapitalrentabilität, die die Eigentümer durch eine Eigenfinanzierung erhalten würden.

Zusätzliche Spritzgußmaschine	Eigenfinanzierung	Fremdfinanzierung
Verbindlichkeiten	DM 0	DM 15.000
Eigenkapital	DM 20.000	DM 5.000
Zusätzlicher Nettogewinn	DM 4.000	DM 4.000
Zusätzliche Fremdkapitalzinsen	DM 0	DM 1.200
Zusatzgewinn – Fremdkapitalzinsen	DM 4.000	DM 2.800
Eigenkapitalrentabilität	20 %	56 %

Tabelle 11.2: Vergleich zwischen Eigen- und Fremdfinanzierung

Die Fremdfinanzierung, die wie eine finanzielle Brechstange wirkt, erlaubt es Der Klugen Küche, das Geld anderer Leute einzusetzen, um für sich selbst Gewinne zu erzielen. Das Risiko ist natürlich auch etwas höher, weil die Eigentümer die Zinszahlungen leisten müssen, um die Maschine oder sogar das gesamte Unternehmen nicht zu verlieren. Unter den gegebenen Voraussetzungen sollte Die Kluge Küche das Kapital leihen, weil die Belohnung das Risiko wirklich wert ist.

Verbindlichkeiten und Eigenkapital

Die geschätzte Bilanz muß natürlich ausgeglichen sein, und Ihre geplanten Aktivposten am Ende jedes Planungsjahres müssen mit der Summe der Verbindlichkeiten und des Eigenkapitals übereinstimmen. Überlegen Sie, in welchem Maße Sie *fremdfinanziert* sein möchten. Ihr zukünftiger Einsatz von Fremdkapital sagt sehr viel über Ihr Unternehmen aus. Er zeigt, wieviel Vertrauen Sie in Ihre zukünftigen Gewinne haben. Er zeigt auch laut und deutlich, wie hoch Ihre Bereitschaft ist, für zukünftige Gewinne Risiken einzugehen. Mehr zum Thema Fremdfinanzierung erfahren Sie im obigen Beispiel *Eine bessere Eigenkapitalrentabilität erzielen* oder in Kapitel 10.

Kurzfristige Verbindlichkeiten: Diese Kategorie besteht aus der Geldmenge, die Sie anderen kurzfristig schulden. Deshalb werden diese Schulden auch kurzfristige Verbindlichkeiten genannt, obwohl wir noch immer über die Zukunft sprechen. Kurzfristige Verbindlichkeiten beinhalten die Geldmenge, die Sie erwarten, anderen Unternehmen als Teil Ihrer geplanten Geschäftsaktivitäten zu schulden, und auch Zahlungen, die Sie an das Finanzamt leisten müssen. Sie müssen Ihr zukünftiges Umlaufvermögen genau planen, so daß nicht nur diese geschätzten kurzfristigen Verbindlichkeiten abgedeckt sind, sondern auch noch Kapital übrig bleibt, mit dem Sie arbeiten können.

Langfristige Verbindlichkeiten: Die langfristigen Kredite, die Sie aufnehmen möchten, repräsentieren den Bestandteil Ihres Unternehmens, den Sie finanzieren möchten. Seien Sie jedoch nicht überrascht, wenn potentielle Gläubiger ein klares Limit für die Summe setzen, die sie Ihnen leihen. Das gilt insbesondere dann, wenn Sie ganz am Anfang stehen. Es ist schwierig, ein Haus ohne Eigenkapital zu bauen. Und es ist beinahe unmöglich, ohne Eigenkapital ein Unternehmen zu gründen. Im allgemeinen wollen Bankiers und Obligationsinhaber sehen, daß Sie genug Eigenkapital in Ihr Unternehmen stecken, um ihnen in Bezug auf das Risiko das Gefühl zu vermitteln, daß Sie im selben Boot sitzen. Das Eigenkapital verleiht Ihnen das beruhigende Gefühl, daß Sie und andere Eigenkapitalinvestoren am Unternehmen beteiligt sind und auch handfeste Gründe haben, das Unternehmen zum Erfolg zu führen.

Wieviel Geld werden Darlehensgeber Ihnen leihen? Die Antwort hängt von verschiedenen Dingen ab. Wenn Sie bereits im Geschäft sind, hängt die Antwort davon ab, wie hoch Ihr Unternehmen bereits verschuldet ist, wie lange es das Unternehmen bereits gibt, wie es sich bisher entwickelt hat und welche Aussichten Ihre Branche hat. Wenn Ihr Unternehmen neu gegründet wurde, hängt die Finanzierung davon ab, was Sie in anderen Geschäftsbereichen vorzuweisen haben und wie gut Sie Ihre Hausaufgaben gemacht und einen überzeugenden Businessplan entwickelt haben.

Bevor Sie einen neuen Kredit aufnehmen, sollten Sie versuchen herauszufinden, welche Nettoverschuldung vergleichbare Unternehmen haben (mehr hierzu erfahren Sie in Kapitel 10). Ihre Verschuldung sollte diesen Rahmen nicht überschreiten. Zusätzlich sollten Sie einige Zahlen berechnen, um festzustellen, ob Sie sich den Kredit und die daraus resultierenden Zinszahlungen leisten können.

Eigenkapital: Die Teile Ihres Unternehmens, die Sie, Ihre Freunde, Verwandten, Bekannten und häufig sogar völlig Fremde besitzen, bilden das Eigenkapital Ihres Unternehmens. Obwohl die Details der Besitzverhältnisse ziemlich komplex werden können, ist das Ergebnis dieses Prozesses einfach. Alle Eigentümer besitzen Teile des Unternehmens und gewinnen oder verlieren je nach Zustand des Unternehmens.

Im allgemeinen können Sie über die Eigenkapitalrentabilität abschätzen, wie lohnenswert das Unternehmen für seine Eigentümer sein wird (mehr hierzu in Kapitel 10). Die Eigenkapitalrentabilität können Sie dann mit dem anderer Unternehmen oder sogar anderer Branchen vergleichen.

Am Anfang wird das Eigenkapital Ihres Unternehmens vermutlich von den Eigentümern stammen. Es kann sich dabei um Bargeld direkt aus der Brieftasche oder um den Verkauf von Aktien an andere Investoren handeln. Das Eigenkapital ist in diesem Stadium entscheidend, weil Sie, wenn Sie später einen Kredit aufnehmen möchten, nachweisen müssen, daß Sie genug in Ihr Unternehmen investiert haben, um Ihr Unternehmen zu einem vernünftigen finanziellen Risiko zu machen. Wenn das Unternehmen gut läuft, können Sie natürlich einen Teil der Gewinne nehmen (anstatt sich den Sportwagen zu kaufen, von dem Sie immer geträumt haben) und an das Unternehmen zurückgeben, um damit das Eigenkapital zu erhöhen.

Unglücklicherweise hat der Gewinn zwei Seiten und die untere Seite ist definitiv die rote. Obwohl Sie wahrscheinlich nicht daran denken möchten, kann es sein, daß Ihr Unternehmen einige Jahre lang Geld verliert (besonders in den ersten Jahren). Verluste erzeugen kein Eigenkapital. Im Gegenteil, sie fressen dieses sogar auf. Deshalb müssen Sie genug Eigenkapital einplanen, um diese zu erwartenden Verluste abzufangen.

Der geplante Cash-Flow

Der Kapitalfluß in einem Unternehmen ist mit dem Ölfluß durch eine Maschine zu vergleichen. Er hält alles, was Sie tun, aufrecht und sorgt dafür, daß die verschiedenen Teile Ihres

Unternehmens glatt funktionieren. Wir wissen alle, was passiert, wenn ein Auto nicht mehr genug Öl hat: Der Wagen spuckt blauen Rauch und verreckt. Die gleiche Katastrophe passiert, wenn Ihres Unternehmens das Geld ausgeht. Wenn Sie diese Erfahrung überleben, wird es mehrere Monate oder sogar Jahre dauern, bis Sie sich davon erholt haben.

Cash-Flow-Analysen vermitteln einen Überblick über die flüssigen Mittel, das in das Unternehmen hinein- und aus diesem herausfließt. Es wird auch ermittelt, wo das Geld schließlich endet. Solche Analysen sind sehr wichtig. Eine Planung des Kapitalflusses stellt sicher, daß nicht die Kasse am Monatsende leer ist und Sie noch einen Stapel Rechnungen zu bezahlen haben.

Auf Cash-Flow-Analysen sollten drei bis fünf Jahre in die Zukunft reichen und sollten zumindest in den ersten beiden Jahren eine vierteljährliche (oder besser sogar monatliche) Kapitalflußeinschätzung enthalten. Monatliche Schätzwerte sind insbesondere dann wichtig, wenn Ihr Unternehmen saisonalen Schwankungen oder starken Ausgaben- oder Absatzschwankungen unterliegt. (Wenn Sie sich nicht sicher sind, wie eine Cash-Flow-Analyse aussieht und worin sie sich von einer Gewinn- und Verlustrechnung unterscheidet, lesen Sie Kapitel 10.)

Diese ganze Arbeit zahlt sich für Sie aus: Die Cash-Flow-Analyse, die Sie für Ihr Unternehmen erstellen, bilden einen Ausgangspunkt für das Budget Ihres Unternehmens (siehe *Ein Budget erstellen* weiter hinten in diesem Kapitel).

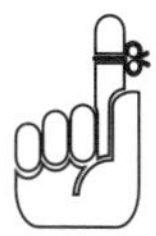

- ✔ Ihr Finanzplan sollte eine Pro-forma-Gewinn- und Verlustrechnung, eine geschätzte Bilanz und eine geplante Cash-Flow-Analyse beinhalten.
- ✔ Die Geschäftsannahmen, die hinter Ihrer Planung stehen, sind genauso wichtig wie die Zahlen selbst.
- ✔ Die Pro-forma-Gewinn- und Verlustrechnung für Ihr Unternehmen sagt den Gewinn vorher, den es in den nächsten Jahren machen wird.
- ✔ Ihre geschätzte Bilanz legt dar, welche Art von Wachstum Sie für Ihr Unternehmen in Zukunft erwarten.
- ✔ Die Cash-Flow-Analyse vermittelt einen Überblick über die voraussichtlichen Geldflüsse in den kommenden Jahren.

Alternativen erkunden

Wäre es nicht schön, wenn mit der Finanzplanung schon alles erledigt wäre? Unglücklicherweise ist die ungewisse Zukunft, die Ihr Budget überhaupt nötig macht, nicht vorhersagbar und erfordert deshalb konstante Aufmerksamkeit. Um auf dem Laufenden zu bleiben, können Sie folgendes tun:

- ✔ Ihre finanzielle Situation überwachen und die Teile Ihrer Planung überarbeiten, die sich ändern, wenn sich die Umstände – und Ihre eigenen finanziellen Ziele – verlagern.

- ✔ Aktualisieren Sie Ihre gesamte Finanzplanung regelmäßig, und behalten Sie im Auge, wann Ihre Planungen mit der Realität übereingestimmt haben und wann nicht. Erweitern Sie auf dieser Basis Ihre Planung um einen weiteren Monat, ein Quartal oder ein Jahr.
- ✔ Betrachten Sie auch finanzielle Annahmen, die optimistischer und pessimistischer als ihre eigenen Voraussagen sind, und achten Sie insbesondere auf die Bereiche, in denen Sie sich besonders unsicher sind.

Warum sollten Sie sich die Zeit nehmen, verschiedene finanzielle Annahmen zu betrachten? Erstens sehen Sie so, wie daneben Ihr Plan sein kann, wenn die Dinge nicht genau nach Ihren Erwartungen verlaufen. Zweitens machen Sie die Unterschiede, die sich bei verschiedenen Betrachtungsweise zeigen, darauf aufmerksam, daß Ihre Planung eben nur eine Planung ist. Sie müssen auch für Alternativen gerüstet sein.

Das DuPont-Control-System

Wenn Sie wirklich ein Gefühl dafür bekommen möchten, was geschieht, wenn Sie eine der Bewertungen ändern, auf denen der Finanzplan Ihres Unternehmens basiert, müssen Sie etwas vom Verhältnis der Zahlen zueinander verstehen. Die Formel wurde von der Firma DuPont entwickelt und erwies sich für andere Unternehmen als so nützlich, daß sie sie seither ebenfalls einsetzen.

Die Idee, die hinter dem *DuPont-Control-System* steckt, ist einfach. Das Rezept beschreibt alle Zutaten, die eine Rolle für die Gesamtkapitalrentabilität spielen – eine Zahl, die die Rentabilität Ihres Unternehmens insgesamt widerspiegelt. Die Gesamtkapitalrentabilität Ihres Unternehmens entspricht der Umsatzrendite dividiert durch den Kapitalumschlag. Zu wissen, daß Ihr Unternehmen eine Gesamtrentabilität von 30 Prozent erzielt, ist ähnlich, wie eine Zwei in Mathe zu erhalten. Sie haben zwar das Gefühl, recht gut abgeschnitten zu haben, aber warum haben Sie diese bestimmte Note erhalten? Warum hat es nicht zu einer Eins gereicht? Um zu wissen, was Sie beim nächsten Mal besser machen können, müssen Sie wissen, was sich hinter der Note verbirgt.

Wenn Sie erfahren, was sich hinter der Gesamtkapitalrentabilität Ihres Unternehmens verbirgt, haben Sie eine Möglichkeit, festzustellen, welchen Einfluß Ihre Finanzplanung auf die Rentabilität hat. Bei der Veranschaulichung des DuPont-Control-Systems in Abbildung 11.1 wurde als Darstellungsform die Pyramide gewählt, wobei die Gesamtrentabilität an oberster Stelle steht. Auf den einzelnen Ebenen werden die Kennzahlen in grundlegendere Bestandteile zerlegt.

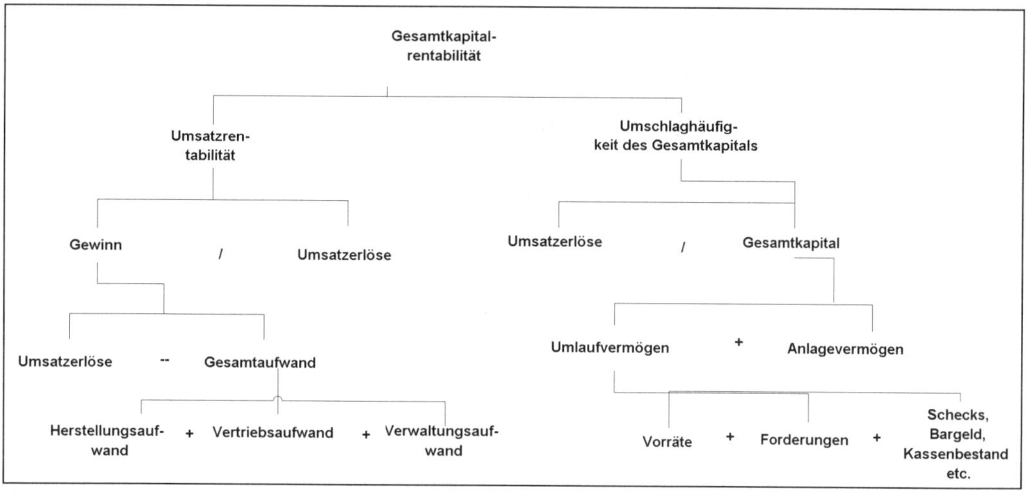

Abbildung 11.1: Das DuPont-Diagramm wandelt die DuPont-Formel in eine Pyramide um, bei der die Gesamtkapitalrentabilität ganz oben steht.

Erste und zweite Ebene

Die Gesamtkapitalrentabilität wird auf der ersten Ebene in die zwei Kennzahlen Umsatzrentabilität und Umschlaghäufigkeit zerlegt, die sich wie folgt zusammensetzen:

$$\frac{\text{Gewinn}}{\text{Umsatzerlöse}} \times \frac{\text{Umsatzerlöse}}{\text{Gesamtkapital}}$$

Sie erfahren so, ob eine Veränderung der Gesamtkapitalrentabilität auf eine Änderung der Umsatzrentabilität oder der Umschlaghäufigkeit zurückzuführen ist.

Dritte Ebene

Gewinn = Umsatzerlöse – Gesamtaufwand

Über die weitere Zerlegung des Gewinns erfahren Sie, ob Veränderungen auf eine Erhöhung der Umsatzerlöse oder eine Veränderung des Gesamtaufwands zurückzuführen sind.

Gesamtkapital = Umlaufvermögen + Anlagevermögen

In ähnlicher Weise sehen Sie anhand der Aufgliederung der Umschlaghäufigkeit des Gesamtkapitals, ob Veränderungen durch das Anlage- oder Umlaufvermögen bedingt sind.

Vierte Ebene

Gesamtaufwand = Herstellungs- + Vertriebs- + Verwaltungsaufwand

Auf der untersten Ebene erfahren Sie sogar, welche Arten von Aufwand die Veränderung des Gesamtaufwands bedingen.

Umlaufvermögen = Lagerbestände + Forderungen + Schecks + Flüssige Mittel

Falls Veränderungen des Gesamtkapitals durch das Umlaufvermögen beeinflußt wurden, können Sie anhand der Grafik auch noch erkennen, welche Art von Umlaufvermögen für die Erhöhung oder Erniedrigung des Umlaufvermögens verantwortlich ist.

Was-wäre-wenn-Analysen

Nachdem Sie nun gesehen haben, wie sich die DuPont-Formel zusammensetzt, können Sie damit beginnen, verschiedene Annahmen zu erkunden, und auszuprobieren, was passiert, wenn Sie die Finanzplanung ändern. Anhand des DuPont-Control-Systems können Sie feststellen, wie wahrscheinlich es ist, daß bestimmte Veränderungen die geplante Rentabilität beeinflussen, die hier in Form der Gesamtkapitalrentabilität gemessen wird. Das DuPont-System erleichtert es erheblich, die folgenden Fragen zu beantworten:

- ✔ Was wäre, wenn Sie die Preise um 3 % senken würden?
- ✔ Was wäre, wenn Sie das Absatzvolumen um 10 % steigern würden?
- ✔ Was wäre, wenn sich die Kosten der verkauften Güter um 8 % erhöhen würden?

Wenn Sie Ihren Computer und ein Tabellenkalkulationsprogramm für die Analyse benutzen, können Sie zehn Was-wäre-wenn-Fragen stellen und erhalten die Antworten, bevor Sie überhaupt die Zeit hatten, sich zehn weitere auszudenken.

Je genauer Sie wissen, woher Ihre Umsatzerlöse und Gewinne stammen, desto besser sind Sie für die finanziellen Herausforderungen gerüstet. Mehr zur Vorbereitung auf Veränderungen erfahren Sie in Kapitel 12.

- ✔ Wenn Sie verschiedene Finanzannahmen betrachten, können Sie sich besser gegen die ungewisse Zukunft absichern.
- ✔ Das DuPont-Control-System beschreibt genau, was in Ihre Gesamtkapitalrentabilität einfließt.
- ✔ Mit dem DuPont-Control-System können Sie Was-wäre-wenn-Fragen stellen, um die Auswirkungen von Veränderungen Ihrer Finanzannahmen abschätzen zu können.

Ein Budget erstellen

Die Einzelteile, die Sie zusammengetragen haben, um ein Budget zu erstellen – die Pro-forma-Gewinn- und Verlustrechnung, die erwartete Bilanz und der geplante Kapitalfluß – dienen dazu, ein Bild Ihrer finanziellen Situation am nächsten Tag, in einem Monat, in einem Jahr, in den nächsten drei oder sogar fünf Jahren zu zeichnen. Dieses Bild wird natürlich für die nahe Zukunft wesentlich klarer sein als für die weiter entfernte. Glücklicherweise können Sie den besten Ihrer Pläne nutzen, um in der nächsten Zeit Entscheidungen darüber zu treffen, wo, wann und wieviel Geld Sie in Zukunft für Ihr Unternehmen ausgeben.

Die Aufstellung eines Budgets ist einer der wichtigsten Schritte, die Sie zur Vorbereitung Ihres Businessplans machen werden. Ihr Budget besteht eigentlich aus einer Folge von Wetten. Die Wetten basieren darauf, was sich Ihrer Meinung nach in Ihrer Branche im Markt allgemein ereignen wird. Ihr Budget drückt genau aus, woher die Ressourcen Ihres Unternehmens stammen und wohin sie fließen werden, und es unterstützt Sie dabei, die richtigen Finanzentscheidungen zu treffen.

Ein Budget ist mehr als nur eine Sammlung von Zahlen. Ihr Budget ist auch ein Werkzeug, das Ihnen hilft, die Ereignisse in Ihrem Unternehmen besser zu besprechen, zu organisieren, zu überwachen und zu steuern. Das Budget Ihres Unternehmens bewirkt folgendes:

- ✔ Manager kommunizieren miteinander, um spezifische Finanzziele inklusive der Höhe der Umsatzerlöse und der Investitionsobjekte abzustimmen.
- ✔ Es legt basierend auf der Geldsumme, die erwirtschaftet werden muß und ausgegeben werden darf, Rollen und Verantwortlichkeiten für Geschäftsführer etc. fest.
- ✔ Es erzeugt einen Standard für die Messung und Überwachung der Leistung des Managements, indem es verfolgt, inwieweit die Umsatzziele und Ausgabenlimits erfüllt wurden.
- ✔ Es fördert den wirtschaftlichen und wirkungsvollen Einsatz der Finanzressourcen, indem es sicherstellt, daß alle Ihre Ressourcen für die Geschäftsziele eingesetzt werden.

Woraus besteht das Budget

Ganz grob sieht das Budget Ihres Unternehmens der geschätzten Cash-Flow-Analyse ähnlich. Und die Kapitalflußrechnung eignet sich auch hervorragend als Ausgangsbasis. Der geplante Kapitalfluß zeigt, woher Ihrer Meinung nach die Einnahmen des Unternehmens stammen werden und in welche Richtung es in Zukunft geht. Ihr Budget füllt alle Details aus und verwandelt Ihre Finanzplanung in einen spezifischen Plan dafür, wie Sie Geld einnehmen und sparsam wieder ausgeben können.

Das *Gesamtbudget* (master budget), das Sie erstellen, soll über alles Rechenschaft ablegen, das Ihr Unternehmen im nächsten Jahr oder in den nächsten zwei Jahren zu tun gedenkt. Obwohl Sie das Geld Ihres Unternehmens auf verschiedene Arten ausgeben, lassen sich alle Ausgaben in kurzfristige und langfristige Ausgaben unterteilen. Bei kurzfristigen Ausgaben verwenden Sie das Geld, um das Unternehmen jeden Tag am Laufen zu halten. Dazu gehören die Kosten und Ausgaben für die Produktion, den Verkauf und Kundendienst für Ihre Produkte. Bei langfristigen Ausgaben investieren Sie Ihr Geld in Dinge, durch die Ihr Unternehmen größer, besser oder profitabler wird.

Wenn Ihr Unternehmen klein ist und Sie nur ein paar Mitarbeiter haben, reicht ein einziges Budget aus, um Ihre tägliche Finanzlage auf dem richtigen Kurs zu halten und die richtigen Entscheidungen für die Zukunft zu treffen. Wenn Ihr Unternehmen jedoch etwas größer wird, könnten Sie daran denken, mehr als ein Budget aufzustellen. Die verschiedenen Pläne könnten dann unterschiedliche Bereiche Ihres Unternehmens abdecken. Es wären zum Beispiel folgende Budgets denkbar:

- ✔ **Produktionsbudget:** Dieses Budget umfaßt alle Kosten, die direkt mit der Produktion Ihrer Produkte oder Dienstleistungen zusammenhängen, wie zum Beispiel Material, Nachschub, Arbeit, Hilfsstoffe, Dienstleitungen und Anlagen.
- ✔ **Verwaltungsbudget:** Dieses Budget umfaßt alle Ausgaben für die Unterstützung Ihrer Produkte oder Dienstleistungen, den Vertrieb, die Werbung, Gehälter für Verwaltungsarbeiten, Telefon, Fax und Reiseausgaben.
- ✔ **Finanzbudget:** Dieses Budget beinhaltet alle laufenden Geschäftskosten für die Verwaltung Ihrer Aktiva, die Buchhaltung, die Kontrolle Ihres Lagerbestands und die Verwaltung Ihrer Forderungen (das Geld, das Ihre Kunden Ihnen schulden).
- ✔ **Investitionsgüterbudget:** Dieses Budget befaßt sich mit den Geldmitteln, die für den Erwerb von Investitionsgütern wie neue Geräte, Computer, Firmenwägen und zusätzlicher Büroraum vorgesehen sind.
- ✔ **Budget für Forschung- und Entwicklung:** Dieses Budget umfaßt Geld, das Sie für die Entwicklung neuer Produkte, die Eröffnung neuer Filialen in anderen Städten oder das Marketing für neue Kundengruppen beiseite legen.

Wenn Sie verschiedene Budgets benötigen, wie diejenigen in der vorherigen Liste, verwenden Sie ein Gesamtbudget, in dem alle Einzelbudgets zusammengefaßt werden und mit dem sichergestellt wird, daß die Einzelbudgets mit den übergeordneten und Finanzzielen Ihres Unternehmens übereinstimmen.

Global Krimskrams hat für die nächsten zwei Jahre ein Budget aufgestellt, das auf der Finanzplanung und dem geplanten Kapitalfluß (Cash-Flow) basiert (siehe Abbildung 11.2). Das Budget sieht der Kapitalflußanalyse sehr ähnlich (siehe hierzu Kapitel 10). Aber das Budget geht mehr ins Detail und teilt die groben Finanzziele in Umsatzerlöse und Ausgabeziele für bestimmte Unternehmensaktivitäten auf. Die Kosten der produzierten Güter werden zum Beispiel in die Kosten für Rohmaterial und Hilfsstoffe, für Arbeit und Werkzeuge und Anlagen aufgeteilt.

Wie man ein Budget erstellt

Irgendwie ist es nie der richtige Zeitpunkt, sich hinzusetzen und ein Budget zu erstellen. Es gibt immer etwas Wichtigeres zu tun. Diese Situation scheint sowohl auf den privaten Haushalt als auch auf Ihr Unternehmen zuzutreffen. Warum stellt niemand gerne ein Budget auf? Häufig scheint nicht genug Finanzinformation verfügbar zu sein, um ein wirklich nützliches Budget aufzustellen. Wenn Sie jedoch zuvor eine geschätzte Gewinn- und Verlustrechnung, eine Bilanz und eine Cash-Flow-Analyse aufstellen, läßt sich das Budget für Ihr Unternehmen wesentlich leichter erstellen.

Wann fangen Sie also an? Wenn Sie Ihr Unternehmen erst gegründet haben, gibt es keine besseren Zeitpunkt, als sofort zu beginnen. Wenn Sie Ihr Unternehmen schon seit längerem betreiben, hängt der Zeitpunkt, zu dem Sie ein Budget erstellen sollten, von der Größe Ihres Unternehmens ab. Bei sehr großen Unternehmen kann der Planungsprozeß sechs bis neun Monate im voraus beginnen. Kein Wunder, daß die Tätigkeit wie eine endlose Plackerei wirken kann. Bei den meisten Unternehmen reicht es jedoch aus, wenn sie sich drei bis vier Monate vor Beginn des neuen Geschäftsjahres ernsthaft mit dem Budget befassen.

Unternehmen, die schon länger am Markt sind, können ihre bisherigen Zahlen als Ausgangspunkt für das Budget des kommenden Jahres benutzen. Aber seien Sie vorsichtig. Wenn Sie schon ein altgedienter Kämpfer sind, ist die Verführung groß, die Budgetierung auf die leichte Schulter zu nehmen und die Zahlen des vergangenen Jahres für das nächste Jahr zu übernehmen. Unglücklicherweise kann es passieren, daß Sie den Finanzkurs verlassen, bevor Sie es merken. Ein guter Kompaß für diese Situation wird »Null-Basis-Budgetierung« genannt. Wenn Sie auf dieser Art der Budgetierung bestehen, veranlassen Sie, daß alle – auch Sie selbst – bei der Budgetierung bei Null beginnen. Anstatt die Zahlen aus dem letzten Jahr zu verwenden, greifen Sie vollständig auf Ihre Vorhersagen (geschätzte GuV, Bilanz und Kapitalflußrechnung) zurück und errechnen einen neuen Satz Zahlen auf dieser Grundlage. Der Prozeß kostet etwas mehr Zeit, ist diese aber immer wert.

Hauptbudget

Global Krimskrams

Einnahmen und Ausgaben	Nächstes Jahr (DM)	Übernächstes Jahr (DM)
1 **Budgetierte Einnahmen:**		
	895.000	970.000
	2.000	3.000
	2.000	2.000
Summe der verfügbaren Einnahmen	**899.000**	**975.000**
Budgetierte Ausgaben:		
Herstellungskosten	600.000	650.000
Roh- und Hilfsstoffe	250.000	275.000
Arbeitskosten	300.000	325.000
Einrichtung	50.000	50.000
Vertriebskosten	165.000	170.000
Vertrieb	90.000	95.000
Werbung	30.000	30.000
Kundendienst	15.000	20.000
Allgemeine Verwaltungskosten		
Rechnungswesen	30.000	30.000
2 Zinsen u.ä. Aufwendungen	12.500	12.000
Steuern	22.000	24.000
Sachanlagen	40.000	100.000
Computer	35.000	25.000
Lagererweiterungsbau	5.000	75.000
Entwicklungskosten	10.000	15.000
Produktentwicklung	8.000	5.000
Marktentwicklung	2.000	10.000
Langfristige Verbindlichkeiten	2.500	2.000
Gewinnausschüttung	6.000	7.000
Summe der verfügbaren Einnahmen	**858.000**	**980.000**
Veränderung der verfügbaren Mittel	**40.000**	**- 5.000**

Abbildung 11.2: Das Gesamtbudget

Die Budgetierung ist in der Geschäftswelt häufig schlecht angesehen. Anstatt die Budgetierung als ein nützliches Werkzeug zu nutzen, betrachten Unternehmenseigentümer die Budgetierung häufig als Erzfeind und Geschäftsführer fluchen häufig darüber. Wenn der Prozeß der Budgetierung bei einem Unternehmen verflucht wird, ist vermutlich mindestens eines der folgenden Dinge geschehen:

- ✔ Das Budget wurde von oben diktiert und eingesetzt, um die Geschäftsführer des Unternehmens zu kontrollieren. Ihnen wurde dadurch die Möglichkeit genommen, Geschäftsentscheidungen zu beeinflussen, für deren Ausführung sie schließlich verantwortlich waren.
- ✔ Das Budget basierte auf kurzfristigen Überlegungen und die langfristigen Pläne und strategischen Ziele des Unternehmens wurden ignoriert.
- ✔ Die geplanten Umsatzerlöse und Ausgabenziele hatten nichts mit den übergeordneten Finanzzielen des Unternehmens oder ihrer wirklichen Finanzsituation zu tun.

Um sicherzustellen, daß das Budget Ihres Unternehmens keine derartig fatalen Schwächen aufweist, sollten Sie die folgenden Methoden, ein Budget zu erstellen, genauer betrachten.

Der Top-down-Ansatz für die Budgetierung

Der Top-down-Ansatz für die Budgetierung ist die einfachste Art, sich durch die Finanzplanung eines Unternehmens zu arbeiten. Der Prozeß beginnt und endet im wesentlichen bei den Verantwortlichen. Wenn Ihr Unternehmen sehr klein ist, werden Sie vielleicht Leute von außen zu Rate ziehen wollen, denen Sie vertrauen, wie zum Beispiel Ihr Bankier, Ihr Steuerberater oder enge Geschäftsfreunde. Der Prozeß könnte wie folgt aussehen:

1. **Stellen Sie die Finanzplanungen Ihres Unternehmens inklusive der Pro-forma-Gewinn- und Verlustrechnung, der geschätzten Bilanz und der Kapitalflußrechnung fertig.**

   Wenn Teile fehlen oder unvollständig sind, sollten Sie versuchen, die benötigten Informationen zu erhalten, oder im Dokument vermerken, daß die benötigten Informationen nicht verfügbar sind.

2. **Treffen Sie sich mit den Entscheidern des Unternehmens (oder einer Gruppe von Vertrauten, wenn Sie freiberuflich tätig sind), um die Finanzplanung zu überprüfen.**

   Nehmen Sie sich die Zeit, allgemeine Erwartungen über die Zukunft zu diskutieren. Sprechen Sie über Ihre Geschäftsannahmen, die in die Planung eingeflossen sind, und die Schlüsselvorhersagen und Schätzungen, die sich daraus ergaben.

3. **Treffen Sie sich noch einmal mit den betreffenden Personen, um finanzielle Alternativen zu erkunden.**

   Betrachten Sie verschiedene Fassungen von Geschäftsannahmen, und wiegen Sie deren potentielle Auswirkungen auf die Vorhersage ab. Sprechen Sie so lange darüber, bis die Gruppe entweder zustimmt oder übereinkommt, daß die Auffassungen über die Zukunft unterschiedlich sind.

4. **Stellen Sie Umsatz- und Ausgabenziele für alle wichtigen Geschäftsaktivitäten oder Funktionsbereiche (was davon für Ihr Unternehmen besser paßt) Ihres Unternehmens auf.**

5. **Treffen Sie sich ein letztes Mal, nachdem das Budget fertiggestellt wurde, um die Zahlen zu überprüfen und es abzusegnen.**

   Erstellen Sie eine schriftliche Zusammenfassung, damit jeder im Unternehmens weiß, worauf das Budget basiert, wie es zustande kam und was es bedeutet.

Obwohl der Top-down-Ansatz der Budgetierung ziemlich gut geeignet ist, wenn Sie die Mitarbeiter Ihres Unternehmens sehr gut kennen, hat der Ansatz einige wesentliche Nachteile, wenn Unternehmen größer sind. Wenn an der Spitze nur die Geschäftsführung steht, besteht das Risiko, daß große Teile der Organisation übergangen werden und daß die wirkliche Geschäftssituation aus dem Auge verloren wird, wenn die Zahlen eingesetzt werden.

Der Bottom-up-Ansatz für die Budgetierung

Der Bottom-up-Ansatz für die Erstellung Ihres Budgets ist eigentlich nur eine erweiterte Version des Top-down-Ansatzes. Bei ihm werden die Bedürfnisse größerer Unternehmen und die Situation berücksichtigt, daß mehr Leute etwas zu sagen haben. Sie wollen vielleicht trotzdem mit einer Gruppe leitender Manager zusammen beginnen, das Budget zu erstellen. Diese Gruppe sollte versuchen, ein allgemeines Verständnis vom und eine Übereinstimmung über die Finanzplanung Ihres Unternehmens und die Geschäftsannahmen und Erwartungen, die in die Finanzplanung einfließen, zu erzielen. Anstatt jedoch ein Budget von oben zu fordern, erlaubt es dieser Ansatz, das Budget von unten her aufzubauen.

Fordern Sie die Gruppe der leitenden Manager nicht auf, das Unternehmensbudget weiterhin zu diktieren. An dieser Stelle im Budgetierungsprozeß verlangt der Bottom-up-Ansatz die Einbeziehung der Manager und Projektleiter auf allen Ebenen. Der Prozeß verläuft wie folgt:

1. **Treffen Sie sich mit den leitenden Managern, und bitten Sie sie, die umfassenden Finanzziele des Unternehmens für alle wichtigen Geschäftsbereiche zu überprüfen.**

   Versuchen Sie, Richtlinien zu geben, die die Richtung für Budgetdiskussionen und -verhandlungen im gesamten Unternehmen festlegen.

2. **Bitten Sie die leitenden Manager, sich mit ihren Managern und Projektleitern auf allen Organisationsebenen zu treffen.**

   Die Treffen beginnen mit einem Rückblick auf die Budget-Richtlinien, aber die Diskussionen sollten sich auf die Umsatz- und Ausgabenziele konzentrieren. Immerhin sind es diese Manager, die die Zahlen wirklich erreichen und sich innerhalb des Ausgabenrahmens bewegen müssen.

3. **Fassen Sie die Ergebnisse der Budget-Verhandlungen zusammen.**

   Rufen Sie, falls nötig, die leitenden Manager noch einmal zusammen, um Änderungen der Finanzziele basierend auf der Einsicht, Auffassung und Weisheit des gesamten Management-Teams des Unternehmens vorzunehmen.

4. **Durchlaufen Sie den Prozeß noch einmal, damit alle auf dem gleichen Stand sind (d.h. alle den Hintergrund des Budgets und der darin enthaltenen Zahlen verstehen).**

5. **Lassen Sie das Budget von der Unternehmensspitze genehmigen.**

   Stellen Sie sicher, daß alle im Unternehmen verstehen, was das Budget bedeutet, und dieses nicht nur auf finanzielle Ziele, sondern auch auf größere Geschäftsziele anwenden.

✔ Ihr Budget drückt genau aus, woher die Ressourcen Ihres Unternehmens stammen und wohin sie fließen werden.

✔ Ihr Budget sollte auf der geschätzten Kapitalflußrechnung basieren.

✔ Die Budgetierung nach dem Top-down-Ansatz wird von der Unternehmenspitze vorgenommen – den Inhabern oder Geschäftsführern – und funktioniert am besten bei kleinen Unternehmen.

✔ Der Bottom-up-Ansatz umfaßt alle Führungsebenen, was zu realistischeren Umsatzzielen und Ausgabelimits führen kann.

Teil IV

Setzen Sie Ihr Intranet ein, um die Weltherrschaft zu erlangen

»Das ändert natürlich den Plan.«

In diesem Teil...

Wäre das Leben nicht einfacher, wenn Sie die Zukunft vorhersagen könnten? Ihre Entscheidungen wären dann immer genau richtig. Wir haben gute Neuigkeiten für Sie: Obwohl Sie die Zukunft nicht hundertprozentig vorhersagen können, können Sie Vorbereitungen für die Zukunft treffen. Und Planungen für die Zukunft – egal, ob im normalen oder im Geschäftsleben – können Sie hervorragend unterstützen, um die Notwendigkeit für spätere Schätzungen zu verringern.

In diesem Teil helfen wir Ihrem Unternehmen, in die Zukunft zu blicken. Wir bereiten Sie auf Veränderungen vor, indem wir genau betrachten, von welcher Seite diese zu erwarten sind. Wir sprechen darüber, wie Sie Veränderungen vorhersagen und abschätzen können, welche Auswirkungen diese Veränderungen auf Ihre Geschäftstätigkeit haben werden und wie groß die Wahrscheinlichkeit ist, daß sie tatsächlich eintreten.

Natürlich müssen Sie die Zukunft, die Sie vorhersagen, nicht unbedingt akzeptieren. Deshalb helfen wir Ihnen dabei, durch strategisches Denken Ihre eigene Zukunft zu formen. Wir stellen bewährte Geschäftsstrategien vor, die in der Vergangenheit funktioniert haben und zeigen Ihnen, wie Sie eine eigene Strategie entwickeln und in Ihrem Unternehmen einsetzen können. Zum Schluß zeigen wir verschiedene Wege auf, wie Ihr Unternehmen wachsen kann. Wir betrachten Möglichkeiten, Ihre Produktlinie zu erweitern, in neue Märkte zu expandieren und sich in ganz neue Geschäftsbereiche vorzuwagen.

Bereit sein für Veränderungen

12

In diesem Kapitel

- Dimensionen der Veränderung definieren
- Ökonomische, politische, technologisch und kulturelle Trends verfolgen
- Veränderungen vorhersehen
- Trendvorhersagen und Szenario-Planungen einsetzen
- Die Auswirkungen von Veränderungen abschätzen
- Wahrscheinlichkeiten und Einflüsse nutzen

Es gibt keine Ziellinie.

Nike, Inc.

Das Leben wird durch Veränderungen bestimmt. Wenn wir morgens aufstehen, erwarten wir, daß der bevorstehende Tag sich in allen möglichen Dingen vom Vortag unterscheidet. Soweit uns bekannt ist, ist Bill Murray im Film »Und täglich grüßt das Murmeltier« der einzige Mensch, der den gleichen Tag immer wieder durchleben mußte und dabei fast verrückt wurde.

Wir alle erwarten Veränderungen. Jeder von uns hat zweifelsohne schon einmal gesagt »Ich brauche wirklich eine Veränderung«. Sie hören jedoch selten Leute davon sprechen, daß sie eine Veränderung *wünschen* oder *mögen*. Veränderungen führen zu Ungewißheit und diese erschwert die Planung. Die meisten von uns planen jedoch gerne. (Zumindest lesen Sie dieses Buch.)

Unternehmen wünschen Änderungen ebenfalls weder herbei, noch mögen sie sie und sie finden hunderte von Ausreden dafür, zu versuchen, die Dinge beim alten zu belassen. Es folgen nun ein paar der häufigsten Ausreden:

- ✔ Das ist nicht erprobt.
- ✔ Wir haben das schon einmal probiert.
- ✔ Das ist zu radikal.
- ✔ So wie es ist, läuft es gut.
- ✔ Wir haben keine Zeit dafür.
- ✔ Wir sind noch nicht bereit dafür.

- Wir können jetzt keine Veränderungen gebrauchen.
- Bei unserer Firma ist das anders.
- Wir sollten etwas tun, aber ...
- Das ist unmöglich.

Obwohl Unternehmen versuchen, Veränderungen zu vermeiden, können sie ihnen nicht entkommen, weil Veränderungen den Markt am Leben erhalten. Veränderungen sind das notwendige Übel, um Unternehmen gründen zu können, wachsen zu lassen, Produkte und Dienstleistungen zu verbessern, Wettbewerber von überall anzuziehen und Konsumenten weiterhin einkaufen zu lassen. In einem umkämpften Markt gehen Sie unter, wenn Sie keine Veränderungen mehr zulassen. Das ist zwar hart, aber wahr.

Gut geführte Unternehmen berücksichtigen diese Tatsache. Häufig haben sie jedoch Schwierigkeiten, entsprechend zu handeln, wenn sie erfolgreich werden – vielleicht, weil sie dann mehr zu verlieren haben. Die Liste Fortune 500, die vor 50 Jahren veröffentlicht wurde, repräsentierte die größten und erfolgreichsten amerikanischen Unternehmen. Heute finden nur noch ein paar davon auf der Liste und viele davon sind nun in ganz anderen Branchen tätig.

Die Liste der dem Untergang geweihten Unternehmen oder der Unternehmen, die ganz verschwunden sind, wächst über alle Branchen hinweg:

- Triumpf Adler (herausragende manuelle Schreibmaschinen)
- Pan American Airways (PanAm, ein Pionier der kommerziellen Luftfahrt)
- Commodore Computer (baute den PC-Markt auf)

In diesem Kapitel versuchen wir, Sie auf Veränderungen vorzubereiten. Wir beginnen, indem wir die Elemente der Veränderung definieren und ökonomische, politische und kulturelle Trends berücksichtigen. Anschließend betrachten wir Möglichkeiten, wie Sie Veränderungen voraussehen und alternative Szenarios erstellen können. Wir zeigen Ihnen auch, wie Sie die möglichen Auswirkungen von Veränderungen abschätzen können.

Die Dimensionen der Veränderung definieren

Ereignisse und Kräfte, die außerhalb Ihrer Kontrolle liegen, verändern die Geschäftsbedingungen um Sie herum kontinuierlich. Sie können nicht mit den Gesetzen der Physik oder der Natur des Menschen experimentieren, sondern Sie müssen die Veränderungen im Auge behalten, wenn sie stattfinden. Experten würden sagen, daß Sie Umweltanalysen anfertigen – nicht solche, die vom Verteidigungsministerium gemacht werden, sondern Betrachtungen der Dinge, die Ihre Geschäftsbedingungen beeinflussen könnten.

Topps ist nicht mehr topp

Es werden nicht nur die großen, unbeweglichen Unternehmen durch Veränderungen weggerissen. In den 50er und 60er Jahren gehörten in den USA Baseball-Karten und brüchige, pinkfarbene Kaugummis zusammen. Die Mickey Mantle-Karte war von Topps und auch die meisten anderen Karten, die von ehrgeizigen jungen Fans getauscht wurden. Topps erfand mehr oder weniger die moderne Sportkartenindustrie. Aber heutzutage interessieren sich Kinder nicht mehr für Topps.

Was ist passiert? Sie haben es erraten: Die Welt hat sich verändert. Konkurrenten sahen einen lukrativen Markt und reagierten auf den sich ändernden Geschmack der Baseball-Fanatiker, gleich, ob jung oder alt. Nun kaufen und verkaufen Fans Karten von Upper Deck, Fleer, Leaf und anderen Herstellern. Diese Hersteller bieten haltbarere Karten mit verbesserten Grafiken und eingängigeren Verpackungen an – und dieser blöde Kaugummi ist ebenfalls nicht dabei. Das Unternehmen Topps fuhr einfach fort mit dem, was sie immer getan hatten, aber als sie mit unerwarteten Entwicklungen konfrontiert wurden, verpaßten sie den Anschluß.

Obwohl Tausende von Faktoren Ihre Geschäftstätigkeit beeinflussen können, können Sie die Sache vereinfachen, wenn Sie nur die Faktoren betrachten, die in Abbildung 12.1 dargestellt werden (Details erfahren Sie in den folgenden Abschnitten). Wenn radikale Veränderungen drohen, Ihre Branche neu zu formen, sollten Sie ökonomische, technologische, politische und kulturelle Trends genau unter die Lupe nehmen.

Ökonomische Trends

Ein Bankkonto, eine Hypothek oder ein Kredit für ein Auto scheinen ziemlich einfache Finanzarrangements zu sein, die wir alle Tag für Tag nutzen. In Kombination halten diese Finanzarrangements unser Wirtschaftssystem zusammen. Es ist nicht überraschend, daß die Wirtschaft insgesamt komplex und kompliziert ist, aber der größte Rätsel besteht darin, warum niemand die zugrunde liegenden grundlegenden Kräfte zu verstehen scheint.

Im Wirtschaftsleben werden Zahlen genutzt, die als *Indikatoren* bezeichnet werden. Indikatoren können Inflationsraten, Wachstumsraten, Zinssätze oder ähnliches sein. Die Liste läßt sich beliebig fortsetzen. Glücklicherweise brauchen Sie Ihre Aufmerksamkeit nur auf vier Schlüsselindikatoren zu lenken, die die wesentlichen ökonomischen Trends repräsentieren:

- Bruttosozialprodukt oder BSP (der Gesamtwert der Produktion von Waren und Dienstleistungen einer Nation im Jahr)
- Zinssatz (die Kosten, die beim Geldleihen entstehen)
- Inflationsrate (die Preissteigerungsrate)
- Wert der Währung (der Geldwert im internationalen Vergleich)

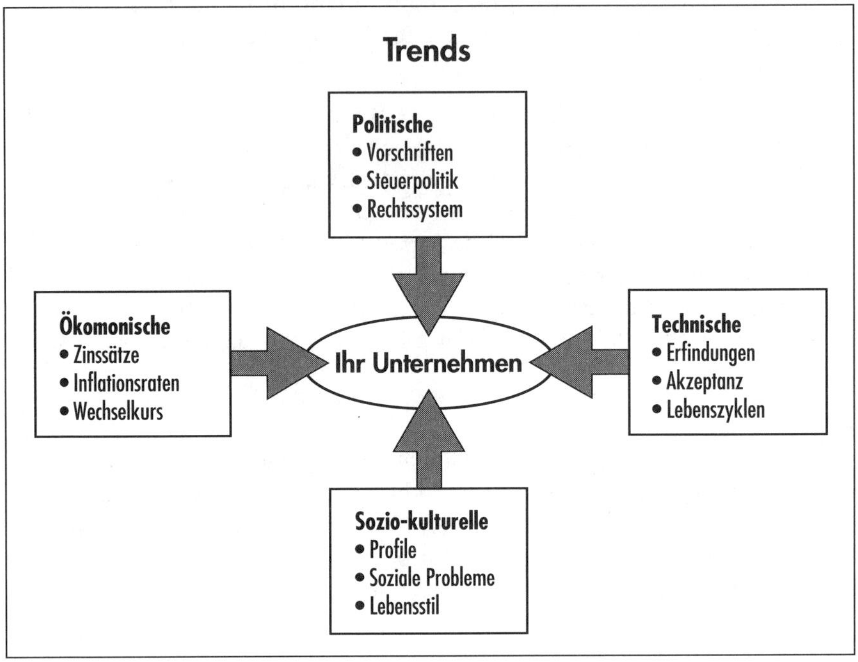

Abbildung 12.1: Sie können eine Umweltanlayse in vier Trends aufspalten.

Zu der Zeit, als Einzelhandelsgiganten die USA bevölkerten

In den 30er und 40er Jahren waren die Zeiten auf der ganzen Welt schwer. Aber während der gesamten Weltwirtschaftskrise (1929 bis 1933) und dem Zweiten Weltkrieg konnten Amerikaner von Handtaschen bis zum Fertighaus alles kaufen, wenn sie zu Sears, Roebuck & Co. oder Montgomery Ward gingen. Diese beiden gigantischen Einzelhandelsketten revolutionierten das Einkaufen und kämpften über mehrere Jahrzehnte um die Vorherrschaft auf dem Massenmarkt in den USA.

Als der Zweite Weltkrieg endete, fertigte jede Firma einen Umweltanalyse an und kam zu unterschiedlichen Einschätzungen der ökonomischen Zukunft der USA. Sears sah eine glänzende Zukunft, in der der durch den Krieg und die Depression aufgestaute Bedarf an Gütern zum Aufbau eines neuen Lebens zu einem noch nie dagewesenen Wachstum führen würde. Bei Montgomery Ward sah man die Dinge dagegen ganz anders und glaubte, daß der Krieg nur eine kurze Unterbrechung in einer andauernden Depression darstellen würde. Sears begann, in großem Stil zu expandieren. Das galt insbesondere für die Vororte, die damals überall aus dem Boden wuchsen. Wards dagegen baute ab und wartete auf den vorhergesagten Rückgang.

Eine einfache Meinungsverschiedenheit? Diese Vorhersage eines ökonomischen Trends verwandelte sich in eine Grundsatzentscheidung, als Sears Wards überholte und zur unangefochtenen Einzelhandelskette für eine ganze Generation von Amerikanern wurde.

Der Umgang mit ökonomischer Unsicherheit kann schwierig sein, aber ökonomische Trends sind so wichtig, daß Sie sie im Auge behalten müssen, auch wenn Ihre Informationen unvollständig sind. Auf welche Zahlen sollten Sie einen Blick werfen? Die Antwort hängt von der Art des Geschäfts ab, das Sie betreiben. Wir stellen verschiedene Trends vor und helfen Ihnen, diejenigen herauszufinden, die Sie berücksichtigen sollten:

Das Bruttosozialprodukt (BSP): Das BSP (Kurzform für Bruttosozialprodukt) ist der Gesamtwert der jährlichen Produktion von Gütern und Dienstleistungen einer Nation und stellt das umfassendste Maß für deren wirtschaftliche Lage dar. Sie können zum Beispiel die Veränderungen des Bruttosozialprodukts über mehrere Jahre verfolgen, weil diese Veränderung den ökonomischen Wandel im Land repräsentiert. Ein mäßiges, aber konstantes Wachstum des Bruttosozialprodukts deutet normalerweise auf eine gesunde Wirtschaft mit der Möglichkeit zur Expansion in vielen Geschäftszweigen hin. Ein Rückgang des Bruttosozialprodukts dagegen führt häufig zu einem Rückgang der Nachfrage nach Produkten und Dienstleistungen und somit zu steigendem Wettbewerb und geringeren Gewinnen für alle Beteiligten.

Sie können jedoch nicht immer vom Bruttosozialprodukt auf die allgemeine Lage schließen. Auch wenn die Wirtschaft einen Boom erlebt, können Unternehmen Konkurs machen und die Unterhaltungsindustrie scheffelt auch in den schlechtesten Zeiten noch Geld. Verlassen Sie sich also nicht nur auf das Bruttosozialprodukt. Betrachten Sie auch, wie sich Ihre Branche und Ihr Unternehmen in einem größeren Wirtschaftszusammenhang verhält.

Zinssätze: Zinssätze sind einfach die Kosten, die beim Leihen von Geld entstehen. Der Zinssatz besagt, wieviel Sie zum Beispiel Ihrer Bank bezahlen müssen, um deren Bargeld eine bestimmte Zeit zu benutzen. Kredite mit einer Laufzeit von bis zu zwei Jahren werden als Kurzzeitkredite bezeichnet. Langzeitkredite sind zum Beispiel solche wie eine Hypothek auf Ihr Haus, die auf 30 Jahre ausgelegt ist. Wie Sie sich vorstellen können, beeinflussen die Kosten für Kredite alles von den Ausgaben der Konsumenten bis zur Expansion von Unternehmen alle ökonomischen Aspekte.

Die Zinssätze werden über die Diskont- und Lombardpolitik sowie die Mindestreservepolitik durch die Bundesbank festgelegt. Da sich die Zinssätze für Kurzzeitkredite auf die Kaufgewohnheiten der Bevölkerung auswirken, sollten Sie diese besonders gut im Auge behalten, wenn Sie ein Einzelhandelsunternehmen eröffnen wollen.

Die Zinssätze für langfristige Kredite wirken sich darauf aus, wie leicht sich Konsumenten Häuser, Autos oder andere umfangreiche und kostspielige Dinge leisten können, weil diese in der Regel über Langzeitkredite finanziert werden. Die Zinssätze für Langzeitkredite beeinflussen insofern die Nachfrage nach kostspieligeren Gütern, aber auch Geschäftsentscheidungen wie zum Beispiel der Bau neuer großer Fabriken und den Kauf teurer neuer Produktionsmittel.

Die Inflationsrate: Die Inflation, d.h. der beständige Anstieg der Löhne und Preise, ist ein unangenehmes Übel, unter dem Wirtschaftssysteme häufig leiden. Die Konsumenten spüren es als erste, wenn die Inflation ihr häßliches Gesicht zeigt, weil die Preise steigen und man mit dem gleichen Geldbetrag nicht mehr so viel wie gewohnt kaufen kann.

Wenn die Inflation hoch ist, stellen auch Unternehmen fest, daß sich die Dinge verteuert haben. Vom Material bis zu den Löhnen für die Mitarbeiter und Sonderleistungen müssen die Unternehmen mehr bezahlen. Investoren wenden ihre Aufmerksamkeit sicheren Werten wie Gold, Immobilien und Kunst zu – also allem, das verhindert, daß ihr Geld immer weniger wert wird. Konsumenten nehmen möglicherweise höhere Kredite auf, um zum Beispiel die höheren Preise bezahlen zu können oder weil sie den aktuellen Geldwert von Produkten mit Geld zurückbezahlen können, das dann nicht mehr so viel wert ist. Die Kreditgeber wissen, was passieren wird. Deshalb steigen die Zinssätze. Alle diese Faktoren können ein Hemmschuh für das Wachstum einer Wirtschaft sein und die Inflation kann zu einer Rezession führen, wenn nichts dagegen getan wird.

Der Wechselkurs: In der Vergangenheit war der Wert des US-Dollars gegenüber der Deutschen Mark oder dem japanischen Yen etwas, um das sich nur die größten multinationalen Unternehmen überhaupt zu kümmern brauchten, weil sich die Teilnehmer eines Wirtschaftssystems nicht allzu sehr um diejenigen aus anderen Ländern kümmerten. Das hat sich geändert. In den heutigen globalen Wirtschaftssystemen kann der Anstieg oder Fall des Dollar-Kurses enorme Auswirkungen auf ganze Branchen wie zum Beispiel die deutsche Automobilindustrie haben. Egal, in welcher Branche Sie tätig sind oder wie klein Ihr Unternehmen ist, können Ihre Zulieferer, Mitbewerber und Kunden auf der ganzen Welt verstreut sein.

Wechselkurse ändern ihre relativen Werte aus den verschiedensten Gründen täglich. Daraus resultiert, daß sich zum Beispiel kurzzeitige Schwankungen im Wert des US-Dollars nicht vorhersagen lassen. Die Auswirkungen langfristiger Währungstrends lassen sich dagegen etwas leichter vorhersagen.

Wenn der Wert des US-Dollars relativ niedrig ist, werden amerikanische Güter auf der ganzen Welt günstiger und Konsumenten auf der ganzen Welt haben einen kleinen Extraanreiz, amerikanische Produkte zu kaufen. Um wettbewerbsfähig zu sein, müssen Konkurrenten aus anderen Ländern ihre Preise reduzieren (und zusehen, wie die Gewinne sinken) oder zusehen, wie ihre Marktanteile schwinden. Diese Unternehmen haben jedoch noch eine dritte Option: Sie können sich in den USA ansiedeln, Tochterfirmen aufbauen, Produkte erzeugen und vom Vorteil des schwachen Dollars profitieren.

Das Gegenteil gilt natürlich auch. Ein starker US-Dollar führt auf dem amerikanischen Markt zu Gelegenheitspreisen bei ausländischen Produkten, was zu einer Erhöhung der Importe führt und US-Unternehmen manchmal veranlaßt, in andere Länder umzusiedeln, um von den günstigeren ausländischen Währungen zu profitieren.

Technologische Trends

Sie können für oder gegen Technologie sein. Aber egal, auf welcher Seite Sie stehen, müssen Sie zustimmen, daß Technologie Veränderung bedeutet. In den letzten 150 Jahren haben wir eine Entwicklung von Buggies bis zu Space Shuttles und von der Postkutsche bis zum Internet erlebt.

Aber nicht jede Technologie muß unbedingt die Welt über Nacht verändern. Sie könnten eine wöchentliche Fernsehshow mit den lustigsten Erfindungen produzieren. Meistens bestehen die Technologien, die den Durchbruch schaffen, bereits eine ganze Weile vorher. Egal, wie schnell sich eine neue Technologie durchsetzt, folgt sie normalerweise einer *Verbreitungskurve* – die verfolgt, wie eine neue Technologie in einer Branche einschlägt (siehe Abbildung 12.2).

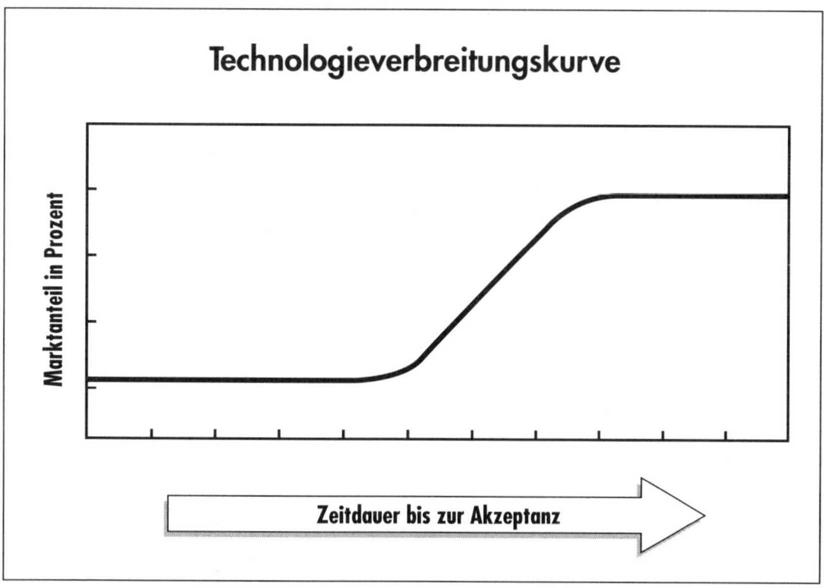

Abbildung 12.2: Die Technologieverbreitungskurve zeigt, daß eine Technologie normalerweise schnell einschlägt, nachdem sie einmal den Durchbruch geschafft hat.

Die Technologieverbreitungskurve demonstriert, daß es immer eine gewisse Zeit dauert, bis sich eine Technologie durchsetzt. Wenn die Technologie einschlägt, setzt sie sich in einer Branche normalerweise schnell durch, weil die Unternehmen nicht hinter ihren Konkurrenten zurückbleiben möchten. Die Technologieverbreitung erreicht eine nahezu gleichbleibende Höhe, wenn die meisten Unternehmen, die dies vorhatten, die neue Technologie angenommen haben.

Es kann vernichtend sein, eine neue Technologie, die sich in Ihrer Branche durchsetzt, nicht zu übernehmen. Die Erfindung der Audio-CD-Technologie zum Beispiel drängte die meisten Hersteller von Vinyl-Schallplatten, Schallplattenspielern und Diamantnadeln innerhalb weniger Jahre aus dem Markt. Aber nicht alle Technologien werden dem Ruf gerecht, der ihnen vorauseilt. Betrachten Sie zum Beispiel die Kernenergie und dem Versprechen von preisgünstiger, sauberer und unbegrenzter Energie. Viele Unternehmen, die auf diesen Zug aufsprangen, sind nun mit teuren Nuklearanlagen ausgerüstet und haben dafür wenig vorzuweisen.

Bei den meisten neuen Technologien liegt die Realität irgendwo zwischen einem Durchbruch und einer möglichen Katastrophe. Denken Sie zum Beispiel an die Elektronikindustrie. Transistoren setzten sich durch, vernichteten ihre älteren Verwandten, die Vakuumröhren, jedoch nicht. Die ältere Technologie konnte weiterhin bestehen, weil bei verschiedenen Anwendungen noch immer Röhren bevorzugt werden. Nachdem bereits Beerdigungen für das Radio (das durch das Fernsehen ersetzt werden sollte), Brillen (die durch die Erfindung der Kontaktlinse von der Bildfläche verschwinden sollten) und Rasierklingen (in der Welt der elektrischen Rasierapparate ziemlich überflüssig) abgehalten worden waren, stellte sich heraus, daß sich diese Branchen wandelten und tatsächlich ein Wachstum verzeichneten. Radios sind nicht wegzudenken, Designer-Brillen sind in und der Verkauf von Sicherheitsrasierklingen expandiert noch immer.

Was sagen diese Beispiele über Technologietrends aus? Obwohl sich die einzelnen Branchen unterscheiden, hier ein paar allgemeingültige Dinge:

- ✔ Ältere Technologien haben häufig Zeit, um sich an Neuerungen anzupassen.
- ✔ Ältere Technologien können sich auch dann verbessern, wenn sie bereits ausgereift sind.
- ✔ Neue Technologien beginnen normalerweise, sich in spezialisierten Märkten durchzusetzen.
- ✔ Neue Technologien können neue Kunden hervorbringen und so den Markt ausweiten.
- ✔ Alte und neue Technologien bestehen häufig viele Jahre lang nebeneinander.

Es ist schwierig, vorherzusagen, wann eine neue Technologie kommt, und Sie können nicht sicher sagen, was passiert, wenn es die Technologie gibt. Drucker für Computer sind ein sehr gutes Beispiel für einen Wechsel in der Technologie. Vor ein paar Jahren gab es vier Haupttechnologien am Markt, wobei sich jede in einer anderen Phase ihres Technologie-Lebenszyklus befand – einem vierstufigen Prozeß, den alle neuen Technologien durchlaufen. Laserdrucker wurden gerade neu auf den Markt gebracht, Tintenstrahldrucker befanden sich in einer Wachstumsphase, Matrixdrucker waren völlig ausgereift und Typenraddrucker verschwanden langsam.

Um sich selbst auf mögliche technologische Veränderungen und deren eventuelle Veränderungen der Branche vorzubereiten, sollten Sie die Haupttechnologien inspizieren, die augenblicklich im Einsatz sind. Machen Sie bei jeder Technologie die folgenden Dinge:

- ✔ Finden Sie heraus, welche Forschungsinstitute sich auf diese Technologie spezialisiert haben und welche technischen Zeitschriften und Publikationen darüber berichten. Informieren Sie sich sowohl über universitäre als auch über private und staatliche Institutionen.
- ✔ Besuchen Sie die wichtigsten Tagungen und wissenschaftlichen Kongresse zu dieser Technologie, und abonnieren Sie alle relevanten Zeitschriften und Publikationen.
- ✔ Prüfen Sie Presseexemplare dieser neuen Technologie, und verfolgen Sie Patente, die in diesem Bereich angemeldet werden.
- ✔ Vergleichen Sie die Fähigkeit Ihres Unternehmens, diese neue Technologie zu übernehmen, mit der Ihrer Hauptkonkurrenten.
- ✔ Prüfen Sie regelmäßig die Wahrscheinlichkeit eines fundamentalen technologischen Durchbruchs, und prüfen Sie den Zustand von kleinen, schrittweise erfolgenden Verbesserungen der Technologie.

Obwohl die Technologien in Ihrer eigenen Branche möglicherweise unvorhersehbar ist, können Sie diese zumindest verfolgen und bei der Erstellung Ihres Businessplans berücksichtigen. Die technologischen Verbesserungen in fremden Bereichen haben jedoch das Potential, zu beißen, bevor Sie wissen, was passiert ist. Als Xerox 1959 den ersten Kopierer einführte, wurden bestehende Technologien eingestellt. Als Hewlett-Packard 1970 den ersten Taschenrechner einführte, gerieten die Hersteller von Rechenschiebern in Vergessenheit. Sie sollten also immer ein Auge auf technologische Trends außerhalb Ihrer Brance haben. Auf diese Weise sind Sie besser auf die Veränderungen in Ihrem Unternehmen vorbereitet, die aus dem Nichts auftauchen.

Politische Trends

Wir erzählen Ihnen sicher nichts Neues, wenn wir Sie daran erinnern, daß der Staat einen großen Einfluß auf Ihr Unternehmen hat, egal, in welcher Branche Sie aktiv sind. Von den Regeln und Gesetzen, die die Regierung erläßt, bis zu der Steuerpolitik und dem Rechtssystem, das sie unterstützt, ist der Staat ein wesentlicher Faktor in Ihrem Markt. Wegen seiner

Größe und dem starken Einfluß gibt es beständig eine bundesweite Debatte darüber, wie tief der Staat in das Tagesgeschäft unserer Wirtschaft eingebunden sein sollte.

Egal, auf welcher Seite Sie stehen, es bleibt Ihnen kaum eine andere Wahl, als zu verfolgen, wo die Diskussion hinläuft. Die Handlungen der Bundesregierung können Ihre Geschäftsumgebung schnell und dramatisch verändern.

Auf was sollten Sie besonders achten? Themen, die die öffentliche Meinung erregen und schließlich zu irgendeiner Form von Reaktion seitens der Regierung führen, scheinen zum Beispiel in den USA einen Acht-Jahres-Zyklus zu haben. Während der ersten fünf Jahre passiert nicht viel. Manchmal erscheint irgendwo ein Artikel oder eine Meinungsumfrage. Aber erst im sechsten Jahr nimmt sich die überregionale Presse des Themas an und steigert so den öffentlichen Druck, bis eine Gesetzgebungsmaßnahme seitens der Regierung erfolgt. Je früher Sie ein schwelendes Thema wahrnehmen, das Sie möglicherweise beeinflussen könnte, desto mehr Zeit bleibt Ihnen, um eine Reaktion vorzubereiten. Die folgenden amerikanischen Unternehmen haben genau dieses getan.

- ✔ Nach verschiedenen Beschwerden und Berichten in der Presse stellte die Bank of America fest, daß sie bestimmte Kreditnehmer diskriminierte, indem sie Kredite vorenthielt, wenn die Kreditnehmer aus bestimmten Gegenden stammten, die als sozial schwach eingeschätzt wurden. Die Bank of America überarbeitet ihre Kreditvergabepolitik zwei Jahre, bevor diese diskriminierende Vorgehensweise per Gesetz verboten wurde.

- ✔ Nachdem über verschiedene Tragödien berichtet wurde, reagierte Sears auf die schwelende Kontroverse über entflammbare Schlafanzüge und Nachthemden für Kinder. Das Unternehmen deckte sich mit schwer entflammbarer Nachtwäsche ein, bevor neue Vorschriften seitens der Regierung angekündigt wurden.

- ✔ Nach den schrecklichen Berichten über das Ozonloch hat zum Beispiel die Firma Johnson Wax Flurkarbonate aus ihrer Produktlinie genommen, bevor dies per Gesetz vorgeschrieben wurde.

Auf welche Teile der Regierung sollten Sie besonders achten? Wie Sie sich vielleicht aus Ihrem Geschichtsunterricht erinnern können, ist die Regierung in drei Gewalten aufgeteilt: die Exekutive, die Legislative und die Judikative. Jede dieser Gewalten kann Ihr Unternehmen beeinflussen. Wie eine solche Beeinflussung aussehen kann, wird nun am Beispiel der USA demonstriert.

Die Exekutive: Die Person, die gerade im Weißen Haus sitzt, legt den allgemeinen Ton und die Richtung der US-Regierung fest. Als Ronald Reagan 1981 Präsident wurde, war er entschlossen, die militärische Macht der USA wieder aufzubauen. Das Budget des Verteidigungsministeriums wurde jährlich um zehn Prozent erhöht und mehrere Milliarden Dollar flossen in Rüstungsunternehmen. Aber das Ende des Kalten Krieges und die Reduzierung des Militärs unter den Regierungen Bush und Clinton führte das »Schlaraffenland« in eine »Hungersnot«

und endete in Massenentlassungen und einer Umstrukturierung einiger der größten Rüstungsunternehmen.

Wie wird wohl die Tagesordnung der Regierung die Zukunft Ihrer Branche beeinflussen?

Die Legislative: Der Kongreß der Vereinigten Staaten legt die Gesetze des Landes fest und verwaltet die Finanzen der Nation. Nur das Unterhaus und der Senat zusammen haben die Autorität, die Steuerdollars auszugeben. In den 60er und 70er Jahren war der Kongreß sehr aktiv bei der Erstellung neuer Gesetze und Behörden, die die Vollmacht hatten, verschiedene Aspekte des Handels zu überwachen, wie zum Beispiel die Occupational Safety and Health Administration (OSHA) und die Equal Employment Opportunity Commission (EEOC).

Die Behörde Environmental Protection Agency (EPA) wurde gegründet, um sicherzustellen, daß die amerikanische Luft, das Wasser und das Land sauber und sicher blieben. Als Teil dieser Bemühungen erließ der Kongreß Gesetze, um den Kraftstoffverbrauch bei Autos zu verbessern. Diese Gesetze hatten wiederum gravierende Auswirkungen auf die Größe, das Design und die Materialien aller Neuwagen. Die Automobilindustrie in Detroit betrachtete diese Gesetze als beispiellose Einmischung und Nötigung. Japanische Autohersteller betrachteten diese neuen Regeln jedoch als günstige Gelegenheit.

Heutzutage ist beim Kongreß Deregulierung in Mode. Entdecken Sie dabei neue Möglichkeiten oder finden Sie nur Gefahren?

Die Judikative. Die Bundesgerichtshöfe interpretieren alle Gesetze, die der Kongreß verabschiedet. Damit haben sie einen starken Einfluß auf alle Branchen in den USA: Die Gerichte erzwingen zum Beispiel Antitrust-Gesetzgebung. Als Ergebnis davon konnte der Richter Harold Green das alte AT&T-Monopol fast ganz allein auflösen. Dieser eine Gerichtsfall ist verantwortlich für einen Großteil des aktuellen Wettbewerbs in der Telekommunikationsindustrie der USA.

An einer anderen Front prahlte die Tabakindustrie über mehrere Jahrzehnte hinweg, daß sie nie eine Produkthaftungsklage verloren hatte. Die Tabakindustrie dachte vielleicht, daß dieser Rekord bedeutete, daß sie niemals für das verantwortlich gemacht werden könnte, was ihre Produkte bewirkten. Ein Geschworenengericht in Florida änderte das 1996 jedoch. Die Konsequenzen für die Tabakindustrie könnten genauso vernichtend sein wie die Auswirkungen früherer Urteile für Asbesthersteller und Hersteller von Brustimplantaten.

Es erfolgte hier zwar eine Konzentration auf die US-Regierung, prinzipiell kann jedoch jede andere Regierung jedes beliebigen Landes genauso viele Komplikationen erzeugen. Aber auch die Regierungen der einzelnen Bundesländer oder sogar Städte können Ihr Geschäftsleben komplizieren. Versuchen Sie nur einmal, etwas aufzubauen, ohne die Behörden und ihre sich ständig ändernden Regeln und Gesetze miteinzubeziehen.

Sie benötigen eventuell etwas Hilfe, um die Regierungsaktivitäten und Trends herauszupicken, die Ihre Geschäftsumfeld wahrscheinlich am stärksten beeinflussen werden. Fast jede Branche verfügt über einen Fachverband und ein Fachorgan. Diese Organisationen nutzen einen Großteil ihrer Zeit und Ressourcen dafür, das, was bei der Regierung vor sich geht, zu überwachen und zu beeinflussen. Schauen Sie einfach hin und wieder bei Ihrem Fachverband vorbei.

Aus Mad wird MADD

Candy Lightner fuhr gerade ihre Tochter in Süd-Kalifornien zur Schule, als sich die Tragödie ereignete – sie wurde in einen schrecklichen Autounfall verwickelt, bei dem ihre Tochter ums Leben kam. Der Fahrer des anderen Wagens war betrunken. Leider ist das kein ungewöhnlicher Fall, ähnliche Tragödien ereigneten sich im ganzen Land immer wieder.

Aber diese Geschichte endete nicht mit einer Schlagzeile und einer zerstörten Familie. Candy Lightner wurde verrückt (engl. »mad«). Sie beschloß, daß der Tot Ihrer Tochter eine Bedeutung haben sollte, und gründete eine Organisation namens Mothers Against Drunk Driving (MADD).

Diese neue Organisation zog die Aufmerksamkeit auf sich und viele Mitglieder an, und rüttelte die ganze Nation wach. Mitglieder schrieben Artikel, veranstalteten Kundgebungen und organisierten Protestmärsche. Politiker nahmen Notiz davon. Schon bald gab es Anhörungen und die Beamten forderten Aktionen. Die Bemühungen von MADD und seiner Anhänger zahlten sich schließlich insofern aus, als neue Gesetze verabschiedet wurden, die alles vom Mindestalter für Alkoholgenuß, den »Happy Hours« in Bars und der Werbung für alkoholische Getränke bis zur Bestrafung von betrunkenen Autofahrern beeinflußten.

Die Gesetze veränderten das gesamte Umfeld für die Hersteller alkoholischer Getränke, deren Werbeagenturen, zahllose Bars, Nachtclubs und Restaurants im ganzen Land. Und MADD ist noch immer im Einsatz.

Kulturelle Trends

Nehmen Sie zwei Frösche und eine Bratpfanne. Stellen Sie die Bratpfanne auf den Herd, und bringen Sie eine kleine Menge Wasser zum Kochen. Setzen Sie einen der Frösche in die Bratpfanne. Der Frosch wird ziemlich sicher aus der Pfanne auf den Boden springen und hinausspringen. Lassen Sie ihn gehen.

Stellen Sie die Pfanne wieder auf den Herd. Diesmal aber gefüllt mit kaltem Wasser und dem zweiten Frosch. Während das Wasser langsam heiß wird, sitzt der Frosch da und fühlt sich wohl. Er stellt gar nicht fest, daß die Temperatur steigt. (Vollziehen Sie dieses Experiment zu Hause nicht nach, es sei denn, Sie wollten Froschschenkel essen.) Und die Moral von der Geschicht? Wenn Sie langsame Veränderungen ignorieren, die um Sie herum stattfinden, werden Sie gekocht.

Kulturelle Veränderungen ereignen sich nicht über Nacht. Aber die extrem langsame Veränderungsgeschwindigkeit dieser Trends, die mit dem Wachstum von Gletschern vergleichbar ist, reflektiert die ungeheuren (mit einem Gletscher vergleichbaren) Kräfte, die sich dahinter verbergen. Die eigentliche Gefahr besteht darin, diese Trends zu ignorieren, weil Sie sich auch noch später darüber Sorgen machen können. Das Später wird immer früher da sein, als Sie sich vorstellen können. Betrachten Sie dazu die kulturellen Veränderungen, die in den folgenden Abschnitten beschrieben werden.

Die Aufklärung von Lowe's

Lowe's betrieb jahrzehntelang eine Kette altmodischer Baumärkte im Südosten der USA. Die meisten Kunden waren selbständige Bauunternehmer. Ende der 70er Jahre stellte ein neuer Direktor (CEO) einen Trend fest, für den das Unternehmen nicht gerüstet war: die Do-it-Yourself-Welle. Diese neuen Kunden unterschieden sich von den herkömmlichen Kunden von Lowe's dadurch, daß sie sich mit dem, was sie taten, nicht auskannten. Sie erwarteten hilfreiche Ratschläge und verlangten sehr viele Extras.

Lowe's bereitete sich auf die Veränderung vor. Heute können Sie Lowe's Baumärkte im Mittleren Westen und dem Südosten der USA finden. Das Aussehen der Baumärkte hat sich grundlegend geändert. Die meisten von ihnen sind nach 1988 erbaut worden und sind absolut riesig. In diesen Baumärkten finden Sie Türen, Fenster, Schränke, Theken, Beleuchtungskörper, Bauholz, Werkzeuge etc. Wenn Sie Hilfe benötigen, können Sie kostenlos auf Küchenplaner, Innenarchitekten und sogar Experten für Garten- und Landschaftsbau zugreifen.

Heute sind mehr als 70 Prozent der Kunden von Lowe's Endverbraucher und nicht mehr Bauunternehmer. Die Hälfte der Kunden sind Frauen. Viele Kunden kaufen per Kreditkarte, und sie kommen wieder wegen des Services, den sie erhalten. Kunden-Service ist für Lowe's so wichtig, daß jeder Baumarkt einen eigenen Trainingskoordinator hat, und jeder Mitarbeiter muß wöchentlich ein bis zwei Trainingsstunden im Kunden-Service ableisten. Wundert es Sie, daß das Unternehmen, das bei den Einzelhändlern an 29. Stelle in den USA liegt, jährliche Zuwachsraten von 25 bis 30 Prozent hat?

Demographische Veränderungen: Demographie bezieht sich auf ein allgemeines Profil einer spezifischen Population – das kann von den Kunden Ihres Unternehmens bis zu den Bürgern einer Nation reichen. Demographische Daten beinhalten Dinge, die Sie in einem Formular zur Volkszählung finden, wie zum Beispiel das Alter, das Geschlecht und die Größe der Familie.

Veränderungen im Profil einer Nation haben zwangsläufig weitreichende Auswirkungen auf dessen Wirtschaft. Westeuropa, Japan und die USA zum Beispiel versuchen alle, sich mit der langsamen Überalterung ihrer Bevölkerung abzufinden. Die Regierungen müssen einen Weg finden, diese ganzen alten Menschen zu pflegen und Unternehmen huschen herum, um herauszufinden, wie sie den alten Menschen Dinge verkaufen können.

Soziale Veränderungen: Eine Gesellschaft besteht aus Werten, Gewohnheiten und Traditionen, die die einzelnen Menschen pflegen. Das soziale Verhalten ändert sich im Laufe der Zeit natürlich, aber Menschen geben ihre Traditionen nur sehr langsam und widerwillig auf. In den USA haben die Kinder noch immer den ganzen Sommer über Schulferien, obwohl sie normalerweise nicht mehr für die Feldarbeit auf den Farmen benötigt werden.

Aber was geschieht mit den Gewohnheiten und Traditionen, wenn sich die Bevölkerung verändert – wenn Leute häufig umziehen, die Struktur von Familien sich ändert und neue Staatsbürger ihre eigenen Gewohnheiten und Traditionen mit sich bringen? Alle Änderungen des sozialen Verhaltens, egal wie schnell sie eintreten, können dramatische Auswirkungen auf Ihr Unternehmen und auf ganze Branchen haben.

Veränderungen des Lebensstils: Veränderungen des Lebensstils beeinflussen die Arbeits-, Kauf-, Freizeit- und Lebensgewohnheiten. Vor etwa 10 bis 15 Jahren begann in den USA die Health-and-Fitness-Welle. Heute umfaßt diese Branche die Hersteller von Sportschuhen, Sportbekleidung, Trainingsgeräten, Tennisschlägern, Mountain Bikes, Kajaks, Joghurt, Diätgetränken und vieler anderer Produkte.

Andere wichtige Veränderungen des Lebensstils, die Auswirkungen auf alle Arten von Branchen haben, sind:

- ✔ Die zunehmende Gleichberechtigung von Männern und Frauen in allen Bereichen
- ✔ Telearbeit und Unternehmen, die von zu Hause aus tätig sind
- ✔ Das Einkaufen, Lernen und die Unterhaltung von zu Hause aus
- ✔ Arbeitskräfte, die im Laufe ihrer Karriere in verschiedensten Bereichen tätig sind
- ✔ Alternative Familienstrukturen
- ✔ Arbeiter, die über die Ruhestandsgrenze hinaus arbeiten
- ✔ Frühpensionierung bei Arbeitern und Angestellten

Wenn Sie die Dimensionen der Veränderung definieren, müssen Sie die Trends zahlreicher Bereiche betrachten.

- ✔ In einem hart umkämpften Markt verlieren Sie, wenn Sie Veränderungen ignorieren.
- ✔ Die vier Hauptdimensionen von Veränderungen sind ökonomische, technologische, politische und kulturelle Trends.
- ✔ Um ökonomische Veränderungen zu verfolgen, sollten Sie das Bruttosozialprodukt, die Zinsraten, die Inflationsraten und den Wechselkurs im Auge behalten.
- ✔ Technologische Veränderungen werden durch die Verbreitung von Innovation getrieben (d.h. wie schnell sich eine neue Technologie durchsetzt).
- ✔ Wenn eine Regierung ihre Meinung über die Vorschriften, Steuern oder Ausgaben verändert, können Schockwellen ganze Branchen verändern.
- ✔ Kulturelle Trends bewegen sich wie Gletscher nur sehr langsam. Sie sind aber stark genug, um Sie dem Erdboden gleichzumachen, wenn Sie nicht aufpassen.

Veränderungen vorhersehen

Es ist ganz offensichtlich schwer, alles zu verfolgen, was um Sie herum vor sich geht. Und was ist dann erst, wenn Sie versuchen, vorauszusehen, was in der Zukunft geschehen wird. Es geht jedoch nicht darum, die Zukunft vorherzusagen; das überlassen wir Leuten, die aus der Hand oder in Kristallkugeln lesen. Es geht vielmehr darum, zu verstehen, was möglicherweise passieren könnte, damit Sie sich besser als Ihre Konkurrenten darauf vorbereiten können.

Dazu müssen Sie herausfinden, welche der vielen Trends – ökonomische, technologische, politische und kulturelle – zu den Megatrends werden, die die Unternehmer von morgen reich machen werden. Welche Trends werden Ihre Branche, Ihre Strategien und Ihren Wettbewerb beeinflussen?

Hören Sie sich an, was Fachleute zu sagen haben. Sehen Sie Publikationen durch, die Trends verfolgen. Nach einer Weile können Sie beurteilen, welche davon am nützlichsten sind.

Trendvorhersagen

Sie können verschiedene Tricks anwenden, um in die Zukunft zu spähen und zu sehen, ob sich ein bestimmter Trend wahrscheinlich fortsetzen wird. Es liegt in der Natur der Sache, daß Sie sich nicht allzusehr auf diese Tricks verlassen sollten. Jeder Ansatz bietet seine eigene Betrachtungsweise der Zukunft.

Trendextrapolation

Manchmal können Sie mathematische Taschenspielertricks anwenden, um einen historischen Trend in die Zukunft zu projizieren. Dieser Prozeß, auch *Trendextrapolation* genannt, funktioniert insbesondere bei Trends sehr gut, die sich nicht so schnell ändern und in Zahlen gemessen werden können. Die Idee ist ziemlich einfach: Sie nehmen Ihren Lieblingstrend (zum Beispiel die Inflationsrate) und nehmen an, daß er sich in Zukunft auf die gleiche Weise fortsetzen wird wie in der Vergangenheit. Bestimmte ökonomische Messungen, Kundenprofile und sogar ein paar technologische Trends sind wahrscheinlich Kandidaten für die Extrapolation.

Die einfachste Methode, um einen Trend zu extrapolieren, besteht darin, herauszufinden, wer dies bereits vor Ihnen getan hat. Das bedeutet, daß Sie einen Artikel in einem Magazin oder eine akademische Veröffentlichung auftreiben müssen. Aber verzweifeln Sie nicht, wenn Sie derjenige sind, der das tun muß. Computer erleichtern diese Tätigkeit erheblich und die große Masse an Tabellenkalkulationsprogrammen beinhaltet Schaltflächen, auf die Sie klicken können, um eine Extrapolation zu erzeugen. Um damit beginnen zu können, benötigen Sie natürlich die historischen Daten.

Alle plötzlichen Veränderungen eines Trends bringen Ihre Extrapolation durcheinander. Unglücklicherweise werden viele Trends immer weniger vorhersagbar, was die Planung erschwert. Und gerade über abrupte Veränderungen sollte Ihr Unternehmen im voraus informiert sein.

Schätzungen

Schätzungen durch verschiedene Personengruppen wie Außendienstmitarbeiter, Manager oder Abnehmer vertrauen auf die Informationen, Erfahrungen und Gefühle im Bauch von Leuten in und um Ihr Unternehmen herum, um bestimmte Trends vorherzusagen. Benutzen Sie einen kurzen Fragebogen oder eine Brainstorming-Sitzung, um Ihre Mitarbeiter und sogar Zulieferer und Kunden dazu zu bringen, ihre Beurteilung darüber abzugeben, wohin die Trends vermutlich gehen werden.

Schätzungen haben nichts mit Mathematik zu tun. Sie können sie benutzen, um Vorhersagen über Dinge zu machen, die sich nicht mit Zahlen beschreiben lassen. Sie sollten irgendeine Form von Beurteilung in regelmäßigen Abständen vornehmen, damit Sie den neuesten Ereignissen und Veränderungen in Ihrer Branche einen Schritt voraus sind.

Delphi-Verfahren

Das Delphi-Verfahren besteht aus einem Satz Fragebögen, die Sie zusammenstellen und an eine Gruppe von Experten senden, wenn Sie eine bestimmte Frage über künftige Entwicklungen haben. Die Antworten fassen Sie zusammen und versenden die Fragebögen noch einmal, um erneute Antworten zu erhalten und Randmeinungen und Fehleinschätzungen aus den Antworten herauszufiltern. Das Delphi-Verfahren bietet Ihnen die Möglichkeit, die Meinung von Kapazitäten einzuholen, ohne diese in einem Raum versammeln zu müssen.

Angenommen, Sie wollen Trends für die Verwendung von Solarenergie zum Heizen, Kühlen und für die Energieversorgung allgemein vorhersagen. Sie wissen, daß dieses Thema am besten bei Experten der Solarenergietechnik aufgehoben ist. Im Idealfall bringen Sie eine Gruppe von Experten zu einer Diskussionsrunde zusammen. Da ein solches Meeting sehr kostspielig und schwierig zu organisieren wäre, können Sie auch das Delphi-Verfahren einsetzen. Gehen Sie dazu wie folgt vor:

1. **Senden Sie einen Fragebogen an jeden der Experten und fordern Sie ihn zu einer Beurteilung auf.**

   In diesem Beispiel ist das Thema die Solarenergie und Durchführbarkeit von solargetriebenen Entwicklungen im Bereich Haushalt.

2. **Lesen Sie die ausgefüllten Fragebögen, nachdem die Experten sie an Sie zurückgegeben haben.**

3. **Fassen Sie die Vorhersagen der Experten inklusive der Mehrheitsbeurteilungen, der Meinungen der Minderheiten und der abweichenden Sichtweisen zusammen.**

4. **Senden Sie die Zusammenfassung zusammen mit einer zweiten Ausführung der Fragebögen noch einmal an alle Experten.**

   Bitten Sie die Experten, die Zusammenfassung der ersten Runde durchzusehen und dann die Fragebögen noch einmal auszufüllen und zurückzusenden. Einige Experten verändern möglicherweise ihre ursprüngliche Einschätzung und reagieren auf neue Themen und Bedenken, die aufgebracht wurden.

5. **Führen Sie den Prozeß so lange fort, bis Sie den Eindruck haben, daß eine übereinstimmende Meinung erreicht wurde.**

Szenario-Planung

Manchmal sind Trends zu wenig vorhersehbar oder zu zahlreich, um sie zu verfolgen. Somit können Sie keine einfache Sichtweise der Zukunft entwickeln, die sinnvoll erscheint. Die *Szenario-Planung* erlaubt es Ihnen, sich verschiedene vollständige zukünftige Möglichkeiten vorzustellen und zu überlegen, wie jede dieser Versionen die Geschicke Ihres Unternehmens beeinflussen könnte.

Beginnen Sie mit einem Trend (zum Beispiel der Inflationsrate), und denken Sie sich zwei oder drei alternative Szenarios basierend auf verschiedenen Raten aus. (Mehr zum Thema »Inflation« erfahren Sie im Abschnitt *Ökonomische Trends* in diesem Kapitel.) Versuchen Sie, eine möglichst vollständige Beschreibung dessen zu integrieren, wie Ihr Geschäftsumfeld in den einzelnen Fällen aussehen könnte.

Seien Sie nicht überrascht, wenn sich herausstellt, daß Sie einen weiteren wichtigen Trend in Ihr Szenario integrieren zu müssen. Möglicherweise ist die Zukunft Ihres Unternehmens auch an gesetzliche Vorschriften gebunden, die irgendwann in den nächsten fünf Jahren erlassen werden. Aber wenn Sie drei Möglichkeiten der Regulierung mit drei möglichen Inflationsraten haben, müssen Sie mit insgesamt neun Szenarios jonglieren. Es ist offensichtlich, daß diese Situation Ihnen ziemlich schnell aus den Händen gleiten kann.

Leute, die im Jonglieren mit Szenarios Erfahrung haben, sagen, daß man nie mehr als drei oder vier Szenarios gleichzeitig betrachten sollte. Anstatt einen Trend nach dem anderen in einen wachsenden Satz von Szenarios einzubringen, sollten Sie sich selbst auf drei vollständige Szenarios konzentrieren, die auf unterschiedlichen Sichtweisen der Zukunft Ihrer Branche basieren:

- ✔ Ein Szenario, das auf einer optimistischen Sichtweise basiert
- ✔ Ein Szenario, das auf einer pessimistischen Sichtweise basiert
- ✔ Ein Szenario, das auf der wahrscheinlichsten Sichtweise basiert

Möglicherweise kommen Sie zu dem Schluß, daß eine niedrige Inflationsrate, ein Minimum an Vorschriften und ein technologischer Durchbruch ein optimistisches Szenarium ergeben, während eine hohe Inflationsrate, eine starke Regulierung durch Vorschriften und keine technischen Neuerungen ein pessimistisches Bild zeichnen. Die wahrscheinlich zutreffendste Sichtweise liegt irgendwo dazwischen.

Sie können beschließen, einen Businessplan aufzustellen, indem Sie zurückblikken und das tun, was Sie immer getan haben. Diese Methode ist leicht, komfortabel – und gefährlich. Die Szenario-Planung soll die Zukunft vorhersagen. Ihr wahrer Wert liegt darin begründet, daß sie Ihnen neue Möglichkeiten eröffnet und einen breiteren Rahmen an Möglichkeiten bietet, über die Sie nachdenken sollten. Unterschiedliche Geschäftsszenarios stimulieren Ihre Vorstellungskraft und erzwingen Ausblicke auf die Zukunft Ihres Unternehmens.

- Erfolgreiche Pläne müssen nicht die Zukunft vorhersagen, sondern Veränderungen vorhersehen.
- Ein Weg, Trends vorherzusehen, ist der über Zahlen und mathematische Tricks wie die Extrapolation.
- Sie können auf kluge Leute in Ihrem Umfeld zurückgreifen und diese Beurteilungen darüber erstellen lassen, was die Zukunft mit sich bringen wird.
- Wenn es zu viele Unsicherheitsfaktoren gibt, sollten Sie verschiedene Szenarios ausprobieren: ein optimistisches, ein pessimistisches und ein möglichst wahrscheinliches.

Die Auswirkungen von Veränderungen abschätzen

Um Sie herum können jederzeit alle Arten von Veränderungen stattfinden. Einige der Veränderungen haben große Auswirkungen auf Ihr Unternehmen. Andere dagegen bemerken Sie kaum. Einige der Veränderungen sind offensichtlich und vorhersagbar, andere dagegen kommen aus dem Nichts. Die kritischen Fragen für Ihr Unternehmen lauten wie folgt:

- Welche Veränderungen werden tatsächlich stattfinden?
- Was bedeuten Veränderungen für Ihre Branche?
- Was bedeuten die Veränderungen für Ihr Unternehmen?

Würfeln

Wie stehen die Chancen, daß etwas – ein bestimmtes Ereignis, eine spezielle Aktivität oder ein vorgegebenes Szenario – tatsächlich eintreten wird? Glücklicherweise müssen Sie nun nicht die Kristallkugel abstauben. Die *Wahrscheinlichkeitstheorie* ist ein angesehener Zweig der Mathematik, den es schon sehr lange gibt. Wahrscheinlichkeiten sind wichtig, weil sie Ihnen einen groben Eindruck von der Wahrscheinlichkeit bieten, daß eine Vorhersage sich erfüllt.

Sie verstehen vielleicht mehr von Wahrscheinlichkeitstheorie, als Sie gedacht haben. Wenn Sie zum Beispiel eine Münze werfen, haben Sie wahrscheinlich ein Gefühl im Bauch, daß Sie die Hälfte der Zeit »Kopf« erhalten. Die Wahrscheinlichkeit, »Kopf« zu erhalten, ist dann 1 von 2. Welche anderen Wahrscheinlichkeiten können Sie sich vorstellen? Hier sind noch ein paar Wahrscheinlichkeiten beim Werfen von Münzen:

- Die Wahrscheinlichkeit, »Kopf« zu erhalten, beträgt 1:2.
- Die Wahrscheinlichkeit, zweimal hintereinander »Kopf« zu werfen, beträgt 1:4.
- Nachdem Sie dreimal hintereinander »Kopf« geworfen haben, beträgt die Wahrscheinlichkeit, ein weiteres Mal »Kopf« zu erhalten, 1:2.

Diese Wahrscheinlichkeitswerte basieren alle auf der Statistik mit Zufallsauswahl. Jedesmal, wenn Sie eine Münze werfen, ist das Ergebnis zufällig. Es hängt nicht von etwas ab, das vorher oder nachher passierte. Deshalb ist es egal, ob Sie vorher dreimal »Kopf« in Folge geworfen haben. Ihr nächster Wurf ist wieder zufällig und die Chance, »Kopf« zu werfen, beträgt noch immer 50 Prozent.

Aber viele Aktivitäten und Ereignisse sind überhaupt nicht zufällig. Das Wetter zum Beispiel ist sicherlich nicht vorhersagbar und Veränderungen unterworfen (deshalb sprechen wir so häufig darüber). Aber das Wetter ist nicht zufällig. Es wird durch alle möglichen Faktoren und Kräfte beeinflußt. Wie hoch ist die Wahrscheinlichkeit, daß das Thermometer morgen die 40 °C-Marke überschreitet? Die Antwort hängt von Ihrem Standort und von der Jahreszeit ab. Die Wahrscheinlichkeit ist im Sommer größer als im Winter.

Viele Geschäftstrends, die wir in diesem Kapitel betrachtet haben, verhalten sich wie das Wetter. Sie sind nicht vorhersagbar und Veränderungen unterworfen, nicht aber dem Zufall. Die Wahrscheinlichkeit, daß zum Beispiel eine Inflation in den nächsten sechs Monaten ein bestimmtes Niveau erreicht, hängt von den vorhergehenden Inflationsraten und zugrunde liegenden Faktoren ab, wie zum Beispiel die ökonomische Nachfrage, das Niveau des Produktausstoßes und der Lohndruck. Deshalb behaupten Experten, daß sie die Zukunft vorhersagen können, und ihre Berichte sind so gut wie die der Wetterberichterstatter.

Gewinnen oder Verlieren

Die Auswirkung, die ein Trend oder ein Ereignis auf Ihr Unternehmen haben wird, teilt Ihnen mit, wie hoffnungsfroh oder besorgt Sie sein sollten, wenn die Vorhersagen tatsächlich wahr werden. Ein Trend kann das beste sein, das einer Branche passieren kann, und eine absolute Katastrophe für eine andere Branche. Ein Ereignis kann eine wichtige Gelegenheit für Ihr Unternehmen sein oder absolut keine bemerkbaren Auswirkungen haben.

Inspizieren Sie Ihre eigenen Trends und Szenarios, und ordnen Sie wichtige Ereignisse oder Ergebnisse einer der vier Kategorien in Abbildung 12.3 zu. Jede dieser Kategorien erfordert von Ihnen eine andere Ebene der Planung und Vorbereitung.

- ✔ Eine hohe Wahrscheinlichkeit und große Auswirkungen erfordern eine sorgfältige Vorbereitung.
- ✔ Eine hohe Wahrscheinlichkeit und geringe Auswirkungen rufen nach einer Routineplanung.
- ✔ Eine geringe Wahrscheinlichkeit und große Auswirkungen erfordern die Planung für den Notfall.
- ✔ Eine geringe Wahrscheinlichkeit und geringe Auswirkungen sprechen für eine routinemäßige Überwachung.

Wahrscheinlichkeits-Auswirkungs-Matrix

Auswirkung \ Wahrscheinlichkeit	Gering	Hoch
Hoch	Kontingenzplanung	Sorgfältige Vorbereitung
Gering	Routineüberwachung	Routineplanung

Abbildung 12.3: Die Wahrscheinlichkeits-Auswirkungs-Matrix kategorisiert Ereignisse entsprechend ihrer Wahrscheinlichkeit und den Auswirkungen, die sie haben könnten.

Wenn Sie Hilfe benötigen, um herauszufinden, welche Trends und Szenarios zu welchen Kategorien gehören, können Sie Ihr Geld immer für Experten ausgeben. Schauen Sie aber zunächst, was Sie selbst tun können. Tun Sie sich mit Kollegen und möglicherweise mit einem oder zwei Ihrer besten Kunden zusammen, und veranstalten Sie ein Brainstorming über die Zukunft Ihres Unternehmens. Sie werden vielleicht von den Einblicken überrascht sein, die bei dieser Art von Zusammenkünften herauskommen können, wenn Sie den Ball ins Rollen gebracht haben. Sie können dabei wie folgt vorgehen:

1. **Geben Sie der Gruppe einen festen Zeitrahmen vor, in dem sie die Trends und Szenarios überprüfen kann, die Sie entwickelt haben, und in dem sie auch neue Trends und Szenarios einbringen kann.**
2. **Lassen Sie jemanden Protokoll führen, während die Gruppe Ideen entwikkelt.**
3. **Präsentieren Sie der Gruppe die vollständige Liste der Trends und Szenarios.**
4. **Sortieren Sie die Trends und Szenarios basierend auf deren Potential, die Zukunft Ihres Unternehmens zu beeinflussen.**
5. **Stellen Sie noch einmal eine Rangfolge der Trends und Szenarios auf, wobei diesmal die Wahrscheinlichkeit, daß diese tatsächlich eintreten, berücksichtigt wird.**
6. **Weisen Sie die Trends und Szenarios einer der vier Kategorien aus Wahrscheinlichkeit und Auswirkung zu (siehe Abbildung 12.3).**

Die Wahrscheinlichkeits-Auswirkungs-Matrix teilt Ihnen mit, worauf Sie Ihre Bemühungen konzentrieren sollten. Sie erhalten Sie einen Ausgangspunkt. Sie können sich auf Veränderungen vorbereiten, Ressourcen und Zeit zuweisen und auf der Grundlage der praktischen Kombination von Wahrscheinlichkeit und Auswirkungen für mögliche Ereignisse planen.

- ✔ Es reicht nicht aus, Veränderungen vorherzusagen. Sie müssen auch herausfinden, was diese für Ihr Unternehmen bedeuten.
- ✔ Wahrscheinlichkeiten teilen Ihnen die Wahrscheinlichkeit mit, daß Ihre beste Schätzung wahr wird.
- ✔ Wenn Sie die Auswirkungen Ihrer besten Schätzung gewichten, wissen Sie, ob Sie aufgeregt, besorgt oder unberührt sein sollten.
- ✔ Wenn Sie sowohl die Wahrscheinlichkeit als auch die Auswirkungen betrachten, erhalten Sie eine bessere Vorstellung davon, wie Sie planen sollten.

Wettbewerbsstrategisch denken

13

In diesem Kapitel

- Entdecken, warum es einen Unterschied machen kann, ob Sie eine Wettbewerbsstrategie haben oder nicht
- Die Strategie kostengünstig anzubieten
- Differenzierungsstrategien anwenden
- Sich auf die Schwerpunkte konzentrieren
- Andere Strategien prüfen
- Eine eigene Strategie entwickeln

Wenn Sie nicht wissen, wohin Sie gehen, kann es Ihnen passieren, daß Sie an einem ganz andere Ort landen.

Yogi Berra

In diesem Kapitel helfen wir Ihnen dabei, eine Wettbewerbsstrategie für Ihr Unternehmen zu formulieren, die mit dem Unternehmensziel übereinstimmt. Als erstes betrachten wir, warum eine Wettbewerbsstrategie für den Prozeß der Erstellung eines Businessplans so wichtig ist. Wir prüfen, was es bedeutet, eine Wettbewerbsstrategie zu haben und wann diese Wettbewerbsstrategie am besten funktioniert. Wir führen dann verschiedene Grundstrategien ein, die Sie in vielen Branchen anwenden können. Diese Strategien beinhalten die folgenden Bemühungen:

- ✔ Waren oder Dienstleistungen kostengünstig anzubieten
- ✔ Ihre Produkte von anderen zu unterscheiden
- ✔ sich auf bestimmte Märkte und Produktbereiche zu konzentrieren

Wir sprechen auch über verschiedene andere allgemeine strategische Alternativen und beantworten Fragen wie »Was bedeutet es, als Unternehmen stärker vertikal integriert zu sein?« und »Wie sollten Sie handeln, wenn Sie der Marktführer sind oder dem Markt folgen?« Wir geben Ihnen auch einige Tips zur Planung einer Strategie für Ihr eigenes Unternehmen.

Mit einer Wettbewerbsstrategie eine Abgrenzung entwickeln

Einige Unternehmen glauben, daß *Strategie* und *Planung* unanständige Wörter sind. Diese Unternehmen würden nie daran denken, einen der beiden Begriffe im Kontext ihrer eigenen Unternehmen zu benutzen. Das heißt nicht, daß diese Unternehmen sich nicht vorwärts bewegen; sie sprechen einfach nur nicht vorzeitig darüber. Warum haben diese beiden Begriffe in bestimmten Kreisen solch einen schlechten Ruf? Höchstwahrscheinlich, weil sie mißverstanden oder nicht richtig angewendet werden. Die Begriffe Strategie und Planung sind in der Geschäftswelt zu Modewörtern geworden und ihre wahre Bedeutung geht in dem Durcheinander um sie herum leicht unter.

Der schillernde und freimütige Wall-Street-Händler Alan »Ace« Greenberg, führender Kopf des Broker-Hauses Bear Stearns, ist kein Fan der strategischen Planung. Er ging sogar so weit, vorzuschlagen, ein Komittee für die Rückwärtsplanung (Backward Planning Committee) zur Sicherung des Erfolgs seines Unternehmens einzurichten, weil strategische Pläne so wenig Erfolge zu verbuchen haben. Was für ein Schachzug. Aber obwohl Alan Greenberg Planern von Unternehmensstrategien die Daseinsberechtigung absprechen möchte, ist klar, daß er selbst eine starke Vision, eine Strategie und einen Plan davon hat, wie Bear Stearns langfristig erfolgreich sein kann.

Auf der gegenüberliegenden Seite des fiktiven Spielfelds sitzt ein Mann namens Hans im Glück, der sich keinen Pfifferling um die Zukunft kümmert. Hans hat keine Strategie oder Vision. Er hat keinen Plan, weil er ein Opportunist ist. Es kann sein, daß er gerade zur richtigen Zeit am richtigen Ort ist. Aber keiner kann langfristig nur mit der Notbremse überleben. Wie man so sagt:

Das Glück kehrt manchmal auch bei den Dummen ein, es bleibt aber nie lange.

Der Prozeß der strategischen Planung erzeugt einen Rahmen und eine Disziplin um diejenigen unter uns zu führen, die irgendwo zwischen Ace, der einen eingebauten Geschäftssinn hat, und Hans, der sich um nichts kümmert, stehen. Wir wissen, daß strategische Planung funktioniert, weil wir es mit unseren eigenen Augen gesehen haben. Wir haben auch gesehen, wohin das Fehlen einer strategischen Planung führen kann. Eine 1996 durchgeführte Umfrage bei ca. 1.000 Kleinunternehmen sichert uns ab. Diese Studie ergab, daß Unternehmen, die strategische Pläne haben, 50 Prozent mehr Umsatz- und Gewinnwachstum haben als Unternehmen, die keinen Plan haben. So einfach ist das.

Der Begriff Strategie

Der Begriff »Strategie« stammt von den alten Griechen und wird wörtlich mit »Die Lehre von der Kriegsführung« übersetzt. Wenn Sie am Wettbewerb teilnehmen, fühlen Sie möglicherweise, daß Sie sich zum Kampf aufstellen, um mit Ihren Konkurrenten um die Gunst der Kunden zu werben.

Moderne Definitionen des Wortes sind weniger präzise. Deshalb schlagen wir eine eigene Definition für »Strategie« im Unternehmensbereich vor. Eine Strategie macht folgendes:

- ✔ Sie beschreibt, wie Sie Ziele erreichen können, die Sie für Ihr Unternehmen aufgestellt haben.
- ✔ Sie berücksichtigt die persönlichen und sozialen Werte.
- ✔ Sie zeigt Ihnen einen Weg, wie Sie Ihre menschlichen und finanziellen Ressourcen einsetzen können.
- ✔ Sie erzeugt für Sie einen Wettbewerbsvorteil, so daß Sie trotz des starken und entschlossenen Wettbewerbs bestehen können.

Um einen strategischen Businessplan aufzustellen, müssen Sie Daten sammeln, Informationen analysieren und dann etwas mit ihnen tun – das sollte jedoch etwas mehr sein, als die Daten nur umzuformatieren, sie auszudrucken und in einen ordentlichen Bericht mit dem Titel »Der Fünfjahresplan« zu packen. In den meisten Fällen beginnt diese Art von Berichten mit Zahlen und endet mit diesen. Es handelt sich dabei um Umsatzvorhersagen, Cash-Flow-Ziffern, die Verteilung von Ausgaben und ähnliches. Aber all das hilft Ihnen nicht weiter, wenn Sie herausfinden wollen, was Sie als nächstes tun sollen. Berichte wie dieser sind mit Sicherheit vom gefürchteten SPOTS-Syndrom befallen (SPOTS = Strategic Plans on Top Shelves, d.h. strategische Pläne ganz oben ins Regal stellen): Sie sammeln nur Staub an. Diese Berichte stellen keine Strategie oder Planung dar, sie verkörpern nur Zeitverschwendung.

Was können Sie tun, um sicherzustellen, daß dies mit Ihrem Businessplan nicht passiert? Zunächst einmal wirkt eine kräftige Dosis des guten alten Menschenverstands Wunder, wenn Sie Ihre Strategie erstellen. Branchenerfahrung und einige Wettbewerbsvorteile natürlich auch. Leider können wir Ihnen keines dieser Dinge schenken. Aber wir können Ihnen einige handfeste Ratschläge für den Entwurf Ihrer Strategie und Tips geben, die Sie wie einen Planungsprofi aussehen lassen.

Behalten Sie die folgenden Fragen im Gedächtnis, wenn Sie mit der Formulierung Ihres strategischen Plans beginnen:

- ✔ In welchen Märkten und Segmenten möchte Ihr Unternehmen konkurrieren?
- ✔ Welche Produkte und Dienstleistungen wird Ihr Unternehmen entwickeln und unterstützen?
- ✔ Wo liegt der Wettbewerbsvorteil Ihres Unternehmens in diesen Märkten und Produkten?
- ✔ Wie kann Ihr Unternehmen diesen Wettbewerbsvorteil über einen längeren Zeitraum aufrecht erhalten?

Mit den Antworten auf diese Fragen gehen Sie schon einen großen Schritt in die Richtung, Ihre Strategie auf das Ziel auszurichten. Deshalb sollten Sie während der einzelnen Phasen des Planungsprozesses von Zeit zu Zeit darauf zurückgreifen.

Wann eine Strategie funktioniert

Die Strategie funktioniert, wenn Sie über ein Verfahren verfügen, mit dem Sie sicherstellen können, daß die Planung ständig mit den Aktivitäten in Ihrem Unternehmen verknüpft ist. Wenn strategische Pläne versagen, liegt das normalerweise daran, daß sie für die aktuellen Probleme und Themen nicht relevant sind. Strategie und Planung sind mit Komitee-Treffen, Bürokratie, laufenden Geschäftskosten und allen anderen Hindernissen verbunden, die aufgestellt werden, um sicherzustellen, daß die Ergebnisse nicht erzielt wurden. Als Konsequenz davon werden Strategie und Planung von einigen Unternehmen als Teil des Problems und nicht als Lösung betrachtet.

Eine Strategie funktioniert am besten, wenn die strategische Planung in jeden Aspekt Ihres Unternehmens einbezogen wird, und zwar jeden Tag des Jahres. Ein fortlaufender strategischer Planungsprozeß bedeutet, daß Sie die folgenden Dinge tun:

- ✔ Immer hinterfragen, was Ihr Unternehmen erfolgreich macht.
- ✔ Kontinuierlich Kunden und den Markt beobachten und deren Bedürfnisse und Wünsche im Auge behalten.
- ✔ Unnachgiebig den Wettbewerb prüfen.
- ✔ Beständig daran arbeiten, Ihren Wettbewerbsvorteil aufrechtzuerhalten.
- ✔ Kontinuierlich nach Wegen suchen, Ihre Hauptkompetenz zu finanzieren (mehr zum Thema Hauptkompetenz erfahren Sie in Kapitel 9).

Einige Manager machen diese Dinge vielleicht automatisch und intuitiv. Aber wenn Sie sicherstellen wollen, daß Strategie und Planung in alle Bereiche Ihres Unternehmens gelangen, müssen Sie einen Rahmen dafür schaffen. Wenn Sie einen strategischen Plan zu einer Grundverpflichtung machen, haben Sie den zusätzlichen Vorteil, alle Mitarbeiterebenen in den Planungsprozeß mit einzubeziehen. Mitarbeiter haben häufig unterschiedliche Sichtweisen der Formung einer Strategie, die jedoch gleich wertvoll sind, und ein Rahmen zur strategischen Planung stellt sicher, daß alle Stimmen gehört werden.

Um den Ball in Ihrem Unternehmen ins Rollen zu bringen, nehmen Sie eine Gruppe von Mitarbeitern, die verschiedene Funktionen auf unterschiedlichen Ebenen ausüben. Treffen Sie sich regelmäßig, um über Strategien und Planung zu sprechen. Konzentrieren Sie sich darauf, einen Rahmen einzurichten, der das strategische Denken unterstützt, und richten Sie Ihr Interesse auf Probleme, die mit dem strategischen Planungsprozeß selbst zusammenhängen. Dann können Mitglieder der Gruppe das, was sie gelernt haben, in ihren eigenen Bereich übernehmen und damit beginnen, die strategische Planung in ihre Arbeitsweise zu integrieren.

- Strategie ist die Kunst und Wissenschaft, einen Businessplan aufzustellen, die mit den Zielen Ihres Unternehmens übereinstimmt.
- Eine Strategie funktioniert dann am besten, wenn die strategische Planung in alle Aspekte Ihres Geschäfts integriert wird.
- Werden Sie kein Opfer des SPOTS-Syndroms.
- Im Durchschnitt haben kleine Unternehmen mit strategischen Plänen ein um 50 % größeres Umsatz- und Gewinnwachstum als Unternehmen, die nicht planen.

Gebrauchsfertige Strategien anwenden

Möglicherweise denken Sie, daß die Situation Ihres Unternehmens absolut einmalig ist und die Themen, mit denen Sie sich befassen müssen, von einer bestimmten Art sind. Bedeutet dies, daß Ihr Businessplan und Ihre Strategie ebenfalls einzigartig sein müssen? Nicht ganz. Wenn Sie durch ein Mikroskop blicken, sieht jede Schneeflocke anders aus. Aber wenn Sie zuschauen, wie es draußen schneit, stellen Sie fest, daß Schneeflocken sehr viel gemeinsam haben. Unternehmen sind wie Schneeflocken. Obwohl die ganzen Details den Unternehmen ihr individuelles Profil verleihen, zeigen Unternehmen und Branchen im allgemeinen bemerkenswerte Ähnlichkeiten, wenn Sie zurücktreten und sich auf deren Grundformen konzentrieren.

Ein Meister der Unternehmensstrategien und Professor an der Harvard University, Michael Porter, war einer der ersten, die Standardunternehmensprofile entdeckten und eine Bestandsliste aufstellten. Basierend auf dem, was er sah, präsentierte er drei Gattungen von Ansätzen für die strategische Planung und die Planung von Unternehmen. Diese Basisstrategien sind wichtig, weil sie gebrauchsfertige Antworten auf eine grundlegende Frage liefern: Was benötigt man, um langfristig in einem Unternehmen erfolgreich zu sein? Und die Antworten funktionieren über alle Märkte und Branchen hinweg.

Die Basisstrategien von Porter laufen auf die folgenden Standardansätze hinaus, die in Abbildung 13.1 hervorgehoben werden:

- **Die Kosten drastisch senken:** Werden Sie zum kostengünstigsten Anbieter in Ihrer Branche. Tun Sie alles, um Ihre eigenen Kosten zu reduzieren, während Sie ein Produkt oder eine Dienstleistung anbieten, das bzw. die gut gegen die Konkurrenz abschneidet.
- **Etwas Einzigartiges anbieten (Differenzierungsstrategie):** Finden Sie heraus, wie Sie Ihren Kunden etwas bieten können, das sowohl einzigartig als auch nützlich ist, und bieten Sie Ihr Produkt oder Ihre Dienstleistung zu einem Preis an, den Ihre Kunden zu zahlen gewillt sind.

- ✔ **Sich auf eine Kundengruppe konzentrieren (Konzentrationsstrategie):** Entschließen Sie sich dazu, sich auf die genauen Bedürfnisse und Anforderungen eines engen Marktes zu konzentrieren. Setzen Sie entweder ein preisgünstiges oder einzigartiges Produkt ein, um Ihre Zielkunden zu umwerben und von der allgemeinen Konkurrenz zu entfernen.

Es überrascht nicht, daß eine Kostenreduktion und das Angebot von etwas Einzigartigem zwei allgemeine Strategien darstellen, die beinahe universell einsetzbar sind. Schließlich werden die Geschäftswelt und der Wettbewerb durch Kunden gesteuert, die ihre Kaufentscheidungen aufgrund einer Wertgleichung fällen – einer Gleichung, die das Verhältnis der Produktvorteile zu ihrem Preis mißt. (Mehr Informationen hierzu erhalten Sie in Kapitel 7.) Die Wettbewerbsstrategien nach Porter konzentrieren sich nur auf Ihre Bemühungen, eine Seite der Wertgleichung zu beeinflussen.

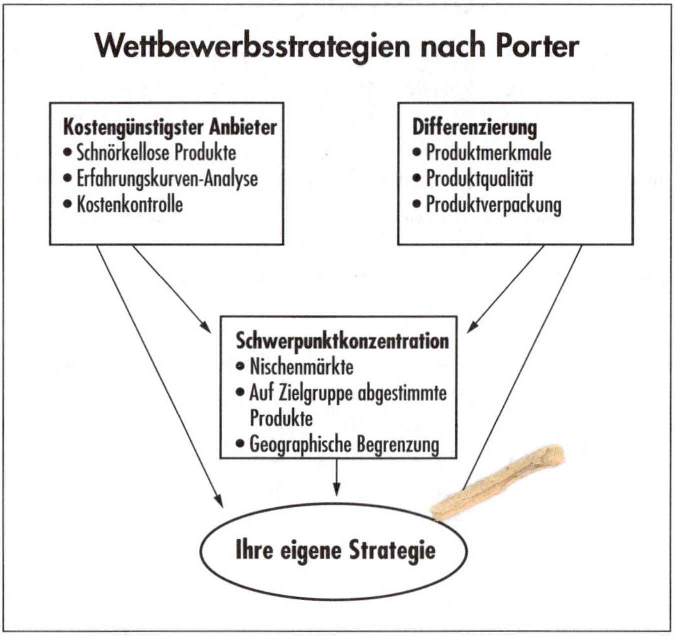

Abbildung 13.1: Die Wettbewerbsstrategien nach Porter. Entscheiden Sie, ob Sie zum kostengünstigsten Anbieter werden oder mit einem einzigartigen Produkt auf die Kundenwünsche eingehen.

Die Strategie des kostengünstigsten Anbieters

Um der kostengünstigste Anbieter in Ihrer Branche zu werden, muß von der Produktentwicklung bis zum Marketing, von der Produktion bis zum Vertrieb, vom Rohmaterial bis zu den Gehältern und Sonderzahlungen jeder Aspekt Ihres Unternehmens festgelegt und koordiniert werden. Haben Sie eine neue Technologie gefunden, die die Produktion vereinfacht? Übernehmen Sie sie. Haben Sie eine Region oder ein Land gefunden, die bzw. das mehr produktive

Arbeitskraft bietet? Verlagern Sie Ihre Produktion dorthin. Haben Sie Zulieferer gefunden, die Rohmaterial preisgünstiger anbieten? Schließen Sie mit ihnen Verträge ab.

Diese Strategie wird auch *Kostenminimalprinzip* genannt und ist häufig die Mühe wert, weil sie Ihnen eine starke Wettbewerbsposition gibt. Wenn Sie der kostengünstigste Anbieter sind, diktieren Sie und fordern jeden Ihrer Konkurrenten dazu heraus, andere Wege zu finden, um wettbewerbsfähig zu sein. Obwohl die Strategie universell ist, funktioniert sie am besten in Märkten und Branchen, in denen die Preise das Kundenverhalten beeinflussen – zum Beispiel Produkte für den Massenmarkt oder Produkte in niedrigpreisigen, preissensiblen Marktsegmenten.

Der folgende Abschnitt beschreibt Wege, über die Sie die Strategie, der kostengünstigste Anbieter zu werden, realisieren können.

Schnörkellose Produkte

Die offensichtlichste und einfachste Möglichkeit, Kosten gering zu halten, besteht darin, das bekannte KISS-Prinzip zu beschwören (KISS = Keep It Simple, Stupid!, d.h. Mache alles so einfach wie möglich). Wenn Sie alle Extras und Sonderausstattungen weglassen und Produkte anbieten, bei deren Design die einfache Herstellung maßgeblich war, lassen sich Ihre Produkte preisgünstiger produzieren. Ein schnörkelloses Produkt kann insbesondere dann erfolgreich sein, wenn Sie es in einem Markt anbieten können, in dem Zusatzausstattung anderer Produkte nicht als Vorteil betrachtet wird, oder die Kunden sich über diese sogar ärgern – die Stubenhocker zum Beispiel, auf deren Videorecorder ein 12:00 aufleuchtet, oder Möchte-gern-Schriftsteller, die von ihrer Textverarbeitung verwirrt werden.

Neben dem Verzicht auf alle Extras können Sie auch einfach einen Produktneuentwurf machen, um sogar noch größere Kostenvorteile zu haben. Im Hausbaubereich wurde zum Beispiel Sperrholz durch Preßspan ersetzt, um die Konstruktionskosten zu reduzieren. Kamerahersteller haben Metallkomponenten durch Plastik ersetzt. Und natürlich gibt es dann noch die Lösung, die zum Beispiel von Nivea bei Körperlotion praktiziert wurde: Das Unternehmen reduzierte die Kosten einfach dadurch, daß sie die Packungsgröße verkleinerte.

BEISPIEL

Auf ihre Grundfunktionen beschränkte Produkte und Dienstleistungen kommen schließlich in fast alle Branchen vor. Beispiele sind:

- ✔ Fluggesellschaften ohne jede Extras wie Southwest.
- ✔ Supermärkte wie ALDI mit einer großen Auswahl, geringen Preisen und ohne Service.

Erfahrungskurven-Analyse

Die Stellung als kostengünstigster Anbieter wird häufig basierend auf der Leistungsfähigkeit der Erfahrungskurve gewonnen oder verloren. Diese Erfahrungskurve, die 1966 aus einer empirischen Untersuchung der Boston Consulting Group abgeleitet wurde, stellt die Stückkosten der kumulierten Produktmenge gegenüber (siehe Abbildung 13.2).

Die Kostenerfahrungskurve mißt die eigentlichen Stückkosten von verschiedenen allgemeinen Geschäftsausgaben: der Errichtung der Produktionsstätte, der Maschinen, der Arbeit, des Büroraums, der Verwaltungskosten, der Werbung, des Vertriebs – alles außer dem Rohmaterial, aus dem Ihr Produkt besteht. Diese Kosten tendieren zu sinken, wenn sie über alle Produkte, die Sie herstellen oder alle Dienstleistungen, die Sie anbieten, gemittelt werden.

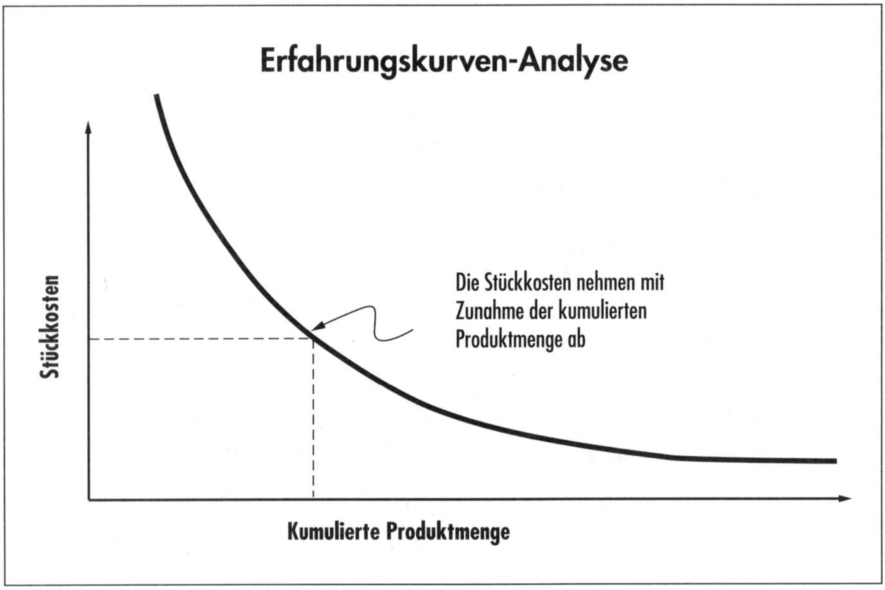

Abbildung 13.2: Die Kostenerfahrungskurve verfolgt die sinkenden Stückkosten bei einem Zuwachs der Gesamtproduktion.

Der Kostenerfahrungskurve liegen folgende Ursachen zugrunde:

- ✔ **Die Größenordnung:** Die Größenordnung bezieht sich auf die Tatsache, daß Sie fixe Geschäftskosten haben können, die fix in dem Sinne sind, daß sie nicht davon beeinflußt werden, wie viele Produkte Sie herstellen und verkaufen. (Fixe Kosten beinhalten normalerweise Dinge wie die Miete und geringwertige Güter, die Sie kaufen.) Je mehr Produkte Sie erzeugen, desto größer ist Ihr Maßstabsvorteil, weil die fixen Kosten pro Einheit sinken.

Denken Sie einen Augenblick an die Dingsdas. Angenommen, Sie mieten ein Gebäude für DM 1.000 im Monat, um Dingsdas zu produzieren. Um kein Geld zu verlieren, müssen Sie die Mietkosten in die Kosten für die Dingsdas einrechnen, die Sie produzieren. Im ersten Monat produzieren Sie möglicherweise nur 10 Dingsdas. Egal, wie hoch die Kosten sonst sind, müssen Sie DM 100 Miete (DM 1.000 geteilt durch 10 Einheiten) auf den Preis jedes Dingsdas aufschlagen. Wenn Sie jedoch im nächsten Monat die Produktion auf 100 Einheiten pro Monat erhöhen können, müssen Sie nur DM 10 (DM 1.000 geteilt durch 100 Einheiten) auf den Preis jedes Dingsdas aufschlagen. Sie reduzieren dadurch die Mietkosten pro Einheit um sagenhafte 90 Prozent. Der Maßstab ist gut für das Geschäft und Ihren Jahresüberschuß.

- ✔ **Die Reichweite:** Die Reichweite funktioniert ein bißchen wie die Größenordnung, sie bezieht sich jedoch auf die Kostenvorteile, die Sie haben, wenn Sie größere Märkte bedienen oder mehrere Produkte anbieten, auf die Sie die laufenden Geschäftskosten für Dinge wie Anzeigen, Kundendienst und Vertrieb aufteilen können. Diese Ausgaben sind nicht genau festgelegt, aber Sie erreichen einen automatischen Größenordnungsvorteil, wenn die Anzeige, die Sie schalten möchten, einen größeren Markt erreicht oder wenn Ihre Lastwägen zwei oder drei Produkte an jede Verkaufsstelle ausliefern anstatt nur ein Produkt.

- ✔ **Lernprozeß:** Erinnern Sie sich daran, als Sie das erste Mal versucht haben, Ihre Schuhe zu binden? Eine große Aufgabe und sehr viel Arbeit. Nun können Sie dies im Schlaf erledigen. Was ist passiert? Je häufiger Sie Ihre Schuhe gebunden haben, desto besser ging es. Das gleiche gilt, egal, ob Sie in einer Fabrikhalle, an einem Computer oder in einem Konferenzraum tätig sind. Sie verbessern sich bei einer Tätigkeit, wenn Sie diese häufiger ausführen. Wenn Sie dazulernen, gehen die Gesamtkosten Ihres Geschäfts zurück.

Eine allgemeine Regel schlägt vor, diese zugrundeliegenden Ursachen in einer 80-Prozent-Erfahrungskurve zusammenzutragen. Dies entspricht einer Erfahrungskurve, bei der die Stückkosten jedesmal um 20 Prozent sinken, wenn sich die kumulierte Produktmenge verdoppelt. Die Stückkosten sinken also bei jeder Verdoppelung der kumulierten Produktmenge auf 80 Prozent ihres vorherigen Werts.

Der Kostenvorteil, den Sie tatsächlich aus Ihrer Erfahrung ziehen können, kann variieren und hängt zum Teil von Ihrer Branche ab. Einige Branchen profitieren überhaupt nicht vom Erfahrungseffekt. In Branchen, in denen zum Beispiel die Grundkosten für Rohmaterial hoch sind, bleibt wenig Raum für einen Vorteil aufgrund der Erfahrung. Das gleiche gilt auch für viele Dienstleistungsbranchen. Es spielt keine Rolle, wie gut Friseure werden. Es dauert trotzdem eine Stunde, um einem Kunden das Haar zu waschen und zu schneiden. Somit ändern sich die Kosten des Unternehmens nicht.

Kostenkontrolle

Sie können nur dann zum kostengünstigsten Anbieter werden, wenn alle Bereiche Ihres Unternehmens das Ziel haben, die Kosten unter Kontrolle zu halten, Ausgaben zu reduzieren oder zu eliminieren und überflüssige Ausgaben zu vermeiden. Diese Art der Übereinkunft ist nur dann möglich, wenn das Unternehmen entsprechend geführt wird und die Eigentümer ein richtiges Beispiel abgeben.

Wahrscheinlich gilt beim Bestreben, am kostengünstigsten anzubieten, mehr als bei jeder anderen Strategie oder jedem anderen Plan, daß der Erfolg davon abhängt, wie erfolgreich Sie die Strategie anwenden. Es ist sicherlich ein wichtiger Aspekt, zu wissen, wo und wann Sie kostensparende Technologien einsetzen sollten. Aber der Knackpunkt Ihres Plans ist es, herauszufinden, wie Sie das Unternehmen strukturieren, Ihre Mitarbeiter entlohnen und einen Geist der »schlanken Kampfmaschine« aufbauen. Am Ende entscheiden Ihre Mitarbeiter, wie effizient Ihr Unternehmen wirklich ist. Das könnte bedeuten, daß Sie keinen Geschäftswagen fahren oder daß Sie niemals persönliche Ferngespräche während der Arbeit führen. Sie können darauf wetten, daß Ihre Mitarbeiter Ihrem Beispiel folgen.

Der kostengünstigste Anbieter zu sein ist wörtlich zu nehmen. Es reicht nicht aus, Vizemeister zu sein. Es genügt noch nicht einmal, der erste unter gleichen zu sein. Wenn Sie nicht an erster Stelle stehen können, laufen Sie die Gefahr, eine Rolle in Ihrem schlimmsten Alptraum zu spielen: eine mörderische Branche mit hohen Einsätzen, in der der Preiskampf alle Spieler zu zerstören droht. Wenn es keinen klaren Führer gibt, ist jeder ein Herausforderer, und wenn kostengünstige Anbieter beginnen, um Marktanteile zu kämpfen, benutzen sie den Preis als bevorzugte Waffe. Wenn Sie sich in einer solchen Wild-West-Branche wiederfinden, sollten Sie agieren. Suchen Sie nach einer neuen, anderen Weise, zu konkurrieren. Suchen Sie nach alternativen Strategien, bei denen die Wahrscheinlichkeit, am Ende belohnt zu werden, größer ist.

Aus der Menge herausragen

Nicht jedes Unternehmen kann der kostengünstigste Anbieter sein und viele Unternehmen streben das noch nicht einmal an. Sie konkurrieren lieber mit einzigartigen Produkten und Dienstleistungen und bieten Kunden das, was diese unbedingt haben wollen – d.h. Dinge, für die Kunden bereit sind, etwas mehr zu bezahlen. Diese Strategie wird als Strategie der *Differenzierung* bezeichnet.

Die Differenzierungsstrategie hat viele Argumente für sich, weil Unternehmen sich in vielerlei Hinsicht unterscheiden können, was bedeutet, daß es viele Wege gibt, erfolgreich zu sein. Obwohl die Strategie der kostengünstigste Anbieter zu werden, über die wir in den letzten Abschnitten gesprochen haben, sehr leicht eine Gewinnen-oder-Verlieren-Situation für viele Unternehmen eintreten kann, erzeugt die Differenzierungsstrategie Raum für mehrere Mitspieler, von denen jeder auf seine eigene Art kämpft. Das bedeutet jedoch nicht, daß der Wettbewerb nicht scharf wäre, selbst dann, wenn Unternehmen deutlich verschiedene Produkte oder Dienstleistungen anbieten.

Unternehmen, die sich selbst klar von ihren Konkurrenten absetzen können, verzeichnen häufig beneidenswerte Gewinne, und sie investieren diese häufig, um ihre einzigartige Position am Markt zu stärken. Ein prämiertes Weingut erntet seinen Ruf zum Beispiel wegen der Qualität der Trauben und der Fachkenntnis des Winzers. Dieser Ruf kann jedoch durch exklusive Verpackungen und Werbekampagnen aufpoliert werden. Diese ganzen zusätzlichen Investitionen machen es für Konkurrenten schwieriger, mitzuhalten. Sie steigern jedoch auch die Kosten. Obwohl Hersteller von Wein in Kartons Schwierigkeiten haben, in einem qualitativ anspruchsvollen Markt zu konkurrieren, können prämierte Weingüter es sich auch nicht leisten, nur mit dem Preis allein zu kämpfen. Kein Unternehmen kann die Kosten ignorieren, selbst dann, wenn es etwas Einzigartiges anbietet. Weinkenner sind vielleicht bereit, DM 15 für eine Flasche Chardonnay auszugeben, schrecken jedoch möglicherweise vor einem Preis von DM 30 zurück.

Sie können Ihr Unternehmen auf verschiedene Weisen hervorheben. Sie können Ihr Produkt oder Ihre Dienstleistung dadurch abheben, was es bzw. sie tun kann, wie gut es bzw. sie funktioniert oder durch die Verpackung und den Vertrieb. Dann können Sie fortfahren und aus jedem dieser Aspekte eine erfolgreiche Differenzierungsstrategie entwickeln. Nebenbei gewinnen Sie noch loyale Kunden.

Weil Differenzierungsstrategien vollständig von Ihrem Verhältnis zu den Kunden abhängen, sollten Sie nun jedoch pausieren und sich selbst verschiedene Fragen stellen, bevor Sie fortfahren:

- ✔ Wer sind Ihre Kunden?
- ✔ Wie könnten Sie sie am besten beschreiben?
- ✔ Was sind deren Hauptwünsche und -bedürfnisse?
- ✔ Wie treffen sie ihre Wahl?
- ✔ Was motiviert sie zum Kauf?

In den Kapiteln 5 und 6 erfahren Sie mehr über Kunden. Die folgenden Abschnitte beschreiben Möglichkeiten, sich von der Konkurrenz abzusetzen.

Produktmerkmale

Häufig finden Sie Richtlinien für eine erfolgreiche Differenzierungsstrategie in dem, was Ihr Produkt für die Kunden leisten kann und was nicht. Schließlich sind die Merkmale eines Produkts häufig unter den ersten Dingen, die ein potentieller Käufer betrachtet. Wie lassen sich Ihre Produkte stapeln? Sind Sie besonders gut im Produktdesign und der Produktentwicklung? (Kapitel 9 kann Ihnen dabei helfen, dies herauszufinden.) Falls ja, überlegen Sie wahrscheinlich, wie Sie Ihre Stärke in die Entwicklung neuer Merkmale umsetzen können, so daß Ihre Produkte herausragen.

Leider liefern Produktmerkmale für Ihre Konkurrenten einen großen Anreiz zur Nachahmung. Der Versuch allein, sich bei wesentlichen Produktattributen zu unterscheiden läßt sich manchmal nur schwer über einen längeren Zeitraum aufrechterhalten. Technologieunternehmen wie Sony, 3M und Intel schaffen es nun schon seit vielen Jahren, ihren Konkurrenten immer einen Schritt voraus zu sein, indem sie immer die neuesten und großartigsten Produkte anbieten. Aber es ist nicht leicht (und auch nicht billig), immer gejagt zu werden.

Anstatt bei der Produktentwicklung immer an erster Stelle zu stehen, können Sie Ihr Unternehmen auch dadurch hervorheben, daß Sie die Produkte auf raffiniertere Art verbessern und Kunden einzigartige, auf diese zugeschnittene Optionen anbieten, die um so mehr geschätzt werden, als sie häufig nicht erwartet werden. Beispiele sind Kameras, die feststellen, wenn Sie vergessen haben, einen Film einzulegen, eine Versicherungspolice, bei der Sie leicht verfolgen können, was Sie besitzen und die dann automatisch Ihre Deckung aktualisiert, und Software, die Sie wirklich dabei unterstützt, jedes Bit von Ihrer Festplatte zu entfernen, wenn Sie die Software loswerden möchte.

Produktqualität

Wenn Sie ein Produkt oder eine Dienstleistung anbieten, das bzw. die für ihre Qualität bekannt ist, gehen Sie einen großen Schritt in Richtung Herausragen aus dem Markt. In gewisser Weise deckt Qualität das ab, um was es bei der Differenzierung geht. Qualität von einer bestimmten Art ist das, wonach jeder zu suchen scheint, und der Betrachter hat sie häufig vor Augen. Auch wenn Kunden nicht immer genau sagen können, was Qualität ist, wissen sie es genau, wenn sie sie sehen. Und wenn sie Qualität sehen, mögen sie sie – und bezahlen möglicherweise sogar etwas mehr dafür.

Kunden werden die Qualität Ihrer Produkte wahrscheinlich etwas anders wahrnehmen als die Qualität einer Dienstleistung, die Sie anbieten. Der Unterschied zwischen der Qualität von Produkten und Dienstleistungen ist so groß, daß wir die beiden in Tabelle 13.1 getrennt behandeln.

Produktqualität	Beispiel
Leistungsfähigkeit	Werden Töpfe und Pfannen in der Geschirrspülmaschine sauber?
Kontinuität	Schmecken die Spaghetti nach Art des Hauses immer gut?
Haltbarkeit	Wie lange werden die Wanderstiefel wohl halten?
Zuverlässigkeit	Speichert der Anrufbeantworter alle Nachrichten?
Gestaltung	Hat die Uhr das spezielle Aussehen?
Markenname	Welche Stereogeräte sind für ihre Qualität bekannt?
Fähigkeit	Weiß der Gehirnchirurg, was er tut?
Verläßlichkeit	Wird die Zeitung morgens zugestellt?
Reaktionsfähigkeit	Wird der Notarzt rechtzeitig ankommen?

Produktqualität	Beispiel
Integrität	Wieviel Vertrauen sollten Sie dem Rechtsanwalt schenken?
Aufmerksamkeit	Lächelt der Kassierer bei der Bank Ihnen zu und begrüßt Sie?
Handfestes	Welche Fluggesellschaft hat die saubersten Toiletten an Bord?

Tabelle 13.1: Beispiele für Produktqualität und Qualität von Dienstleistungen

Die unterschiedlichen Qualitätsmaße hängen von der Branche ab, in der Sie tätig sind, und von den Kunden, die Sie bedienen. Unternehmen können sogar für die gesamte Branche erfolgreiche Differenzierungsstrategien für verschiedene Dimensionen aufstellen. Die Automobilbranche ist ein erstklassiges Beispiel hierfür. Wenn Sie zum Beispiel an Porsche denken, denken Sie an Leistungsfähigkeit. Volvo steht für Sicherheit, und Toyota und Honda stellen eine zuverlässige Wahl dar. Durch diese Unterschiede können Konkurrenten in einer Branche jeder auf seine Weise erfolgreich sein.

In der Dienstleistungsbranche liegen die Dinge etwas anders. Erstens können Sie nichts anderes als den Eindruck von Kunden berücksichtigen, wenn Sie eine Dienstleistung anbieten. Per Definition ist eine Dienstleistung etwas, das Sie nicht in der Hand halten können. Sie können sie nicht berühren oder fühlen. Deshalb sind Kunden etwas in Verlegenheit, wenn sie gut unterrichtete Entscheidungen treffen sollen. Es ist schwieriger, herauszufinden, ob die Qualität einer Dienstleistung gut ist oder nicht. Wie können Sie zum Beispiel wirklich wissen, ob Ihr Arzt ein Genie oder ein Quacksalber ist? Ist der Pilot des heutigen Flugs ein As oder nur einigermaßen? Ist Ihr Zahnarzt ein Heiliger oder ein Sadist?

Deshalb kommt die Wahrnehmung ins Spiel. Wenn Kunden nicht alle Informationen haben, nehmen Sie das, was sie sehen. Egal, welche anderen Dimensionen wichtig sind, die greifbaren Dinge – Ausrüstung, Einrichtung und Personal – spielen eine wichtige Rolle dabei, wie Kunden die Qualität einer Dienstleistung wahrnehmen. Wie ein leitender Angestellter einer Fluggesellschaft einmal sagte:

Schmutzige Toiletten und Tabletts müssen notwendigerweise zu einem Maschinenversagen führen.

Weil Kunden keine Möglichkeit haben, die Qualität des Maschinenwartungsprogramms einer Fluggesellschaft zu prüfen, achten sie auf Dinge, die sie beurteilen können, und sie bilden sich ihre Meinung hiernach.

Produktverpackung

Kunden blicken bei einer Kaufentscheidung häufig über die grundlegenden Merkmale hinaus. Tatsächlich ist es so, daß Ihre Kunden von der Verpackung genauso beeinflußt sind, wie von den Merkmalen, die Ihr Produkt oder Ihre Dienstleistung bietet. Entsprechend können Sie basierend auf der Produktverpackung eine wirkungsvolle Differenzierungsstrategie entwickeln. Legen Sie fest, wie das Produkt umworben wird, wann Service geboten wird und wo es verkauft wird.

Mit einer kreativen Werbung, aufmerksamem Service und einem ausgefeilten Vertrieb kann fast alles auf eine bestimmte Weise zu etwas Einzigartigem gemacht werden. Wenn Sie uns nicht glauben, sollten Sie in die Gemüseabteilung eines Luxuskaufhauses gehen. Bei Früchten und Gemüse wird routinemäßig das Herkunftsland angegeben. Symbole teilen den Kunden mit, ob das Produkt mit oder ohne Chemikalien angebaut wurde und es wird sogar das Erntedatum angegeben. Jede Kombination repräsentiert ein spezielles Produkt, das auf der Basis der einzigartigen Merkmale, die es bietet, beworben, dargeboten und mit einem Preis versehen wird.

Die Verpackung macht's

- Unterwäsche von Calvin Klein kostet mehr als die von Jockey, aber die Boxershorts und Sportunterhosen sind Verkaufsschlager, weil sie die Fantasie von Männern verkörpern, die wie die Models von Calvin Klein in ihrer Unterwäsche aussehen möchten.
- Die Produkte von Avon sehen aus wie Kosmetika, die Sie überall kaufen können, aber Avon-Beraterinnen haben noch immer Kundinnen, die auf ihrem Sofa mit ihren bevorzugten Hautpflegeprodukten verwöhnt werden möchten.
- Souvenierläden bieten nicht immer die günstigsten Preise, aber sie bieten häufig eine einzigartige Kaufatmosphäre, die viele Kunden anzieht.

Eine spezielle Raupenart

Caterpillar (deutsch »Raupe«) ist ein gigantisches amerikanisches Unternehmen, die die riesigen gelben Maschinen herstellt, mit denen Autobahnen, Brücken, Staudämme und Flughäfen in der ganzen Welt gebaut werden. Caterpillar macht weltweit mit die besten Maschinen für den Hoch- und Tiefbau, aber die Kunden sind von wesentlich mehr als nur der Ausrüstung beeindruckt. Was dieses Unternehmen wirklich hervorhebt, ist seine ungeschlagene Fähigkeit, kurzfristig Kundendienst und Ersatzteile zu liefern. Caterpillar macht diese Zusage jedem seiner Kunden: Egal, wo auf der Erde Sie sich aufhalten und welches Ersatzteil Sie benötigen, wir sorgen dafür, daß Sie es innerhalb der nächsten 24 Stunden in der Hand halten.

Dies ist ein großes und kostspieliges Versprechen. Caterpillar wendet eine Menge Geld auf, um ein globales Kundendienstnetzwerk mit Verteilungsdepots zu errichten, die die Zusicherung erfüllen können. Das bedeutet natürlich auch höhere Preise für Caterpillar-Produkte. Aber die Kunden haben nichts dagegen, dieses

Extrageld zu bezahlen, weil sie wissen, wieviel sie verlieren, wenn sie große Bauprojekte abbrechen müssen, weil eine Zündkerze oder ein Keilriemen fehlt. Somit verkauft Caterpillar mit seinen Maschinen auch etwas Verstand.

Den Fokus fokussieren

Die beiden allgemeinen Strategien, über die wir bisher gesprochen haben, konzentrieren sich auf eine der beiden Seiten der Wertgleichung des Kunden. Die Strategie des kostengünstigsten Anbieters stellt das Preisschild heraus und die Differenzierungsstrategie die einzigartigen Vorteile, die ein Produkt oder eine Dienstleistung zu bieten hat. Die letzte Wettbewerbsstrategie spielt die ersten beiden Strategien gegeneinander aus. Eine *Konzentrationsstrategie* zielt zwar ebenfalls auf den Preis oder die Einzigartigkeit ab, konzentriert sich aber auf einen kleineren Teil der Aktion.

Die Konzentrationsstrategie funktioniert, weil Sie sich auf eine bestimmte Kundengruppe konzentrieren. Sie können deshalb die speziellen Wünsche dieser Kunden besser befriedigen als Ihre Konkurrenten, die häufig versuchen, einen größeren Markt zu bedienen. Die folgenden Abschnitte diskutieren verschiedene Arten, Ihre Bemühungen zu konzentrieren.

Nischenmärkte

Kleine, wohldefinierte Marktsegmente bieten die Möglichkeit, nicht nur die Kundenbedürfnisse zu erfüllen, sondern auch deren Erwartungen zu übertreffen. Wenn diese Marktsegmente sich am oberen Ende befinden, ist es sehr wahrscheinlich, daß Sie für Ihre Aufmerksamkeit belohnt werden, wenn der Rubel rollt. Kleine, gehobene Hotels zum Beispiel verwöhnen ihre betuchten Kunden mit Reinigungsdiensten, Butlern und sogar einem Limousinenservice zu Restaurants und dem Flughafen. Eine neue Art von Partyservice bietet den Kunden eine Mischung der Angebote der besten Restaurants der Stadt, Personal im Smoking und sogar Partyservice für mehrgängige Menüs mit Sitzgelegenheiten, Porzellangeschirr, Gläsern und Küchenpersonal.

Kunden sind bereit, für diese Art von Angebot mehr zu bezahlen und das bedeutet hohe Gewinne. Nischenmärkte müssen natürlich nicht unbedingt im gehobenen Bereich liegen. Der Fabrikverkauf blüht, indem er kostenbewußte Kunden mit einem gehobenen Geschmack bedient.

Auf die Zielgruppe abgestimmte Produkte

Unternehmen, die Produkte für den Massenmarkt anbieten, ignorieren häufig sogenannte Spezialprodukte und -dienstleistungen – all diese Produkte und Dienstleistungen, die nicht dem Standard entsprechen und eine begrenzte Anziehungskraft und kein großes Marktpotential haben. Wenn diese Unternehmen in den Markt der Spezialprodukte vordringen, sind sie normalerweise ziemlich ineffizient. Die Größe und die allgemeinen Geschäftskosten arbeiten einfach gegen sie. Spezialprodukte und -dienstleistungen bedeuten eine potentielle Gelegenheit für den Erfolg einer Konzentrationsstrategie.

In den USA haben Eisenwarenhersteller, die Spezialartikel anbieten, einen schnellen Absatz für ihre neuen Produktlinien alter Eisenwaren gefunden. Alte Schrauben, Scharniere, Türknöpfe und hunderte anderer schwer zu findender Elemente sind absolut erforderlich, um heruntergekommene Reihenhäuser in elegante Häuser im viktorianischen Stil zu verwandeln.

Geographische Begrenzung

Manchmal resultiert eine Beschränkung auf ein geographisches Gebiet in einem Kostenvorteil, einem besser zu bedienenden Markt oder beidem. In Gegenden, in denen es einen starken lokalen Geschmack gibt oder Dienstleistungen und Vertriebskosten besonders hoch sind, können lokale Unternehmen blühen. Restaurants, Lebensmittelgeschäfte und Zeitungen zielen alle auf eine Kundengemeinde ab, die lokale Nachrichten wünschen, Produkte aus der Region kaufen und in Läden gerne als Stammkunden behandelt werden.

Eine Konzentrationsstrategie funktioniert insbesondere dann gut, wenn Sie neu sind und versuchen, in einer Branche Fuß zu fassen, in der die Großen bereits ihre Ansprüche angemeldet haben. Anstatt ebenfalls in diese fetten, fruchtbaren Märkte einzudringen (und direkt niedergeschlagen zu werden), können Sie manchmal einen direkten Kampf dadurch vermeiden, daß Sie sich auf kleinere Märkte konzentrieren, die für die bestehenden Spieler nicht so attraktiv sind. Wenn Sie sich einmal in einem Nischenmarkt eingerichtet haben, können Sie sich dazu entschließen, daß es nun an der Zeit ist, die Marktführer auf deren Rasen herauszufordern. Sixt Budget begann zum Beispiel als regionale Autovermietung und ist nun Marktführer bei den überregionalen Autovermietern.

Für kleine Unternehmen, die bereits am Markt bestehen, kann eine Konzentrationsstrategie das Überleben sichern, wenn größere Unternehmen sich entschließen, in den regionalen Markt einzudringen. Wenn Ihr Unternehmen nur ein paar Aktivposten und begrenzte Möglichkeiten besitzt, bietet eine Konzentration auf ein Kundensegment Ihnen zumindest die Chance, Ihre Fähigkeiten und Ressourcen beim Kampf zu nutzen.

Die Loyalität von Kunden kann sich als hervorragende Waffe entpuppen, auch wenn die Konkurrenten wesentlich größere Unternehmen sind. Die amerikanische Kette Wal-Mart hat zum Beispiel zunehmend Schwierigkeiten, Supermärkte in kleinen, ländlichen Gemeinden einzurichten, weil sich die Bewohner um lokale Geschäfte scharen, die sie bereits seit vielen Jahren zu ihrer Zufriedenheit bedienen. Sie bleiben diese lokalen Geschäften treu, obwohl Wal-Mart wahrscheinlich eine größere Produktauswahl und geringere Preise bietet.

Leider läßt sich die Konzentrationsstrategie am schwersten über einen längeren Zeitraum verteidigen. Gefahren lauern innerhalb und außerhalb des Unternehmens. Wenn Ihr Marktsegment plötzlich für andere attraktiv wird, können Sie mit einem wesentlich stärkeren Wettbewerb durch größere Konkurrenten mit tieferen Taschen rechnen.

Die Maus, die brüllte

1970 gründete eine Gruppe von Lehrern in Redmond, Washington, das Unternehmen Edmark. Die kleines Unternehmen entwickelte gedruckte Schulmaterialien und konzentrierte sich dabei auf den Sonderschulbereich. Über die nächsten beiden Jahrzehnte hinweg verfolgten die Manager von Edmark alle Vorhersagen, daß Computer und Software das Bildungswesen revolutionieren würden. Die Versprechungen entsprachen nie der Realität und das Unternehmen blieb weiterhin bei den gedruckten Fibeln und Arbeitsbüchern.

1992 traf Edmark die wichtige Entscheidung, den Kurs zu ändern. Die neue Mission bestand darin, aktuelle Multimedia-Technologie einzusetzen, um qualitativ hochwertige Bildungsprogramme für Kinder zu entwickeln. Die Lehrer wußten, was sie taten. In den nächsten sechs Jahren gewannen Edmark-Produkte alle Arten von Preisen, und das Unternehmen baute eine lukrative Nische als Lieferant von Bildungssoftware für Kinder aller Altersstufen. Die Verkaufszahlen stiegen und die Aktienpreise schnellten in die Höhe. Die Aussichten des Unternehmens hätten nie rosiger sein können.

1995 wurde die Walt Disney Company aufmerksam und alles war vorbei. Das Unternehmen sah eine günstige Gelegenheit, ihre Unterhaltungssoftware in den Bildungsbereich auszuweiten und marschierte direkt in das Territorium von Edmark. Die Disney Company setzte ihre Stärken schnell ein: gewaltige Händlerrabatte, ein leistungsfähiger Markenname und die finanziellen Ressourcen, Edmakrs Preise zu unterbieten. Disney konnte sofort einen Marktanteil von 10 Prozent erzielen und Edmarks Marktanteil fiel um ein Drittel.

Sogar eine Konzentrationsstrategie konnte das kleine Unternehmen nicht retten. Edmark mußte 1996 erstmals Verluste anmelden und wurde vor kurzem von IBM übernommen. Zumindest hat Edmark nun die Ressourcen und Muskeln, den Kampf auszufechten.

Wenn Ihr Nischenmarkt klein bleibt, sind Sie dem Druck ausgesetzt, Ihre Flügel auszubreiten und in neue, andersartige Märkte zu expandieren, wohl wissend, daß Sie dabei viele Ihrer ursprünglichen Stärken und Vorteile verlieren werden. Am besten konzentrieren Sie sich weiterhin auf spezielle Kundengruppen. Kleine Unternehmen haben die besten Chancen, langfristig zu überleben, wenn sie bei einer Strategie oder einem Geschäftsplan bleiben, der ihre Ressourcen und Fähigkeiten konzentriert, und sie ihre Energie dafür verwenden können, ein bestimmtes Marktsegment besser als jeder andere zu bedienen.

- Es gibt drei Basisstrategien, mit denen Sie Ihre Planung starten können: Kosten reduzieren, einzigartige Produkte oder Dienstleistungen anbieten oder sich auf eine bestimmte Kundengruppe konzentrieren.
- Um der kostengünstigste Anbieter zu sein, müssen Sie alle überflüssigen Kosten vertilgen.
- Um Ihr Unternehmen hervorzuheben, müssen Sie etwas Neu- und Andersartiges anbieten – etwas, das schneller, stärker, geschmackvoller, zuverlässiger oder haltbarer ist als andere Produkte.
- Um eine Konzentrationsstrategie anzuwenden, suchen Sie sich eine bestimmte Kundengruppe aus und bedienen Sie diese besser als jeder andere.

Strategische Alternativen prüfen

Eine erfolgreiche Strategie und Planung hängt von Ihren Geschäftsumständen ab – d.h. davon, was in Ihrer Branche und Ihrem Markt passiert und was Ihre Konkurrenten vorhaben. Betrachten Sie insbesondere einige allgemeine Geschäftssituationen, in denen Sie sich möglicherweise selbst wiederfinden.

Oben, unten oder an der Seite

Der Umfang an Aktivitäten, die Ihre Branche definieren – *vertikale Integration* genannt – mißt, in wie vielen Bereichen Sie und Ihre Konkurrenten beteiligt sind. Vertikal integrierte Unternehmen sind in viele Bereiche einer Branche involviert. Das kann von der Lieferung von Rohmaterialien bis zum Verkauf von Produkten und Dienstleistungen an Endkunden reichen. Unternehmen, die nicht vertikal integriert sind, neigen dazu, sich auf eine zentrale Aktivität zu konzentrieren: zum Beispiel Bier brauen. Andere Brauereien bauen auch die Gerste und den Hopfen selbst an, stellen ihre Flaschen, Beschriftungen und Dosen selbst her, liefern das Bier selbst aus und betreiben sogar die Kneipen selbst, in denen das Bier an loyale Kunden ausgeschenkt wird.

Wo genau befindet sich Ihr Unternehmen im Zusammenhang mit der vertikalen Integration? Die Frage ist wichtig, weil sie Ihre Entscheidung darüber beeinflußt, ob Sie im Laufe der Zeit eine stärkere oder weniger starke vertikale Integration anstreben sollten. Von Business-Gurus wurden bereits verschiedene Begriffe geprägt, die die strategischen Bewegungen beschreiben, die Sie möglicherweise vornehmen möchten.

- **Rückwärtsintegration:** *Rückwärtsintegration* bedeutet, daß Sie Ihre Geschäftsaktivitäten in eine Richtung ausweiten, die Sie stärker an die Rohmaterialien, Ressourcen und Fachkenntnis heranbringt, die in die Erzeugung Ihrer Produkte einfließen.
- **Vorwärtsintegration:** *Vorwärtsintegration* bedeutet, daß Sie Ihre Unternehmenssaktivitäten in eine Richtung ausdehnen, die Sie dem Markt näher bringt, indem das Unternehmen an den Bereichen Verpackung, Vermarktung und Vertrieb beteiligt wird.
- **Outsourcing:** *Outsourcing* bedeutet eine Konzentration auf Ihr Kerngeschäft durch die Auslagerung anderen Teile Ihrer Unternehmensaktivitäten an Lizenznehmer und Verkäufer, die sich auf diese speziellen Gebiete spezialisiert haben.
- **Veräußerung:** Die *Veräußerung* bedeutet, daß die Aktivitäten eines Unternehmens auf bestimmte Aspekte reduziert werden und andere Unternehmensbereiche abgestoßen werden.

Die Tabellen 13.2 und 13.3 beschreiben einige Pros und Contras der vertikalen Integration.

Pros	Begründung
Effizienz	Wenn Sie verantwortlich sind, ist es manchmal leichter, Aktivitäten auf verschiedenen Geschäftsebenen zu koordinieren, wenn verwandte Funktionen kombiniert und überlappende Bereiche entfernt werden, um Ihre Gesamtaktivitäten besser anzupassen.
Ressourcen	Wenn Sie Ihre Hände bei den Aktivitäten im Spiel haben, die Ihrem Unternehmen vorgelagert sind, können Sie garantieren, daß Ihr Unternehmen Zugriff auf die Rohmaterialien und Ressourcen hat, die es benötigt, um im Geschäft zu bleiben.
Kunden	Wenn Ihr Unternehmen in die Aktivitäten integriert ist, die zu einem späteren Zeitpunkt stattfinden, erfahren Sie nicht nur sehr viel über Ihre Kunden, sondern Sie erzeugen auch eine dauerhafte Beziehung und sichern so Ihren langfristigen Zugriff auf den Markt.

Tabelle 13.2: Die Vorteile einer vertikalen Integration

Contras	Begründung
Laufende Geschäftskosten	Wenn Ihr Unternehmen versucht, alle Bereiche der Branche zu kontrollieren, können alle möglichen Sonderausgaben auf Sie zukommen, die durch mangelhaft angepaßte Aktivitäten, Ressourcen im Leerlauf und zusätzliche Koordinationskosten entstehen.
Mittelmäßigkeit	Wenn Ihr Unternehmen einen weiten Bereich von Aktivitäten wahrnimmt, ist es wesentlich schwieriger, in irgendeinem Bereich der Beste zu sein, und das Unternehmen riskiert, in allem durchschnittlich zu werden.
Größe und Trägheit	Wenn Ihr Unternehmen vertikal integriert ist, erschwert die Größe häufig schnelle Reaktionen auf Veränderungen und Zugeständnisse an verschiedene Bereiche der Branche lassen wenig Raum für Flexibilität.

Tabelle 13.3: Die Nachteile einer vertikalen Integration

Es gibt gute und schlechte Nachrichten, wenn Sie darüber entscheiden müssen, wieviel vertikale Integration am besten ist. Über die Jahre hat es Schwankungen bei der Popularität vertikal integrierter Unternehmen gegeben. Einem Ansturm in Richtung Steuerung aller Aspekte einer Branche folgt die Welle, Unternehmen aufzubrechen und Bereiche abzustoßen, um sich auf bestimmte Unternehmensaktivitäten zu konzentrieren. Dann beginnt der Kreislauf wieder von vorn.

Nach dem heutigen Wissensstand scheint alles auf ein Aufbrechen von Unternehmen hinauszulaufen. Die weltweite Konkurrenz in allen Branchen im letzten Jahrzehnt hat gezeigt, daß es kosteneffektiver ist, alles zu kaufen, was Sie benötigen, als zu versuchen, eigene Ressourcen und Fachkenntnis innerhalb des Unternehmens aufzubauen. Diese Praxis resultierte in einer Welle, die Größe von Unternehmen zu reduzieren und Unternehmen umzustrukturieren, um sie in dem Bereich wettbewerbsfähig zu machen, den sie am besten beherrschen.

Und in Zukunft? Etwas scheint sich über alle Schwankungen und Zyklen hinweg gehalten zu haben: Die erfolgreichsten und rentabelsten Unternehmen haben eines der beiden Extreme der Integration gewählt. Unternehmen, die sehr stark integriert sind, ernten alle Früchte der vertikalen Integration. Diejenigen, die sich auf eine einzige Aktivität konzentrieren, eliminieren die ganzen Kosten und die Ineffizienz. Egal, was Sie tun, Sie sollten nicht versuchen, nicht in der Mitte stekken zu bleiben, weil Sie hier nur ein paar der Vorteile der vertikalen Integration genießen und mit zu vielen Kosten belastet sind.

Marktführer und Mitläufer

Egal, in welcher Branche Sie tätig sind, können Sie die Konkurrenz in zwei Gruppen aufteilen: die Marktführer und die Verfolger, die sich an ihre Fersen geheftet haben. *Marktführer* sind diejenigen Spitzenunternehmen, die das Geschehen in einer Branche bestimmen und dafür sorgen, daß Dinge geschehen. Sie sitzen auf dem Fahrersitz. Die *Mitläufer* folgen einfach. Aber in dieser zweiten Gruppe können Sie Unternehmen finden, die hart arbeiten, in großen Dimensionen denken und den Marktführern auf die Zehen treten.

Abhängig von der Marksituation verhalten sich die Unternehmen in den beiden Gruppen sehr unterschiedlich. Egal, ob Sie bereits seit längerem in der Branche tätig sind oder darüber nachdenken, ein neues Unternehmen zu gründen, ist es wichtig, daß Sie verstehen, was die Marktführer und den Rest motiviert. Die folgenden Abschnitte erkunden einige Marktstrategien.

Die Strategie der Marktführerschaft

Die Marktführerschaft kann verschieden Formen annehmen. Sie kann von der absoluten Dominanz eines Unternehmens bis zu der geteilten Steuerung einer Branche durch verschiedene Wettbewerbsteilnehmer reichen. Wenn Sie Marktführer sind, folgen hier ein paar mögliche strategische Ansätze für Sie:

- ✔ **Volle Kraft voraus:** In dieser Situation ist Ihr Unternehmen der klare Marktführer. Aber selbst dann müssen Sie immer versuchen, aus dem Pulk weiter auszubrechen. Sie sind immer derjenige, der einen Schritt als erster macht. Das kann die Implementierung einer neuen Technologie und die Einführung innovativer Produkte oder die Unterstützung neuer Anwendungen und die Festsetzung aggressiver Preise sein. Sie wollen nicht nur an der Spitze bleiben, sondern auch Ihre Spitzenposition ausbauen.
- ✔ **Am Ball bleiben:** Ihr Unternehmen befindet sich unter den Hauptdrahtziehern am Markt, aber es hat keine Führungsposition. Deshalb konzentrieren sich Ihre Ziele darauf, das zu halten, was Sie bereits haben. Diese Ziele können die Knebelung von Distributoren durch langfristige Verträge beinhalten, wodurch Kunden schwieriger zu neuen Marken wechseln können, oder Sie können in neue Marktsegmente und Produktbereiche eindringen, um Konkurrenten davon abzuhalten, dies zu tun.
- ✔ **Stetig fortfahren:** Ihr Unternehmen ist eines von mehreren marktbeherrschenden Unternehmen. Als eines unter gleichen übernimmt Ihr Unternehmen einen Teil der Verantwortung, die Branche zu überwachen, damit nichts das Boot zum Kippen bringt. Wenn zum Beispiel ein Emporkömmling versucht, die Preise zu senken, sind Sie schnell zur Stelle, um diese geringeren Preise zu unterbieten. Sie suchen den Horizont beständig nach neuen Konkurrenten ab und arbeiten hart dafür, Distributoren und Einzelhänfler davon zu überzeugen, daß sie keine neuen Unternehmen oder Marken in ihrem Sortiment listen sollen.

Strategien der Mitläufer

Mitläufer sind häufig gezwungen, Strategien zu entwickeln, die auf den Stärken und dem Verhalten der Marktführer basieren. Ein aggressiver Herausforderer wird zum Beispiel in einer Branche wenig Erfolg haben, in der ein mächtiges Unternehmen an der Spitze steht. Glücklicherweise können Sie zwischen verschiedenen strategischen Alternativen wählen, wenn Sie selbst Mitläufer sind:

- **Ein paar Wellen schlagen:** In diesem Fall hat Ihr Unternehmen die Absicht, zu wachsen, indem es seine Präsenz in der Branche ausweitet, und Sie wollen die Marktführerschaft direkt herausfordern. Diese Strategie kann eine aggressive Preisreduktionskampagne beinhalten, um so viele Marktanteile wie möglich zu erhalten. Möglicherweise unterstützen Sie diese Kampagne mit einer raschen Ausweitung Ihrer Vertriebsstellen und gewaltigen Marketing-Bemühungen. Die Strategie erfordert tiefe Taschen, einen starken Willen und die Fähigkeit, einen Marktführer zu zwingen, zu blinzeln. Aber am Ende könnte Sie dies zum Marktführer machen.
- **Ein paar Köpfe verdrehen:** In dieser Situation ist Ihr Unternehmen sicherlich nicht unter den Marktführern, aber es ist in seiner eigenen Marktnische erfolgreich, und Sie wollen, daß das so bleibt. Obwohl Sie darauf achten, die Marktführerschaft nicht direkt herauszufordern, haben Sie Angst davor, Ihr Stück Rasen zu verteidigen. Sie haben in Ihrem eigenen Marktsegment Stärken und Vorteile durch Ihr einzigartiges Produkt und die Loyalität Ihrer Kunden. Um diese Situation aufrechtzuerhalten, konzentrieren Sie sich auf die Kundenwünsche und den Wert, den Sie in den Markt einbringen.
- **Einfach mitgehen:** Es ist leicht, Unternehmen zu finden, die in der Selbstzufriedenheit heimisch geworden sind. Ganz offen gesagt gibt es diese Unternehmen normalerweise in ziemlich langweiligen Branchen, in denen nicht sehr viel passiert. Diese Unternehmen sind ziemlich glücklich darüber, am Ende des Pulks bleiben zu können und ohne Sorge hinter den anderen hertrotten zu dürfen. Rechnen Sie nicht damit, daß diese Unternehmen etwas Neues oder Anderes in den Markt einbringen. (Wenn Sie selbst in einem solchen Unternehmen arbeiten, wollen Sie vielleicht über einige Änderungen nachdenken, solange Sie noch wach sind.)

Denken Sie an die folgenden Punkte, wenn Sie strategische Alternativen erkunden:

- Eine erfolgreiche Strategie muß berücksichtigen, was Ihre Konkurrenten leisten können.
- Vertikal integrierte Unternehmen steuern viele Aspekte ihres Geschäfts und können ihre Aktivitäten rationalisieren.
- Unternehmen, die sich auf eine oder zwei Aktivitäten konzentrieren, sind flexibler und können sich auf das ausrichten, was sie am besten können.
- Marktführer legen die Tagesordnung einer Branche fest und formen die Wettbewerbslandschaft.
- Mitläufer sitzen nicht auf dem Fahrersitz, aber sie arbeiten hart daran, denken in großen Dimensionen und werden manchmal selbst zu Marktführern.

Eine eigene Strategie entwickeln

Wenn Sie sich von all diesen Möglichkeiten überwältigt fühlen, eine Strategie für Ihr Unternehmen zu ersinnen, halten Sie an und holen tief Luft. Erinnern Sie sich an eine wichtige Sache: Strategie ist kein Test, den Sie einmal durchlaufen und gleich beim ersten Mal alles richtig zu machen. Statt dessen sind die Entscheidungen wichtig, die Sie treffen, um langfristig erfolgreich zu sein. Strategie ist ein fortlaufender Prozeß. Machen Sie sich keine Sorgen, wenn Sie nicht sehen können, wie alle Teile zusammenpassen.

Wenn Sie damit beginnen, Ihre eigene Strategie zu entwickeln, können die folgenden Hinweise Sie führen:

- ✔ Entwickeln Sie nie eine Strategie, ohne zuerst Ihre Hausaufgaben gemacht zu haben.
- ✔ Haben Sie immer einen klar definierten Satz an Zielen vor sich.
- ✔ Erinnern Sie sich, welche Annahmen Sie machen, und vergewissern Sie sich, daß die Annahmen gelten.
- ✔ Bauen Sie Flexibilität ein, und haben Sie immer eine Alternative.
- ✔ Verstehen Sie die Bedürfnisse, Wünsche und das Wesen Ihrer Kunden.
- ✔ Lernen Sie Ihre Konkurrenten kennen, und unterschätzen Sie sie nicht.
- ✔ Bauen Sie Ihre Stärken aus, und minimieren Sie Ihre Schwächen.
- ✔ Betonen Sie Ihre Kompetenz, um einen Wettbewerbsvorteil halten zu können.
- ✔ Machen Sie Ihre Strategie klar, kurz und prägnant, konsistent und erreichbar.
- ✔ Verkünden Sie Ihre Strategie allen Mitarbeitern des Unternehmens, damit die Mitarbeiter nicht raten müssen.

Diese Richtlinien sind nicht nur hilfreich, um eine Strategie zu entwickeln, sie sind auch nützlich, um eine Strategie zu überprüfen und zu überarbeiten. Achten Sie darauf, regelmäßig zu den Richtlinien zurückzukehren.

Unternehmen, die die strategische und Unternehmensplanung ernst nehmen, wissen, daß sie ihr Ziel mit der Parole »Bereit, Zielen, Feuern« und nicht mit »Bereit, Feuern, Zielen« erreichen. So einfach ist das. In anderen Worten heißt das, daß fast jede Strategie besser ist, als überhaupt keine zu haben. Unternehmen, die eine klare Strategie haben, treffen nicht immer ins Schwarze. Keine Strategie kann dies versprechen. Aber diese Unternehmen haben am Ende Erfolg, weil sie sich einem strategischen Prozeß unterwerfen, der sie zwingt, die richtigen Fragen zu stellen und gute Antworten zu finden. Diese Antworten sind häufig besser als die der Konkurrenz.

Mehr als ein Produkt verwalten

14

In diesem Kapitel

- Mit dem Produktlebenszyklus arbeiten
- Die Produktlinie erweitern
- In neue Geschäftsbereiche diversifizieren
- Strategische Geschäftsfelder identifizieren
- Ein Produkt-Portfolio verwalten

Was wäre das Leben, wenn wir keinen Mut hätten, etwas zu riskieren?

Vincent van Gogh

Es ist eine ehrfurchtgebietende Verpflichtung, zu überwachen, wie ein Produkt oder eine Dienstleistung sich einen Weg durch den kalten, grausamen Markt bahnt. Das erfordert viel Zeit und Ressourcen sowie eine sorgfältige Planung. Als erstes müssen Sie ergründen, was erforderlich ist, damit das Produkt Erfolg hat. Welche Attribute und Aspekte sollten Sie hervorheben? Wie stellen Sie sicher, daß Leute davon Notiz nehmen (und mögen, was sie sehen)? Was müssen Sie tun, um Ihr Produkt oder Ihre Dienstleistung zu unterstützen und in die rechten Hände zu bringen? Sie sollten Gelegenheiten nutzen, die sich bieten. Gleichzeitig müssen Sie sich aber über die Bedrohungen und den Wettbewerbsdruck Sorgen machen, der im Markt lauert.

Klingt das nicht sehr wie die Aufzucht eines Kindes? Nun, Ihr Produkt ist Ihr Baby und, wie alle Eltern Ihnen sagen werden, folgt eine schlimme Sache der nächsten. Denken Sie daran, wie häufig Sie Ihre Eltern sagen hörten »Du glaubst, die Kinder seien im Augenblick schwierig? Dann warte mal noch eine Weile!«

Produkte und Kinder haben sehr viel gemeinsam. Bei beiden ändert sich die Welt ständig, und trotzdem schaffen sie es irgendwie, groß zu werden. Die Dr. Spocks der Geschäftswelt haben jahrzehntelang Produkte aller Altersstufen erforscht, und präsentierten schließlich eine nützliche Beschreibung der allgemeinen Phasen, die fast jedes Produkt durchläuft. Wenn Sie einen Businessplan erstellen, müssen Sie für die Veränderungen im Produktlebenszyklus planen.

In diesem Kapitel erklären wir den Produktlebenszyklus und seine Bedeutung für Ihr Unternehmen. Wir sprechen über Möglichkeiten, Ihr Unternehmen auf Wachstumskurs zu halten. Wir zeigen Ihnen, wie Sie mit bestehenden Produkten in neue Märkte expandieren können und wie Sie Ihre Produktlinie ausweiten können, um aktuelle Kunden besser bedienen zu können. Wir erkunden die Chancen und Fallstricke beim Versuch, zu diversifizieren. Wir sprechen über strategische Geschäftsfelder und führen verschiedene Portfolio-Werkzeuge ein, die Ihnen bei der Planung und Verwaltung einer Produktfamilie helfen.

Der Produktlebenszyklus

Wenn Sie mit einem Wort beschreiben müßten, wie man sich im Geschäftsleben und dabei, in einem Markt zu bestehen, fühlt, könnte dieses Wort *Veränderung* sein. Die Kräfte der Veränderung sind überall. Das geht von den Haupttrends in Ihrer Geschäftsumgebung bis zu den wechselnden Geschmäckern und Anforderungen Ihrer Kunden und dem unvorhersehbaren Verhalten Ihrer Konkurrenten.

Sie denken vielleicht, daß alle diese Faktoren zusammengenommen eine Welt voll Chaos und Unsicherheit erzeugen würden. Das ist nicht so. Die Experten sind auf ein Grundmuster gestoßen und die Zyklen, die sie erstellt haben, beschreiben sehr gut, was sich trotz des Aufruhrs und der Verwirrung abspielt.

Eines dieser Muster – der *Produktlebenszyklus* – veranschaulicht, was mit einem neuen Produkt oder einer Dienstleistung geschieht, die Sie neu in den Markt einführen. Der Produktlebenszyklus beschreibt vier Phasen, die Ihr Produkt sehr wahrscheinlich durchlaufen wird:

- ✔ Eine Einführungsphase
- ✔ Eine Wachstumsphase
- ✔ Die Reifephase
- ✔ Eine Rückgangsphase

Die meisten Produktlebenszyklen sehen aus wie in Abbildung 14.1.

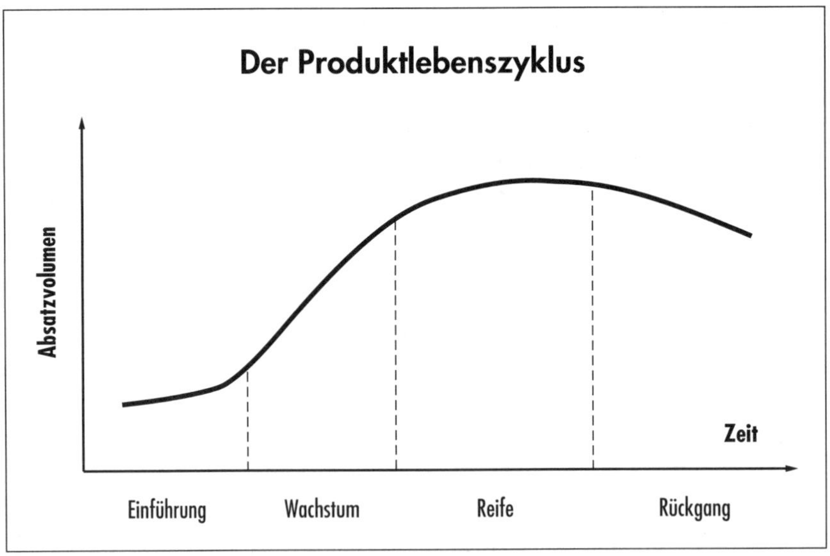

Abbildung 14.1: Der Produktlebenszyklus zeigt, was sich wahrscheinlich mit dem Absatzvolumen eines typischen Produkts im Zeitverlauf ereignen wird.

Die Kurve verfolgt Ihre Produktabsatzvolumen im Zeitverlauf. Als Verkaufsvolumen können Sie zum Beispiel den Umsatzerlöse oder die Anzahl der verkauften Einheiten betrachten, und als Zeitskala können Sie Wochen, Monate, Jahre oder sogar Jahrzehnte wählen.

Jede Phase in Ihrem Produktlebenszyklus bietet einen einmaligen Satz an Marktbedingungen und eine Folge von Herausforderungen für die Planung. Die verschiedenen Phasen erfordern verschiedene Management-Ziele, Strategien und Fertigkeiten. Die folgenden Abschnitte erörtern, was Sie in jeder Phase beachten sollten.

Start

Sie führen ein neuartiges Produkt oder eine Dienstleistung in den Markt ein, und es bzw. sie beginnt, Umsätze zu erzeugen. Weil die Kosten in dieser Phase relativ hoch sind, finden Sie normalerweise nicht allzu viele Konkurrenten. Das Wachstum ist statt dessen durch die Fähigkeit Ihres Unternehmens begrenzt, das Produkt herzustellen, Aufmerksamkeit im Markt zu erzeugen und die Kunden dazu zu bringen, das neue Produkt zu akzeptieren und anzunehmen.

In diesem Stadium des Produktlebenszyklus konzentrieren sich die Bemühungen darauf, Ihr Produkt herauszubringen und sicherzustellen, daß alles so funktioniert, wie es sollte. Gleichzeitig müssen Sie kämpfen, um einen ganz neuen Markt zu erzeugen. Tabelle 14.1 hebt viele Merkmale der Einführungsphase hervor.

Komponente	Merkmal
Branche	Eine oder zwei Unternehmen
Wettbewerb	Wenig oder keiner
Schlüsselfunktion	Forschung und Entwicklung
Kunden	Innovativ und risikofreudig
Finanzen	Hohe Preise und Kosten
Gewinne	Nicht vorhanden bis negativ
Ziele	Produktannahme
Strategie	Erweiterung des Gesamtmarktes

Tabelle 14.1: Hauptmerkmale der Einführungsphase

Wachstum

Ihr neues Produkt oder Ihre Dienstleistung baut sich während der Wachstumsphase einen Namen auf. Der Wettbewerb nimmt auch zu, wenn die konkurrierenden Produkte eingreifen, um von dem expandierenden Markt zu profitieren. Kunden beginnen, eine Markenloyalität zu entwickeln, und Unternehmen passen ihre Produktmerkmale an, um die Kundenbedürfnisse besser befriedigen zu können – Bedürfnisse, die sich nun leichter erkennen lassen.

Wenn die Wachstumsphase einsetzt, verschieben sich die Produktanforderungen so, daß Sie der wachsenden Produktnachfrage begegnen, Ihr Produkt oder Ihre Dienstleistung verbessern und bestimmte Kundengruppen erreichen können. Dabei müssen Sie eine wachsende Anzahl an Konkurrenten bewältigen. Tabelle 14.2 hebt die Merkmale der Wachstumsphase hervor.

Komponente	Merkmal
Branche	Zahlreiche Unternehmen
Wettbewerb	Wachsende Stärke und Anzahl der Konkurrenten
Schlüsselfunktion	Marketing
Kunden	Personen, die gerne neue Produkte ausprobieren
Finanzen	Preise konkurrenzorientiert, variable Kosten
Gewinne	Schnell wachsend
Ziele	Zunahme der Absatzzahlen und der Marktanteile
Strategie	Die Position ausbauen und verteidigen

Tabelle 14.2: Hauptmerkmale der Wachstumsphase

Reife

Das Wachstum Ihres Produkts oder Ihrer Dienstleistung beginnt sich in der Reifephase zu verlangsamen, weil sich die Nachfrage am Markt einpendelt und es schwieriger wird, neue Kunden zu finden. Es kommen auch kaum neue Konkurrenten hinzu und der Markt stabilisiert sich. Die Gewinne wachsen weiter, wenn die Kosten weiterhin fallen. Veränderungen der Marktanteile spiegeln Veränderungen des Produktwerts wider und gehen häufig zu Lasten konkurrierender Produkte.

Wenn die Reife einsetzt, wendet sich Ihre Aufmerksamkeit der Reduktion von Kosten zu, um schließlich die Vorzüge stabiler Gewinne zu ernten. Obwohl man sich in dieser Phase leicht wohl fühlen kann, müssen Sie darüber nachdenken, was als nächstes geschehen soll. Tabelle 14.3 identifiziert die Merkmale der Reifephase.

Komponente	Merkmal
Branche	Nicht mehr so viele Unternehmen
Wettbewerb	Stärker, aber stabil
Schlüsselfunktion	Aktivitäten
Kunden	Die Mehrheit der Käufer
Finanzen	Wettbewerbsfähige Preise und geringere Kosten
Gewinne	Auf der Spitze oder in deren Nähe
Ziele	Cash-Flow und Gewinn
Strategie	Die Position am Markt behalten

Tabelle 14.3: Hauptmerkmale der Reifephase

Rückgang

Irgendwann beginnen in Ihrem Produktlebenszyklus die Absatzzahlen zu sinken und die Umsätze zurückzugehen. Die Konkurrenten verlassen den Markt, da die Gewinne schwinden. Die Rückgangsphase kann durch groß angelegte Veränderungen in Wirtschaft oder Technologie verursacht werden oder einfach nur die sich ändernden Bedürfnisse von Kunden und das Kundenverhalten reflektieren. Die Produkte, die in dieser Phase noch immer am Markt sind, werden entweder neu gestaltet, neu positioniert oder ersetzt.

Wenn der Rückgang droht, müssen Sie zurück in den Schützengraben des Geschäfts. Sie arbeiten Tag und Nacht, um Ihr Produkt neu zu gestalten, seinen Markt neu zu definieren oder neue Einsatzgebiete oder Kundengruppen zu finden. Wenn all diese Versuche fehlschlagen, müssen Sie sich auf Möglichkeiten konzentrieren, den Markt zu verlassen und dabei nicht zu viel Geld zu verlieren. Tabelle 14.4 zeigt verschiedene Merkmale der Rückgangsphase.

Komponente	Merkmal
Branche	Wenig Unternehmen
Wettbewerb	Zurückgehend
Schlüsselfunktion	Finanzen und Planung
Kunden	Loyale, konservative Käufer
Finanzen	Fallende Preise und geringe Kosten
Gewinne	Stark reduziert
Ziele	Restgewinne abschöpfen
Strategie	Lebend davonkommen

Tabelle 14.4: Hauptmerkmale der Rückgangsphase

Wo stehen Sie jetzt

Nehmen Sie Ihr eigenes Produkt oder Ihre Dienstleistung, und prüfen Sie, ob Sie die geschätzte Position in der Produktlebenszykluskurve ausmachen können (siehe Abbildung 14.1). Wenn Sie damit überfragt sind, sollten Sie sich die folgenden Fragen stellen:

- ✔ Wie lange ist das Produkt bereits am Markt?
- ✔ Wie schnell wächst der Markt?
- ✔ Steigt, sinkt oder stagniert die Wachstumsrate?
- ✔ Ist das Produkt rentabel?
- ✔ Steigen oder sinken die Gewinne?
- ✔ Wie viele Konkurrenten hat das Produkt?

- ✔ Wie schnell ändern sich die Produktmerkmale?
- ✔ Gibt es mehr oder weniger Konkurrenzprodukte als vor einem Jahr?

Vielleicht sind Sie sich sicher, wo Ihr Produkt in seinem Lebenszyklus steht. Das ist gut. Vergessen Sie jedoch nicht, Ihre Analyse zu überprüfen. Es besteht die Wahrscheinlichkeit, daß Sie verschiedene Signale aus dem Markt erhalten und die Hinweise können sich sogar widersprechen. Kein Produktlebenszyklus gleicht dem anderen. Leider können vorschnelle Handlungen zu einer überstürzten Planung und einer sich selbst erfüllenden Prophezeiung führen.

Angenommen, der Produktmanager für die Dingsdas von Global Krimskrams entdeckt einen Rückgang der Verkaufszahlen. Als treuer Anhänger der Gesetze des Produktlebenszyklus kommt er zu dem offensichtlichen Schluß, daß die Wachstumsphase nun schließlich ein Ende erreicht hat. Was tut er? Er beginnt, über Möglichkeiten nachzudenken, die Kosten zu reduzieren. Möglicherweise reduziert er das Werbebudget. Was geschieht dann? Die Verkaufszahlen der Dingsdas gehen wie vorhergesagt noch weiter zurück. Der Produktmanager klopft sich daraufhin selbst auf die Schulter, weil er der erste war, der die Anfänge der weltweiten Rückgangsphase der Dingsdas erkannt hat.

Aber was ist, wenn der Absatzrückgang tatsächlich reversibel ist und nur durch schlechtes Wetter, Lieferprobleme oder verschiedene andere Gründe verursacht wurde? Durch das blinde Vertrauen in ein Lehrbuch anstatt auf die eigene Urteilskraft und sorgfältige Analyse verursachte der Produktmanager das Ergebnis, das er so überzeugt vorhersagte.

Wofür ist ein Unternehmenskonzept gut, wenn Sie sich nicht darauf verlassen können? Bitte verstehen Sie uns nun nicht falsch. Der Produktlebenszyklus ist ein leistungsfähiges Planungswerkzeug, wenn Sie es zur Unterstützung und nicht als Ersatz für Ihre eigenen Fähigkeiten nutzen. Wenn er als Frühwarnsystem eingesetzt wird, alarmiert er Sie vor möglichen Veränderungen und gibt Ihnen Zeit, für ein andersartiges Geschäftsumfeld zu planen und schnell zu reagieren, wenn Ihr Produkt schließlich eine neue Phase im Lebenszyklus erreicht.

- ✔ Ihr Produkt oder Ihre Dienstleistung durchläuft einen Lebenszyklus, der eine Einführungs-, ein Wachstums-, die Reife- und schließlich die Rückgangsphase umfaßt.
- ✔ Wenn Sie eine neue Art von Produkt einführen, sind die Kosten hoch, aber es gibt nur wenig Konkurrenten.
- ✔ Während der Wachstumsphase Ihres Produkts steigt die Nachfrage schnell an, aber mit ihr auch die Konkurrenz.
- ✔ In der Reifephase stabilisiert sich der Wettbewerb und die Gewinne wachsen, nachdem sich Ihre Kosten reduzieren.
- ✔ Wenn der Rückgang einsetzt (weil neue Technologien aufkommen oder die Kunden ihre Gewohnheiten ändern), gehen die Verkaufszahlen, Umsätze und Gewinne nach unten.

Wege finden, um zu wachsen

Lassen Sie uns den Tatsachen ins Auge sehen. Ihr Produkt wird morgen nicht mehr das gleiche sein wie heute. Sie planen vielleicht nicht, etwas zu tun. Aber alles um Ihr Produkt herum verändert sich. Die Welt wird wieder einen Schritt nach vorn gehen. Die Wirtschaft, die Technologie, Ihre Branche und der Wettbewerb werden sich alle etwas ändern. Ihre Kunden werden dann etwas anders über Ihr Unternehmen und Ihr Produkt denken, auch wenn Sie glauben, daß es das gleiche geblieben ist.

BEISPIEL

Die Chance verpaßt

Wenn Sie das Produkt nennen müßten, das die größten Auswirkungen auf das 20. Jahrhundert hatte, wäre dies das Automobil. Aber Sie hätten dies in den Anfangstagen bestimmt nicht erraten. In den 1890ern schlingerten überall seltsame Apparate mit vier Rädern herum. Sie stotterten und sprangen manchmal nach vorn und wurden durch Dampfturbinen, Benzinmotoren, Elektromotoren etc. angetrieben – vielleicht sogar durch Kernenergie, wenn diese damals schon verfügbar gewesen wäre. Die flügge gewordene Automobilindustrie stand vor einer Hürde: sie mußte die Leute dazu bringen, diese seltsamen Fortbewegungsmittel, die völlig ohne Pferde auskamen, überhaupt auszuprobieren.

1905, begann sich die Idee durchzusetzen, Automobile als ernsthaftes Transportmittel einzusetzen. Henry Ford führte 1908 sein Model T ein und verkaufte 10.000 Stück davon für einen Preis von jeweils $ 825. In fünf Jahren konnte er die Verkaufszahlen auf eine halbe Million steigern und Ende der 20er Jahre hatten schon 15 Millionen Model T Fords Fabrik verlassen. Das Unternehmen Ford Motor führt das Model T der Produktlebenszykluskurve entlang direkt in die Reifephase hinein. Ford produzierte fast die Hälfte aller Autos auf der Welt. Obwohl der Preis eines T 1925 auf $ 260 gefallen war, blieben die Gewinnmargen durch das Volumen der Verkaufszahlen hoch. Die Geschäfte liefen gut.

Wie sich herausstellte, liefen die Geschäfte *zu* gut. Henry Ford war bei der Einführung, dem Wachstum und der Pflege seines Produkts über viele Jahre hinweg erfolgreich. Aber er war so fest entschlossen, die Kosten zu reduzieren und die Kapazität auszuweiten, daß er die ersten Anzeichen für den Rückgang nicht wahrnahm. Er sah nicht, daß sein geliebtes Model T aus der Mode kam.

Idealerweise hätte Herr Ford nach vorn geblickt und seine Ziele und Strategien an einen neuen Satz Grundregeln angepaßt – Regeln, die von den Konsumenten diktiert wurden, die sich mehr Merkmale und Optionen wünschten. Aber er tat das nicht. Als Ergebnis mußte er die Aktivitäten für fast ein Jahr lang einstellen, als er beschloß, gegen General Motors in einem veränderten Markt zu kämpfen. Im Verlauf jenen Jahres verlor Ford $ 200 Millionen und 60.000 Arbeiter.

Wie findet Ihr Unternehmen Wege, um zu wachsen und zu florieren angesichts der fast sicheren Produktsterblichkeit? Sie haben vermutlich die Absicht, einen neuen Businessplan zu erstellen, wenn Ihr Produkt ins Alter kommt. Aber welchen Weg schlagen Sie ein? Mark Twain hatte einen scherzhaften Rat für Leute, die Dinge beim Alten belassen wollen:

Legen Sie alle Eier in einen Korb ... und beobachten Sie diesen!

Das Problem ist, daß die Eier ausgebrütet werden und die Hühner vermutlich weglaufen. Somit es das Sitzen und Warten eigentlich keine Option. Aber wie sehen Ihre Alternativen aus?

Glücklicherweise müssen Sie die Alternativen nicht selbst erfinden. Die Planung für langfristiges Wachstum war jahrzehntelang eines der Lieblingsthemen von Management-Gurus. Einer der Pioniere der Erforschung von Techniken, um Geschäftswachstum zu erzeugen, war ein Mann namens Igor Ansoff, der eine einfache Matrix namens *Produkt-Markt-Matrix* entwickelte, um mögliche Wachstumsrichtungen für Ihr Unternehmen zu repräsentieren (siehe Abbildung 14.2).

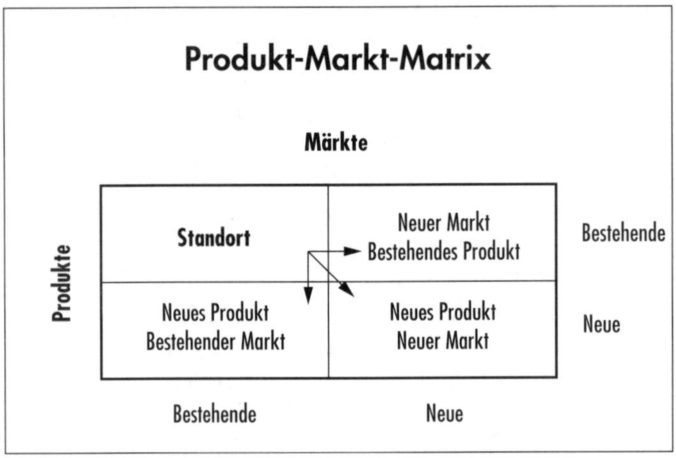

Abbildung 14.2: Die Produkt-Markt-Matrix beschreibt verschiedene Wachstumsarten basierend auf einer Kombination aus Produkten und Märkten.

Die Produkt-Markt-Matrix beinhaltet eigentlich nicht mehr als das, was man sich mit dem gesunden Menschenverstand denken kann. Sie besagt, daß wenn Sie wollen, daß Ihr Unternehmen wächst, Sie irgendwo damit beginnen müssen. Logischerweise sollten Sie an der Stelle beginnen, an der Sie sich im Augenblick befinden und mit dem Material, das Ihnen zur Verfügung steht. Wie schnell Sie sich in eine der angegebenen Richtungen entwickeln, hat mit Ihren Fähigkeiten und Ressourcen und mit der Veränderungsrate in Ihrer Branche zu tun. Betrachten Sie die folgenden Arten, in denen Sie Ihr Unternehmen vorwärtsbringen können:

- ✔ **Standpunkt (bestehendes Produkt und bestehender Markt):** Wachsen Sie, indem Sie weiterhin das tun, was Sie bereits jetzt tun. Verbessern Sie jedoch verschiedene Punkte, damit Ihre Kunden mehr von Ihrem Produkt oder Ihren Dienstleistungen häufiger und auf unterschiedlichen Weisen als vorher einsetzen. Steigern Sie zum Beispiel den Zahnpastabedarf, indem Sie Ihre Kunden ermutigen, sich ihre Zähne (oder sogar die ihres Hunds) häufiger zu putzen. Diese Vorgehensweise wird auch als *Strategie der Marktdurchdringung* bezeichnet.

- ✔ **Neuer Markt, bestehendes Produkt:** Wachsen Sie in der nächsten Zeit, indem Sie einen neuen Markt für Ihr bestehendes Produkt finden, indem Sie sich entweder geographisch ausbreiten oder versuchen, eine völlig neue Art von Kunden zu erreichen. Diese Vorgehensweise wird auch als *Strategie der Marktentwicklung* bezeichnet.
- ✔ **Neues Produkt, bestehender Markt:** Wachsen Sie, indem Sie zusätzliche Produktmerkmale, Optionen oder sogar verwandte Produktfamilien mit der Absicht entwickeln, Ihre bestehenden Kunden zu verlocken. Diese Vorgehensweise wird auch als *Strategie der Produktentwicklung* bezeichnet.
- ✔ **Neuer Markt, neues Produkt**. Wachsen Sie langfristig, indem Sie neue und bisher nicht vertraute Märkte mit neuen und andersartigen Produkten betreten. Ford Motors begann zum Beispiel damit, Fertigbauhäuser zu produzieren und zu verkaufen. Diese Vorgehensweise wird auch als *Strategie der Diversifikation* bezeichnet.

Ohne sich allzusehr im Detail zu verlieren, sollten Sie versuchen, ein Dutzend verschiedene Arten zu finden, wie Sie Ihr Unternehmen wachsen lassen können. Bringen Sie sich selbst in die richtige Stimmung, indem Sie das Unternehmensziel und die Visionen überarbeiten. (Wenn Sie keine haben, gehen Sie zu den Kapiteln 2 und 3.) Führen Sie dann die folgenden Schritte aus:

1. **Identifizieren Sie drei Dinge, die Sie direkt tun können, um die Nachfrage für Ihr bestehendes Produkt im aktuellen Markt anzuregen.**

   Dazu könnten Dinge wie die Kostenreduktion, das Angebot von Rabatten oder ein neuer Produktnutzen zählen.

2. **Führen Sie drei Schritte auf, die Sie in den nächsten sechs Monaten unternehmen können, um neue Märkte für Ihr bestehendes Produkt zu erobern.**

   Eine Idee wären zum Beispiel Anzeigeschaltungen im Radio oder Fernsehen, die neue Kunden ansprechen, Direkt-Mailing-Kampagnen und spektakuläre Aufritte bei Messen.

3. **Nennen Sie drei Entwicklungsbemühungen, die Sie im kommenden Jahr anstrengen können, um Ihre aktuelle Produktlinie zu erweitern.**

   Diese Bemühungen können zum Beispiel eine Verbesserung der Produktmerkmale oder der -ausstattung beinhalten.

4. **Beschreiben Sie drei Richtungen, in die Sie in den nächsten fünf Jahren gehen können, um neue Produkte zu kreieren und neue Märkte zu erreichen.**

Einige Experten glauben, daß es nicht Ihr Job als Manager ist, sich über brandneue Produkte für völlig neue Märkte Gedanken zu machen. Diese Finanz-Gurus denken, daß Manager einfach zu voreingenommen sind, um objektiv zu sein, wenn es darum geht völlig neue Möglichkeiten einzuschätzen. Sie argumentieren, daß Sie Ihren gesamten Zusatzgewinn an die Investoren ausschütten und diese darüber entscheiden lassen sollten, wo die Gewinne am besten angelegt werden sollten. Sie stimmen dem wahrscheinlich nicht zu. Schließlich haben Investoren in der Vergangenheit kolossale Fehler gemacht. Aber hier wird ein interessanter Punkt angesprochen. Es ist wahrscheinlich sinnvoll, daran zu erinnern, daß Wachstum in neue Richtungen ein schwieriges Unterfangen ist, egal wie man dabei vorgeht und was dabei herauskommt.

Gleiches Produkt, gleicher Markt

Viele erfolgreiche namhafte Unternehmen sind nur dadurch so groß und erfolgreich geworden, daß sie unnachgiebig eine einzelne Branche, einen bestimmten Markt oder sogar nur ein einziges Produkt über mehrere Jahrzehnte verfolgt haben. Wenn Sie zum Beispiel den Namen AT&T hören, denken Sie an ein Telefon. Wenn Sie ein Coca-Cola-Zeichen sehen, stellen Sie sich vor, eine Cola zu drinken. Und wenn Sie an einem McDonald's vorübergehen, haben Sie vermutlich einen Big Mac vor Augen. Aber dies Unternehmen sind nicht zu Unternehmen mit Milliardenumsätzen geworden, indem sie einfach ihre Flaggschiff-Produkte auf den Markt gebracht und dem Markt dann den Rest überlassen haben. Unternehmen, die im wesentlichen von einem Produkt abhängig sind, wenden extrem viel Zeit und Mühe auf, um ihre Kernmärkte kontinuierlich zu verjüngen und neu zu beleben.

Wenn Sie noch einmal einen Blick auf die Produkt-Markt-Matrix in Abbildung 14.2 werfen, stellen Sie fest, daß diese Unternehmen sehr stark in das linke obere Rechteck investieren. Wie schaffen sie das so erfolgreich? Sie nutzen die vier Hauptstrategien, die in den folgenden Abschnitten beschrieben werden.

Einen höheren Produktverbrauch anregen. Ein Unternehmen kann die Nachfrage dadurch erhöhen, daß es seine Kunden anregt, eine größere Menge des Produkts oder der Dienstleistung zu nutzen. Das könnte zum Beispiel bedeuten, den Kunden ein gutes Gefühl zu geben, wenn sie eine größere Menge kaufen, oder das Preis-Leistungsverhältnis bei größeren Mengen zu verbessern. Kunden könnten folgende Dinge tun:

- ✔ Eine größere Cola-Flasche kaufen, weil sie dadurch Geld sparen können.
- ✔ Einen höheren Versicherungsschutz beantragen, weil Sie den Kunden achtsam zeigen, daß dies das Vernünftigste ist.
- ✔ Länger telefonieren, weil die Gebühren dann niedriger sind.
- ✔ Sich für das Komplettangebot eines Computers oder einer Stereoanlage mit allen Komponenten entscheiden, weil dieses sich leichter montieren läßt.

Die Häufigkeit der Produktbenutzung erhöhen. Ein Unternehmen regt den Verkauf an, indem es die Kunden dazu bringt, die Produkte oder Dienstleistungen häufiger zu nutzen. Das könnte bedeuten, daß das Produkt angenehmer gestaltet wird, daß es als ein Bestandteil der Routinetätigkeiten des Kunden eingeführt wird oder daß Kaufanreize für Vielnutzer geschaffen werden. Kunden könnten folgende Dinge tun:

- ✔ Zahnpasta nach jeder Mahlzeit benutzen, weil sie glauben, daß es hygienischer sei.
- ✔ Regelmäßig Wein zum Abendessen trinken, weil sie dies für gesund halten.
- ✔ An einem Vielfliegerprogramm teilnehmen und einen Extraflug zu machen, um mehr Meilen zu sammeln.

Sich neue Einsatzgebiete ausdenken: Ein Unternehmen expandiert, indem es die Kunden auf neue Möglichkeiten bringt, das Produkt oder die Dienstleistung einzusetzen. Das könnte bedeuten, Kunden anzuregen, das Produkt zu verschiedenen Zeiten an unterschiedlichen Orten, bei neuen Gelegenheiten oder auf unkonventionelle Weise zu nutzen. Kunden könnten zum Beispiel plötzlich die folgenden Dinge tun:

- ✔ Tagsüber Müsli naschen, weil dies bequem ist und gut schmeckt.
- ✔ Ein Radio in der Dusche und einen Fernseher im Auto anbringen, weil dies angenehm ist.
- ✔ Video-Filme von allen möglichen Ereignissen anfertigen, zum Beispiel von der Geburt eines Kindes oder der Beerdigung eines Haustiers.

Kunden von Konkurrenten abwerben: Ein Unternehmen kann die Nachfrage nach Produkten oder Dienstleistungen auch auf die althergebrachte Weise erhöhen: durch Abwerbung von Konkurrenten. Obwohl dadurch manchmal eine heftige und ungewollte Antwort von den Konkurrenten erzeugt wird, können Unternehmen folgende Dinge tun:

- ✔ Anreize schaffen, um zwischen konkurrierenden Produkten zu wechseln und es zu belohnen, wenn Kunden Produkten treu bleiben.
- ✔ Sich darauf konzentrieren, die umfassende Kostenführerschaft mit den besten Preisen im Umkreis zu erreichen.
- ✔ Ein Produkt so verpacken, daß es sich am Markt von den anderen unterscheidet.
- ✔ Sich darauf konzentrieren, die Bedürfnisse bestimmter Kundengruppen zu befriedigen oder zu übertreffen.

Unternehmen, die es schaffen, im angestammten Markt mit dem bestehenden Produkt zu wachsen, erzeugen kontinuierlich einen neuen Bedarf und halten ihre Marktanteile oder erhöhen diese sogar noch. Diese Unternehmen verlängern oft erfolgreich den Produktlebenszyklus und dehnen die Reifephase fast unendlich lange aus. Manchmal schaffen Unternehmen es sogar, den Produktlebenszyklus zurückzusetzen und das Produkt in die Wachstumsphase zurückzuversetzen, indem sie neue und kreative Produktnutzen erfinden. Die beständige Marktdurchdringung basierend auf einem einzelnen Produkt funktioniert aber nicht immer auf ewig, und Unternehmen müssen manchmal nach neuen Richtungen für das Wachstum Ausschau halten.

Neuer Markt oder neues Produkt

Es kann die Situation eintreten, daß ein einzelnes Produkt oder eine Dienstleistung Ihrem Unternehmen nicht ausreicht, um ein attraktives Wachstumsniveau in Ihrer Branche halten zu können. Wie gehen Sie dann vor? Die Matrix der Wachstumsrichtungen (siehe Abbildung 14.2) weist aus, daß Sie demnächst entweder in neue Märkte expandieren oder Ihre Produktlinie erweitern sollten. Diese beiden Richtungen für ein Wachstum bieten den klaren Vorteil, auf Fähigkeiten und Ressourcen aufzubauen, die Sie bereits haben. Die Marktausweitung nutzt Ihre aktuelle Produktfachkenntnis und die Ausweitung der Produkte baut auf Ihrer Erfahrung und Ihrem Wissen über die aktuellen Kunden und den Markt auf.

BEISPIEL

Erfolgreiche namhafte Unternehmen wie AT&T, Coca-Cola und McDonald's bieten normalerweise wesentlich mehr als nur die Flagschiffprodukte an, die wir mit den Unternehmen verbinden. Und wenn Sie genau hinsehen, auf welche Weisen die Unternehmen wachsen, findet fast immer eine Kombination der Expansion in neue Märkte und der Ausweitung der Produktlinien statt. AT&T sucht sowohl in den lokalen als auch in den ausländischen Märkten nach neuen Kunden und bietet außerdem eine Bandbreite an Rufdiensten wie Direkt-Dial, Sammelruf, Anruf von Drittanbietern, Messaging, Paging und nun auch Zugriff auf das Internet an. Coca-Cola erschließt neue Märkte in der Dritten Welt, indem eine Reihe von Cola-Getränken angeboten wird, zu denen die Typen klassische Coca-Cola, Diät-Coca-Cola und koffeinfreie Coca-Cola gehören. Und bei McDonald's können Sie nun morgens, mittags und abends Egg McMuffins, Big Macs und Chicken Mc Nuggets erhalten.

BEISPIEL

Wie man einen größeren Mac macht

Mac und Dick McDonald waren dazu bestimmt, die Eßgewohnheiten von vielen zu verändern. Nachdem sie jahrelang erfolglos kämpften, um ihr Drive-In-Restaurant zu einem Erfolg zu machen, entschlossen sie sich, das Handtuch zu werfen. Aber anstatt alles über Bord zu werfen, wandelten sie ihr Drive-In-Restaurant in ein Selbstbedienungsrestaurant um. Das war in San Bernardino, Kalifornien, im Jahr 1948. Das Ergebnis: ein Fast food-Imperium.

Es stellte sich heraus, daß Fast food dem Zeitgeschmack entsprach. Die Amerikaner waren ständig auf Achse – zuviel zu tun und niemals eine freie Minute. Was könnte da besser sein, als ein Hamburger, Pommes frites und eine Cola, alles verpackt und innerhalb von einer oder zwei Minuten gebrauchsfertig? Schnell, effizient und obendrein noch schmackhaft. Ray Kroc dachte, daß das Konzept wirklich gute Aussichten hätte. Deshalb kaufte er den Brüdern McDonald 1954 die Exklusivrechte für das Franchising ab und eröffnete sein erstes McDonald's-Restaurant in Des Plaines, Illinois.

Während der ersten beiden Jahrzehnte wuchs McDonald's leicht und schnell, indem der Markt in alle Richtungen ausgeweitet wurde – zuerst in die Vororte und dann in die Zentren amerikanischer Städte. Als nächstes in Kreisstädte und schließlich nach Europa, Asien und den Rest der Welt. Hamburger waren das Produkt, und McDonald's zeigte stolz eine Laufschrift mit der aktuellen Anzahl verkaufter Hamburger auf seinen goldenen Ms an. Aber die Geographie hat ihre Grenzen und McDonald's begann, nach neuen Kunden und Produkten zu suchen, die das Wachstum des Unternehmens ausweiten könnten.

So kamen Filet-O-Fish und McChicken-Sandwiches hinzu. Der Schritt hin zu Fisch und Geflügel reduzierte das Risiko, daß McDonald's zu einer Ein-Produkt-Kette wurde. Das Unternehmen zog auch einen Vorteil aus den Möglichkeiten des Marktes. McDonald's fuhr fort, die Ressourcen – Gebäude, Einrichtungen, Ausrüstung und loyale Kunden – zu nutzen, um in den Frühstücksmarkt zu expandieren und ihre Produktlinie auf Egg McMuffins und die ganze andere Frühstückskost zu erweitern. Das Unternehmen hält nun mehr als 18.000 Verkaufsstellen in mindestens 91 Ländern zum Frühstück, Mittag- und Abendessen geöffnet.

Neue Märkte

Die Expansion in neue Märkte kann Ihr Unternehmen ziemlich schnell realisieren, weil sie das bestehende Unternehmensmodell benutzen und viele der Aktivitäten, die bereits bestehen, kopieren kann. Dazu gehören zum Beispiel die Produktion, die Montage und der Produktvertrieb.

Das bedeutet nicht, daß die Expansion in neue Märkte keine Risiken beinhalten würde. Neue Märkte zwingen Sie, Ihr Unternehmen in einem größeren Umfang zu betreiben. Neue Märkte bedeuten, neue Kunden zu umwerben und mit neuen Konkurrenten zu kämpfen. Wenn Sie in einen neuen Markt eintreten, sind Sie wieder der Neue und müssen sich auf Schritt und Tritt behaupten.

Sie können auf zwei grundlegende Weisen in neue Märkte eintreten: Sie können sich in neue geographische Bereiche bewegen oder neue Marktsegmente erschließen.

- ✔ **Geographie:** Die offensichtlichste Art, über Ihr Kernprodukt und den Hauptmarkt hinaus zu wachsen, ist die geographische Expansion und die Gewinnung neuer Kunden, weil diese in den neuen Gebieten leben und arbeiten. Diese Art der Expansion bietet viele Vorteile. Sie führen Ihre Geschäfte nicht nur in der gewohnten Weise fort, sondern Sie kennen sich trotz der regionalen Unterschiede auch mit einem Großteil Ihrer Kunden aus. Weil die geographische Expansion es jedoch erforderlich macht, die Geschäfte in nicht vertrauten Gegenden oder sogar Ländern zu verrichten, müssen Sie besonders darauf achten, wie sich Ihr Unternehmen ändern muß, um sich an die spezifischen Anforderungen Ihres erweiterten Marktes anzupassen.

- **Neue Marktsegmente:** Manchmal können Sie den Markt für Ihre Produkte oder Dienstleistungen ausweiten, indem Sie neue Arten von Kunden finden. Wenn Sie kreativ sind, können Sie vielleicht eine Kundengruppe identifizieren, die Sie in der Vergangenheit vernachlässigt haben. Betrachten Sie genau, welche Merkmale Ihre Produkte haben, wie die Verpackung und die Preise gestaltet sind und wer die Produkte warum kauft. Setzen Sie außerdem den Kundennutzen neu fest. Fragen Sie sich dann, wie attraktiv ein neues Marktsegment in Bezug auf seine Größe und das potentielle Wachstum ist. Welche Stärken bringen Sie für den neuen Markt mit? Welche Konkurrenten gibt es bereits? Wie planen Sie den langfristigen Erfolg?

Neue Produkte

Die Ausweitung der Anzahl der Produkt- oder Dienstleistungstypen ist etwas, das Sie frühzeitig planen sollten. Allzuoft entwickeln Unternehmen neue Produktmerkmale, Optionen und wesentliche Produktverbesserungen, ohne dabei an die Auswirkungen auf die Zukunft des Unternehmens und dessen Wachstum zu denken. Statt dessen verlangen Kunden dieses oder jenes Spezialmerkmal, oder ein Händler fordert eine bestimmte Möglichkeit oder ein bestimmtes Zubehör, und bevor Sie es wissen, müssen Sie zusätzliche Produkte unterstützen.

Gut daran ist natürlich, daß Sie bereits Kunden haben. Aber Sie müssen auch sicher sein, daß diese Kunden einen größeren Markt repräsentieren, der von Ihrer Produktausweitung profitiert und daß die zusätzlichen Produkte in Ihrer Unternehmensstrategie und Ihrem Businessplan Sinn machen.

Sie können Ihr Produkt oder Ihre Dienstleistung auf zwei Arten erweitern: Sie können neue Merkmale und Möglichkeiten anbieten oder verwandte Produktfamilien erzeugen.

- **Neue Merkmale und Optionen:** Die am weitesten verbreitete Art, eine Produktlinie zu erweitern, besteht darin, diese mit Zusatzmerkmalen zu versehen und den Kunden die Möglichkeit zu bieten, auszuwählen, welche Merkmale sie wünschen. Die Vorteile lassen sich leicht abhaken: Sie nutzen Ihre bestehenden Stärken im Produktdesign und der Produktentwicklung und lassen sich von echten Kunden bei der Entscheidung helfen, welche schrittweisen Veränderungen vorgenommen werden sollten. Das klingt wie der perfekte Schlachtplan.

  Die Gefahr besteht darin, das Gesamtbild, d.h. das Ziel, das Ihr Unternehmen erreichen soll, aus den Augen zu verlieren. Einzelne Kunden können niemals den Gesamtmarkt widerspiegeln. Vermeiden Sie es also, einen Haufen von Randprodukten zu erzeugen, die Sie nicht wirklich verkaufen oder unterstützen können. Planen Sie statt dessen, eine kleinere Anzahl von Produkten mit Merkmalen und Möglichkeiten zu entwickeln, die die Bedürfnisse eines spezifischen Marktsegments erfüllen.

- **Verwandte Produktgruppen:** Sie können auch eine Gruppe von Produkten auf der Basis einiger allgemeiner Elemente erzeugen. Sie können eine Produktfamilie entwickeln, die eine bestimmte Kerntechnologie nutzt, um eine Folge verwandter Kundenwünsche zu erfüllen, oder die als Zubehörteile für Ihr Hauptprodukt dienen kann.

Sie müssen darauf achten, daß die Produktgruppe im Markt stärker wirkt als die einzelnen Produkte für sich genommen. Auf diese Weise werden die Risiken reduziert, die der Produktentwicklung innewohnen, und die Umsatzerlöse sind wahrscheinlich höher. Nehmen Sie sich die Zeit, zu verstehen, wie die Produkte in der Gruppe wirklich zusammenarbeiten. Vergewissern Sie sich außerdem, daß Sie die speziellen Herausforderungen angehen, die jedes Produkt stellt. Das können Kunden, Konkurrenten oder die Fähigkeiten Ihres Unternehmen sein.

Bevor Sie Ihre Pläne bezüglich des Wachstums in die Tat umsetzen, sollten Sie sicherstellen, daß die Pläne die Stärken Ihrem Unternehmen nutzen und die verfügbaren Fähigkeiten und Ressourcen widerspiegeln und dabei helfen, Ihren Wettbewerbsvorteil zu halten. Denken Sie über die folgenden Fragen nach:

- ✔ Wie erfolgreich sind Sie in den Märkten, in denen Sie bereits vertreten sind?
- ✔ Auf welche Art unterscheidet sich der erweiterte von Ihrem aktuellen Markt?
- ✔ Welche Teile Ihres Unternehmens können Sie im erweiterten Markt nutzen?
- ✔ Welche Funktionen und Aktivitäten müssen sich ändern, um mehr Produkte unterzubringen?
- ✔ Wie gut erfüllt Ihre erweiterte Produktlinie spezifische Kundenbedürfnisse?
- ✔ Ist Ihre erweiterte Produktfamilie stärker als jedes Produkt für sich genommen?
- ✔ Wie leicht ist es, Ihr Unternehmen zu vergrößern, um mit dem erwarteten Wachstum zurehtzukommen?
- ✔ Wie wird sich Ihr Wettbewerbsumfeld ändern?

Neues Produkt und neuer Markt

Macht Ihr Unternehmen eine Midlife-Crisis durch? Suchen Sie nach attraktiven neuen Kunden, Technologien und einem aggressiven Wettbewerb? Es ist für ein Unternehmen nichts Ungewöhnliches, von Zeit zu Zeit über eine Verjüngung nachzudenken. Ein Plan, in neue Richtungen zu gehen, beinhaltet häufig eine Diversifikation des Unternehmens und eine Bewegung in die rechte untere Ecke der Produkt-Markt-Matrix (siehe Abbildung 14.2). In dieser Ecke sieht das Gras immer viel grüner aus und die Gewinne natürlich auch.

Aber Sie müssen ein Gleichgewicht zwischen den potentiellen Umsätzen und den Herausforderungen und Risiken halten, die eine Diversifikation mit sich bringt. Zu viele Unternehmen sehen alt aus, wenn sie versuchen, neue Tricks in Geschäftsbereichen zu erlernen, die ihnen nicht vertraut sind, und nicht viel Zeit zum Üben haben – sie müssen sich häufig auch den finanziellen Konsequenzen stellen.

Um Ihre Einzelerfolge zu verbessern, beginnen Sie damit, Ihre Hausaufgaben zu machen. Das bedeutet, daß Sie alle neuen Themen und Mitspieler erforschen. Wenn diese Aufgabe entmutigend auf Sie wirkt, so ist das gewollt. Der Einsatz könnte nicht viel höher sein.

Ihre Chancen auf Erfolg verbessern sich grundlegend, wenn Sie herausfinden, wie ein potentieller Geschäftsbereich zu dem in Beziehung steht, was Ihr Unternehmen bereits macht. Aber sogar ohne den Vorteil eines bestehenden Produkts oder von Marktkenntnis können Sie häufig Aspekte einer neuen Gelegenheit entdecken, die zu der Kompetenz Ihres Unternehmens passen. Sie sollten nach den folgenden Punkten schauen:

- ✔ **Wiedererkennen des Namens:** Wenn Ihr Unternehmen hart dafür gearbeitet hat, sich einen Namen zu machen, können Sie in einer neuen Geschäftssituation manchmal einen Nutzen aus der Markenidentität ziehen. Das Wiedererkennen des Namens ist besonders nützlich, wenn die Assoziationen positiv besetzt und klar definiert sind und auf das neue Produkt oder den Markt übertragen werden können. Hersteller von Luxusautos wie zum Beispiel BMW nutzen ihren Namen nun für kostspielige Mountain Bikes.
- ✔ **Technische Prozesse:** Die Ressourcen und Fähigkeiten, die benötigt werden, um Produkte in Ihrer eigenen Branche zu entwerfen, zu entwickeln und herzustellen –, oder vielleicht auch die technische Unterstützung, die Sie bieten – lassen sich erweitern, um zusätzliche Produktbereiche zu unterstützen. Japanische Elektronikgiganten wie zum Beispiel Sony und Mitsubishi sind Experten in der Miniaturisierung, Automatisierung und Qualitätskontrolle. Mit diesen Fähigkeiten können sie sich die Originaltechnologie oder Produkte im Experimentierstadium aneignen und dann Produktlinien basierend auf ihrer Fachkenntnis erzeugen.
- ✔ **Markterfahrung:** Wenn Ihr Unternehmen sehr viel Markterfahrung hat, können Sie diese Fachkenntnis häufig ausnutzen, um das Bewußtsein für und die Position von einem neuen Produkt zu stärken. Beispiele sind kreative Softwareprodukte, die kleine, unabhängige Entwickler erzeugen und dann an größere Unternehmen wie Symantec oder Netscape verkaufen – also an Unternehmen, die die Marktkraft haben, diese Produkte erfolgreich zu bewerben, zu unterstützen und zu vertreiben.
- ✔ **Kapazität und Maßstab:** Manchmal können Sie die überschüssige Kapazität, die Ihr Unternehmen in der Produktion oder dem Verkauf hat, direkt auf einen neuen Geschäftsbereich anwenden. Auf diese Weite ernten Sie die Früchte einer größeren Anzahl von Aktivitäten und nutzen Ihre Ressourcen effizienter. Viele Autohändler in den USA haben sich zum Beispiel in den 80er Jahren darum bemüht, die Marken Toyota und Honda zeigen, verkaufen und reparieren zu können und ihre Produktlinien amerikanischer Autos zu ergänzen.
- ✔ **Finanzielle Überlegungen:** Die dauernden Anforderungen an die Umsätze, den Cash-Flow oder die Gewinne Ihres Unternehmens deuten möglicherweise

unvermeidlich in eine neue Geschäftsrichtung. Obwohl eine finanzielle Gelegenheit für sich genommen eine ziemlich fadenscheinige Verbindung zu Ihren bestehenden Produkten und Märkten bietet, kann ein neuer Geschäftsbereich auf der Basis finanzieller Überlegungen allein gerechtfertigt werden. Große Tabakhersteller benutzen zum Beispiel ihre riesigen Barreserven, um in völlig neue Geschäftsbereiche zu diversifizieren, die eine hellere, rauchfreie Zukunft haben.

Der Versuch, in neue Richtungen aufzubrechen und in neue Geschäftsbereiche zu diversifizieren und dabei brandneue Produkte für brandneue Märkte zu erzeugen, hat Planer schon seit Jahrzehnten bezaubert. Leider können die Chancen für einen Mißerfolg für neue Produkte bei bis zu 75 Prozent liegen. Und das Verwirrende dabei ist, daß am Anfang auf dem Papier alles so gut aussieht. Hier nun ein paar Beispiele:

- ✔ Das Unternehmen Campbell Soup glaubte, einen Hauptgewinn gemacht zu haben, als es sich dazu entschloß, eine Produktfamilie mit Fruchtsaftgetränken für Kinder auf den Markt zu bringen. Aber es hatte Probleme mit dem Markennamen, Juice Works, weil die Markennamen der meisten Konkurrenten in der Fruchsaft-Branche anerkannter waren.

- ✔ Federal Express wollte die Zukunft der Direktzustellung von Dokumenten schaffen, indem sie ein neues Netzwerkprodukt für Computer einführte. Aber die Kunden wollten richtige Durchschläge und keine E-Mails haben. So wurde das Unternehmen von seinem Zap Mail-Dienst »weggezappt«.

- ✔ Polaroid beschloß, daß Sofortbildfilme das Ticket für den Aufschwung darstellen sollten. Aber das Unternehmen konnte nicht mit der Camcorder-Technologie konkurrieren und endete mit roten Zahlen, als das Unternehmen das Filmsystem Polarvision einführte.

Einige Unternehmen schaffen es jedoch, mit neuen Produkten und in neuen Märkten erfolgreich zu sein. Denken Sie an das Unternehmen Rubbermaid. Möglicherweise fallen Ihnen dazu Küchenutensilien aus Plastik und Plastikbehältnisse ein. Aber das Unternehmen hat in den letzten fünf Jahren mehr als 1.000 Produkte neu eingeführt – vom zusammenklappbaren Geräteschuppen aus Plastik bis zur Plastikkühlbox auf Rädern. Das erklärte Ziel des Unternehmens: 22 Prozent der jährlichen Umsatzerlöse mit Produkten zu erzielen, die nicht älter als fünf Jahre sind. Was ist das Geheimnis? Rubbermaid diversifiziert in neue Geschäftsbereiche, die alle die spezifischen Fähigkeiten des Unternehmens, die Ressourcen und die Fachkenntnis in Sachen Plastik ausnutzen. Mit anderen Worten: Das Unternehmen bewegt sich in neue Richtungen, in denen es mit größter Wahrscheinlichkeit von seiner einzigartigen Kompetenz profitieren kann.

Das Produkt-Portfolio verwalten

Wenn Sie beschließen, daß es an der Zeit ist, in neue Produkte und Märkte zu verzweigen oder in neue Geschäftsbereiche zu diversifizieren, müssen Sie lernen zu jonglieren. Der Luxus, sich mit einem einzelnen Produkt oder einer Dienstleistung zu befassen, ist dann vorbei. Sie müssen herausfinden, wie Sie alle Ihre Produkte über Wasser halten können, indem Sie jedem Produkt die Aufmerksamkeit und Ressourcen zukommen lassen, die es bzw. sie entsprechend seiner bzw. ihrer Phase im Produktlebenszyklus benötigt.

Strategische Geschäftsfelder

Um jonglieren zu können, müssen Sie sich normalerweise natürlich etwas vorbereiten. Als erstes müssen Sie herausfinden, wie viele Orangen und Keulen – hier Dienstleistungen und Produkte – Sie gleichzeitig in der Luft halten müssen. Orangen lassen sich leicht zählen. Das gleiche gilt auch für Keulen. Bei Produkten und Dienstleistungen tauchen jedoch meistens die folgenden Fragen auf. Häufig gibt es keine richtige Antwort darauf. Sie entwickeln jedoch ein besseres Verständnis für das, was Sie anbieten, wenn Sie sich die Zeit nehmen, über die Themen nachzudenken.

- ✔ Wie viele Produkte oder Dienstleistungen bietet Ihr Unternehmen an?
- ✔ Wenn Sie Ihr Produkt durch ein weiteres Merkmal oder eine Option ergänzen, entsteht dann ein neues Produkt, für das ein separater Businessplan erstellt werden muß?
- ✔ Wenn Sie zwei Arten von Kunden haben, die Ihre Dienstleistung auf verschiedene Weisen nutzen, haben Sie dann wirklich zwei Dienstleistungen mit jeweils einem eigenen Businessplan?
- ✔ Wenn Sie einem Kundenstamm zwei verschiedene Produkte anbieten, die auf eine ziemlich ähnliche Weise hergestellt, vermarktet und vertrieben werden, arbeiten Sie dann wirklich mit einem großen Produktbereich und einem einzigen Businessplan?

General Electric hat sich mit diesen Fragen Ende der 60er Jahre herumgeschlagen. Das Unternehmen war weit über die ursprüngliche Erfindung ihres Gründers, Thomas Edison, hinaus gewachsen und stellte nicht mehr nur elektrische Glühbirnen her. In der Tat war es zu einem diversifizierten Großunternehmen geworden mit Zweigen in der Herstellung von elektrischen Haushaltsgeräten, Flugzeugmotoren, Fernsehgeräten und Computern. Das Unternehmen mußte sich nun für die beste Möglichkeit, sich selbst aufzuteilen, entscheiden, um handhabbare Bereiche zu erzeugen, mit denen man jonglieren konnte.

Die Manager von General Electric kamen auf die kluge Idee, das Unternehmen in sogenannte *strategische Geschäftsfelder* aufzuteilen. Ein strategisches Geschäftsfeld, auch *strategische Geschäftseinheit* genannt, ist ein Teil Ihres Unternehmens, der groß genug ist, um einen eigenen, wohldefinierten Markt mit Konkurrenten zu haben und handfeste Ressourcen und betriebliches Potential zu fordern. Trotzdem ist ein strategisches Geschäftsfeld klein genug, um dafür eine Strategie mit Zielen zu entwickeln, die die spezielle Geschäftsumgebung widerspiegeln. Mit dem Konzept der strategischen Geschäftsfelder wandelte General Electrics fast 200 separate, unabhängige Produktabteilungen in weniger als 50 strategische Geschäftsfelder um, von denen jede mit einer Strategie und einem Businessplan ausgestattet war.

Überdenken Sie Möglichkeiten, Ihr eigenes Unternehmen in strategische Geschäftsfelder aufzuteilen. Jedesmal, wenn Sie einen separaten Businessplan aufstellen, identifizieren Sie ein potentielles strategisches Geschäftsfeld. Und wie fangen Sie an? Weil strategische Geschäftsfelder sich häufig auf bestimmte Produkte und Marktbereiche beziehen, sollten Sie mit den folgenden Schritten beginnen.

1. **Teilen Sie Ihr Unternehmen in so viele verschiedene Produkte und Marktkombinationen auf, wie Sie sich vorstellen können.**

2. **Fügen Sie diese Bausteine auf unterschiedliche Weisen zusammen und versuchen Sie, kreative Assoziationen zwischen Produkten und Märkten auf verschiedenen Ebenen und Maßstäben herzustellen.**

   Denken Sie daran, wie jede dieser Kombinationen als variables Geschäftsfeld funktionieren könnte.

3. **Behalten Sie nur die Kombinationen von Produkten und Märkten, die in bezug auf Ihre Strategie, den Businessplan, die Kunden, den Wettbewerb und die Unternehmenstruktur sinnvoll sind.**

4. **Gehen Sie einen Schritt zurück, um festzustellen, wie gut diese neuen strategischen Geschäftsfelder zusammenpassen und ihr Gesamtgeschäft berücksichtigen.**

   Wenn Ihnen das, was Sie sehen, nicht zusagt, sollten Sie den Prozeß noch einmal durchlaufen. Setzen Sie die Veränderungen nicht in die Tat um, bevor Sie mit Ihrer neuen Organisation zufrieden sind.

Nach den Sternen streben

Anstatt mit einem Satz unzähliger, schlecht definierter Produkte zu jonglieren, sollten Sie Ihre Jonglierkünste an den strategischen Geschäftsfelder ausprobieren, die Sie identifiziert haben.

Beginnen Sie damit, Ihre strategischen Geschäftsfelder abhängig vom Cash-Flow in zwei Hauptgruppen zu unterteilen: Legen Sie die Produkte, die Ihrem Unternehmen Geld bringen, auf die eine Seite und diejenigen, die Geld kosten, auf die andere. Vielleicht sind Sie überrascht, daß Sie hier zwei Seiten haben. Weil jedes Produkt einen Produktlebenszyklus durchläuft, der wahrscheinlich eine Einführungs-, eine Wachstums-, eine Reife- und eine Rückgangsphase beinhaltet, haben verschiedene strategische Geschäftsfelder naturgemäß unterschiedliche

Cash-Flow-Anforderungen. Während der Einführungs- und der Wachstumsphase müssen Sie in Produkte investieren, und Ihre reifen Produkte bezahlen alle Rechnungen. Als erfolgreicher Jongleur benötigen Sie immer mindestens ein reifes strategisches Geschäftsfeld, um die strategischen Geschäftsfelder zu unterstützen, die sich in früheren Phasen befinden.

Einiges von diesem Jonglierzeugs mag Ihnen vertraut vorkommen, wenn Sie jemals versucht haben, Ihre persönlichen Ersparnisse und Rentenrücklagen zu verwalten. Jeder Finanzberater erzählt Ihnen das gleiche: Streuen Sie Ihr Anlagekapital, um einen stabileren und besser vorhersagbaren Besitz zu haben. Im Idealfall wollen Finanzberater Ihnen dabei helfen, Ihr Portfolio basierend auf der Geldmenge auszugleichen, die Sie direkt einnehmen müssen. Ausgehend von Ihrem Finanzbedarf und Ihren Zielen schlagen Planer Ihnen vielleicht vor, Aktien zu erwerben, die direkt Dividenden erbringen und auch in spekulativere Geschäfte zu investieren, die sich erst nach einer längeren Zeit auszahlen.

Die strategischen Geschäftsfelder Ihres Unternehmens haben sehr viel mit einem Portfolio von Aktien und Optionsscheinen gemeinsam – in der Tat sind die Gemeinsamkeiten so groß, daß das Jonglieren mit den strategischen Geschäftsfelder, über das wir gesprochen haben, *Portfolio-Management* genannt wird. Um Ihr strategisches Geschäftsfeld so professionell zu verwalten wie Finanzexperten Aktien und Optionsscheine, benötigen Sie Anleitung. Und hier kommt die Portfolioanalyse zum Zug. Die Portfolioanalyse unterstützt Sie dabei, alle Rollen von strategischen Geschäftsfelder in Ihrem Unternehmen zu betrachten und zu bestimmen, wie gut sich die strategischen Geschäftsfelder die Waage halten, so daß das Unternehmen wächst und rentabel bleibt. Außerdem bietet die Portfolioanalyse Ihnen eine Möglichkeit, über Strategien und Planung nachzudenken, wenn Sie sich um mehr als ein strategisches Geschäftsfeld kümmern müssen.

Sie könnten einen ersten Versuch mit einer einfachen Portfolioanalyse starten, die zwei Kategorien von strategischen Geschäftsfelder enthält: solchen, die Geld bringen, und solchen, die Geld kosten. Dann müßten Sie nur noch sicherstellen, daß die erste Kategorie immer größer ist als die zweite. Aber die beiden Kategorien bieten Ihnen wenig Hilfe dabei herauszufinden, was als nächstes passieren wird. Glücklicherweise hat die Boston Consulting Group ein leicht zu benutzendes Portfolioanalysewerkzeug entwickelt, das nützliche Richtlinien für die Planung liefert.

Die Vier-Felder-Portfolio-Matrix der Boston Consulting Group, auch *Marktwachstum-Marktanteil-Portfolio* genannt, (siehe Abbildung 14.3) weist Sie an, Ihre strategischen Geschäftsfelder in vier Gruppen zu unterteilen.

Die Portfolioanalyse basiert auf zwei wesentlichen Faktoren: dem Marktwachstum und dem relativen Marktanteil.

- ✔ **Marktwachstum:** Ist das strategische Geschäftsfeld Bestandteil eines schnell wachsenden Marktes oder fällt sie irgendwo in einen Bereich mit nur langsamem oder gar keinem Wachstum? Das Marktwachstum setzen Sie ein, um Ihr Portfolio zu definieren, weil es Sie zwingt, darüber nachzudenken, wie attraktiv ein strategisches Geschäftsfeld langfristig sein wird. Der genaue Punkt, an dem sich Märkte mit einem schnellen und solche mit einem langsamen Wachstum voneinander trennen lassen, ist ziemlich willkürlich; beginnen Sie mit einer jährlichen Wachstumsrate von zehn Prozent als Mittelpunkt für das niedrige und hohe Marktwachstum.

✔ **Relativer Marktanteil:** Bietet ein strategisches Geschäftsfeld einen Marktanteilsvorteil gegenüber ihren nächsten Konkurrenten? Den relativen Marktanteil setzen Sie als Hauptmerkmal ein, um Ihr Portfolio für das strategische Geschäftsfeld zu definieren, weil alle möglichen Anzeichen darauf schließen lassen, daß ein großer Marktanteil eng mit der Rentabilität einem strategischen Geschäftsfeld verbunden ist. Teilen Sie Ihre strategischen Geschäftsfelder in solche, bei denen Sie den größten Marktanteil haben, und solche, bei denen das nicht der Fall ist.

Abbildung 14.3: »Das Marktwachstum-Marktanteil-Portfolio« unterteilt die strategischen Geschäftsfelder Ihres Unternehmens gemäß der Faktoren Marktwachstum und Marktanteil.

Hier folgt nun ein Überblick über die Typen von strategischen Geschäftsfeldern:

Fragezeichen: *Fragezeichen* sind strategische Geschäftsfelder, die einen relativ geringen Marktanteil in einem Markt mit hohem Marktwachstum haben. Sie repräsentieren häufig neuere Geschäftszweige und werden als Fragezeichen bezeichnet, weil nicht klar ist, welchen Weg sie einschlagen werden. Weil Fragezeichen sich in expandierenden Märkten befinden, ist relativ viel Geld erforderlich, um sie in Gang zu halten und den bereits vorhandenen Marktanteil zu sichern. Aber ihre relativ geringen Verkaufszahlen bringen im allgemeinen wenig oder gar keine Einnahmen. Wenn Sie deren Marktanteile im Laufe der Zeit wesentlich erhöhen können –, und das bedeutet, noch mehr Geld auszugeben – können sich Fragezeichen in Stars verwandeln. Schaffen Sie das nicht, müssen Sie die strategischen Geschäftsfelder eventuell aufgeben.

Stars: Stars sind strategische Geschäftsfelder, die einen dominierenden Marktanteil in einem Wachstumsmarkt haben. Jedes strategische Geschäftsfeld möchte gerne ein Star sein. Stars haben normalerweise einen kostspieligen Appetit auf Bares, um die kontinuierliche Expansion zu finanzieren und um Konkurrenten abzuwehren, die begierig darauf sind, sich eine Scheibe vom Kuchen abzuschneiden. Aber durch den Vorteil des hohen Marktanteils erzeugen diese strategischen Geschäftsfelder Einnahmen, hohe Margen und Gewinne. Im Endeffekt unterstützen sich solche strategischen Geschäftsfelder selbst, indem sie große Geldmengen verschlingen und erbringen. Sie sollten nicht zögern, einen Star zu unterstützen, wenn zusätzliche Ressourcen erforderlich sind, um seine Führung beim Marktanteil zu halten.

Milchkühe: *Milchkühe* (Cash Cows) sind das, was der Name sagt – diese strategischen Geschäftsfelder haben einen wesentlichen Marktanteil in einem Markt mit geringem Wachstum. Wegen ihres günstigen Marktanteils liefern diese strategischen Geschäftsfelder hohe Gewinne, benötigen jedoch wenig Investitionen. Ihre Märkte mit geringem Wachstum sind in der Regel reif und die Produkte bereits gut eingeführt. Milchkühe können Sie melken, um einen Überschuß zu erzeugen und diesen dann in vielversprechende strategische Geschäftsfelder in anderen Quadranten investieren.

Arme Hunde: *Arme Hunde* sind strategische Geschäftsfelder, die einen geringen Marktanteil in einem Markt mit geringem Wachstum haben. Obwohl es viele Hundeliebhaber gibt, ist es schwer, diese spezielle Rasse zu mögen. Umsatzerlöse und Gewinne sind normalerweise gering oder nicht vorhanden und diese strategischen Geschäftsfelder setzen häufig Bargeld ein. Obwohl Investitionen in regelmäßigen Abständen erforderlich sind, laufen diese Randgeschäfte normalerweise nie auf viel hinaus. Es ist deshalb wahrscheinlich das beste, wenn Sie Ihre Aufmerksamkeit vielversprechenderen Kandidaten von strategischen Geschäftsfelder zuwenden.

Es ist nun an der Zeit, alle Stücke zusammenzufügen, damit Sie eine Vier-Felder-Portfolio-Matrix erzeugen können, die Ihr Portfolio der strategischen Geschäftsfelder repräsentiert. Im Idealfall enthält das Portfolio im wesentlichen Stars und Milchkühe und genügend Fragezeichen, um die Zukunft des Unternehmens zu sichern. Es wäre optimal, wenn Sie sich nicht mit zu vielen Problemprodukten herumschlagen müßten.

Aber die Welt ist nicht immer ideal. Glücklicherweise können Sie die Vier-Felder-Portfolio-Matrix auch als Zeichenbrett einsetzen, um zu skizzieren, was Sie mit Ihren strategischen Geschäftsfelder tun können, um sie in Zukunft besser auszugleichen. Hier nun das, was Sie tun sollten:

1. **Sehen Sie die strategischen Geschäftsfelder Ihres Unternehmens durch und bereiten Sie sich darauf vor, sie in eine leere Vier-Felder-Portfolio-Matrix zu setzen.**

   Das Format der Vier-Felder-Portfolio-Matrix entnehmen Sie Abbildung 14.3.

2. **Setzen Sie jedes strategische Geschäftsfeld basierend auf dem, was Sie über das Marktwachstum und den relativen Marktanteil des strategischen Geschäftsfelds wissen, in das passende Feld.**

3. **Umkringeln Sie jedes strategische Geschäftsfeld, um zu repräsentieren, wie groß sie im Verhältnis zu den anderen strategischen Geschäftsfeldern ist.**

   Legen Sie die Größe Ihrer strategischen Geschäftsfelder auf der Basis von den Umsatzerlösen, Gewinnen und Verkaufszahlen oder was auch immer Ihnen als Maßeinheit passend erscheint fest.

4. **Sagen Sie für jedes strategische Geschäftsfeld in der Vier-Felder-Portfolio-Matrix ihre Bewegung bezüglich des Gesamtmarktwachstums und des Marktanteils vorher.**

   Benutzen Sie einen Zeitrahmen, der sich für Ihre Branche und die Veränderungsrate Ihrer Branche gut eignet.

5. **Um diese Vorhersage festzuhalten, zeichnen Sie Pfeile in die Vier-Felder-Portfolio-Matrix ein, die die Bewegungsrichtung anzeigen und deutlich machen, wo jedes strategische Geschäftsfeld enden soll.**

   Pfeile, die aus der Vier-Felder-Portfolio-Matrix hinaus weisen, kennzeichnen, daß Sie planen, das fragliche strategische Geschäftsfeld loszuwerden.

Der Vier-Felder-Portfolio-Matrix der Boston Consulting Group mit ihrer netten Verteilung von Symbolen und der Schwarzweiß-Sichtweise der Welt kann man kaum widerstehen, weil sie den komplexen, schwierigen Job, mehrere Geschäftsbereiche zu jonglieren, so wirken läßt, als sei kaum eine Anstrengung erforderlich. Nach der Einführung vor beinahe 30 Jahren wurde das Modell jedoch in so hohem Maße überstrapaziert und falsch angewendet, daß das gesamte Geschäft der Analyse von Geschäftsfeldportfolios aus der Mode kam. Heutzutage wissen wir natürlich, daß die Portfolioanalyse ihren Platz als Werkzeug hat, aber sehr vorsichtig eingesetzt werden muß. Wie man so sagt: Wenn etwas zu leicht aussieht, um wahr zu sein, ist es das wahrscheinlich auch.

Bevor Sie damit beginnen, Ihre strategischen Geschäftsfelder in der Vier-Felder-Portfolio-Matrix wie Figuren auf einem Schachbrett herumzuschieben, sollten Sie daran denken, daß die folgenden Überlegungen zugrunde liegen:

✔ Das Marktwachstum wird als die einzige Möglichkeit herausgegriffen, zu messen, wie attraktiv ein Markt ist, und zu bestimmen, ob Sie hier aktiv werden sollten oder nicht. Aber das Marktwachstum ist nicht die einzige interessante Variable. Märkte können sich auch wegen ihres technologischen Fortschritts, der Veränderungen der Vorschriften oder den Gewinnen als attraktiv herausstellen.

✔ Es wird nur der relative Marktanteil benutzt, um zu beschreiben, wie konkurrenzfähig Sie sind und wie rentabel Ihr Unternehmen zu sein scheint. Aber der Marktanteil ist nur dann wirklich relevant, wenn Sie auf der Basis der Größe und des Absatzvolumens konkurrieren. Es gibt auch andere Möglichkeiten, zu kämpfen, wie zum Beispiel, die Produkte auf irgendeine Weise einzigartig zu machen oder sich auf bestimmte Kundengruppen oder Dienstleistungen zu spezialisieren.

- Die strategischen Geschäftsfelder in der Vier-Felder-Portfolio-Matrix sind nur durch den Cash Flow in verschiedene Geschäftsbereiche hinein und aus diesen heraus miteinander verbunden. Es gibt aber viele andere Möglichkeiten, wie strategische Geschäftsfelder zueinander in Beziehung stehen könnten und zusammenarbeiten. Darunter können zum Beispiel Sichtweisen sein, die den Wettbewerb hervorheben oder sich auf die Risikofaktoren eines Marktes konzentrieren.

Die Unterschiede zwischen einem Star und einer Milchkuh (oder einem Fragezeichen und einem Armen Hund) sind willkürlich und unterliegen allen möglichen Definitions- und Meßproblemen. Ohne sorgfältige Analyse und einer Dosis guter Einschätzung kann es leicht passieren, daß Sie Ihren strategischen Geschäftsfelder die falschen Rollen zuweisen. Dadurch kann es geschehen, daß Sie ein Fragezeichen zum Beispiel zu früh aufgeben, weil Sie glauben, daß es sich um einen Armen Hund handelt, oder Sie vernachlässigen einen Star, weil Sie annehmen, daß es sich um eine Milchkuh handelt, aus der Sie Geld herausziehen können.

Produkte anhand ihrer Stärke und Attraktivität beurteilen

Wenn Sie das Gefühl haben, das die Vier-Felder-Portfolio-Matrix der Boston Consulting Group Ihre Geschäftssituation nicht repräsentiert (wenn Sie zum Beispiel lieber etwas Buntes mit etwas mehr Schnörkeln hätten), stehen Ihnen Dutzende anderer Modelle, Methoden und Werkzeuge zur Verfügung, die alle versprechen, Sie ohne großes Aufhebens zu den richtigen Antworten zu führen. Viele der anderen Modelle beanspruchen, besonders gut bei bestimmten Branchen oder unter spezifischen Geschäftsbedingungen zu funktionieren, und eines davon könnte sich auch gut für Ihr Unternehmen eignen. Aber bevor Sie anderen Modellen und Methoden zuwenden, sollten Sie jedoch einen weiteren Schritt bei der Analyse Ihres Portfolios der strategischen Geschäftsfelder gehen.

In den 60er Jahren brachte General Electric mit Hilfe der Consulting-Gurus von McKinsey einen Rahmen für die Portfolioanalyse hervor, der etwas komplizierter als die Vier-Felder-Portfolio-Matrix ist. Die *Neun-Felder-Portfolio-Matrix* ist umfangreicher und kann auf einen großen Bereich von Geschäftssituationen angewendet werden.

Um die Neun-Felder-Portfolio-Matrix zu nutzen, sollten Sie damit beginnen, den kompliziert aussehende Kasten in Abbildung 14.4 zu erkunden.

Keine Angst, wir helfen Ihnen dabei. Die Neun-Felder-Portfolio-Matrix, auch *Marktattraktivitäts-Wettbewerbsposition-Portfolio* genannt, erzeugt zwei primäre Kategorien, die Ihre Portfolioanalyse der strategischen Geschäftsfelder formen: die Marktattraktivität und der relative Wettbewerbsvorteile (Stärken) eines Geschäftsfelds. Anders als bei der Vier-Felder-Portfolio-Matrix müssen Sie bei der Neun-Felder-Portfolio-Matrix genau definieren, was Sie mit Marktattraktivität und Wettbewerbsvorteilen meinen.

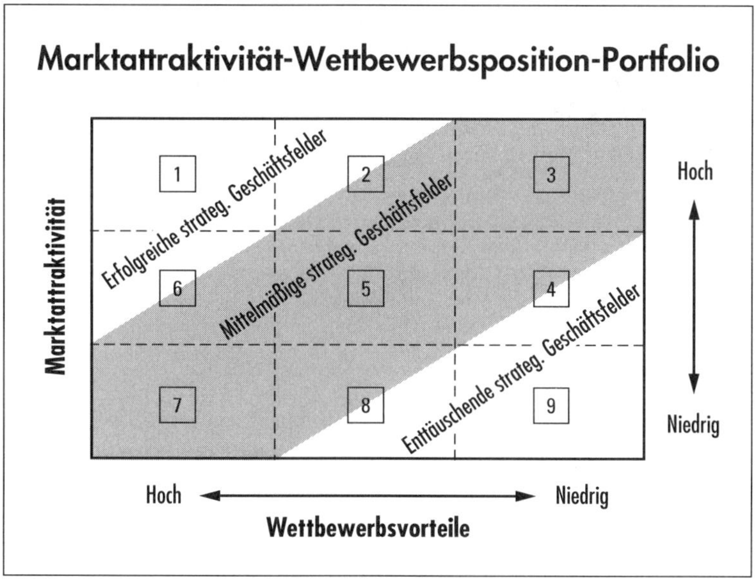

Abbildung 14.4: Die Neun-Felder-Portfolio-Matrix ordnet die strategischen Geschäftsfelder Ihres Unternehmens basierend auf deren Wettbewerbsvorteilen und Marktattraktivität neun Feldern zu.

Es kann wesentlich unklarer sein, festzustellen, was Attraktivität und was eine Stärke ist, als sich mit Marktwachstumszahlen und relativen Marktanteilen zu beschäftigen. Die folgenden Definitionen sollen Ihnen helfen, loszulegen:

Marktattraktivität: Diese Kategorie kann abhängig von Ihrer Branche eine beliebige Anzahl von Komponenten beinhalten. In den meisten Situationen werden Sie jedoch die Faktoren hervorheben wollen, die wahrscheinlich zu fetteren Rückläufen Ihrer eigenen Investitionen führen. Hier nun einige Dinge, auf die Sie neben der allgemeinen Marktwachstumsrate achten sollten:

- ✔ Die Größe der Branche
- ✔ Die Höhen und Tiefen der Branche
- ✔ Die Wettbewerbsintensität
- ✔ Das Verhältnis von Kunden und Lieferanten
- ✔ Der durchschnittliche Umsatzerlös und die Gewinne
- ✔ Die Innovationsrate
- ✔ Barrieren für den Eintritt und den Austritt (siehe Kapitel 7)
- ✔ Vorschriften seitens des Staats

Wettbewerbsvorteile (Stärken): Diese Kategorie sollte auf Ihrer spezifischen Geschäftssituation relativ zu Ihrer Branche basieren. Anstatt auf den relativen Marktanteil als einzigen Indikator der Wettbewerbsfähigkeit Ihres Unternehmens zu vertrauen, sollten Sie andere Faktoren berücksichtigen, die die besonderen Stärken und Vorzüge Ihres Unternehmens widerspiegeln, wie zum Beispiel die folgenden:

- ✔ Einzigartigkeit des Produkts
- ✔ Qualität einer Dienstleistung
- ✔ Loyalität der Kunden
- ✔ Markenakzeptanz
- ✔ Kosten und Rentabilität
- ✔ Herstellungskapazität
- ✔ Forschung und Entwicklung
- ✔ Patente
- ✔ Organisationsfähigkeit

Ordnen Sie Ihr Portfolio der strategischen Geschäftsfelder neu an, so daß jedes strategische Geschäftsfeld in eines der neun Felder fällt (siehe Abbildung 14.4 für ein Muster). Abhängig von der Position in der Neun-Felder-Portfolio-Matrix gelten folgende Planungsrichtlinien:

1. **Position schützen:** Konzentrieren Sie Ihre Ressourcen und Bemühungen auf die Beibehaltung Ihrer Stärken. Investieren Sie so, daß Sie so schnell wie möglich wachsen können.
2. **Sich mehr bemühen:** Fordern Sie die Marktführer heraus. Bauen Sie die Aspekte Ihres Unternehmens aus, die stark sind, und verstärken Sie Bereiche, in denen das Unternehmen verwundbar ist.
3. **Wählerisch sein:** Suchen Sie nach Wegen, um die Schwächen Ihres Unternehmens zu überwinden. Halten Sie ein Auge für neue Möglichkeiten offen, wenn das Risiko gering ist.
4. **Ernten:** Schränken Sie Ihre Investitionen ein, und versuchen Sie, die Kosten zu reduzieren, um Ihre Gewinne zu maximieren. Ziehen Sie sich zurück, wenn Sie beginnen, an Boden zu verlieren.
5. **Sorgfältig verwalten:** Halten Sie Ihre bestehenden Programme aufrecht. Konzentrieren Sie alle neuen Investitionen auf vielversprechende Bereiche, in denen die Risiken überschaubar sind.
6. **Weise wachsen:** Bauen Sie Ihre Position im Wettbewerb aus. Investieren Sie in attraktive Bereiche, in denen Sie gewinnen können oder einen Vorteil erhalten.

7. **Umgruppieren:** Versuchen Sie, den aktuellen Cash-Flow zu halten. Verteidigen Sie Ihre Stärken, und konzentrieren Sie sich auf Bereiche, die attraktiv bleiben.

8. **Im Leerlauf fahren:** Halten Sie weitere Investitionen auf einem minimalen Niveau. Schützen Sie die Position, die Sie haben, und versuchen Sie, die Umsätze zu halten.

9. **Verlassen:** Reduzieren Sie Ihre Kosten auf das absolute Minimum und vermeiden Sie neue Investitionen. Warten Sie den rechten Augenblick ab, bis Sie an den Meistbietenden verkaufen können.

- ✔ Wenn Sie mehr als ein Produkt oder mehrere Dienstleistungen anbieten, sollten Sie Ihre Angebote wie ein Portfolio verwalten und ein Auge auf die Zusammenarbeit der Komponenten haben.
- ✔ Ein strategisches Geschäftsfeld ist eine bestimmte Produkt/Markt-Kombination, die normalerweise einen eigenen Businessplan erfordert.
- ✔ Sie können strategische Geschäftsfelder basierend auf deren Marktwachstum und Marktanteil in Stars, Fragezeichen, Milchkühe und Arme Hunde unterteilen.
- ✔ Setzen Sie auf strategische Geschäftsfelder in attraktiven Branchen, die die Stärken Ihres Unternehmens ausnutzen.

Teil V

Ein Werkzeugkasten für Planer

»Seit wir die Delphine verloren haben, ist das Geschäft nicht mehr so, wie es war.«

In diesem Teil...

Egal, in welchem Bereich Sie tätig sind und wie groß Ihr Unternehmen ist, es kommt der Zeitpunkt, an dem Sie die Ärmel hochkrempeln und die Sachen selbst anpacken müssen. Wenn Sie erst einmal wissen, wo Sie stehen und wohin Sie wollen, müssen Sie die Sache selbst angehen. Die besten Pläne der Welt sind nichts wert, wenn Sie sie nicht ausführen.

In diesem Teil helfen wir Ihnen, Ihren Businessplan umzusetzen. Als erstes betrachten wir Mittel und Wege, Ihr Unternehmen zu organisieren und entwickeln Verfahren und Systeme, mit denen Sie Ihre Pläne so rationell und wirksam wie möglich umsetzen können. Wir sprechen über Möglichkeiten, die Führung auszubauen, benötigte Fertigkeiten zu entwickeln und eine Unternehmenskultur zu erzeugen, damit Sie Ihren Plan erreichen können. In Kapitel 18 zeigen wir Ihnen einen vollständigen Businessplan, damit Sie eine bessere Vorstellung davon bekommen, was vor Ihnen liegt.

Den Businessplan in die Praxis umsetzen

15

In diesem Kapitel

- Den Businessplan prüfen
- Eine funktionierende Organisationsstrukturen zusammenstellen
- Verfahren und Systeme entwickeln
- Führungsrollen fördern
- Die notwendigen Fertigkeiten entwickeln
- Eine Unternehmenskultur entwickeln

Herzlichen Glückwunsch – Sie stehen kurz vor der Vollendung Ihres Businessplans! So gerne wir Ihnen auch helfen würden, so können wir Ihnen doch leider nicht über die Schulter blicken. Denken Sie einfach daran, daß Sie bereits die schwierigsten Teile hinter sich gebracht haben. Nun liegt es an Ihnen, alles zusammenzufügen. Wenn Sie einen kleinen Stups benötigen, um loszulegen, blättern Sie zu Kapitel 1, um eine Skizze für den niedergeschriebenen Plan zu erhalten.

Leider haben Sie nicht viel Zeit, um Ihren Erfolg zu feiern. Haben Sie jemals die Geschichte von dem Mann gehört, der aus dem 20. Stock eines Gebäudes fiel? Als er am fünften Stockwerk anlangte, rief er »Bis jetzt ist alles gut gegangen!«

Es ist ganz klar, daß dieser Mann noch nicht das Ende der Situation bedacht hatte. Es gibt zu viele Unternehmen, die sich des gleichen Optimismus schuldig machen, wenn es um Businesspläne geht. Sie machen sich nicht klar, wie schwierig (und manchmal auch gefährlich) es ist, einen vollständigen Plan tatsächlich auszuführen. Sehr viele Unternehmen haben sich dadurch schließlich selbst zerstört – und zwar nicht, weil sie keinen Businessplan gehabt hätten, sondern weil sie annahmen, daß sich alles von selbst ergibt, wenn sie einmal einen Plan haben. Es ist sehr wichtig, sich auf den nächsten Schritt vorzubereiten, nachdem Ihr Plan auf dem Papier steht. Es reicht nicht aus, einen Businessplan aufzustellen. Sie müssen ihn auch umsetzen.

In diesem Kapitel zeigen wir Ihnen, was Sie benötigen, um Ihren Businessplan auszuführen. Wir zeigen Ihnen Möglichkeiten, Ihr eigenes Unternehmen zu formen und Ihre Mitarbeiter anhand Ihres Businessplans vorzubereiten. Wir erkunden, wie Sie eine leistungsfähige Organisationsstruktur erzeugen und dann Verfahren einsetzen können, die die Ziele in Ihrem Plan unterstützen. Zum Schluß sprechen wir darüber, wie Sie Ihre Mitarbeiter ermutigen können, Führungsaufgaben zu übernehmen, die benötigten Fertigkeiten zu entwickeln und eine starke Unternehmenskultur aufzubauen, um Ihren Businessplan Realität werden zu lassen.

Ihr Unternehmen formen

Wenn Ihr Businessplan fertig ist, können Sie den nächsten Schritt angehen, bei dem Sie alle Ressourcen Ihres Unternehmens so anordnen, daß der Plan umgesetzt werden kann. Wenn Sie zum Beispiel einen Stuhl, einen Tisch oder ein Sofa statt Ihres Unternehmens entwerfen würden, würden Sie sich vermutlich an die Richtlinie

Form follows funktion (Die Form folgt der Funktion)

erinnern. Deshalb sehen Stühle so aus, wie Sie sie kennen, und unterscheiden sich von Sofas. Die Funktion Ihres Unternehmens wird im Businessplan beschrieben, und es liegt an Ihnen, das Unternehmen so zu formen, daß es seine Funktion erfüllt.

Jahrzehntelang haben Unternehmensberater ihr Geld damit gemacht, mit verschiedenen Möglichkeiten der Strukturierung von Unternehmen und Organisationen daherzukommen. Welch eine Überraschung! Wir sind ziemlich sicher, daß all diese Unternehmensberater glücklich wären, wenn sie ein Design für Sie schneidern dürften. Aber bevor Sie einen von ihnen anrufen (und einen großen, fetten Scheck unterschreiben), sollten Sie schauen, was Sie selbst erreichen können. Wenn Sie sich anschließend entscheiden, daß Sie wirklich professionelle Hilfe benötigen, wissen Sie wenigstens, welche Fragen Sie stellen müssen.

Wenn Sie verschiedene Wege suchen, Ihr Unternehmen zu gestalten, müssen Sie die sechs verschiedenen Bereiche berücksichtigen, die in Abbildung 15.1 gezeigt werden. Drei dieser Bereiche formen Ihr Unternehmen. Die anderen drei bereiten die Mitarbeiter Ihres Unternehmens vor.

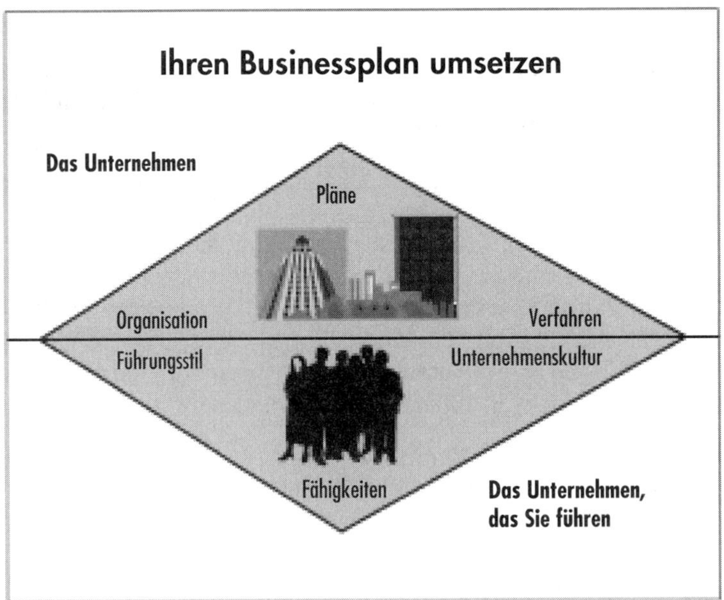

Abbildung 15.1: Die sechs wesentlichen Bereiche Ihres Unternehmens, durch die ein Businessplan funktioniert, lassen sich in zwei Gruppen unterteilen.

Den Businessplan ausführen

Wenn Sie Ihren Businessplan auf dem Papier haben, sollten Sie sich die Zeit nehmen, ihn durchzulesen – und das meinen wir wörtlich. Suchen Sie nicht nur nach Tippfehlern und schlechtem Stil; überlegen Sie sich, was der Plan wirklich aussagt. Erstaunlich viele Unternehmen haben einen Businessplan, den niemand liest. Zumindest scheint in diesen Unternehmen niemand viel über den Plan zu wissen (das verhält sich natürlich mit den ach so wichtigen Zahlen im Budget anders).

Sie glauben vielleicht, daß es nichts gibt, was Sie nicht über Ihren eigenen Businessplan wissen. Weil Sie jedoch so dicht davor sitzen, kann es passieren, daß Sie das Gesamtbild übersetzen. Treten Sie deshalb einen Schritt zurück, und achten Sie besonders auf die folgenden Punkte:

- ✔ Lesen Sie das Unternehmensziel und die Visionen Ihres Unternehmens so, als würden Sie es zum ersten Mal sehen.
- ✔ Betrachten Sie die Ziele, die Sie für Ihr Unternehmen aufgestellt haben, und denken Sie darüber nach, was sie wirklich bedeuten.
- ✔ Überprüfen Sie die Stärken und Schwächen, die Sie finden, und überlegen Sie, was sie über die Fähigkeit Ihres Unternehmens aussagen, den Plan umzusetzen.
- ✔ Denken Sie über die verschiedenen Arten nach, wie Ihr Unternehmen seinen Kunden Werte liefert, und wie diese Arten etwas zu Ihrem langfristigen Vorteil beitragen.

Wenn Sie erwarten, daß jeder, der in Ihrem Unternehmen arbeitet, den Businessplan ernst nimmt, sollten Sie mit sich selbst beginnen. Während Sie Ihren Businessplan in die Praxis umsetzen, sollten Sie regelmäßig einen Schritt zurücktreten. Stellen Sie sich dann Fragen wie die folgenden:

- ✔ Sind die Verfahren, mit denen Sie daherkommen, für die Art von Organisation, die Sie gestalten wollen, sinnvoll?
- ✔ Fördert Ihr Führungsstil die Art von Unternehmenskultur, die Sie gerne sehen würden?
- ✔ Fördert die Unternehmensform die Fertigkeiten, die Ihre Mitarbeiter benötigen?
- ✔ Führen die Verfahren, die Sie einführen, zu einer Stärkung und Konzentration Ihrer Unternehmenskultur?
- ✔ Ergänzen die Fertigkeiten, die Sie betonen, die Führungsqualitäten, die Sie entwickeln?
- ✔ Unterstützen alle Dinge, die Sie tun, den Businessplan, auf den Sie hinarbeiten?

Es ist schwierig, schnell zu wachsen

Korvettes war in den frühen 60er Jahren ein blühendes Unternehmen. Das Unternehmen startete in einem New Yorker Loft als Discounter für Haushaltsgeräte und Reisegepäck und öffnete innerhalb kürzester Zeit mehr als ein Dutzend rentabler Läden. Ob Sie es glauben oder nicht, zu der Zeit sah man die Ketten Wal-Mart, Costco und Kmart noch nicht an jeder Ecke. Discounter waren damals etwas Neues und andersartiges. Das Unternehmen wußte, daß es auf dem Weg war, sich in ein Großunternehmen zu verwandeln. Nach den anfänglichen Erfolgen entwickelte Korvette den Plan, schnell zu wachsen.

Es stellte sich aber heraus, daß es wesentlich schwieriger war, groß zu werden, als das Unternehmen erwartet hatte. Der Weg war holprig und die Geschwindigkeit nahm immer mehr zu. Natürlich war die ursprüngliche Strategie von Korvettes stimmig, und die Expansion basierte auf dem richtigen Geschäftssinn. Das Problem war, daß das Unternehmen keine Ahnung hatte, wie der Plan umzusetzen war.

Korvettes expandierte schnell in neue Märkte und richtete neue Läden und neue Produktlinien ein. Die Steuerung blieb fest an der Spitze, die Organisationsstruktur selbst änderte sich nicht wirklich und die Mitarbeiter arbeiteten wie gewohnt. Im Rückblick läßt sich leicht erkennen, was schiefging:

- ✔ Das Unternehmensmanagement war einfach nicht flexibel genug, um sich an die geplante Größe anzupassen.
- ✔ Das Unternehmen hatte keine Verfahren verfügbar, um die wachsende Anzahl an Läden zu verwalten.
- ✔ Die Mitarbeiter besaßen nicht die benötigten Fertigkeiten, um mit der wachsenden Produktlinie umzugehen.

Ende der 60er Jahre schrumpfte Korvettes so schnell, wie das Unternehmen gewachsen war. Das Unternehmen konnte sein Gleichgewicht nicht mehr zurückgewinnen.

Eine Organisationsstruktur zusammenstellen

Wenn alle Mitarbeiter Ihres Unternehmens in einen Kleinwagen passen, haben Sie es ziemlich leicht, eine Organisationsstruktur zu präsentieren. Zwei oder drei Personen lassen sich nicht auf so viele Arten anordnen. Aber die Tatsache, daß eine Struktur einfach ist, bedeutet nicht, daß sie nicht wichtig sei. Egal, ob Sie zwei oder 2.000 Mitarbeiter haben, die Art und Weise, wie Sie Ihre Organisationsstruktur gestalten, spielt eine wesentliche Rolle dabei, ob Sie Ihren Businessplan erfolgreich umsetzen können. Egal, wie groß Ihr Unternehmen wird, jeder Mitarbeiter muß wissen, was sein Job ist. Alle Mitarbeiter müssen die Rolle verstehen, die Sie bei der Ausführung Ihres Businessplans und bei der Erreichung der Unternehmensziele spielen.

Wo fangen Sie an? Sie können ein Unternehmen auf unterschiedliche Weisen organisieren. Die folgenden Abschnitte besprechen ein paar der gebräuchlichsten Strukturen.

Das Liniensystem

Die einfachste Art, Ihr Unternehmen zu organisieren, besteht darin, jemanden an die Spitze zu setzen – einen Eigentümer oder Geschäftsführer – und alle anderen die Arbeit verrichten zu lassen. Es ist sehr leicht, die Funktion der einzelnen Mitarbeiter zu beschreiben, weil alle gleichgestellt sind.

- ✔ **Vorteile:** Sie finden normalerweise jemanden, der eine Arbeit verrichtet, die gerade getan werden muß. Weil Sie nicht viele Extra-Ressourcen für die Verwaltung der Organisationsstruktur verschwenden, ist das Liniensystem auch kostengünstig.
- ✔ **Nachteile:** Das Liniensystem funktioniert nur, wenn Ihr Unternehmen weniger als 20 Mitarbeiter hat. Wenn das Unternehmen größer ist, kann die Person an der Spitze nicht nach allen schauen. Wenn Ihr Unternehmen wächst, sind Sie irgendwann gezwungen, Ihre Organisationsstruktur zu vergrößern. Das Liniensystem ist auch nicht immer effizient. Die Mitarbeiter müssen Arbeiten verrichten, bei denen sie sich nicht auskennen und die Erfahrung geht häufig unter.

Das Funktionssystem

Wenn Sie Ihr Unternehmen gemäß der Geschäftsfunktionen organisieren, unterteilen Sie die Mitarbeiter gemäß ihrer Tätigkeit in Gruppen. Sie weisen zum Beispiel alle Ingenieure einem bestimmten Bereich zu und werfen alle Marketing-Typen in einem anderen Bereich zusammen. Das gleiche gilt für die Finanzleute etc. Sie müssen natürlich sicherstellen, daß eine Art Generaldirektor die verschiedenen Aktivitäten der Funktionsgruppen koordiniert.

- ✔ **Vorteile:** Ein Funktionssystem funktioniert gut, wenn Sie nur eine Art von Produkt oder Dienstleistung anbieten. Die Organisationsstruktur ist effizient, weil die Leute in ihren speziellen Bereichen wirklich gut werden und jede Funktion nur an einer Stelle ausgeführt wird. Außerdem weiß jeder genau, wofür er verantwortlich ist. Die Tätigkeiten in Ihrem Unternehmen sind genau definiert und Sie können genau messen, was jeder leistet.
- ✔ **Nachteile:** Leider kann sich ein Funktionssystem sehr leicht in einen Stapel unterschiedlicher Kisten verwandeln, die einfach aufeinander gestellt wurden. Jede Kiste beinhaltet einen anderen Funktionsbereich; die Kisten sind nicht miteinander verbunden und ohne gute Kommunikation beginnen die Funktionen, verschiedene Ziele zu entwickeln. Die Produktion möchte zum Beispiel nur ein einziges Produkt herstellen, während das Marketing verschiedene Produkte an unterschiedliche Kunden verkaufen möchte. Jede Funktion mag für sich genommen vielleicht effizient sein, zusammengenommen sind die Funktionen jedoch nicht flexibel oder effektiv genug, um einen größeren Businessplan auszuführen.

Die Spartenorganisation

Wenn Ihr Unternehmen groß genug und in mehr als einem Geschäftsbereich tätig ist, ist der beste Ansatz vielleicht die Organisationsstruktur in Abteilungen. Jede Abteilung des Unternehmens kann zum Beispiel für ein bestimmtes Produkt, einen Markt oder einen geographischen Bereich zuständig sein. Wenn Ihr Unternehmen sogar noch größer ist, können Ihre Abteilungen als Sparten die strategischen Geschäftseinheiten beinhalten, bei denen es sich um spezifische Produkt/Markt-Kombinationen handelt (siehe hierzu Kapitel 14). Die Sparten in Ihrem Unternehmen werden normalerweise weiter unterteilt.

- ✔ **Vorteile:** Eine Organisation, die aus Abteilungen besteht, die auf den Produkten, den Märkten oder den strategischen Geschäftseinheiten basieren, bestärkt Ihr Unternehmen, seine ganze Energie und die Ressourcen in die wirklichen Aufgaben zu investieren. Geschäftsführer können sich damit befassen, wie die Abteilungen zusammenarbeiten. Die Abteilungsleiter können sich auf ihre eigenen Kunden, Konkurrenten und Unternehmensprobleme kümmern.
- ✔ **Nachteile:** Weil die verschiedenen Abteilungen in Ihrem Unternehmen häufig ganze Geschäftsbereiche repräsentieren, konkurrieren sie manchmal miteinander. Das kann sogar so weit gehen, daß sie um die gleichen Kunden kämpfen. Außerdem haben die verschiedenen Abteilungen normalerweise zusätzliche laufende Kosten, weil jede Abteilung ihre Führungsebene und Geschäftsfunktionen hat (Forschung, Produktion, Marketing, Kundendienst, Verkauf und Rechnungswesen), die sich notwendigerweise überlappen müssen. Als Ergebnis ist Ihr Unternehmen letztlich weniger effizient und in der Lage, Vorteile aus Sparmaßnahmen zu ziehen, die aus der Kombination von Aufgaben resultieren.

Die Matrixorganisation

Die Matrixorganisation organisiert Leute entlang zwei Dimensionen und nicht nur entlang einer. In einer Matrix-Organisationsstruktur hat jeder zwei Boße und trägt zwei Hüte. Ein Hut kann funktional sein; ein Mitarbeiter ist möglicherweise in der Programmier- oder Buchprüfungsgruppe. Der andere Hut kann sich auf spezielle Projekte beziehen, die einen Programmierer oder Buchprüfer sechs Monate lang benötigen. In diesem Fall berichten der Programmierer und der Buchprüfer beide an einen Funktions- und einen Projektmanager.

- ✔ **Vorteile:** Die Matrix-Organisationsstruktur ermöglicht es Ihnen, Talente, Sachkenntnis und Erfahrung auf die verschiedenen Bereiche Ihres Unternehmens aufzuteilen und die Ressourcen einzusetzen, wo und wann sie benötigt werden. Eine Matrix-Organisationsstruktur kann ziemlich flexibel auf die jeweiligen Bedürfnisse reagieren. Gleichzeitig profitieren Sie von der Effizienz, Mitarbeiter gemäß ihrer Funktionen zu organisieren.

Nachteile: Die Verwaltung einer Matrix-Organisation kann ziemlich schwierig und manchmal sogar verheerend sein. Diese Organisationsform verletzt eine wichtige Managementregel: Geben Sie Ihren Mitarbeitern nie zwei Chefs gleichzeitig. Es entstehen zum Beispiel naturgemäß Spannungen zwischen dem Projektmanager und dem Funktionsmanager und Ihre Mitarbeiter sitzen dann zwischen zwei Stühlen. Wenn Sie nicht aufpassen, kann die Matrix-Organisation zu gegnerischen Prioritäten, aufeinanderprallenden Zielen und auseinanderlaufender Ideen darüber, wie der Businessplan des Unternehmens umgesetzt werden sollte, führen.

Ihre eigene Organisationsform

Nachdem Sie sich entschieden haben, wie Sie Ihr Unternehmen organisieren wollen, müssen Sie beschließen, wie stark Sie sie aufteilen wollen. Stellen Sie sich eine einfache Frage: Wie viele Führungsebenen soll eine Entscheidung durchlaufen?

Die Anzahl Führungsebenen hängt sehr stark davon ab, wie groß Ihr Unternehmen ist und wie es organisiert ist. Manager können nur dann sehr viele Mitarbeiter direkt verwalten, wenn sie gut sein wollen, und manche Organisationsstrukturen erfordern mehr Manager als andere. Behalten Sie immer eine allgemeine Regel im Kopf: Je mehr Führungsebenen sie haben,

- ✔ desto mehr Kontrolle konzentriert sich an der Spitze des Unternehmens,
- ✔ desto unflexibler ist Ihre Organisationsstruktur gegenüber Veränderungen,
- ✔ desto kostspieliger ist der Unterhalt der Organisation.

Wie können Sie feststellen, welche Organisationsform – und wieviel davon – für Sie richtig ist? Leider liegt die Antwort nicht immer auf der Hand. Sie hängt von der Unternehmensgröße, von der Veränderungsgeschwindigkeit und der Art des Wettbewerbs ab. Die Organisationsformen, die sich in der Praxis am besten bewährt haben, scheinen die zu sein, die Aspekte aus allen Optionen kombinieren, die in den letzten Abschnitten beschrieben wurden.

Einige Unternehmen versuchen, effizient, flexibel und auf dem laufenden zu bleiben, indem sie ihre Organisationsstruktur so einfach wie möglich halten. Sie setzen, falls nötig, formlose Projektteams ein und reorganisieren die Struktur, jedesmal, wenn Veränderungen in ihren Branchen auftreten und die Märkte dies erfordern. Eine einfache Organisationsstruktur tendiert dazu, die Kosten unter Kontrolle zu halten. Formlose, vorübergehend gebildete Projektteams bieten einen Großteil der Flexibilität der Matrixorganisation ohne die ganze Management-Verwirrung.

Warum stolpern kleine Unternehmen so häufig? Ein Hauptstolperstein ist die Unwilligkeit der Personen, die an der Spitze stehen, die Organisationsstruktur zu verändern, wenn das Unternehmen wächst. Kleine Unternehmen werden in der Regel nach dem Liniensystem organisiert, in dem der Eigentümer oder Geschäftsführer seine Finger in allem hat, was das Unternehmen tut. Größere Unternehmen können auf diese Weise nicht lange bestehen. Und wenn der Eigentümer nicht loslassen kann, wenn es an der Zeit ist, das Unternehmen zu reorganisieren, bedeutet die Situation Versagen für ein ansonsten gesundes Unternehmen.

Vergewissern Sie sich, daß Sie alle Möglichkeiten erkundet haben, wenn Sie damit beginnen, Ihr Unternehmen zu organisieren oder umzuorganisieren. Versuchen Sie, für Ihr Unternehmen eine Struktur zu finden, die Ihnen sinnvoll erscheint. Nur dann können Sie eine Organisationsform zusammenstellen, mit der Ihr Unternehmen besser funktioniert und mit der es den Businessplan leichter erfüllen kann.

Verfahren entwickeln

Nachdem Sie Zeit und Mühe aufgewendet haben, einen Businessplan zusammenzustellen, ist die Annahme natürlich, daß Ihr Vorhaben nun automatisch leichter ist. Wenn Ihr Unternehmen klein ist, werden Sie vielleicht noch nie ernsthaft darüber nachgedacht haben, was als nächstes kommt. Nun, da Sie wissen, was zu tun ist, brauchen Sie nur damit zu beginnen, nicht wahr? Ob Sie etwas verkaufen, mit einem Zulieferer verhandeln oder sich über Ihre Ausgaben auf dem laufenden halten müssen, Sie schaffen das jetzt, auch wenn Sie Ihr Verfahren ändern (oder eine neue erfinden) müssen.

Formlose Verfahren wie diese (insbesondere diejenigen, die sich immer ändern) funktionieren jedoch nicht besonders lang, auch wenn Ihr Unternehmen nur aus Ihnen selbst besteht. Ihre Kunden möchten wissen, was sie erwartet, wenn sie mit Ihnen Geschäfte machen, egal, wie groß Ihr Unternehmen ist, und das gleiche gilt auch für Lieferanten. (Und natürlich auch für die Finanzbeamten.) Niemand hat gerne mit zahllosen Regeln und Vorschriften zu tun, es sei denn, er ist in der Armee. Aber alle Unternehmen müssen sich wahrscheinlich mit einem Satz von Richtlinien abfinden, der eingesetzt wird, um alle daran zu erinnern, wie sie tätig sein sollten.

Wenn Sie anfangen, über Verfahren nachzudenken, um verschiedene Dinge in Ihrem Unternehmen zu regeln, werden Sie immer wieder auf neue Verfahren stoßen. Beginnen Sie, indem Sie sich fragen, wie Ihr Unternehmen die folgenden Dinge erledigt:

- ✔ Sich über Kundenbestellungen auf dem Laufenden halten
- ✔ Kunden Rechnungen stellen oder Kredite an Kunden vergeben
- ✔ Kundenbeschwerden behandeln
- ✔ Neue Mitarbeiter einstellen und ausbilden
- ✔ Löhne, Gehälter und Sonderleistungen festlegen
- ✔ Mitarbeiter Ausgaben erstatten
- ✔ Kapital entwickeln und Finanzpläne ausarbeiten
- ✔ Warenbestandslisten verwalten
- ✔ Neue Produkte und Dienstleistungen entwickeln
- ✔ Die Branche und den Wettbewerb überwachen

Und nicht zu vergessen die Verfahren zur Erstellung eines Businessplans. Manager und Management-Gurus ignorierten gleichermaßen jahrelang die Systeme und Verfahren, die Unternehmen am Laufen hielten. Lassen Sie uns den Tatsachen ins Auge sehen – Systeme und Verfahren sind l-a-n-g-w-e-i-l-i-g. Deshalb sind viele der StandardVerfahren mehrere Jahrzehnte alt. Sie stammen aus einer Zeit, in der Geschäfte machen gleichbedeutend mit mit dem Produzieren, Ausliefern und Verkaufen von Produkten war. Punkt. Aber die Zeiten haben sich geändert – und die Unternehmen mit ihnen.

In den späten 80er Jahren begannen Unternehmen festzustellen, daß einige dieser langweiligen alten Systemen sie zurückhielten. Das *Business Reengineering* kam in Mode – die kluge Idee, daß Sie alle Verfahren in Ihrem Unternehmen genau betrachten sollten, um festzustellen, ob sie in Bezug auf das Tätigkeitsfeld Ihres Unternehmens sinnvoll sind. Als die Unternehmen auf den Reengineering-Zug aufsprangen, entdeckten sie, daß sie alle möglichen Dinge nur deshalb taten, weil sie es schon immer so gemacht wurden. Heutzutage reicht es einfach nicht aus, Dinge in der bewährten Weise zu machen. Das gilt insbesondere dann, wenn Ihre Konkurrenten Ihnen den Wind ins Gesicht blasen.

Versuchen Sie, die Grundidee des Reengineering zu beherzigen, wenn Sie Verfahren für Ihr Unternehmen entwickeln. Machen Sie Dinge, weil sie sinnvoll sind, und nicht, weil sie im Unternehmen so gemacht werden oder weil Sie es aus Ihrem früheren Unternehmen nicht anders kennen. Es lohnt sich, einen Moment über ein paar der grundlegenden Systeme nachzudenken, die Sie sehr wahrscheinlich benötigen werden.

Das Buchhaltungssystem: Die richtigen Methoden, Prinzipien und sogar die Software für die Buchhaltung können den Unterschied ausmachen, ob Sie wirklich wissen, was Sie besitzen, oder ob Sie den Überblick darüber verlieren, woher Ihr Geld kommt und wohin es fließt. Die Gewinn- und Verlustrechnung, die Kapitalflußanalysen und Bilanzen sind für Ihr Geschäft unentbehrlich. (In Kapitel 10 erhalten Sie alle Finanzinformationen, die Sie wünschen.) Sie benötigen ein zuverlässiges Buchhaltungssystem, wenn Sie in der Lage sein wollen, Ihre Finanzberichte auf eine Weise zusammenzustellen, auf die Sie sich verlassen können.

Das Finanzplanungssystem: Sie müssen Verfahren entwickeln, die es Ihnen ermöglichen, ein vollständiges Bild der Finanzlage für den aktuellen Tag zu erstellen und einen zukünftigen Bedarf vorherzusagen (in Kapitel 11 erfahren Sie mehr zur Finanzplanung). Sie sollten sicherstellen, daß Ihr Finanzplanungsprozeß Ihre kurzfristigen Bedürfnisse abdeckt, aber es ist genauso wichtig, daß das Finanzplanungssystem langfristige Investitionen unterstützt.

Das Personalsystem: Mitarbeiter sind ein wichtiger Bestandteil Ihres Unternehmens, auch wenn Sie im Augenblick der einzige Mitarbeiter sind. Egal, wie viele Mitarbeiter Sie in Ihrem Unternehmen beschäftigen, Sie sollten ein System verfügbar haben, das Mitarbeiter für ihre harte Arbeit entlohnt und sie ermutigt, über ihren zukünftigen Beitrag zum Unternehmenserfolg nachzudenken.

Informationssysteme: Es gibt keine schnelle Methode, um sich über die Geschehnisse in Ihrer Branche und am Markt auf dem laufenden zu halten. Sie benötigen ein Verfahren, um Informationen zu erfassen, wann und wo sie verfügbar sind. Sie benötigen außerdem ein Informationssystem, um die Informationen, die Sie erfassen, interpretieren zu können. Sie sollten alles festhalten, was Sie über die Bedürfnisse von Kunden wissen, was Sie in der Vergangenheit für die Kunden getan haben und was sie von Ihnen in Zukunft erwarten. Wenn Sie schon dabei sind, sollten Sie ein ähnliches System einrichten, um sich über Ihre Konkurrenten auf dem laufenden zu halten.

Das Planungssystem: Wir haben dieses ganze Buch dem Thema Businessplans gewidmet. Aber die ganzen großartigen Planungsideen, die Sie haben, bleiben in Ihrem Kopf, wenn Sie kein System einrichten, mit dem Sie sie in Ihrem eigenen Unternehmen umsetzen können. Wenn Sie einmal einen Businessplan haben, müssen Sie auch einen Planungsprozeß in Gang setzen, um den Plan lebendig zu halten.

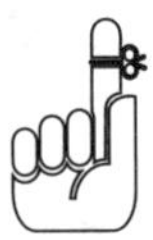

- ✔ Wenn Sie Ihren Plan in die Praxis umsetzen, sollten Sie darauf achten, daß Ihre Organisation, die Verfahren und die Mitarbeiter alle auf das gleiche Ziel ausgerichtet sind.
- ✔ Wie Sie Ihr Unternehmen organisieren – zum Beispiel nach der Funktion, dem Produkt, dem Markt oder nach Abteilungen – spielt eine wichtige Rolle dabei, ob Ihr Plan funktioniert.
- ✔ Je mehr Führungsebenen Sie einsetzen, desto besser ist die Kontrolle, Ihr Unternehmen verliert jedoch an Flexibilität.
- ✔ Seien Sie darauf vorbereitet, die Organisationsstruktur Ihres Unternehmens zu ändern, wenn das Unternehmen wächst oder sich die Geschäftsbedingungen verändern.
- ✔ Sagen Sie nicht, »so laufen die Dinge hier eben«. Stellen Sie sicher, daß alle Verfahren, die Sie sich zu eigen machen, sinnvoll sind.

Die Mitarbeiter vorbereiten

Woraus besteht Ihr Unternehmen? Vielleicht denken Sie bei Ihrem Unternehmen hauptsächlich an die Produkte oder Dienstleistungen, die Sie anbieten. Vielleicht ist das erste Bild, das Ihnen in den Sinn kommt, ein Gebäude oder Kaufhaus mit Ihrem Unternehmennamen und Logo darauf. Vielleicht denken Sie an die Organisationsform, Ihre Art, Geschäfte zu machen, und den Ruf, den Sie versucht haben, zu kultivieren.

Ihr Unternehmen besteht tatsächlich aus allen diesen Dingen und sogar aus noch mehr. Letztendlich wird Ihr Unternehmen jedoch durch Ihre Mitarbeiter definiert – durch ihr Wesen, ihre Art, zu handeln, und ihre Fähigkeiten. Wenn Sie wollen, daß Ihr Unternehmen Erfolg hat, müssen Sie herausfinden, wie Sie Führungsqualitäten an der Spitze fördern können. Sie müssen sicherstellen, daß Ihre Mitarbeiter die Fähigkeiten entwickeln, die sie benötigen, um ihre

Jobs besser erledigen zu können. Schließlich müssen Sie eine Unternehmenskultur erzeugen, die Ihren Businessplan fördert und sicherstellt, daß er auch umgesetzt wird.

Führungsqualitäten fördern

Wenn Sie wünschen, daß Ihre Mitarbeiter Ihnen in die Zukunft folgen, die Sie in Ihrem Businessplan ausgebreitet haben, müssen Sie sie dorthin führen. Aber was bedeutet es wirklich, andere Menschen zu führen, und wie können Sie andere ermutigen, Führungsfunktionen zu übernehmen?

Wir sollten an dieser Stelle eines ganz klarstellen: Führungsqualitäten und Management-Geschick sind zwei völlig verschiedene Dinge. Führungsverhalten ist sicherlich ein Bestandteil dessen, was man benötigt, um ein außergewöhnlicher Manager zu sein. Aber Führungsverhalten beschreibt auch eine etwas allgemeinere Fähigkeit, andere zu beeinflussen und sie davon zu überzeugen, sich in einer bestimmten Weise zu verhalten. Die Welt hat schon viele politische, spirituelle und Wirtschaftsführer gesehen.

Effektive Führungspersönlichkeiten passen ihren Führungsstil an die Umstände an. Wenn Sie sich in einer veränderten Geschäftssituation wiederfinden, müssen Sie darauf vorbereitet sein, Ihren Führungsstil zu ändern. Betrachten Sie die folgenden Führungsstile:

Der Boß: In bestimmten Situationen müssen Sie Mitarbeitern sagen, was sie zu tun haben, weil diese nicht wissen, wie sie weiter vorgehen sollen, oder weil Sie eine klare Vorstellung davon haben, was als nächstes geschehen soll. Sie sollten sich jedoch, auch während Sie der Boß sind, daran erinnern, daß Sie das meiste aus Ihren Mitarbeitern herausholen können, wenn Sie ihnen gute Gründe dafür liefern, warum sie etwas tun sollen.

Der Berater: Wenn Sie möchten, daß Ihre Mitarbeiter langfristig Verantwortung übernehmen, müssen Sie sich darauf vorbereiten, den Mitarbeitern die Freiheit zu geben, die Aufgaben selbständig zu erledigen. In Ihrer Rolle als Berater ist Timing alles, weil Sie einen sechsten Sinn dafür entwickeln müssen, wann und in welcher Menge Sie Ratschläge geben müssen, um den Erfolg zu fördern. Sie sollten auch Verfahren entwickeln, damit Ihre Mitarbeiter wissen, wie sie um Hilfe fragen können, wenn sie welche benötigen. Manchmal besteht guter Führungsstil darin, Mitarbeitern Fehler zuzugestehen, da die Mitarbeiter durch Erfahrung lernen und wachsen.

Der Kollege: Wenn Sie Mitarbeiter in Ihr Unternehmen aufnehmen und im Laufe der Zeit eine starke Arbeitsgemeinschaft entwickeln, wird Ihre Führungsrolle irgendwann vielleicht fast nicht mehr wahrnehmbar sein. Oberflächlich gesehen verhalten Sie sich mehr wie ein Kollege, d.h. einer unter gleichen. In diesem Fall führen Sie auf eine feinsfühlige Art und häufig auch dadurch, daß Sie mit gutem Beispiel vorangehen. Wenn Sie von sich selbst Höchstleistungen verlangen, übertreffen andere sich selbst ebenfalls. Wenn Sie Termine einhalten, machen andere das auch. Diese Art von Führungsstil basiert auf gegenseitigem Respekt, und sie kann sich in eine der stärksten Kräfte und zum größtem Kapital für Ihr Unternehmen entwikkeln.

Wenn Sie über Ihre eigenen Führungsqualitäten und die Ihrer engsten Mitarbeiter nachdenken, werden Sie sich vielleicht fragen, ob jemand zur Führungspersönlichkeit geboren ist oder ob er auch dazu gemacht werden kann. Das ist natürlich schwer zu sagen. Einige Menschen sind die geborenen Fürhungspersönlichkeiten. Es ist sicherlich leichter, darüber nachzudenken, wie man jemandem zum Beispiel grundlegende Management-Fähigkeiten beibringt, als Führungsqualitäten in jemandem wachzurufen.

Die U.S. Army beansprucht für sich, Führungspersönlichkeiten aus einfachen Rekruten zu machen. Obwohl man sich über die Erfolgsrate streiten könnte, hat die U.S. Army Führungstechniken, Verfahren und Programme sowie eine Grundweisheit hervorgebracht:

Fordern Sie niemals Ihre Untergebenen zu Dingen auf, die Sie selbst nie tun würden.

Denken Sie darüber nach. Das ist ein ziemlich guter Ratschlag für emporstrebende Führungskräfte in jeder Lebenssituation.

Fähigkeiten entwickeln

Sie müssen sich irgendwann mit den Mitarbeitern befassen, die Ihren Businessplan in die Realität umsetzen sollen. Ihre Mitarbeiter sollten nicht einfach ein Haufen willkürlich ausgewählter Personen sein, die willig und fähig sind, zu arbeiten. Das gilt zumindest dann, wenn Sie möchten, daß Ihr Plan umgesetzt wird. Die Mitarbeiter, die Sie an Bord bringen, müssen die passenden Fertigkeiten haben, um die Aufgaben zu erledigen, die Sie anweisen.

Die passenden Fertigkeiten, die heutzutage benötigt werden, unterscheiden sich von denen, die vor 10 oder 15 Jahren gefragt waren. Egal, ob die Mitarbeiter aus dem Bereich Technik, Produktion, Marketing oder Vertrieb kommen, sie sollten auf ihrem Gebiet sehr gut sein. Aber sie benötigen auch allgemeinere Fähigkeiten, durch die sie auch im Unternehmen erfolgreich sein können, das Sie entwickeln wollen. In vielen Branchen müssen Ihre Mitarbeiter sich auch in den folgenden Tätigkeiten auszeichnen.

Informationen verwalten: Ihre Mitarbeiter sollten in der Lage sein, mit der Informationslawine zu fast jedem vorstellbaren Aspekt in Ihrem Unternehmen klarzukommen. Sie benötigen Mitarbeiter, die nicht nur Daten zusammenfügen, sondern diese auch interpretieren und für Geschäftsentscheidungen ausnutzen können.

Unabhängig denken: Ihre Mitarbeiter sollten Geschäftsprobleme selbständig angehen und lösen, wenn diese auftauchen. Sie können es sich nicht leisten, Mitarbeiter zu haben, die nur das tun, wozu sie aufgefordert wurden. Wenn Sie aus Ihrem Unternehmen ein Maximum herausholen wollen, müssen Ihre Mitarbeiter Initiative ergreifen, eigenständig denken und Lösungen für Geschäftsprobleme finden, mit denen sie täglich zu kämpfen haben.

Im Team arbeiten: Ihre Mitarbeiter sollten in der Lage sein, Aufgaben als Teil einer Gruppe zu erledigen. Die Notwendigkeit, schnell zu sein, macht es schwer, größere Ziele zu erreichen, wenn Ressourcen, Talente und Erfahrungen nicht in einem Team zusammengefaßt werden.

Egal, ob Sie ein technisches Problem lösen, ein Produkt zusammensetzen oder sich mit strategischen Fragen auseinandersetzen müssen, Sie können auf ein Team von Mitarbeitern zählen, die die Aufgabe erledigen.

Mit Veränderungen klarkommen: Ihre Mitarbeiter sollten in der Lage sein, Dinge auf unterschiedliche Weisen zu erledigen, neue Verantwortlichkeiten zu übernehmen und mit nicht vertrauten Situationen klarzukommen. Die einzelnen Branchen stehen nicht mehr still, und wenn Ihr Unternehmen einen Aufwärtstrend verzeichnet, benötigen Sie Mitarbeiter, die sich in einer Welt wohl fühlen, in der Veränderung die einzige Konstante ist.

Neue Fähigkeiten erwerben: Ihre Mitarbeiter sollten in der Lage sein, sich ständig weiterzuentwickeln. Wenn Sie möchten, daß sich Ihr Unternehmen vorwärts bewegt, müssen auch Ihre Mitarbeiter dazu gewillt sein. Ihre Mitarbeiter müssen sich die Zeit nehmen, neue Fähigkeiten zu erwerben.

BEISPIEL

Ein Führer in Sachen Führungsstil

Jack Welch ist der Generaldirektor von General Electric, einer der größten Kapitalgesellschaften weltweit, mit einem Umsatzerlös von 60 Milliarden Dollar im Jahr 1996 und 240.000 Mitarbeiter. Welch ist eine Führungspersönlichkeit, die es versteht, sich mit anderen Führungspersönlichkeiten zu umgeben. Was zeichnet eine gute Führungspersönlichkeit bei General Electric aus? Laut Welch müssen Führungspersönlichkeiten bei General Electric folgende Qualitäten aufweisen:

- ✔ Einen Hang zum Perfektionismus haben
- ✔ Bürokratie hassen
- ✔ Für neue Ideen offen sein
- ✔ Selbstvertrauen haben
- ✔ Alle um sie herum in ihren Bann ziehen können
- ✔ Eine enorme Energie haben
- ✔ Anderen Antrieb geben
- ✔ Aggressive Ziele setzen
- ✔ Fortschritt belohnen
- ✔ Engagement würdigen
- ✔ Veränderungen als Chance betrachten
- ✔ Wissen, wie man verschiedenartige und globale Teams bildet

Während Ihr Unternehmen wächst und sich verändert, müssen Sie entscheiden, wie Ihre Mitarbeiter die erforderlichen Fähigkeiten erwerben können. Investieren Sie in Training, um alle Fähigkeiten, die benötigt werden, innerhalb Ihres Unternehmens zu entwickeln, oder gehen Sie nach außen und kaufen das nötige Fachwissen ein, indem Sie neue Mitarbeiter in das Unternehmen holen, die bereits den Hintergrund haben, nach dem Sie suchen? Es geht sicherlich schneller, wenn Sie nach außen gehen, aber die Entwicklung und Unterstützung bisheriger Mitarbeiter in Ihrem Unternehmen kann einen einsatzfreudigeren Mitarbeiterstab hervorbringen, was sich langfristig in einer wesentlich stärkeren Organisationsstruktur auszahlt.

Eine Unternehmenskultur bilden

Eine Unternehmenskultur zu bilden bedeutet nicht, alle Mitarbeiter zu einem regelmäßigen Opernbesuch zu zwingen. Ihre *Unternehmenskultur* entsteht durch die allgemeinen Ansichten, Überzeugungen und das Verhalten der Mitarbeiter. In diesem Sinne ist die Unternehmenskultur der Kultur eines Landes ähnlich. Aber Ihre Mitarbeiter sind nicht dazu geboren, in Ihrem Unternehmen zu arbeiten, und sie wachsen auch nicht in diesem auf. Wenn Sie versuchen, eine Unternehmenskultur zu bilden, bringen Sie Menschen mit unterschiedlichen Hintergründen zusammen und versuchen, ihnen ein gemeinsames Aussehen zu verleihen.

Ihre Unternehmenskultur könnte sich zum Beispiel auf eine der folgenden Sichtweisen konzentrieren:

- ✔ Die beste Technologie zu bieten
- ✔ Die hochwertigsten Produkte zu liefern
- ✔ Den besten Kundenservice zu bieten
- ✔ Das innovativste Unternehmen der Branche zu sein
- ✔ Die geringsten Kosten in der Branche zu haben
- ✔ Das Unternehmen mit dem schnellsten Wachstum in Ihrer Branche zu sein

Diese Haltungen müssen Sie nun in die Art und Weise umsetzen, in der sich Ihre Mitarbeiter verhalten. Wenn das Verhalten Ihrer Mitarbeiter auf einem Satz gemeinsamer Grundhaltungen basiert, können Sie immer darauf zählen, daß Ihre Mitarbeiter in jeder Geschäftssituation das Richtige tun. Vorschriften und Regeln wirken auf dem Papier gut, aber eine Unternehmenskultur bietet bessere Richtlinien, um Mitarbeiter zu bestärken, sich in der gewünschten Weise zu verhalten.

Leider können Sie nicht anordnen, daß Ihre Mitarbeiter eine bestimmte Ansicht haben. Deshalb müssen Sie weniger direkte Methoden wählen, um die Ansichten Ihrer Mitarbeiter zu verändern und ihr Verhalten zu beeinflussen. Dabei spielt der entsprechende Führungsstil eine entscheidende Rolle. Die stärksten Unternehmenskulturen finden sich häufig in Unternehmens, die eindrucksvolle Führer haben – ein Beispiel wäre das Unternehmen Microsoft mit Bill Gates.

Hier folgen nun ein paar Ansätze, wie Sie Ihre eigenen Führungsqualitäten nutzen und eine starke Unternehmenskultur bilden können.

Das Ziel, Werte und Visionen: Nutzen Sie Ihre Position im Unternehmen aus, um über das Unternehmensziel, die Werte, die Sie für wichtig halten und die Vision, die Sie für das Geschäft haben, zu sprechen. Bestärken Sie die Dinge, die wirklich wichtig sind. Stellen Sie sicher, daß alle Mitarbeiter wissen, warum Sie glauben, daß jeder einzelne ein Teil des Unternehmens ist und was jede Person erreichen sollte.

Aktionen und Aktivitäten: Setzen Sie bezüglich der Ansichten und Verhaltensweise, die Sie gerne sehen würden, ein Beispiel, dem jeder folgen kann. Wenn Sie möchten, daß in Ihrer Unternehmenskultur die Kunden wertgeschätzt werden, fahren Sie selbst hinaus, um sie zu besuchen. Wenn Sie möchten, daß sich Ihre Mitarbeiter auf die Gewinne konzentrieren, stellen Sie Fragen über die Rentabilität jeder Chance, die Sie erhalten. Wenn Innovation für den Erfolg Ihres Unternehmens sehr wichtig ist, sollten Sie feststellen, wer besonders innovativ ist, sich mit demjenigen bekannt machen und sie belohnen.

Rituale und Belohnungen: Richten Sie in Ihrem Unternehmen ein Belohnungssystem ein, um die Unternehmenskultur und das Verhalten zu unterstützen, das Sie gerne fördern möchten. Identifizieren Sie sich selbst mit diesem Verhalten. Bieten Sie zum Beispiel Preise für die größte Kundenzufriedenheit an und nehmen Sie an Feiern teil. Legen Sie Gewinnziele fest und verteilen Sie einen Bonus, wenn die Gewinnziele erfüllt werden. Heben Sie Innovationen hervor, die funktionieren, und sorgen Sie dafür, daß nichts Schlimmes passiert, wenn etwas nicht funktioniert.

Ihre Unternehmenskultur kann einer der Schlüssel sein, die dafür sorgen, daß Ihr Businessplan funktioniert. Wenn Sie jedoch nicht aufpassen, kann sich die Unternehmenskultur auch zum Hindernis entwickeln. Sie können die Kultur Ihres Unternehmens nicht über Nacht verändern. Deshalb müssen Sie den Sichtweisen Ihrer Mitarbeiter Beachtung schenken. Sie müssen die erforderliche Zeit und Mühe aufbringen, um das Gemeinschaftsverhalten, das Sie erwarten, in dem Unternehmen zu sehen.

- ✔ Ein guter Führungsstil ist die Fähigkeit, andere Menschen zu beeinflussen und sie davon zu überzeugen, sich in einer bestimmten Weise zu verhalten.
- ✔ Verschiedene Geschäftssituationen erfordern unterschiedliche Führungsstile.
- ✔ Wählen Sie Mitarbeiter aus, die Informationen verwalten, unabhängig denken, im Team arbeiten, mit Veränderungen klarkommen und neue Fertigkeiten erwerben wollen.
- ✔ Unterstützen Sie Mitarbeiter innerhalb des Unternehmens, um Loyalität und eine starke Organisationsstruktur zu pflegen.
- ✔ Mit einer Unternehmenskultur, die Ihre Vision und Werte repräsentiert, können Sie immer darauf zählen, daß Ihre Mitarbeiter das Richtige tun.

Teil VI

Die Top-Ten

»Mein Einstein da hinten hat unsere Startkosten falsch kalkuliert, und unser Geld war alle, bevor wir es uns leisten konnten, 24 Stunden zu öffnen.«

In diesem Teil...

In den Top-Ten listen wir die zehn wichtigsten Fragen auf, die Sie sich über Ihren Businessplan bei der Ausarbeitung stellen sollten. Wir heben außerdem zehn Fehler hervor, die Sie niemals machen sollten (wir meinen natürlich bei der Planung).

Zehn Fragen zu Ihrem Plan

16

In diesem Kapitel

- Ihr Werk betrachten
- Die notwendigen Veränderungen vornehmen

Es schadet nie, hin und wieder einen Schritt zurückzutreten und eine Bestandsaufnahme zu machen. Mit diesem Wissen im Hinterkopf haben wir dieses Kapitel mit allen möglichen Fragen gefüllt, über die Sie nachdenken sollten, bevor Sie Ihren Businessplan anderen zeigen.

Sind Ihre Zielsetzungen mit Ihrem Unternehmensziel verbunden?

Betrachten Sie die Zielsetzungen, die Sie für Ihr Unternehmen aufstellen. Dies sind die Ergebnisse, die Sie tatsächlich erreichen möchten, und diese Zielsetzungen bestimmen in einem hohen Maß, wie Sie Prioritäten setzen und Ihr Unternehmen führen. Ihre kurzfristigen Ziele müssen konsistent sein, damit Sie nicht gleichzeitig versuchen, in zwei verschiedene Richtungen zu laufen. Außerdem müssen Ihre Zielsetzungen eng mit dem Unternehmensziel verbunden sein, damit Sie den richtigen Kurs halten.

Können Sie auf die wesentlichen Chancen hinweisen?

Wenn Sie wollen, daß Ihr Unternehmen langfristig wächst und gedeiht, müssen Sie alle Chancen nutzen, die sich Ihnen bieten. Ihr Businessplan sollte auf die wesentlichen Chancen hinweisen, die Sie auf sich zukommen sehen (zum Beispiel im technologischen Bereich, im Markt und im Vertrieb) und die Aktivitäten umreißen, die Ihr Unternehmen derzeit plant, um diese Chancen auch nutzen zu können.

Sind Sie für Gefahren gerüstet?

Es ist leicht, das, was die Zukunft für Ihr Unternehmen bringen wird, rosig zu sehen, aber das bedeutet noch lange nicht, daß sich diese Sichtweise bewahrheiten muß. Für Ihr Unternehmen ist es wesentlich besser, wenn Sie ein objektives Bild zeichnen, das auch die schlechten Nachrichten enthält. Auf diese Weise sind Sie für die Gefahren, auf die Sie notwendigerweise stoßen werden, besser gewappnet.

Ihr Businessplan sollte auf die größten Bedrohungen hinweisen, die am Horizont sichtbar werden (zum Beispiel eine Verlangsamung des Marktes, neue Vorschriften oder eine Zunahme des Wettbewerbs) und neue Wege aufweisen, um sich darauf vorzubereiten. Wenn Sie Gefahren vor allen anderen erkennen, können Sie dies häufig in eine echte Chance für Ihr Unternehmen umwandeln.

Haben Sie Ihre Zielgruppe definiert?

Je mehr Sie über Ihre Kunden wissen – wer sie sind, wie sie handeln und was sie wollen – desto mehr wissen Sie über Ihr Unternehmen. Ihre Kunden sagen Ihnen, wie Sie am Markt Erfolg haben.

Es ist wesentlich leichter, Ihre Kunden zu beschreiben, wenn Sie versuchen, sie in verschiedene Gruppen aufzuteilen. Jede Gruppe, oder jedes Marktsegment, hat ihr eigenes, einzigartiges Profil und stellt eigene Anforderungen an Ihr Unternehmen.

Ihre Kunden sind so wichtig für Ihr Unternehmen, daß Sie es sich nicht leisten können, sie aus Ihrem Businessplan auszuklammern. Sie sollten sich die folgenden drei Fragen stellen:

- ✔ Wer kauft Ihre Produkte?
- ✔ Was wird gekauft?
- ✔ Warum wird gekauft?

Ihr Plan sollte erklären, wie Ihr Unternehmen diese Kunden besser bedienen möchte als irgendwer sonst.

Können Sie sich über Ihre Konkurrenten auf dem Laufenden halten?

Ihre Konkurrenten sind da, um das Leben interessanter zu machen. Sie sind die Unternehmen, die ständig versuchen, Ihre Kunden abzuwerben, indem sie Produkte oder Dienstleistungen versprechen, die mehr Wert (mehr Nutzen, geringere Preise) haben als Ihre, und Sie können Ihre Konkurrenten nicht ignorieren.

Wettbewerb ist ein großer Bestandteil Ihrer Geschäftsumgebung. Ihr Businessplan sollte Ihr Wissen über Ihre Konkurrenten enthalten und, was noch wichtiger ist, wie Sie planen, sich über sie auf dem laufenden zu halten. Ihr Plan sollte auch ansprechen, wie Sie beabsichtigen, das, was Sie erfahren, einzusetzen, um Schlachten zu wählen, die Sie gewinnen können.

Kennen Sie Ihre Stärken und Schwächen?

Es ist schwer, objektiv zu sein, wenn Sie bewerten, was Ihr Unternehmen gut macht und was besser sein könnte. Aber die Stärken und Schwächen Ihres Unternehmens bestimmen ihre Gelegenheiten für den Erfolg. Die Stärken und Schwächen beziehen sich auf die Fähigkeiten und Ressourcen Ihres Unternehmens und darauf, wie gut sie zu den Fähigkeiten und Ressourcen passen, die Ihr Unternehmen wirklich benötigt, um erfolgreich zu sein.

Ihr Businessplan sollte alle Fähigkeiten und Ressourcen Ihres Unternehmens auflisten – angefangen von Management-Fähigkeiten oder Forschungserfahrung bis zu Aktivitäten und der Stärke des Vertriebs oder loyalen Kunden. Aber der Plan muß auch beschreiben, ob diese Fähigkeiten und Ressourcen in Anbetracht Ihrer Unternehmenssituation und der Branche, in der Sie tätig sind, potentielle Stärken oder Schwächen sind.

Ist Ihre Strategie sinnvoll?

Strategie hat mit dem zu tun, was Sie beabsichtigen zu tun, um Ihren Businessplan umzusetzen. Sie müssen die Stärken und Schwächen, die Chancen und Bedrohungen, denen Ihre Firma ausgesetzt ist, und die Unternehmensziele, die Sie aufstellen, zusammennehmen. Nachdem Sie all diese Teile des Puzzles gesammelt haben, müssen Sie einen Weg finden, um trotz aller Dinge, die Ihnen im Wege stehen, an Ihr Unternehmensziel zu gelangen.

Es sollte von Anfang an klar sein, daß Ihr Businessplan auf einer sinnvollen Gesamtstrategie basiert. Ihr Unternehmen sollte eine Strategie haben, die in der Realität verwurzelt ist und vernünftige Annahmen über das macht, was passiert und noch passieren wird – eine Strategie, deren Annahmen über das, was erreicht werden kann und wie lange dies dauern wird, logisch und vernünftig sind.

Können Sie hinter den Zahlen stehen?

Betrachen Sie Ihre Finanzberichte als das Zeugnis Ihres Unternehmens, das einige wichtige Fragen beantwortet. Werden Sie von Ihren Kunden gemocht? Haben Ihre Konkurrenten Angst vor Ihnen? Treffen Sie die richtigen Entscheidungen? Die Gewinn- und Verlustrechnung präsentiert den Jahresüberschuß, die Bilanz zeigt, was Ihr Unternehmen wert ist, und die Cash-Flow-Analyse verfolgt Ihr Geld.

Ihre aktuellen Gewinn- und Verlustrechnungen zeigen jedermann, wie erfolgreich Sie sind. Aber viele Leute sind mehr an Ihren Finanzprognosen interessiert, die besagen, was Sie für die Zukunft erwarten. Nur weil die Prognosen offiziell aussehende Zahlen enthalten, bedeutet das noch lange nicht, daß sich Ihre Vorhersagen notwendigerweise erfüllen müssen. Wenn Sie ein ehrliches Bild Ihres Unternehmens zeichnen wollen, sollte Ihr Businessplan die Finanzlage basierend auf den Annahmen, an die Sie glauben, und den Zahlen, denen Sie vertrauen, realistisch abbilden.

Sind Sie wirklich bereit für Veränderungen?

Wenn etwas im Geschäftsleben konstant bleibt, ist es die Veränderung. Obwohl sich einige Branchen schneller ändern als andere, wird Morgen alles um Sie herum – von der Technologie über den Wettbewerb bis zu Ihrem Markt – etwas anders sein, egal, in welcher Branche Sie tätig sind. Wenn Sie auf dem laufenden bleiben wollen, müssen Sie zwei oder drei Schritte voraus denken. Sie müssen sorgfältig und kontinuierlich darauf achten, was in der Welt passieren könnte und wie dies Ihr Unternehmen beeinflussen könnte.

Obwohl Ihr Businessplan ein ehrliches Bild Ihrer Sicht des Unternehmens und der potentiellen Geschehnisse in der Welt zeichnet, sollte der Plan auch der Tatsache Rechnung tragen, daß Sie keine Kristallkugel besitzen. Präsentieren Sie deshalb einige Optionen. Beziehen Sie ein oder zwei verschiedene Unternehmensszenarien mit ein, die die Frage »Was wäre, wenn ...?« stellen und beantworten.

Ist Ihr Plan klar, prägnant und aktuell?

Ihr Plan sollte natürlich alles beinhalten, was Sie als wesentlich für Ihre Firma in deren Situation betrachten – alles, was Sie im Planungsprozeß als wichtig empfunden haben. Aber keine der Informationen, die Sie präsentieren, ist für irgend jemand nütze, wenn der Plan zu lang, unklar oder veraltet ist.

Lesen Sie Ihren Plan noch einmal durch. Ist er leicht verständlich? Kann man leicht zu unterschiedlichen Stellen gelangen? Wie lange hat es gedauert, ihn zu lesen? Wußten Sie, wo Sie die Details finden?

Ihr Plan ist ein lebendiges Dokument. Stellen Sie deshalb sicher, daß er eine Form hat, die sich leicht verändern läßt, wenn dies erforderlich ist. Wenn Sie jedesmal von Neuem beginnen müssen, ist vorherbestimmt, daß Ihr Plan veraltet ist.

Zehn Dinge, die Sie vermeiden sollten

17

In diesem Kapitel

- Überprüfen, worauf Sie achten sollten
- Schäden reparieren

Sicherlich kennen Sie Situationen, in denen Sie sagen »Ich kann nicht glauben, daß ich das getan habe«. Damit Sie eine bessere Chance haben, die zehn wichtigsten Fehler nicht zu machen, haben wir sie für Sie aufgelistet. Aber wenn es Ihnen trotzdem passiert, wissen Sie wenigstens, daß Sie damit nicht allein sind.

Versäumen, überhaupt erst zu planen

Wir predigen hier wahrscheinlich für den Chor, weil Sie das Buch bereits gelesen haben. Aber das Versäumnis, zu planen, ist im Geschäftsleben eine solche Sünde, daß sie immer eine Moralpredigt wert ist. Es ist nicht leicht, zu planen. Schließlich gibt es keine richtigen oder falschen Antworten, und nichts ist garantiert. Aber der Planungsprozeß bereitet Ihre Firma zwangsläufig auf eine ungewisse Zukunft vor.

Obwohl ein Businessplan vielleicht nicht alle Ihre Probleme löst, kann er Ihnen dabei helfen. Durch Planung werden Sie zu einem besseren Manager, und Ihr Unternehmen wird wettbewerbsfähiger und hat langfristig mehr Erfolg, egal, wie groß es ist.

Werte und Visionen mit einem Schulterzucken abtun

Es gibt nichts Aufmunternderes, als mitten in Dinge hineinzuspringen. Wenn Sie unbedingt Ihre Produkte und Dienstleistungen organisieren wollen, nutzen Sie alle Gelegenheiten, die sich bieten, und zwingen Sie einen Konkurrenten nach dem anderen in die Knie. Diese Situation ist die Achterbahn der Geschäftswelt, und wir bestreiten nicht, daß dies aufregend ist: Höhen, Tiefen und Haarnadelkurven. Aber Achterbahnen enden genau da, wo sie losgefahren sind – und das wird auch Ihr Unternehmen tun, wenn Sie nicht einen Schritt zurücktreten und sich Zeit für die Betrachtung der Werte und Visionen nehmen, die Sie in die richtige Richtung führen.

Die Werte und Visionen Ihres Unternehmens sollen Sie daran erinnern, wohin Sie gehen wollen und was Sie werden möchten. Zusammengenommen sind diese Erklärungen Ihr Unternehmenskompaß, ohne den Sie Ihre Reise nicht werden starten wollen.

Den Kunden ignorieren

Jeder kennt das Klischee »Der Kunde hat immer recht«. Dieses Klischee gibt es nicht umsonst. Egal, ob Sie versuchen, einen einzelnen Kunden zu befriedigen, der Ihnen gegenübersteht, oder versuchen, herauszufinden, was ein ganzes Marktsegment benötigt und wünscht, Sie ignorieren das, was der Kunde sagt, auf eigene Gefahr.

Diese Idee scheint so offensichtlich, daß sie kaum der Wiederholung wert erscheint. Aber Sie werden überrascht sein, wie viele Unternehmen am Markt sind, die die Einstellung »Wir wissen genau, wonach Sie suchen« vertreten. Denken Sie einfach daran: Wenn Sie nicht auf Ihre Kunden hören, wird Ihre Konkurrenz dies tun.

Den Wettbewerb unterschätzen

Manchmal kann es passieren, daß Sie sich so stark mit Ihren eigenen Produkten oder Dienstleistungen beschäftigen, daß Sie die anderen klugen Leute vergessen, die versuchen, die gleichen Produkte und Dienstleistungen zu entwickeln und zu vermarkten. Je härter der Wettbewerb in Ihrer Branche ist, desto klüger sind die Konkurrenten und desto mehr scheint es von ihnen zu geben.

Auf Ihre Konkurrenten zu achten ist fast genauso wichtig, wie auf Ihre Kunden zu hören. Schließlich müssen Sie wissen, was das Pack tut, wenn Sie sich von diesem abheben möchten. Je mehr Sie über Ihre Konkurrenten wissen, desto stärker können Sie Ihr Wissen einsetzen, um diese mit ihren eigenen Waffen zu schlagen.

Ihre Stärken ignorieren

Warum scheint das Gras bei anderen Firmen immer etwas grüner zu sein? Wenn Sie es genauer betrachten, ist es natürlich nicht mehr ganz so grün. Aber es ist eine echte Versuchung, zu denken, daß andere Unternehmen die richtigen Antworten, die besseren Vorgehensweisen und die korrekten Ansätze kennen.

Es besteht kein Zweifel, daß Sie immer von Ihren Konkurrenten lernen können. Aber was für einen Anbieter das Richtige ist, muß bei einem anderen nicht unbedingt funktionieren. Vergessen Sie also nicht, die Stärken Ihres eigenen Unternehmens aufzulisten und sie zu Ihrem eigenen Vorteil einzusetzen.

Ein Budget als Businessplan betrachten

Die Erstellung Ihres Budgets ist einer der kritischsten Schritte im Planungsprozeß. Schließlich treffen Sie in einem Budget alle wirklich wichtigen Entscheidungen darüber, wieviel Geld Sie für was ausgeben. Ihr Budget spielt eine große Rolle dabei, zu entscheiden, was Ihre Firma in den nächsten Monaten und Jahren tun wird.

Aber verwechseln Sie dieses Budget nicht mit Ihrem Businessplan. Der Großteil Ihres Businessplans besteht in der Arbeit, die Sie verrichten, bevor Sie Ihr Budget erstellen. Die gesamte Analyse Ihrer Branche, Ihrer Kunden, Ihrer Konkurrenten und Ihrer selbst macht Ihre Finanzentscheidungen zu den richtigen – zu denjenigen, die Ihr Unternehmen den Unternehmenszielen näher bringt.

Vernünftigen Risiken aus dem Weg gehen

Einige Leute springen aus Flugzeugen, andere fahren nicht einmal Riesenrad. Einige von ihnen würden ihr Hab und Gut verwetten, andere würden sich nicht einmal einen Lottoschein kaufen. Aber egal, wie Sie darüber denken, Risiken einzugehen, es ist nichts risikolos, insbesondere in einem durch Wettbewerb geprägten Markt.

Geschäfte zu machen bedeutet, Risiken auf sich zu nehmen, und die Erstellung eines Businessplans ist eine gute Möglichkeit, diese Risiken zu verwalten. Schrecken Sie nicht davor zurück, einen großen Schritt zu wagen – nachdem Sie Ihre Hausaufgaben gemacht haben, die Risiken eingeschätzt haben und wissen, daß der Schritt vernünftig ist.

Zulassen, daß eine Person den Plan dominiert

Niemand kennt alle richtigen Antworten (zumindest niemand, den wir persönlich kennen). Egal, wie klein Ihr Unternehmen ist, erstellen Sie den Businessplan niemals allein. Auch wenn Sie eine Einzelunternehmung sind, sollten Sie sich Leute suchen, denen Sie vertrauen, und diese in Ihren Planungsprozeß mit einbeziehen – wenn nicht nur, um das zu überdenken, was Sie erstellt haben und eine Außenperspektive zu erhalten. Wenn Ihr Unternehmen größer ist, sollten Sie so viele Leute mit verschiedenen Sichtweisen wie möglich mit einbeziehen. Je mehr Ansichten Sie bekommen können, desto leistungsfähiger wird Ihr Businessplan sein.

Angst davor haben, etwas zu verändern

Wir müssen alle Dinge in unserem Leben verändern. Manchmal haben wir keine große Wahl und meistens würden wir es begrüßen, wenn es so weiterginge wie bisher. Das gilt insbesondere dann, wenn Sie etwas besonders gut können. Bei Unternehmen ist dies nicht anders. Es ist nicht leicht, etwas zu verändern, wenn Sie wirklich erfolgreich sind. Aber ein guter

Businessplan macht Ihnen Veränderungen deutlich, die Ihr Unternehmen vornehmen sollte, bevor es dazu gezwungen ist. Durch diese Veränderungen sind sie empfänglicher für Ihre Kunden, konkurrenzfähiger, effizienter und erfolgreicher.

Vergessen zu motivieren und zu belohnen

Ein Businessplan ist nicht besonders nützlich, wenn er nur in ihrem Kopf oder auf dem Papier besteht. Ihr Businessplan muß in Anstrengungen und Aktivitäten umgewandelt werden, die alle Leute in Ihrem Unternehmen umsetzen – und der Plan muß für jeden von ihnen Sinn machen.

Sie müssen Ihre Strategie mit Ihrer Vision, dem Unternehmensziel und den einzelnen Zielen, die Sie verfolgen, verknüpfen. Dann müssen Sie alle diese Teile mit der Art verbinden, in der Sie Ihre Mitarbeiter motivieren und belohnen möchten.

Ein Beispiel-Businessplan

18

In diesem Kapitel

- Können Sie einen Blick auf einen Businessplan werfen
- Lernen Sie dabei auch noch etwas über die amerikanische Weinindustrie und frischen Sie dabei auch noch Ihr Englisch auf:

So, ganz zum Schluß sollen Sie doch noch die Möglichkeit haben, einen Blick auf einen echten Businessplan zu werfen.

Sein Sie uns nicht böse, daß wir Ihnen das amerikanische Orginal zumuten, aber sonst wäre zuviel verloren gegangen.

Und wer weiß, ob Pierre es uns je verziehen hätte, wenn wir seinen Businessplan verfälschen.

Lernen Sie von den ganz Großen. Schauen Sie sich mal an, was die Deutsche Bank, VW oder Adidas so von sich geben.

Deren Businesspläne (oder auch Geschäfts- bzw. Jahresberichte) bieten Ihnen gutes Anschauungsmaterial. Fordern Sie einfach bei den Presseabteilungen einen an. Oder werfen Sie einen Blick ins Internet. Sie werden staunen, was dort alles zu finden ist.

Chateau Pierre Vineyards & Winery

Five-Year Business Plan

~ Executive Summary ~

Chateau Pierre Vineyards & Winery is dedicated to growing and harvesting the finest California grapes for use in our own production of world-class wines for the super- and ultra-premium market. We plan to expand our basic business over the next five years through prudent growth in our existing product lines. We expect our current revenue of approximately $4 million to grow by more than 50%, to more than $6 million, while net profits will jump by more than 80% – from $300,000 to $550,000 – in five years.

We will achieve our business expansion by continuing to do what we do best. We plan to acquire additional vineyard acreage so that we can plant, grow, and harvest more high-quality grapes and increase wine production at our facilities in Northern California. In keeping with changing consumer preferences, however, we plan a slight shift in the mix of our product line toward lighter red wines.

We will accomplish this transition with the utmost care, protecting our primary strength: outstanding product quality. And to improve our already-high quality standards, we plan to update our processing and bottling plant to incorporate the latest technology.

We also plan to invest in our people, who represent one of our most important assets. Although our employee compensation packages are already among the best in the industry, we plan to implement new benefit and pension programs over the next five years.

In the marketing area, we plan to expand our wine-tasting center to allow for the growth of on-site business at the winery. This should assist the further development of our image in the local market. We also want to enhance our national brand awareness and product image, especially in urban markets east of the Mississippi. We plan to accomplish this through hiring new in-house personnel and developing a relationship with a major East Coast distributor.

~ Company Overview ~

Chateau Pierre Vineyards & Winery is in business to grow and harvest the finest California grapes and bottle high-quality wines in our Northern California facilities. We believe that our business philosophy is best summed up in our mission, values, and vision statements.

Business Mission Statement

Chateau Pierre Vineyards & Winery is in business to produce world-class California red and white wines for super- and ultra-premium wine consumers in the United States and abroad. We expect to grow and achieve above-average financial returns by maintaining a meaningful share of this high-end market.

Although we use traditional methods in the growing and harvesting of grapes and the production of our wines, we constantly explore new technologies and implement them whenever it is deemed to be both proper and necessary to maintain our preeminent position.

We invest in our employees and maintain a work environment that is conducive to their physical, mental, and spiritual health. We provide them with challenges and rewards that encourage them to make meaningful contributions to the company, the industry, and our community.

Corporate Goals and Objectives

To carry out our business mission, Chateau Pierre Vineyards & Winery will pursue the following goals:

- Increase the awareness and perception of our red and white wines as high-quality products through product enhancement, marketing, and customer education
- Focus on the super- and ultra-premium market segments in marketing, distribution, and sales of our wines
- Invest in new acreage and facilities to increase production volume, with an emphasis on light red wines
- Enhance the work environment and compensation for all our employees
- Implement management policies resulting in above-average returns for our investors without jeopardizing our capability to fulfill other aspects of our corporate mission

Specific objectives to support these goals include:

- Continue to develop the quality of our wines so that we capture at least two gold medals per year in established California-wine-industry blind-taste-test events
- Expand wine tasting, hospitality rooms, and the restaurant at the winery so that we can offer seven-days-per-week service and can host luncheon and dinner events for up to 40 people
- Monitor changing wine tastes and test at least two new red wine blends
- Appoint, within 12 months, a full-time director of marketing who has the ability to implement and achieve our national marketing and distribution goals
- Enter into an agreement with a large East Coast distributor within the next 18 months
- Engage the services of a nationally recognized advertising firm to increase our brand awareness to at least 75% in the super- and ultra-premium wine market segments
- Expand the total acreage of the vineyard by an amount sufficient to produce 50,000 cases of wine per year, in all varieties, by the end of the five years
- Expand the acreage of red merlot grapes so that merlot accounts for 40% of our annual production in five years
- Invest up to $2 million over five years in state-of-the-art bottling equipment, to reduce our dependence on external suppliers
- Implement a pension and benefits plan for all employees, both full- and part-time, providing health and retirement programs within the top quartile of industry firms in our region
- Achieve an average 10% ROI for owners over the next five years

Corporate Values Statement

At Chateau Pierre Vineyards & Winery, we believe that above all else, our business should be based on respect:

- Respect for the land we depend on
- Respect for the people we work with
- Respect for the customers we serve

Corporate Vision Statement

Chateau Pierre Vineyards & Winery aspires to gain a national and international reputation as being one of the best wine producers in the world.

~ Business Environment ~

The wine industry in America continues to be both challenging and interesting. Within the overall beverage industry, wine is classified as a »change of state« beverage. Other categories include »cool and refreshing« drinks (colas, soft drinks), »hot and refreshing« drinks (coffee and tea), and »healthy and nutritious« drinks (fruit juices).

Within the »change of state« category itself, beer has historically been the largest seller by far. By 1980, wine had surpassed distilled spirits in terms of gallons consumed, and the growth in wine consumption has been faster than that of beer for the past several decades. But wine consumption today still totals less than 10% of annual beer consumption.

Market Trends

Between 1945 and 1970, the consumption of wine in the United States was quite modest, but nevertheless fairly consistent in terms of both volume and revenue growth. Beginning in about 1970, however, demand began to increase dramatically. Total number of gallons of wine consumed nearly doubled between 1970 and 1980, and continued to expand rapidly in the early 1980s, due in part to the development of new, »lighter« products, including wine coolers.

Unfortunately, the growth of wine consumption has slowed considerably since 1985. Factors that have impeded wine sales include:

- Increased taxes on alcoholic beverages of all kinds
- Government regulations on wine, including ingredient-labeling requirements and restrictions on mail-order sales
- A slowing of the nation's population growth
- U.S. economic conditions that have put pressure on the sales of nonessential items, especially among lower- and middle-income families. These conditions have especially affected lower-price wines
- Changing social mores in America promoting »family values« in opposition to the consumption of alcoholic beverages

- The spread of the *Phylloxera* epidemic, caused by a pest that's destroying vine roots in prime California vineyards. This epidemic will reduce overall production until new land can be planted or infected land replanted and harvested – a process that can take up to eight years

Projections call for a return to growth through the end of the century, but at a modest rate of only 1.4 % per year over these years. This trend will create continued unstable dynamics among industry competitors during the next five years. Historical and projected wine-consumption volumes and sales are as follows:

Annual U.S. Wine Consumption*

Year	*Gallons (in millions)*	*Per Adult (Gallons)*	*Retail Sales (in millions)*
1940	87.1	0.60	$ 260
1950	135.0	0.90	551
1960	158.1	0.88	751
1970	255.9	1.26	1,746
1980	479.6	2.08	6,219
1985	580.3	2.43	10,776
1990	509.1	2.05	11,697
1991	467.1	1.85	11,929
1992	477.4	1.87	11,741
1993	444.3	1.72	11,652
1994	452.8	1.74	12,033
1995	460.4	1.75	12,547
1996	466.4	1.76	13,059

* Consumption data includes imported wines. These wines accounted for 13.1% to 15.7% of national U.S. consumption from 1990 to 1996, down from a high of 27% in the 1980s.

Projected Annual U.S. Wine Consumption*

Year	*Gallons (in millions)*	*Per Adult (Gallons)*	*Retail Sales (in millions)*
1997 (E)	472.6	1.77	13,705
1998 (E)	478.8	1.78	14,364
1999 (E)	487.8	1.80	15,368
2000 (E)	498.7	1.82	16,607

* Estimated data (E) assumes an average consumption increase of 0.04 gallons per adult per year over the next four years, an average population increase of 0.4% per year, and an average retail-price increase of 4.5% per gallon per year.

Market Segment Growth

General trends in the overall wine market mask dramatic changes within the market categories. Until 1960, for example, dessert-aperitif wines accounted for the bulk of consumption in America, outselling table wine by a 2-to-1 margin. Yet by 1980, the dessert-apéritif product had declined to only a 9% market share, while table wines soared to 75% of the market. And by 1995, the table-wine share had risen to 83%, while the dessert–apéritif share was down to 5%. Wine coolers – essentially unheard-of in 1980 – rose to 22% of total wine consumption by 1987 and then fell back to just 4% in 1995.

U.S. Wine Consumption by Category of Wine

	Gallons (in millions)				*% of Volume*			
Type	**1970**	**1980**	**1990**	**1996**	**1970**	**1980**	**1990**	**1996**
Table	133	359	338	392	57	74	66	83
Dessert	74	45	44	25	24	10	9	5
Vermouth	10	9	5	4	4	2	1	0.8
Sparkling	22	30	36	30	8	6	6	6
Special*	28	33	91	20	7	7	18	5
TOTAL	**267**	**476**	**514**	**471**	**100**	**100**	**100**	**100**

*This category includes natural wines and wine coolers.

Within the dominant table-wine category, overall case-sales volume is projected to grow rather slowly over the next four years, at about 2% per year:

Total U.S. Table-Wine Sales

Year	*Cases* (in thousands)*	*Year*	*Cases* (in thousands)*
1975	109,595	1996	164,250
1980	160,572	1997 (E)	167,350
1985	165,222	1998 (E)	170,500
1990	142,870	1999 (E)	174,000
1995	161,100	2000 (E)	177,500

* A case consists of 12 bottles of 750ml each, for a total 9 liters. A 9-liter case equals 2.38 gallons of wine.

Significant trends are emerging within the table-wine category that represent real growth opportunities. The dramatic changes in U.S. wine consumption over the past 25 years are largely the result of demographics, as Baby Boomers entered the wine market in larger numbers. Those demographics continue to influence the table-wine market as Baby Boomers age and become increasingly affluent. Within the table-wine category, market segments can be defined based on retail prices:

U.S. Table-Wine Market Segments Based on Price*

Market Segment	*Price Range*
Economy	< $4.25 per bottle
Popular	$4.26–$5.75 per bottle
Premium	$5.76–$7.50 per bottle
Super-premium	$7.51–$10.00 per bottle
Ultra-premium	> $10.01 per bottle

*All figures are for 750ml bottles at 1996 prices.

Although total table-wine case volume is projected to grow at only 2% per year through the end of the decade, much larger revenue growth is forecast for the upper-end market segments, coming at the expense of lower-price wines. Premium-wine dollar volume is projected to expand by 16%; super-premium, by 25%; and ultra-premium, by 18% between 1996 and 2000. Together, these three price segments accounted for 62% of 1995 table-wine sales and are estimated to grow to 74% by 2000.

U.S. Table Wine Sales by Price Segment ($ Value)

Segment	*1970*	*1980*	*1990*	*1995*	*2000 (E)*
Economy	30%	23%	9%	7%	4%
Popular	60	47	40	31	22
Premium	10	16	25	31	36
Super-premium	N/A	10	17	20	25
Ultra-premium	N/A	4	9	11	13

Buyer Behavior

The changes in table-wine consumption patterns are being driven by several factors. While the U.S. economy continues to grow, it is the more affluent adults who consume premium wine – and this group has fared better economically than the population as a whole. But there is still sizable room for growth. Fewer than 25% of adults in the United States drink wine, and per-capita consumption is less than 2 gallons per year. This compares with a per-capita 40 gallons of soft drinks and 25 gallons of coffee in the United States, and it compares with a per-capita wine consumption of 16 gallons per year in Italy and France.

Within the United States, a quarter of the wine drinkers account for 75% of wine consumption. Wine drinkers in the high-end table-wine segments can be described as follows:

- They are relatively better educated.
- They are professionals in higher income brackets.
- They are generally in the 35–54 age bracket.
- They are more likely to be female (56%) than male (44%).
- They reside primarily in center-city or suburban areas.

About one-third of these customers consume at least one glass of wine per day. Although white wine accounts for 67% of use in this group, the consumption of red wine is growing, especially among males.

Market research data shows that wine, as a product, suggests elegance, glamour, and culture in the view of most consumers. Wine drinkers are perceived as being upscale, sophisticated individuals. According to research studies, packaging can be just as important as the product. Factors such as the visual uniqueness of the wine-bottle label can have a strong effect on sales.

Competition in the Segments

Industry Leaders

In the U.S. wine industry as a whole (consisting of 160 million 9-liter cases in 1995), three companies controlled more than 50% of the market. Although all of these corporations sell the bulk of their wine in the low-end market, they each have a presence in the higher-end market segments through the ownership of small boutique wineries or private-label brands.

Overall Table-Wine Leaders

Company	*1995 Market Share*
Gallo	34.3%
Canandaigua	17.7
The Wine Group	9.7
Sebastiani	4.7
Heublein	4.3

Premium Wine Segment

In the premium-wine segment, there are many more wineries and, thus, more competition. In a market of 50.6 million cases sold in 1995 (31.6% of the overall table-wine market), the following wineries are largest:

Premium Table-Wine Leaders (thousand cases)

Company	*1993 Volume*	*1993 Share*	*1994 Volume*	*1994 Share*
Sebastiani	5,469	12.3%	6,282	13.2%
New Heublein	5,481	12.3	5,314	11.2
Sutter Home	4,464	10.4	4,917	10.3
Beringer	4,130	9.3	4,413	9.3
Robert Mondavi	4,031	9.1	4,272	9.0
Fetzer	2,175	4.9	2,334	4.9
Kendall-Jackson	1,265	2.8	1,612	3.4
Totals	**44,400**	**61.1%**	**47,600**	**61.3%**

The top seven producers control approximately 60% of the premium-wine market. Some of the wineries, such as Sutter Home and Kendall-Jackson, are independent; others, such as New Heublein and Fetzer, are owned by larger companies.

Super- and Ultra-Premium Wine Segments

California supplies 75% of all wine consumed in America and nearly all of the wine sold in the super- and ultra-premium market segments (retail prices of $7.50 or more per 750ml bottle). Most of this product comes from Napa and Sonoma counties in Northern California, home to more than 100 small estate wineries that offer numerous individual high-end wines. Leading brands include Adler Fels, Davis Bynum, Chalk Hill, Chateau St. Jean, Clois du Bois, De Loach Vineyards, Ferrari-Carano, Geyser Peak, Gundlach-Bundschu, Jordan, Kistler, Lambert Bridge, Matanzas Creek, Murphy-Goode, Piper Sonoma, Ravenswood, Silver Oak, Sonoma-Cutrer, Stag's Leap, Sterling, Rodney Strong, and William Wheeler – among many others.

Each winery has a small market share, and most wineries produce fewer than 50,000 cases per year. Production of individual wines can be as low as 1,000 to 1,500 cases annually. Quality is extremely high among all competitors. With the limited numbers of bottles available, price is usually a function of supply. Total sales in the super- and ultra-premium segments are less than 20 million cases annually, generating around $2 billion or more in revenue at the retail level.

Industry Forces at the High End

Wine-production costs are high in the super- and ultra-premium markets. Typically, it costs $25,000 to $30,000 per acre to purchase top grape-producing land in Northern California and another $30,000 per acre to develop the land (which takes four to five years to make fully productive).

Approximately $5,000 per year must be spent to generate approximately 10 tons of grapes per acre, at a value of up to $1,500 per ton, depending on variety and quality. Grapes alone typically account for 40% to 50% of total wine-production costs. An acre of quality high-end grapes may generate 550 to 600 cases of wine, retailing at $60,000 to $70,000.

Capital costs to build new bottling and processing plants can run to several million dollars. Return on investment is typically between 5% and 10% but depends on many uncontrollable variables, such as weather, supply and demand, and competition. Financial risks are high in this industry.

High costs and slow industry growth rates have led to increasing consolidation in the industry over the past several years. Large premium-wine makers, as well as major international companies, are purchasing small estate wineries in the super- and ultra-premium segments. Many of these companies are financially secure and have their own internal means of distribution, so the number of competitors is decreasing, but those that remain are stronger than ever.

Up to 80% of super- and ultra-premium wine by volume and 60% by price is purchased at supermarkets and wine or liquor stores. Restaurants, which generally offer the more expensive labels, account for the remainder of sales. Retailers take 15% to 30% of retail price. Distribution is critical to a small winery's success, and usually accounts for 10% to 25% of retail prices. Consolidation has also been rampant among wine distributors to these outlets, and California alone has witnessed a reduction from 12 to 3 major distribution firms in the past several years.

Advertising expenditures by small estate wineries are low, due to the high cost of national media and the small scale of production. Promotions and wine-tasting competitions are the typical means of consumer communication, with word-of-mouth advertising being very important.

~ *Company Description and Strategy* ~

Chateau Pierre Vineyards & Winery, established in Northern California in 1974, currently caters exclusively to the super- and ultra-premium segments of the market. Chateau Pierre is positioned well for the emerging trends in the upper end of our industry. We offer red and white wines to customers in these top-end segments, including a chardonnay, a cabernet sauvignon, and a merlot blend. We currently harvest grapes from nearly 700 acres of our own land, in five parcels. We also have long-term contracts to buy grapes from high-quality vineyards in the area, representing an additional 300 acres.

Revenue has grown by an average of 8% per year over the past five years. Our dollar and case volume sales over the past five years have been as follows:

Chateau Pierre Vineyards & Winery
Volume and Revenue, 1992–1996

	Chardonnay		*Cabernet Sauvignon*		*Merlot*		*Total*	
Year	*Cases (thousand)*	*Revenue ($)*	*Cases (thousand)*	*Revenue ($)*	*Cases (thousand)*	*Revenue ($)*	*Cases (thousand)*	*Revenue ($)*
1992	20	2,184,000	5	691,200	0	0	25	2,875,200
1993	19	2,042,880	6	829,440	2	144,000	27	3,016,320
1994	20	2,268,000	7	899,640	3	237,600	30	3,405,240
1995	20	2,196,000	8	1,028,160	5	424,800	33	3,648,960
1996	21	2,268,000	9	1,138,320	7	594,720	37	4,001,040

Unfortunately, gross margins have eroded slightly in these categories, due to greater price competition and our need to expand distribution through stronger – and more expensive – independent distributors who know the trade outside our Western United States region. Our margins on chardonnay, for example, have dropped from a high of 65% to a 60% level since 1991; cabernet, from 64% to 62%; and merlot, from 60% to 59%. Despite our higher distribution costs, net profit and profit margins have increased at Chateau Pierre over the past five years:

Chateau Pierre Vineyards & Winery Profits

Year	*Net Profit*	*Profit Margin*
1992	$172,500	6.0%
1993	196,060	6.5
1994	217,935	6.4
1995	262,725	7.2
1996	300,075	7.5

Growth Strategy

On balance, we believe that there are both opportunities and threats to our growth in the high-end market over the coming five years. The super- and ultra-premium table-wine segments are growing fast and seem to be in line with changing consumer tastes. Red-wine sales are also increasing, especially in blended varieties. We are well-positioned to take advantage of both trends over the next five years. Our sales revenue and profits have risen steadily over the past five years, and at this time, we see no major reasons why they will not continue to do so in the coming five years.

There are threats, however. Weather could severely affect our plans, and disease could harm the vineyards, as has happened in the past. Yet perhaps the greatest threat to our continued growth is the lack of sufficient capacity to expand sales volume. Recently escalating prices for top-quality grape acreage could make it difficult for us to obtain more land. In addition, top-quality contract acreage is intensely competitive and should remain that way for the next two to three years.

We believe that our present product mix – chardonnay, cabernet, and a merlot blend – will need to be weighted more toward merlot as the market moves to lighter reds in the future. Our existing bottling and processing capacity will also need to be expanded to meet future goals and objectives.

Competitive Advantage

The capability to produce more wine is critical to our planned expansion of distribution into new geographic markets. These markets primarily include the large urban areas in the Eastern and Southeastern sections of the United States. We lack marketing sophistication outside our primary regional market, but we believe that we can address this problem through the acquisition of a full-time director of marketing.

Our competitive advantage in the high-end segments remains strong and squarely rooted in a quality image that we've created over the years. To a large degree, our customers mirror the characteristics of others in the super- and ultra-premium table-wine segments. In general, they are sophisticated consumers of quality wines. Although there is considerable competition for these customers, we enjoy substantial repeat-purchase behavior from our core customers, and market research indicates that our brand reputation is spreading. If anything, our sales growth is limited only by the availability of our product at this time. We intend to address this supply issue squarely in the coming five years.

We believe that our product quality is, to a large degree, a function of our dedicated employees. Employee surveys demonstrate a high level of job satisfaction at the winery, and we intend to improve upon it even more in the next five years. We plan to introduce several employee reward programs, including incentive packages as well as special recognition of an employee of the month. Additions and upgrades to our physical plant should also help in maintaining a strong positive image with both our employees and customers.

All in all, we believe that Chateau Pierre is well positioned to grow in the best segments of the table-wine market. We will not present Chateau Pierre as being a candidate for acquisition during the coming five years, and although we will continue to study the international market, we believe that our best chance for improving the value of our company remains in expanding our domestic base.

~ *Action Plan* ~

To achieve the projected results of our five-year plan, it will be necessary to take several steps within the first year. These steps include:

- Continuing the conversion of grape-growing acreage to increase production of our merlot blend
- Purchasing and/or contracting for more top-quality grape-growing acreage within our geographic area
- Hiring an experienced director of marketing who can expand our brand presence in markets east of the Mississippi
- Identifying insurance providers that can support our employee-benefit expansion plans

By the beginning of the third year of this plan, we intend to arrange financing for the expansion of our bottling operations and our visitation center, including the dining rooms and kitchen facilities. We also intend to begin a search for new distributors that will extend our presence in other U.S. regional markets.

~ *Financial Review* ~

Our pro-forma income statement reflects additional revenue from expanded production and, in the first two years of the plan, higher costs due to an expanded marketing effort.

Chateau Pierre Vineyards & Winery

Pro-Forma Income Statement

	1997	*1998*	*1999*	*2000*
Gross revenue	**$4,666,800**	**$5,086,800**	**$5,595,500**	**$6,211,000**
Excise taxes	(238,000)	(259,400)	(285,400)	(316,760)
Net revenue	**4,428,800**	**4,827,400**	**5,310,100**	**5,894,240**
Cost of goods sold	(2,800,100)	(3,001,200)	(3,300,300)	(3,602,400)
Gross profit	**1,628,700**	**1,826,200**	**2,009,800**	**2,291,840**
SG&A expenses	(1,058,650)	(1,187,000)	(1,205,900)	(1,375,100)
Operating profit	**570,050**	**639,200**	**803,900**	**916,740**
Income taxes	(228,000)	(255,700)	(321,600)	(366,700)
Net profit	**$342,050**	**$383,500**	**$482,300**	**$550,040**

Based on this pro-forma income statement, we are confident that we can raise sufficient capital to finance our expansion programs over the course of the coming years. By the end of the plan, we project a net profit margin of 9%, which places us near the top of the industry for companies in the high-end wine market. Projected net profits at the end of the plan represent an 83% increase from actual net profits for 1996 and a compounded annual profit increase of nearly 12% over the life of the plan. This is in keeping with our broader goal of providing owners above-average returns over the life of the plan.

Stichwortverzeichnis

Symbole

3M 96
80/20-Prinzip 87

A

Abgeleitete Nachfrage 96
Absatzplan 203
Absatzplanung
  Richtlinien 203
Absatzsysteme 74
Abschreibungsobjekte 183
Aktiva 181
Aktivposten 207
  Anlagevermögen 207
  Umlaufvermögen 207
Akzeptanzprozeß 93
American Airlines 150, 163
Anlagevermögen 182, 183, 207
Ansoff 278
Arme Hunde 292
Attraktivität von Produkten 294
Aufgabenbeschreibung 31
Ausgaben 178
Ausrüstungsgegenstände 183
Außenstände 182
Austrittsschranken 71

B

Barliquidität 193
Basisstrategien 134, 251
Bedürfnisbefriedigung 90
Betriebsausgaben 176
Betriebseinnahmen 176, 177
Betriebsgewinn 180
Betriebskapital 184, 199
Bilanz
  Aktiva 181
  Aktivposten 207
  Anlagevermögen 182
  Geschätzte 206
  Interpretieren 181
  Umlaufvermögen 182
Boston Consulting Group 254, 290
Bottom-up-Ansatz
  Budgetierung 220
Brainstorming 245
Branchenanalyse 67
Bruttoerträge aus dem Vertrieb 188
Bruttogewinn vom Umsatz 180
Bruttosozialprodukt 229
BSP 229
Buchforderungen 182
Buchhaltungssystem 309
Budget
  Aufstellen 215
  Bestandteile 215
  Erstellen 217
  Finanzen 216
  Forschung und Entwicklung 216
  Gesamtbudget 216
  Investitionsgüter 216
  Verwaltung 216
Budgetierung
  Bottom-up-Ansatz 220
  Top-down-Ansatz 219
Business Reengineering 309

C

Cash-Flow 186, 193, 196, 309, 321
  siehe auch Kapitalfluß
Caterpillar 260
Chancen 81, 319
Coca-Cola 125

D

Delphi-Verfahren 241
Demographische Daten 106
Dienstleistungen
  Qualität 259
Differenzierungsstrategie 247, 251, 256
  Produktmerkmale 257

Produktqualität 258
Produktverpackung 259
Diffusion von Innovationen 109
Diversifikation 279
Dividenden 185
DuPont-Control-System 212

E

Economies of Scale 70
Effektenportefeuille 182
Effektivität 37
Effizienz 37
Eigenkapital 181, 184, 185, 209
Eigenkapitalrentabilität 196, 208
Einführungsphase 272, 273
Hauptmerkmale 273
Einnahmen 177
Entscheidungseinheit 116
Entscheidungsinstanz 97
Entscheidungsprozeß 93, 115
Erfahrungskurve 75, 205
Analyse 254
Erfolgsentscheidende Faktoren 78, 154
Erfolgsrechnung 181
Erfolgsstrategien 251
Erträge aus Beteiligungen 178
Exekutive 234
Expansion
Geographische 283
Externalitäten 47
Extrapolation 240
Exxon 47

F

Fachverband 236
Federal Express 90
Fehler vermeiden 323
Finanzbudget 216
Finanzierungstätigkeit 189
Finanzplanung
Alternativen 211
Erwartete Kosten 204
Geplanter Umsatz 204
Vorbereiten 200
Finanzplanungssystem 309
Finanzprognose 200
Finanzwirtschaftliche Kennzahlen 191
Ford 102, 129, 277
Forschung- und Entwicklung
Budget 216
Fragezeichen 291
Führungsebenen
Anzahl 307
Führungspersönlichkeiten 311
Berater 311
Boß 311
Kollege 311
Führungsqualitäten fördern 311
Führungsstil
Fähigkeiten bei Mitarbeitern entwickeln 312
Funktionen 110
Funktionen (vs. Vorzüge) 113
Funktionssystem 305

G

Gebrauchsfertige Strategien 251
Gefahren 319
Geplanter Umsatz 204
Gesamtbudget 216
Gesamtkapitalrentabilität 195, 212, 213
Geschäftseinheit 288
Geschäftsfeld 288
Gewinn 176, 179
Ermittlung 176
Rücklagen 185
Spannen 75
Und Verlustrechnung 176, 181
Vor Steuern 180
Gezeichnetes Kapital 185, 189
GIGO-Prinzip 201
Größenvorteile (Economies of Scale) 71
Grundbesitz 183
GuV 176, 181

H

Hauptkompetenz 160, 169
Hertz 169
Honda 170

I

Immaterielles Anlagevermögen 182, 183
Indirekte Konkurrenten 126
Inflationsrate 230
Informationssysteme 310
Intel 47, 149
Interessengruppen 50
Intuit 96
Investitionsgüterbudget 216
Investitionstätigkeit 188

J

Jahresüberschuß 180
Judikative 235

K

Kapazität 75, 286
Kapitalfluß 175
  Analyse 309
  Rechnung 186
  siehe auch Cash-Flow
Kapitalrückfluß 208
Kassenbestand 182
Kennzahlen 191
  Cash-Flow 193, 196
  Finanz- und Liquiditätsstruktur 192
  Liquidität 193
  Produktivität 193
  Rentabilität 192, 194
  Vermögens- und Kapitalstruktur 192
KISS 253
Kodak 66
Konkurrenten 320
Konkurrenten im ersten Drittel 126
Konzentrationsstrategie 252, 261
  Geographische Begrenzung 262
  Nischenmärkte 261
  Zielgruppenabstimmung 261
Kopf-an-Kopf-Konkurrenten 126
Korvette 304
Kosten 178
  Erfahrungskurve 254
  Kontrolle 256
  Minimalprinzip 253
  Profil 74
Kulturelle Trends 236
Kunden abwerben 281
Kunden-Persönlichkeitstypen 108
Kundeninterviews 120
Kurzfristige Verbindlichkeiten 184

L

Langfristige Liquidität 193, 194
Langfristige Verbindlichkeiten 184
Lebensstil 107
Legislative 235
Liniensystem 305
Liquidität 193, 194
  1. Grades 193
  2. Grades 193
  3. Grades 194

M

Management by Objectives 38
Markt für hochwertige Güter 111
Marktanteil 291
Marktattraktivität 294, 295
Marktaustrittsschranken 130
Marktdurchdringung 279
Märkte
  neue 283
Marktentwicklung 279
Markterfahrung 286
Marktführer 266
Marktführerschaft 267
Marktlücke 71
Marktsegmente 86, 102
Marktsegmente, neue 284
Marktwachstum 290
Marktwachstum-Marktanteil-Portfolio 290
Marktzutrittsschranken 70, 130
Martkattraktivitäts-Wettbewerbsposition-Portfolio 294
Massengütermarkt 72
Matrixorganisation 306
McDonald 282
Microsoft 168
Milchkühe 292
Mitarbeiter
  Fähigkeiten entwickeln 312
  Vorbereiten 310

Mitläufer 266, 267
  Strategien 267
Mittelzu-/abfluß
  Aus Finanzierungstätigkeit 189
  Aus Investitionstätigkeit 188
  Aus laufender Geschäftstätigkeit 188
Mobilitätsschranken 130
Monopol 70
Motorola 149

N

Nettogewinn 176
Neue Märkte 283
Neun-Felder-Portfolio-Matrix 294
Nischenmärkte 261

O

Ökonomische Trends 227
  Bruttosozialprodukt 229
  Inflationsrate 230
  Wechselkurs 230
  Zinssätze 229
Oligopol 70
Organisation
  eigene entwickeln 307
  Funktionssystem 305
  Liniensystem 305
  Matrixorganisation 306
  Spartenorganisation 306
Organisationsformen 304
Organisationsstruktur
  zusammenstellen 304
Outsourcing 265

P

Packard Bell 110
Passiva 181, 184
Personalsystem 309
Planung
  strategische 250
Planungssystem 310
Politische Trends 233
  Exekutive 234
  Judikative 235
  Legislative 235
Porter 251
Portfolio 294
  Analyse 289, 290
  Management 290
  Matrix 290
Primäre Glieder (Wertkette) 162
Pro-forma-Gewinn- und Verlustrechnung 202
  erwartete Kosten 204
  erwartete Umsatzerlöse 202
  Herstellungskosten 205
  Steuern und Abschreibungen 206
  Vertriebs- und Verwaltungskosten 205
  Zinsausgaben 206
Produktattraktivität 294
Produktdifferenzierung 72
Produkte
  beurteilen 294
  neue Merkmale und Optionen 284
  Schnörkellose 253
  Verbrauch anregen 280
Produktentwicklung 279
Produktgruppen 284
Produktionsbudget 216
Produktivität
  Kennzahlen 197
Produktlebenszyklus 272
  Einführungsphase 273
  Reifephase 274
  Rückgangsphase 275
  Wachstumsphase 273
  Zustandsanalyse 275
Produktlinie erweitern 284
Produkt-Markt-Matrix 278
Produktmerkmale 257
Produkt-Portfolio 288
Produktqualität 258, 259
Produktstärke 294
Produktstrategien 278
Produktsubstitution 72
Produktverpackung 259
Psychographische Daten 107

Q

Qualität
  Dienstleistungen 259
  Produkt- 259

R

Rechnungsabgrenzungsposten 183, 186
Reengineering 309
Reifephase 272, 274
  Hauptmerkmale 274
Reingewinn 180
Reinvermögen 181
Rentabilität 194
  Gesamtkapitalrentabilität 195
Return on Assets 195
Return on Equity 196
Return on Investment 195
Richtlinien für die Absatzplanung 203
Risiken 82
ROA 195
ROE 208
Rohstoffmarkt 72
ROI 195
Rückgangsphase 272, 275
Rückwärtsintegration 265

S

Schätzungen 240
Schwächen 144, 321
Selektionskriterien 126
Situationsanalyse 81
Soziale Veränderungen 238
Sparten 306
Spartenorganisation 306
SPOTS-Syndrom 249
SSCR-Analyse 156
Stärken 144, 321, 324
Stars 292
Startkapital 153
Stetiger Wettbewerbsvorteil 171
Steuern 179
Strategie 321
  Begriffsdefinition 248
  der Diversifikation 279
  der Marktdurchdringung 279
  der Marktentwicklung 279
  der Produktentwicklung 279
  des kostengünstigsten Anbieters 253
  eigene entwickeln 269
  Erfolg einer 250
  Fertige einsetzen 251
  Marktführerschaft 267
  Mitläufer 267
Strategische Geschäftsfelder 288
Strategische Gruppe 128
Strategische Planung
  Mitarbeiter einbeziehen 250
Sun Microsystems 110
Szenario-Planung 242

T

Technologieverbreitungskurve 231
Technologische Trends 231
Top-down-Ansatz
  Finanzplanung 219
Traditionelle Absatzwege 152
Trend
  auswirkungen 244
Trendextrapolation 240
Trends 227
  Indikatoren 227
  Kulturelle 236
  Ökonomische 227
  Politische 233
  Technologische 231
Trendvorhersagen 239
  Schätzungen 240

U

Umlaufvermögen 182, 207
Umsatz
  Erlöse 177
  Geplanter 204
  Plan 204
  Rentabilität 194
Umschlaghäufigkeit des Gesamtkapitals 197
Umschlaghäufigkeit des Vorratsvermögens 197
Umweltanalyse 226
Unelastische Nachfrage 97

United Airlines 164
Unternehmen
  Erfolgsstrategien 251
  Formen 302
Unternehmenskonzept 276
Unternehmenskultur 314
  Aktionen und Aktivitäten 315
  Rituale und Belohnungen 315
  Ziel, Werte und Visionen 315
Unterstützende Glieder (Wertkette) 162

V

Veränderungen 225
  Auswirkungen abschätzen 243
Veräußerung 265
Verbindlichkeiten 209
Verbreitung von Innovationen 109
Verfahren entwickeln 308
Verpackung 111, 260
Vertikale Integration 264
  Nachteile 266
  Vorteile 265
Vertriebskosten 179
Verwaltungsbudget 216
Verwaltungskosten 179
Vier-Felder-Portfolio-Matrix 290, 292
  erstellen 292
Vision 58
Vorhersagen
  Wahrscheinlichkeitstheorie 243
Vorwärtsintegration 265
Vorzüge 113

W

Wachstum 277
Wachstumsphase 272, 273
  Hauptmerkmale 274
Wachstumsstrategien
  Gleiches Produkt, gleicher Markt 280
  Neuer Markt oder neues Produkt 282
  Neues Produkt und neuer Markt 285
Wahrscheinlichkeits-Auswirkungs-Matrix 245
Wahrscheinlichkeitstheorie 243
Warenbestand 183
Warenverbindlichkeiten 184
Was-wäre-wenn-Analysen 214
Wechselkurs 230
Wertebeschreibung 47
Wertgleichung 123
Wertkette 161
Wertkettenanalyse 160
Wettbewerb 324
Wettbewerbsstrategie 247, 251, 261, 264
Wettbewerbsstrategisch denken 247
Wettbewerbsvorteil 168, 294, 296
Würfeln 243

Z

Zahlungsmittel 186
Ziele 35
Zielgruppe 320
Zielsetzungen 319
Zinsen und ähnliche Aufwendungen 179
Zinserträge 178
Zinssätze 229
Zustandsanalyse 275

Businessplan für Dummies – Schummelseite

Finanzplanung

- ✔ **Gewinn- und Verlustrechnung:** Durch Subtraktion der Kosten von den Umsatzerlösen ergibt sich der Jahresüberschuß bzw. Nettogewinn.
- ✔ **Bilanz:** Eine Momentaufnahme der Finanzsituation, die zeigt, was Sie besitzen oder anderen schulden und wieviel Ihr Unternehmen wert ist.
- ✔ **Cash-Flow-Analyse:** Eine Überwachung des Geldflusses in Ihr Unternehmen hinein und aus diesem heraus.
- ✔ **Budget:** Dieser Planung läßt sich entnehmen, wo Sie Geld einnehmen und wofür Sie Geld ausgeben möchten.

Ihr Platz zwischen Kunden und Konkurrenten

Drei Fragen zu Ihren Kunden

- ✔ Wer kauft Ihre Produkte oder Dienstleistungen?
- ✔ Was kaufen Ihre Kunden?
- ✔ Warum kaufen sie bei Ihnen?

Drei Fragen zu Ihren Konkurrenten

- ✔ Wie groß sind sie?
- ✔ Auf welche Kunden sind sie aus?
- ✔ Was ist ihre Strategie?

Drei Wege, um zu gewinnen

- ✔ Kosten senken, wo es nur geht
- ✔ Etwas Einzigartiges anbieten
- ✔ Sich auf eine Kundengruppe konzentrieren

Was sind die Erfolgsfaktoren eines Businessplans

- ✔ **Pläne:** Unternehmensziele und Visionen
- ✔ **Organisation:** Eine möglichst sinnvolle Organisationsstruktur für Ihr Unternehmen
- ✔ **Verfahren:** Möglichst effizient und effektiv gestaltete Unternehmensabläufe
- ✔ **Führungsstil:** Die Fähigkeit, Mitarbeiter zu beeinflussen und zu ermutigen
- ✔ **Fähigkeiten:** Die Fachkenntnis und Talente, die Ihre Mitarbeiter besitzen müssen, um erfolgreich zu sein
- ✔ **Unternehmenskultur:** Die Einstellung und Werthaltungen, die Mitarbeitern helfen, das Richtige zu tun

Businessplan für Dummies – Schummelseite

Hauptbestandteile eines Businessplans

- ✔ Zusammenfassung für Entscheider
- ✔ Ein Überblick über das Unternehmen
- ✔ Eine Analyse des Unternehmensumfelds
- ✔ Eine Unternehmensbeschreibung
- ✔ Eine Unternehmensstrategie
- ✔ Eine Finanzplanung
- ✔ Ein Aktivitätenplan

Checkliste für die Planung

- ✔ Alle Mitarbeiter beim Aufstellen von Zielen einbeziehen
- ✔ So viel wie möglich über die Kunden herausbekommen
- ✔ Die Konkurrenten möglichst genau analysieren
- ✔ Die eigenen Stärken und Schwächen gemessen an den Möglichkeiten und Gefahren herausfinden
- ✔ Feststellen, welche Fähigkeiten für den Erfolg obligatorisch sind
- ✔ Alles auflisten, was die Produkte für die Kunden wertvoller oder nützlicher macht
- ✔ Sicherstellen, daß die Finanzplanung korrekt erstellt wurde
- ✔ Verschiedene Versionen der Zukunft Ihres Unternehmens evaluieren

Gründe, warum kleine Unternehmen eingehen

- ✔ Es gibt kein langfristiges Unternehmensziel
- ✔ Es werden keine klaren Ziele aufgestellt
- ✔ Die Kundenwünsche werden nicht richtig erfaßt
- ✔ Der Wettbewerb wird unterschätzt
- ✔ Die Finanzplanung ist inadäquat
- ✔ Es fehlt ein guter Führungsstil
- ✔ Die Verfahren sind ineffektiv
- ✔ Die benötigten Fachkenntnisse fehlen
- ✔ Die Fähigkeit, sich zu verändern, ist nicht vorhanden
- ✔ Der Businessplan wird nicht richtig kommuniziert

Noch mehr Business für Dummies

Erfolgreich Präsentieren für Dummies

Malcolm Kushner. Aus dem Amerikanischen von Cornelia M. Y. Nicol

Ob Sie es mit einer oder mit tausend Personen zu tun haben – die Fähigkeit, Informationen geordnet und überzeugend zu übermitteln, ist überall gefragt. Um etwas im Leben zu erreichen, muß man sich und seine Überzeugungen präsentieren können – sei es bei der Forderung nach einer Gehaltserhöhung oder bei einem Vortrag. Malcolm Kushner verrät Ihnen unzählige Tips und Tricks, wie Sie solche Situationen überzeugend meistern können.

464 Seiten
39,80 DM, kart.
ISBN 3-8266-2756-3

Erfolgreich Verkaufen für Dummies

Tom Hopkins. Aus dem Amerikanischen von Ingeborg Lange

Verkaufen muß man nicht nur im Laden oder im Außendienst. Nicht nur Produkte oder Dienstleistungen werden verkauft, sondern jeder ist täglich in der Situation, sich und seine Ideen, Überzeugungen an den Mann bringen zu müssen. Werden Sie mit »Erfolgreich Verkaufen für Dummies« ein Verkaufsprofi im Alltag! Setzen Sie sich durch, überzeugen Sie andere von dem, wovon Sie überzeugt sind. Tom Hopkins, erfolgreicher Verkaufstrainer und Multimillionär, plaudert aus dem Nähkästchen und verrät Erfolgsstrategien.

416 Seiten
39,80 DM, kart.
ISBN 3.8266-2757-1

Management für Dummies

Bob Nelson und Peter Economy. Aus dem Amerikanischen von Olav van Gerven und Grischka Petri

Manager haben's schwer. Die Welt des Management ist stressig, frustrierend und arbeitsreich. Bob Nelson und Peter Economy verraten Ihnen die Tips und Tricks, die Sie kennen sollten, um sich und Ihren Mitarbeitern das Leben leichter zu machen.

Ob Sie schon jahrelang ein Manager oder gerade erst befördert worden sind – dies ist genau das richtige Buch für Sie!

416 Seiten
39,80 DM, kart.
ISBN 3-8266-2758-X

Marketing für Dummies

Alexander Hiam. Aus dem Amerikanischen von Birgit Neuß und Claudia Graf

Auch wenn die Konkurrenz hart ist, können Sie sie mit den richtigen Konzepten und Ideen auf dem Markt problemlos überholen. Marketing für Dummies ist ein kompetenter Wegweiser ins Marketing 2000 -- ohne tonnenschwere Theorie-Bleigewichte, dafür aber mit viel Witz und Praxisnähe.

400 Seiten
39,80 DM, kart.
ISBN 3-8266-2763-6

Zeitmanagement für Dummies

Jeffrey J. Mayer. Aus dem Amerikanischen von Ursula Schnitzler

Auch wenn Ihnen Organisationstalent nicht gerade in die Wiege gelegt wurde, können Sie Ihren Arbeitsalltag voll in den Griff bekommen. Starten Sie eine Entrümpelung Ihres Arbeitsplatzes. Lernen Sie, Wesentliches von Unwichtigem zu trennen. Am Ende werden Sie Ihren Schreibtisch nicht mehr wiedererkennen und verblüfft feststellen, daß Sie plötzlich wieder Zeit für Ihre Familie, Freunde oder den neuesten Film haben ...

Auf der CD: eine Probeversion der Zeitmanagement-Software ACT! 3.

288 Seiten
39,80 DM, kart., mit CD-ROM
ISBN 3-8266-2760-1

Warum Sie ein Marketing-Programm brauchen

1

In diesem Kapitel

- Wie Sie zu einem richtungweisenden, koordinierten Ansatz kommen
- Wie Sie die springenden Punkte der Kundenbeeinflussung erkennen
- Wie Sie das *richtige* Budget für das Marketing-Programm Ihres Unternehmens bestimmen
- Wie Sie die Prinzipien des praxisorientierten Marketing anwenden, um daran Spaß zu haben und Gewinn zu machen

Sie wissen bereits, daß Sie Marketing vor einige schwierige und verwirrende Fragen stellt. Ansonsten hätten Sie dieses Buch wahrscheinlich nicht gekauft. Sie werden hier sicherlich passende Antworten finden, weil dieses Buch die Praxis und nicht die Philosophie des Marketing beschreibt. Wenn Sie möchten (und es Ihr Zeitplan verlangt), können Sie gleich in das Kapitel springen, das Ihr aktuelles Problem löst. Das ist in Ordnung. Aber Sie sollten auch wissen, daß es sich langfristig auszahlt, wenn Sie logischer und organisierter ans Marketing herangehen, und oft lohnt es sich auch auf kurze Sicht.

Dieses Kapitel konzentriert sich darauf, wie man Marketing auf organisierte und zielgerichtete Weise betreibt. Als Marketingmensch werden Sie mit so vielen wesentlichen Entscheidungen konfrontiert, mit den kleinsten Details und vielen einzelnen Budgetposten – davon unterliegen in den meisten Organisationen zu viele nicht der direkten Kontrolle durch die Marketingabteilung. Das Ergebnis dieser Zersplitterung ist die Tatsache, daß Marketinganstrengungen mit jeder neuen Idee oder Kundennachfrage hochschnellen, ähnlich wie übermütige Kaninchen. In den meisten Organisationen hoppeln hunderte Marketing-Kaninchen herum, jedes in eine andere Richtung als die übrigen. Daher befürchte ich, die Realität sieht so aus, daß *Marketing die am wenigsten effiziente und effektive aller grundlegenden Unternehmensfunktionen ist*.

Ein Teil der Schwierigkeit des Marketing liegt in der wenig beachteten Tatsache, daß die meisten anderen Unternehmensfunktionen in gewissem Sinn Teil des Marketing sind. Das liegt daran, daß alles, was mit dem Kunden zu tun hat, Marketing ist. Die augenscheinlichen Berührungspunkte mit dem Kunden, wie Produkte und Werbeanzeigen, sind für das Marketing leichter zu kontrollieren. Aber weniger offensichtliche Berührungspunkte, wie Rechnungen, Garantien, Dienstleistungen, sogar das Erscheinungsbild der Angestellten und die Leichtigkeit, mit der Verpackungen geöffnet und entsorgt werden können, sind auch ein Bestandteil des komplexen Marketingbildes. Diese versteckten Marketingfunktionen erschweren die Marketingaufgabe noch erheblich. Zunächst einmal haben Marketingleute natürlich den härtesten Job – sie müssen potentielle Kunden aufspüren und sie zum Erstkauf und Wiederkauf motivieren. Das ist nicht einfach! Trotzdem gibt es keinen guten Grund, warum Marketing am Rande des totalen Chaos betrieben werden sollte. Es ist wirklich nicht so schwer, diesen Job besser zu machen.

Alles, was Sie brauchen, ist ein fähiges *Marketing-Programm*. Unter einem Marketing-Programm versteht man jede koordinierte Anstrengung, mit den Kunden zu kommunizieren und sie durch verschiedene Beeinflussungstaktiken zu überreden, Ihr Produkt zu kaufen, zu gebrauchen und wieder zu kaufen.

Ob Sie das Marketing-Programm nun im Rahmen eines monatelangen Planungsprozesses entwickelt oder nur auf die Rückseite eines Bierdeckels skizziert haben, es hilft Ihnen garantiert, diese querschießenden Hasen dazu zu bringen, alle in dieselbe Richtung zu ziehen. Ein gutes Marketing-Programm wird die gewinnorientierten Erträge all Ihrer Marketinganstrengungen steigern, Verschwendung und Ineffizienz aufdecken und Ihnen zu durchschlagenden Ergebnissen verhelfen. Wirklich! Daher bitte ich Sie inständig, nehmen Sie sich die Zeit, dieses Kapitel so bald wie möglich durchzulesen und anzuwenden.

Wie Sie über Marketing nachdenken

Im Marketing müssen Sie eine ganze Menge Maßnahmen planen und koordinieren, um Kunden zu erreichen und sie zu veranlassen, Ihr Produkt zu kaufen, zu gebrauchen und wieder zu kaufen. Selbst in den kleinsten Unternehmen fallen mehr als ein Dutzend solcher Aktivitäten an. In mittelgroßen und großen Unternehmen geht die Zahl in die Hunderte und Tausende.

Viele verschiedene Tätigkeiten haben einen Einfluß auf die Kunden und Ihr Verhalten. Einige dieser Aktivitäten werden von Leuten durchgeführt, die das Wort »Marketing« in Ihrem Titel tragen, aber bei vielen ist das auch nicht so. Einige dieser Leute stehen nicht einmal auf der Gehaltsliste, weil die Vergabe von Marketingaufgaben an Subunternehmer alltäglich ist.

Die bedeutendste Einflußquelle eines Marketingmenschen ist ein passendes Marketing-Programm, das alle diversen Marketingaktivitäten koordiniert und bündelt. Sie können die Entwicklung eines solchen Programms Planung, Management, Vision oder einfach gesunden Menschenverstand nennen. (Tatsächlich gibt es keine einheitliche Bezeichnung dafür.) Nennen Sie es, wie Sie wollen, solange Sie es in die *Tat* umsetzen! Wenn Sie nicht darüber nachdenken, welche Marketingziele Sie erreichen und insbesondere, wie Sie sie erreichen wollen, werden diese ganzen sogenannten Marketingaktivitäten zu nichts führen. Sie werden sich bestimmt nicht zu dem koordinierten Programm vereinigen, das darauf abzielt, die Kaufentscheidungen der Kunden zu Ihren Gunsten umzustimmen. Aus diesem Grund beginnt dieses Buch mit den Grundzügen der Entwicklung eines Marketing-Programms.

Wahrscheinlich finden Sie diesen Ansatz verwunderlich, weil es üblich ist, Marketing vom »anderen Ende« her aufzurollen – d.h. von den Taktiken wie Werbeanzeigen, Gutscheine und Veranstaltungen, die den Großteil dieses Buches einnehmen.

Der Grund dafür, daß Marketingaktivitäten häufig kein Programm ergeben, liegt darin, daß man die Sache eben von der falschen Seite her angeht. Den typischen Marketingaktivitäten fehlt die Zielausrichtung, Koordination und der einheitliche Zweck eines guten Marketing-Programms. Sie preschen alle in verschiedene Richtungen davon, und es bleibt nicht viel übrig, wenn sich die Wogen geglättet haben – außer, daß ein Budget verpulvert wurde, ohne einen angemessenen Ertrag zu erwirtschaften.

Die typische Herangehensweise an eine Programmplanung

Sehen Sie sich hier mal ein typisches Beispiel für eine Programmplanung an. Maria Johnen ist gerade zur Marketingleiterin ihrer Abteilung in einem mittelgroßen Unternehmen befördert worden. Ihr Chef bittet sie, einen Plan und ein Budget zur Vermarktung ihrer Software aufzustellen. (Die Software wird von anderen Unternehmen in der Buchhaltung eingesetzt, daher muß Maria die Buchhalter der Unternehmen davon überzeugen, das Produkt und dessen Upgrades zu kaufen.)

Maria war zwei Jahre in der Produktentwicklung für die Qualitätskontrolle zuständig und hatte davor ein Jahr im Verkauf gearbeitet, mit Zugriff auf umfangreiche Firmenkonten. Qualität und Verkauf sind zwei wichtige Aspekte des Marketing. Darum gab man ihr den Posten als Marketingleiterin. Aber sie hat bisher noch nie ein Marketing-Programm entwickelt. Wie gut wird ihr das wohl gelingen?

Leider verhaut sie es tüchtig, indem sie ein Budget vorlegt, das sich kaum von dem des Vorjahres unterscheidet. (Das ist ein großer Fehler, wie ich später noch zeigen werde, denn das Vorjahresbudget basierte nicht auf einem schlüssigen Marketing-Programm. Entwickeln Sie zuerst das Programm und stellen Sie dann erst das Budget dafür auf!) Aber wer kann Maria die Schuld geben? Da sie nur zwei Wochen Zeit für die Vorlage ihres Budgets hat, muß sie sich ganz schön ins Zeug legen, um herauszufinden, was zu tun ist. Sie sieht sich zuerst die Budgetposten des letzten Jahres an (was immer ein Fehler ist, es sei denn, Sie wissen, daß *diese* gut kalkuliert waren!). Tabelle 1.1 zeigt das besagte Budget.

Posten	Kosten
Informationsmaterial und Broschüren für den Vertreterstab	DM 12.450
Vorstandsspesen (Reisen, Essen, Golfveranstaltungen)	DM 54.750
Werbung (in Fachzeitschriften, durch Agentur AdPro)	DM 82.154
Werbegeschenke (Tassen, Kappen, Golfhemden)	DM 11.181
Fachmessen (Stände und Gratis-Software, drei Computermessen)	DM 72.090

Tabelle 1.1: Marketingbudget

Maria erscheint das Budget ziemlich detailliert (obwohl Sie noch sehen werden, daß es wirklich auf ein anderes Detailliertheitsniveau gesetzt werden muß). Aber wie soll es für nächstes Jahr modifiziert werden? Sie schaut beim Verkaufsleiter vorbei – er ist ihr Mentor im Unternehmen und derjenige, der sie zu Beginn eingestellt hatte. Zu ihrem Problem meint er: »Ich will ganz ehrlich sein. Durch Marketing sind uns seit Jahren die Hände gebunden. Wir brauchen eigentlich das Doppelte von dem, was uns im Budget für Werbegeschenke zugeteilt wird. Meinem Vertreterstab gehen gewöhnlich bereits nach einem halben Jahr die Geschenke aus. Außerdem sollten wir unser gesamtes Informationsmaterial austauschen, weil wir nächstes Frühjahr eine neue Reihe mit verbesserten Versionen für all unsere Produkte herausbringen werden. Die voraussichtlichen Kosten belaufen sich auf DM 30.000, wenn wir alles im Vierfarbdruck machen.«

»Sind diese Ausgaben wirklich nötig?« fragt Maria.

»Ich garantiere, daß der Absatz steigen wird, wenn Sie diese Ausgaben im Budget berücksichtigen«, erwidert ihr früherer Chef. »Und wenn Sie's nicht tun, dann wird wohl jeder wissen, warum wir unsere Verkaufsziele nicht erreicht haben werden.«

»Aber woher soll das Geld kommen? Ich bezweifle, daß der Präsident einer Verdopplung des Marketingbudgets zustimmen wird.«

»Das ist einfach«, meint der Verkaufsleiter. »Kürzen Sie einfach die unnötigen Ausgaben. Wie diese ganze Firmenunterhaltung. Die Manager nutzen das nur als Schmiergeld. Die beteiligen sich doch gar nicht am Verkauf, sondern hängen nur mit den Managern unserer Kundenunternehmen in Golfclubs 'rum, *nachdem* die Vertreter das Geschäft unter Dach und Fach gebracht haben. Diese Handelsmessen sind auch Verschwendung. Unsere Kunden sind Buchhalter; die besuchen keine Computermessen! Aber unsere Programmierer würden gern mal auf ein paar Messen gehen, weil sie da Kontakt zu ihren Kumpels aus der Computerindustrie knüpfen könnten.«

Wenn Sie jemals in einem Unternehmen mit mehr als einem Angestellten gearbeitet haben, können Sie sich vorstellen, wie diese Geschichte weitergeht. Wir sprechen hier über Politik. Bis Maria dann fix und fertig ist, werden ihr alle, die in ihrem Budget ein Eisen im Feuer haben, gut zugesprochen haben – außer ihre Kunden. Je nach dem, wer den größten Einfluß auf sie hat, wird sie einige Posten um fünf oder zehn Prozent hochboxen. Wenn sie Glück hat, wird ihr Chef genügend Einsicht haben, um die anderen Posten nicht um den gleichen Betrag zu kürzen. Aber das Endergebnis wird unausweichlich dem Vorjahresbudgets in bemerkenswerter Weise ähneln. Und ihm wird keine klare kundengerichtete Begründung innewohnen. (Übrigens, wenn Sie jetzt denken: »He, Maria könnte doch niemals in zwei Wochen eine Kundenumfrage durchführen«, nun, dann denken Sie noch nicht wie ein Marketingmensch. Es dauert nur zwei Minuten, zum Telefon zu greifen und einen Kunden anzurufen.)

Das bedeutet, daß das Programm, wenn man es überhaupt so nennen kann, so ziemlich das gleiche wie letztes Jahr sein wird. Eben wie die Marketingbudgets der meisten Unternehmen jahraus, jahrein gleich aussehen (stimmt doch, *oder*?).

Der Wandel von der Budgetorientierung zur Einflußorientierung

In Marias Marketingbudget sind keine Posten für Verkauf, Produktentwicklung und Kundendienst aufgeführt. Diese Tätigkeiten werden von unterschiedlichen Abteilungen durchgeführt – Abteilungen, denen wahrscheinlich wesentlich höhere Budgets zu Verfügung stehen. Daher sind Maria durch die Abteilungsstruktur des Unternehmens die Hände gebunden. Ihr Budget wird sich, egal wie hoch es ist, nur auf die sekundären Aktivitäten auswirken, die diese drei Schlüssel zum Marketingerfolg unterstützen. Als Marketingleiterin hat sie zwar einen Logenplatz, aber sie ist nicht im Mittelpunkt des Geschehens. Das bedeutet, daß ihr Budget keine gute Basis zur Planung des Marketing-Programms darstellt – ebenso wenig, wie das Budget Ihrer Marketingabteilung diese Funktion erfüllt.

Wer *steht* denn jetzt eigentlich in der Marketing-Arena? Nun, es sind sicherlich die Leute, die neue Produkte entwickeln. Nicht zu vergessen die Vertreter, die Autoren des Kundenhandbuches, die Leute, die die Kunden telefonisch und vor Ort unterstützen, und vielleicht die leitenden Angestellten, die all diese Unterhaltungssachen durchführen. Sie werden wohl auch noch die Programmierer einschließen müssen, die einige Male im Jahr aus ihren Schneckenhäusern kriechen, um zu einer Messe der Computerbranche zu gehen. Durch die Tätigkeiten all dieser Mitarbeiter entstehen also Gelegenheiten, mit momentanen und zukünftigen Kunden in Kontakt zu kommen. Jede dieser Gelgenheiten ist daher ein potentieller *Einflußpunkt* (definiert als die Gelegenheit eines möglichen Kundenkontaktes, die zum Kommunizieren und Überzeugen genutzt werden kann).

Anzeigen in Fachzeitschriften sind ebenso Einflußpunkte wie diese Werbegeschenke, die man Kunden überreicht. Aber einige Einflußpunkte sind wichtiger als andere. Daher muß sich jedes Marketing-Programm auf die wesentlichen, oder *hauptsächlichen*, Einflußpunkte konzentrieren und deren Umsetzung das ganze Jahr hindurch überwachen. Falls das bedeutet, daß man seine Arbeit mit der anderer Abteilungen koordiniert, dann muß *Koordination als ein Schlüsselelement des Programms* aufgenommen werden.

Wie man eine Analyse der Einflußpunkte durchführt

Ich empfehle Ihnen, das, was ich eine *Analyse der Einflußpunkte* nenne, an den Anfang Ihrer Bemühungen zu setzen, ein Marketing-Programm zu entwickeln oder zu modifizieren. Eine Analyse der Einflußpunkte ist, sehr einfach ausgedrückt, eine Aufzählung aller Gelegenheiten, bei denen Kunde und Unternehmen miteinander in eine Wechselbeziehung treten. Sie brauchen diese Liste zum Entwurf eines Programms, weil es der Zweck des Programms ist, all diese Kontaktmöglichkeiten in koordinierter, strategischer Weise zu nutzen, um Kunden zu gewinnen und zu halten. Die Liste wird Ihnen behilflich sein, den kompletten Marketingprozeß zu überblicken (er bietet immer ein umfangreicheres Bild als wir erwarten!) und dabei die Stolperfallen zu umgehen, die Maria und ihren Kollegen zum Verhängnis wurden. Die Analyse stellt sicher, daß Sie erkennen, was Ihr Marketing-Programm wirklich bewirkt und was nicht – tief unten auf dem Grund, wo es mit den Kunden in Berührung kommt. Im folgenden gebe ich Ihnen eine Anleitung zum Aufbau einer Analyse der Einflußpunkte.

Das Arbeitsblatt der Einflußpunkte

Füllen Sie dieses Arbeitsblatt für jeden Ihrer Kunden aus.

(Sie haben richtig verstanden: Ich meine, Sie sollten ein separates Arbeitsblatt für jeden Kundentyp oder jede Kundengruppe ausfüllen. Wenn Sie beispielsweise Spielzeug an den Spielzeug-Einzelhandel verkaufen und durch diesen an Kinder und Eltern, dann benötigen Sie eine Liste für die Geschäfte und eine zweite für die Endkunden. Sie brauchen ebenfalls für jede Gruppe ein gesondertes Marketing-Programm.) Stellen Sie zuerst zwei Listen nach dem folgenden Schema auf:

Primäre Einflußpunkte

(Zählen Sie zwei bis fünf wesentliche Kontaktsituationen mit Kunden auf.)

1. ______________________________
2. ______________________________
3. ______________________________
4. ______________________________
5. ______________________________

Sekundäre Einflußpunkte

1. ______________________________
2. ______________________________
3. ______________________________
4. ______________________________
5. ______________________________
6. ______________________________
7. ______________________________
8. ______________________________
9. ______________________________
10. ______________________________

(und weitere)

Fügen sie danach zwei Spalten auf der rechten Seite Ihres Blattes ein. Die erste betiteln Sie mit »Kontrolle« und die zweite mit »Geschätztes Budget«.

Wer kontrolliert jeden Einflußpunkt?

In die Spalte »Kontrolle« tragen Sie den Namen der Person oder der Abteilung ein, die die jeweilige Kontaktsituation kontrolliert. Wenn doppelte Kontrolle besteht, vermerken Sie beide Namen. Diese Vorgehensweise ermöglicht es Ihnen festzustellen, wie wichtig die Koordination in jedem Programm sein wird. Wenn die Kontrolle über wesentliche Kontaktsituationen außerhalb Ihrer eigenen Abteilung liegt, sollten Sie die anderen Abteilungen in die Anfangsphasen der Programmentwicklung mit einbeziehen – und nicht nur um Budgets feilschen. Und wenn ein beträchtliches Maß an Koordination vonnöten ist, sollten Sie tunlichst einen angemessenen Zeitraum und entsprechende finanzielle Mittel zum Aufbau einer Kooperation einkalkulieren. Sie müssen dann Besprechungen und Entwicklungsmaßnahmen im Team planen und zusätzlich die Vernetzung Ihres Computers mit denen der beteiligten Abteilungen in Erwägung ziehen. Wenn zwischen Ihnen geographische Distanzen liegen, müssen Sie sehr viel reisen.

Sie werden wahrscheinlich Monate brauchen, nicht Wochen, und Sie werden viel Zeit mit Reisen, Besprechungen, Präsentationen und Überredung verbringen, um verschiedene Manager von Ihrem Plan zu überzeugen. Koordination ist eine unverzichtbare Marketingfunktion, aber den meisten Marketingabteilungen gelingt es nicht, dafür eine Planung oder Kalkulation aufzustellen.

Individuelle Ausgaben für jeden Einflußpunkt

In die Budget-Spalte tragen Sie die mit jedem Einflußpunkt verbundenen Gesamtkosten des letzten Jahres ein. Das ist keine einfache Aufgabe, weil Budgets und Spesenabrechnungen nicht nach dem gleichen System aufgebaut sind. Sie müssen grobe Schätzungen darüber anstellen, wieviel eines Rechnungspostens sich wirklich auf einen Einflußpunkt bezieht. Aber wenn Sie das hinter sich haben, können Sie sich zurücklehnen und sich das wirkliche bisherige Marketing-Programm Ihres Unternehmens ansehen. Sie werden in der Lage sein zu sehen, wo in diejenigen Einflußpunkte investiert wurde, in denen Marketing die Gelegenheit hat, Kaufentscheidungen zu beeinflussen.

In Marias Fall nehmen wir mal an, daß sie die erste Zeile mit »Verkaufsbesuche bei möglichen Kunden (Buchhalter, die unsere Software kaufen könnten)« ausfüllte. In die Spalte »Kontrolle« setzte sie »Verkaufsleiter« ein, da die Marketingabteilung sehr wenig Einfluß auf diese Kontaktsituation hat.

Um die Spalte »Geschätztes Budget« auszufüllen, mußte Maria sich mit den Berichten der Vertreter befassen. Sie entschied, daß ungefähr ein Fünftel aller Vertreterbesuche zukünftige Kunden betraf – der Rest wurde bei bestehenden Kunden durchgeführt. Daher berechnete sie ein Fünftel der direkten Kosten des Vertreterstabs als Wert in dieser Spalte. Dazu addierte sie einen Teil der Ausgaben der Marketingabteilung für Produktinformationsmaterial, Broschüren und Werbegeschenke. Sie erfuhr ebenfalls, daß leitende Angestellte sich selten mit potentiellen Neukunden befassen. Sie treten erst mit den leitenden Angestellten der Kundenfirmen in Kontakt, nachdem die Vertreter einen ersten Verkauf abgeschlossen haben. Deshalb fügte sie dieser Kategorie keinen Betrag aus dem Unterhaltungsbudget für leitende Angestellte hinzu. Sie ließ hier auch nichts aus dem Messebudget einfließen, weil sie herausfand, daß die Messestände mit den Softwareleuten besetzt sind, die den Vertretern selten irgendwelche Hinweise geben. Dennoch brachte sie einen kleinen Teil des Werbebudgets hier ein, denn aus einigen Anzeigen resultierten Kundenanfragen, die die Vertreter dazu nutzten, Besuchstermine zu vereinbaren.

Als sie alles berechnet hatte, standen die folgenden Punkte in der Spalte »Geschätztes Budget« für den Posten *Verkaufsbesuche bei potentiellen Kunden*:

- ✔ Ausgaben für den Vertreterstab: DM 180.500
- ✔ Informationsmaterial und Broschüren: DM 4.700
- ✔ Prämien (Werbegeschenke): DM 1.600
- ✔ Werbeanzeigen, die zu Verkaufshinweisen führen: DM 13.000
- ✔ Insgesamt: DM 199.800

Diese Summe beläuft sich ungefähr auf 17 Prozent des gesamten Programms.

Das ist eine annähernde Schätzung der Ausgaben des letzten Jahres für die Bemühungen, mit den Buchhaltern von Firmen in Kontakt zu kommen und sie möglicherweise von einem Erstkauf zu überzeugen. Beachten Sie, daß Maria diesen bedeutenden Aspekt des Marketing-Programms ihres Unternehmens nicht verstanden haben würde, wenn sie nicht vorher die Analyse der Einflußpunkte durchgeführt hätte. Das Budget und die Abrechnungen ihrer Abteilung lassen nicht die wahren Merkmale des bestehenden Marketing-Programms erkennen – und so sieht es wohl auch bei Ihnen aus, deshalb verlassen Sie sich nicht alleine auf diese Quellen!

Fragen zu Ihrem Marketing-Programm

Mit diesen Informationen bewaffnet und ähnlichen Einblicken in das, was das Unternehmen *aus Sicht der Kunden* eigentlich macht, befindet sich Maria jetzt in einer wesentlich besseren Position, das Marketing-Programm für das kommende Jahr zu planen. Sie kann intelligente Fragen zu ihrem Programm stellen, und Sie können es auch:

- ✔ Rückt mein Unternehmen die Neukundenakquisition weit genug in den Vordergrund, oder sind 17 Prozent unseres Programmbudgets zu wenig?
- ✔ Legt mein Unternehmen genügend Wert auf den Erhalt bestehender Kunden? (Maria kann auch die Ausgaben in diesem Punkt kalkulieren, indem sie dieselbe Analyse durchführt.)
- ✔ Koordiniert mein Unternehmen seine Aktivitäten zu jedem Einflußpunkt, oder sind einige gegenläufig?

- Verschwendet mein Unternehmen Zeit und Geld für unnötige Aktionen und sekundäre Beeinflussungsmaßnahmen?
- Ergeben die in verschiedenen Einflußpunkten ausgesandten Botschaften eine koordinierte Rundumbotschaft an die Kunden meines Unternehmens?
- Arbeitet mein Unternehmen effektiver oder effizienter in einigen Einflußpunkten als andere?
- Gehen die Konkurrenten meines Unternehmens anders an Einflußpunkte heran? (Nutzen die Konkurrenten klarere, unterschiedliche oder lautere Botschaften?)
- Welche Botschaften vermittelt mein Unternehmen den Kunden durch diese Einflußpunkte, und sind das die Botschaften, die wir verbreiten wollen und müssen?
- Erreicht mein Unternehmen die richtigen Alt- und Neukunden, zur passenden Zeit und oft genug?
- Übersieht mein Unternehmen potentielle Einflußpunkte, die es noch nutzen könnte?
- Existieren unkontrollierte Einflußpunkte (wie negative Mundpropaganda oder die Verdrehung von Tatsachen durch konkurrierende Verkäufer)? Wenn ja, wie kann mein Unternehmen seine Kontrolle darüber erhöhen?

Diese bedeutenden Fragen führen sehr wahrscheinlich zu Einsichten, die Ihre Marketingpraxis verbessern werden. Aber Fragen zu stellen ist nicht genug. Sie müssen auch mit guten Antworten aufwarten! Das ist etwas aufwendiger – der ganze Rest des Buches befaßt sich nämlich mit Wegen, diese Fragen zu beantworten. Sie müssen sich darüber Gedanken machen, wen Sie ins Visier nehmen, was diese Leute wollen und brauchen sowie eine Menge anderer Dinge, die in den folgenden Kapiteln behandelt werden. Trotzdem, wenn Sie nicht mit intelligenten Fragen anfangen, werden Sie sicherlich auch nicht bei einem intelligenten Marketing-Programm enden. Deshalb muß der Grundstein einer jeden Marketingentscheidung eine Einschätzung der aktuellen Einflußpunkte sein. Sie müssen wissen, was sie umfassen. Sie müssen wissen, wie Ihr Unternehmen jeden dieser Punkte bearbeitet. Versuchen Sie herauszufinden, wie und warum Kunden auf Ihr Handeln in diesen Punkten reagieren. Denken Sie also besonders gut über die Antworten auf diese Fragen nach.

Gutes Marketing krempelt Ihr Unternehmen um

Beim Lesen der vorangegangenen Abschnitte haben Sie sich wahrscheinlich gefragt, ob Sie aus Versehen auf das Buch *Buchhaltung für Dummies* gestoßen sind. Es stimmt, Sie spielen derzeit mit Budgetzahlen herum, und Sie setzen sie in eine große Tabelle ein. Sie können sogar ein Tabellenkalkulationsprogramm für diese Analyse heranziehen. Aber diese Arbeit nennt sich sicherlich *nicht* Buchhaltung. Jeder Buchhalter, der etwas taugt, würde beim bloßen Anblick eines Arbeitsblattes mit Einflußpunkten schaudern. Dieses Arbeitsblatt ist voll mit groben Schätzungen, und es zerpflückt die ordentlichen Kostenkategorien des Unternehmens und die Abteilungsstrukturen.

Sie müssen Dinge auseinandernehmen, weil Sie Ihr Unternehmen umkrempeln. Der Kunde hat nur einen Einblick von außen in Ihr Unternehmen, aber Ihre gesamten Managementinformationen, inklusive des Vorjahresbudgets, stellen Ihr Unternehmen von innen heraus dar. Sie sollten also nicht einmal daran denken, sich Gedanken über Ihr Marketing zu machen, solange Sie Ihre Firma nicht aus der Perspektive des Kunden gesehen haben.

Marketing ist ...

Peter Drucker, einer der wenigen zu Recht berühmten Managementgurus, hat Marketing definiert als *das ganze Unternehmen aus Sicht der Kunden*. Diese Definition ist aussagekräftig, weil sie Sie daran erinnert, daß Ihre Sicht aus dem Inneren des Unternehmens heraus möglicherweise ganz anders ist als die des Kunden. Wen kümmert es schon, was Sie sehen? Der Erfolg jedes Geschäfts liegt letzten Endes darin, was die Kunden tun, und die können nur auf der Grundlage dessen, was *sie* sehen, handeln. Darum meinen einige Leute im Marketing und in der Werbung, »Wahrnehmung ist alles«. Wie auch immer der *Kunde* Ihren Markennamen und Ihr Produkt wahrnimmt, was es ist und was er daraus macht, – wenn er ein Produkt als besser und preisgünstiger ansieht, hat es gewonnen. Wenn nicht, dann können Sie das Produkt abschreiben, egal, was Ihnen die Berichte aus der Zeitschrift *Test* erzählen.

Wie sehen Sie die Welt durch die Augen des Kunden? Die Standardantworten umfassen großangelegte Untersuchungen, riesige Stapel von Computeranalysen und fürchterlich langweilige Besprechungen, in denen Dutzende nahezu identische Kreisdiagramme aufgetischt werden. Sie sollten vielleicht Untersuchungen durchführen – aber nicht jetzt. Nicht bevor Sie Ihr Unternehmen mit der simplen Übung aus den vorherigen Abschnitten auf den Kopf gestellt haben. Diese Übung ist der erste und beste Schritt, die Sichtweise des Kunden zu verstehen.

Das einzige, was für den Kunden wichtig ist, sind die Einflußpunkte. Das sind die Momente, in denen der Kunde in irgendeiner Weise mit Ihren Leuten, Ihrem Produkt oder Informationen zu Ihren Leuten und Ihrem Produkt in Berührung kommt. Diese Einflußpunkte sind also der alleinige Weg, auf die Wahrnehmung und das Handeln der Kunden einzuwirken. Alles im Marketing läuft auf diese einfachen Interaktionen hinaus. Die Art, wie diese Austauschbeziehungen vom Kunden empfunden werden, *bestimmt* die Sicht des Kunden.

Was Marketing bewirkt

Der Zweck des Marketing ist es, *Kunden zu erreichen, sie zum Kauf, zum Gebrauch und zum Wiederkauf Ihres Produktes zu veranlassen*. Das ist eine schwierige Aufgabe, weil Kunden sich üblicherweise überhaupt nichts aus Ihrem Produkt und Unternehmen machen. Ihnen sind nur ihre eigenen Bedürfnisse und Wünsche wichtig – diese Egoisten! – , und Sie müssen sie irgendwie überzeugen, daß Ihr Produkt zu kaufen, zu nutzen und wieder zu kaufen in *deren* höchstem Interesse liegt. Sie werden jedoch nicht allzu viele Kunden davon überzeugen, daß diese Fakten über Ihr Produkt oder Ihre Dienstleistung wahr sind, wenn es nicht wirklich so ist.

Was Marketing nicht bewirkt

Im günstigsten Fall kann Marketing Leute von einer augenfälligen Wahrheit überzeugen. Im schlimmsten Fall ist es aber oft nicht einmal in der Lage, selbst diese Leistung zu vollbringen. Aber Marketing besitzt sicherlich nicht die Fähigkeit, Lügen zu bewahrheiten.

Kaufverhalten ist schwer zu beeinflussen, selbst wenn Sie ein brillantes Marketing-Programm vorzuweisen haben, eines, das wichtige Einflußpunkte bearbeitet – und das auch noch gut. Sie müssen an jedes Marketingprojekt oder jede entsprechende Entscheidung mit einem gehörigen Sinn für Bescheidenheit herangehen. Konsumenten besitzen ihre eigenen Prioritäten und Meinungen. Im allgemeinen sind sie äußerst mißtrauisch gegenüber den Absichten der Marketingleute. Sie wissen, daß die Marketingleute verkaufen wollen und daß der Verkauf nicht immer im höchsten Interesse des *Kunden* abläuft. Selbst wenn Ihr Unternehmen eine Ware, Dienstleistung, oder ein anderes Produkt verkauft, das wirklich die tollste Sache seit der Erfindung der Glühbirne ist, gibt es noch so viele andere Scharlatane da draußen, die das Nest beschmutzen, so daß es schwierig ist, einen Fuß auf die Erde zu bekommen.

Erwarten Sie nicht, die Probleme Ihres Unternehmens durch Ihr Marketing-Programm lösen zu können. Falls das Produkt aus Sicht der Kunden als fehlerhaft angesehen wird, sollten Sie als Marketingmensch am besten auf diese Tatsache aufmerksam machen und Ihr Unternehmen dazu ermutigen, das Produkt zu verbessern. Marketing bringt keinen Hund dazu, ein Pferderennen zu gewinnen, deshalb lassen Sie sich von anderen aus dem Unternehmen nichts vormachen.

Die Grundsätze der Marketingpraxis

Marketingleute sind anders als alle anderen im Unternehmen aufgrund Ihrer Sicht der Dinge von innen nach außen. Marketingleute müssen sich abheben, oder das Unternehmen würde in seinen Bemühungen schmählich scheitern, irgend etwas zu entwickeln und zu vermarkten, das von Wert für den Kunden ist.

Um gutes Marketing zu machen, müssen Sie sich die einzigartige Geschäftssichtweise des Marketingmenschen zu eigen machen. Marketingmenschen marschieren nach einem anderen Takt – dem des Kunden. Und es fällt nicht schwer, im Takt zu bleiben, solange Sie gewisse essentielle Tatsachen nicht aus den Augen verlieren. Ich zögere, sie die Marketinggrundsätze zu nennen, weil dieser Begriff eine andere Bedeutung in der Marketinglehre hat. Es reicht wohl, wenn ich sage, daß die folgenden Abschnitte genauer auf die Grundsätze des *praxisorientierten* Marketing eingehen.

Grundsatz 1: Ihre Kunden hören Ihnen nicht zu

Vergessen Sie nicht, daß Sie wesentlich mehr darauf erpicht sind zu verkaufen, als ihre Kunden darauf, zu kaufen. Meistens könnte den Kunden kaum weniger an Ihnen und Ihren Produkten liegen. Gewöhnlich steht der Kunde Ihrem Marketing-Programm gleichgültig gegenüber. Sie müssen mit Menschen kommunizieren und sie motivieren, wenn sie viel zu beschäftigt sind, um auch noch über Ihre Botschaft nachzudenken. Aus diesem Grund ist Marketing so kompliziert. Aus diesem Grund hat dieses Buch so viele Kapitel über Dinge wie Verkäufe in den Einkaufsstätten, spezielle Aktionen und elektronische Beziehungen – Dinge, mit denen Sie sich lieber nicht beschäftigen würden, die aber ein notwendiges Übel sind, wenn Sie sich jemandem verständlich machen wollen, der nicht zuhört.

Die wenigen Ausnahmen zu dieser Regel betreffen die Fälle, wo der Kunde ein eifriger Käufer mit einem dringenden Problem ist, das gelöst werden muß. Das ist dann ein Glückstag für den Marketingmenschen! Sie brauchen dem Kunden nur noch Ihre Botschaft vorzusetzen, und er wird sie in Windeseile aufnehmen. Es ist z.B. ein Leichtes, zukünftige Kandidaten von einem attraktiven Jobangebot wissen zu lassen, weil diese Nachfrager sich größte Mühe geben werden, Ihre Anzeige zu finden. (Darum sind Stellenanzeigen äußerst effizient und rentabel im Vergleich zu anderen Arten von Werbung.) Aber leider sind diese Ausnahmen nur dünn gesät. Allgemein können Sie davon ausgehen, daß der Kunde Ihrem Marketing-Programm gleichgültig gegenübersteht.

Grundsatz 2: Alle anderen schreien Ihre Kunden auch an

Das andere Kommunikationsproblem, das sich Ihnen offenbart, liegt darin, daß viele Marketingleute um die Augen, Ohren und Herzen der unaufmerksamen Kunden kämpfen. Der Durchschnittskonsument ist täglich tausenden Marketingbotschaften ausgesetzt (davon allein 1.500 Werbeschaltungen durch Fernsehen, Radio, Außen- und Printmedien). Die meisten dieser Werbungen nimmt der Konsument nicht einmal wahr. Von den Botschaften, die er wahrnimmt, vergißt er die meisten sofort wieder, und nur wenige schaffen es, an der Oberfläche des Bewußtseins zu kratzen.

Diese ganze Werbung beschwört ziemlich viele Hintergrundgeräusche herauf. Sie müssen diesen Lärm überwinden, um zu kommunizieren, d.h. Sie müssen lauter sein (indem Sie mehr Geld ausgeben) oder ansprechender (indem Sie besser kommunizieren) oder klüger (indem Sie neuartige Kommunikationskanäle und Kommunikationsstrategien aufdecken).

Das Lärmproblem, verbunden mit der fehlenden Aufmerksamkeit auf seiten des Kunden, macht Marketing-Kommunikation bedeutend schwieriger als irgendeine andere Form der Kommunikation, abgesehen vielleicht von den Bemühungen, sich mit einer anderen Spezies zu verständigen. Ich würde lieber den Job annehmen, einem Schimpansen die Zeichensprache beizubringen, als Millionen von Konsumenten davon zu überzeugen, ihr Waschmittel zu wechseln.

Grundsatz 3: Der Rest Ihres Unternehmens denkt, Sie sind verrückt

Denken Sie daran, daß Ihr gesamtes Unternehmen (wenn Sie in einem arbeiten) in der Ihren Kunden genau entgegengesetzten Richtung organisiert und ausgerichtet ist und daß Sie der einzige auf der Gehaltsliste sind, der die Dinge möglicherweise aus der Sicht der Kunden betrachtet. (Sogar Sie werden Schwierigkeiten damit haben.) Sie schwimmen ständig gegen den Strom. Seien Sie geduldig, aber hartnäckig. Sie müssen für die Sichtweise des Kunden eintreten und Koalitionen mit kundenorientierten Kollegen aufbauen, um das Unternehmen dazu zu bringen, dem Marketing-Programm Rückendeckung zu geben und ein ordentliches Marketingproramm einzuführen.

Grundsatz 4: Sie können Ihr Programm nicht ohne den Rest Ihres Unternehmens durchführen

Als Marketingmensch kontrollieren Sie kaum die meisten der Einflußpunkte, an denen Kundenverhalten zu Ihren Gunsten beeinflußt werden kann. Sie müssen Brücken zu anderen Funktionsbereichen und Abteilungen in Ihrem Unternehmen schlagen und häufig auch zu anderen Unternehmen. Aber da andere oft nicht in der Lage sind, die Perspektive des Marketing zu begreifen, werden Sie sich möglicherweise Ihren anfänglichen Bemühungen um Kundenansprache entgegenstellen (siehe Grundsatz 3). Seien Sie hartnäckig – ohne die anderen schaffen Sie es nicht! Zu viele Marketingmenschen wählen den Weg eines Alleinkämpfers, nur um dann herauszufinden, daß es eine Sackgasse ist. Kundenansprache muß zu einem festen Bestandteil Ihrer Arbeit werden. Marketingmenschen können nur erfolgreich sein, wenn sie erfahrene Vernetzer und Koalitionsbaumeister sind.

Grundsatz 5: Wenn Sie keinen Erfolg haben, sind Sie weg vom Fenster (und mit Ihnen der Rest des Unternehmens)

Trotz dieser unlösbaren Probleme hängt Ihr gesamtes Unternehmen von Ihnen und Ihrer Fähigkeit ab, ein Rekordjahr abzuschließen! Kein Unternehmen kann ohne Kunden länger überleben als man braucht, um die Türen mit Hängeschlössern zu versehen. Ihre Mitarbeiter werden denken, Sie sind verrückt. Sie könnten Ihren Zugriff auf Schlüsselinformationen und wesentliche Ressourcen blockieren. Sie könnten darauf bestehen, daß Sie das Budget um 20 Prozent kürzen. Sie könnten Ihre Abteilung in den alten Gebäudeflügel verlegen (zu schade, daß die Klimaanlage nicht funktioniert). Dennoch erwarten Ihre Mitarbeiter von Ihnen, daß Sie genügend Verkäufe zustande bringen, damit ihre Gehälter *und* der Bonus am Ende des Jahres gezahlt werden können. Der einzige Lichtblick ist, daß sie sich fragen, ob nicht doch ein unbestimmter Zusammenhang besteht zwischen dem Erfolg Ihres Marketing-Programms und der Wahrscheinlichkeit, daß ihre Gehaltsschecks platzen. Das ist zwar nicht viel, aber Sie können darauf aufbauen. Viel Glück.

Grundsatz 6: Je mehr Sie geben, um so mehr bekommen Sie zurück

Wenn Ihre Kunden kein Interesse zeigen und Ihre Kollegen denken, daß Sie abgedreht sind, warum sollten Sie dann nett sein? Weil Nettsein der einzige Weg ist, im Marketing Erfolg zu haben. Bob Carkhuff, der Präsident von HRD Press, erklärt das folgendermaßen: »Im Marketing wollen Sie so viel wie möglich weggeben, ohne sich selbst das Wasser abzugraben.« Manchmal bewegen Sie sich auf einem schmalen Grat, aber die Strategie funktioniert.

HRD Press gibt spezielle Trainingsmaterialien zur Mitarbeiterschulung heraus. Dieses Unternehmen führt mit seinen Softwareprodukten eine Neuerung ein, da Software den Kunden mehr Anwendungsflexibilität bietet als Bücher. Während einige Wettbewerber ihre Demodisketten in der Industrie berechnen, verschenkt HRD seine. Es wird soviel wie möglich über die Funktionsweise des Programms auf die Diskette geladen, ohne dabei jedoch das gesamte Programm zu offenbaren. Dahinter steht der Grundgedanke, potentiellen Kunden zu Beginn den Gebrauch des Programms einfach und kostenlos zu ermöglichen. Ohne dieses großzügige Angebot würde der Kunde wohl kaum einen Blick auf das Programm werfen.

In ähnlicher Weise haben kleine Unternehmen herausgefunden, daß großzügige Gutscheinangebote sehr wirksam bei der Gewinnung von Neukunden sind. Myrna O'Reilly, Präsidentin der Coupon Cash Saver, Inc. (die kleinen Unternehmen dabei hilft, Gutscheinaktionen durchzuführen), erklärt: »Örtliche Gutscheine werden in der Nachbarschaft verteilt, so kennt jeder, der sie erhält, das Unternehmen und ist bereit, das Produkt auszuprobieren.« Vorausgesetzt, das Angebot ist attraktiv genug, um die Aufmerksamkeit des Kunden zu wecken. Es ist ein gängiger Marketingfehler, Gutscheine einzusetzen, die zu wenig wert sind (ich zeige Ihnen in Kapitel 13, wie Sie Gutscheine richtig einsetzen). Wenn Sie wirklich den Preis runtersetzen müssen, um Kunden zum Testen Ihres Produktes zu ermutigen, dann sehen Sie zu, daß die Ermäßigung großzügig wirkt und nicht knauserig. Noch besser wäre es, das Produkt zu *verschenken*!

Grundsatz 7: Gut zu sein, ist nicht genug, Sie müssen besser sein

Marketing ist ein vom Konkurrenzdenken stark geprägter Bereich. Sie konkurrieren um Regalplatz, um die Aufmerksamkeit sowie die Kaufkraft und Treue der Kunden. Sie kämpfen darum, Marktführer zu werden und zu bleiben, indem Sie neue Produkte einführen, Preise drastisch senken und neue Technologien aufgreifen. Sie modernisieren die Produktion und Distribution Ihres Produktes, um das Produkt für den Kunden zu verbessern und angenehmer zu gestalten. Sie tun all diese Dinge – obwohl sie schwierig und kostspielig sind –, weil Ihre Konkurrenten Sie sonst zum Abendessen verspeisen werden. Es ist nicht so, daß Marketingleute ständig ihre Märkte neu erfinden wollen; sie haben einfach keine Wahl. Das ist Wettbewerb.

Merken Sie sich, daß alles, was Sie letztes Jahr getan haben, nicht gut genug für dieses oder nächstes Jahr ist. Ihre Konkurrenten sind ein bewegliches Ziel, und Sie tun gut daran, schneller voranzukommen als sie. Auch auf die Gefahr hin, daß ich Metaphern durcheinanderbringe, erinnere ich mich an den bekannten Kommentar von Will Rogers: »Selbst wenn Sie auf der richtigen Bahn sind, werden Sie überrannt, wenn Sie nur dasitzen!« In der Praxis bedeutet das, daß Marketingleute von Herzen Innovatoren sein sollten, die ihre Unternehmen ständig zu neuen und besseren Ansätzen treiben. Sie möchten sich diesen Schuh vielleicht nicht anziehen – und Ihre Kollegen in anderen Funktionsbereichen wollen sicherlich nicht, daß Sie ihn tragen. Aber *irgendwer* muß doch dafür sorgen, daß die Angestellten nächstes Jahr ihren Bonus bekommen!

Grundsatz 8: Marketing sollte der kreativste Teilbereich Ihres Unternehmens sein (aber das ist es wahrscheinlich nicht)

Wann hat Ihr Marketing wirklich Erfolg gehabt, wann hat es richtig Punkte eingebracht? Wenn Sie zurückdenken, werden Sie auf eine wenig geschätzte Tatsache stoßen: Marketing ist am erfolgreichsten, wenn es am kreativsten ist. Niemand erfindet ein neues Produkt, schreibt einen packenden Werbeslogan oder plant eine spritzige Veranstaltung, indem er Anweisungen befolgt oder Zahlen mampft. Natürlich ist dieses Buch voller Anweisungen und Zahlen, und die können Ihnen auch hilfreich sein. Aber sie stellen lediglich den Stein dar, der Ihre Phantasie ins Rollen bringen soll. Ihnen muß etwas Einzigartiges und Kreatives einfallen, ich kann das nicht für Sie tun.

Wenn Sie mir nicht glauben, denken Sie mal über folgendes nach: Im Marketing (wie in keiner anderen Geschäftsdisziplin) *muß alles einzigartig sein*. Sie können nicht immer und immer wieder dieselbe Werbung schalten, Jahr für Jahr dasselbe Produkt verkaufen oder auch nicht dieselbe Verkaufstaktik bei jedem Kunden anwenden. Der Arbeit von Marketingabteilungen verändert sich laufend. Marketing ist mehr Kunst als Wissenschaft.

Gut, Sie akzeptieren, daß Kreativität unabdingbar für Marketing ist. Aber sehen Sie der Tatsache ins Auge, daß der Rest der Welt noch nicht ganz auf Ihrem Stand ist. Die meisten Unternehmen betreiben Marketing, als ob Marketingleute nur eine weitere Gruppe von Erbsenzählern sind. Viele der Marketingleute erhielten keine offizielle Kreativitätsschulung, bevor sie Marketingpositionen übernahmen. Marketingleute müssen gegen den Strom schwimmen, um gutes, kreatives Marketing zu machen. Darum befasse ich mich in einem ganzen Kapitel damit, wie man im Marketing kreativ sein kann. Dieses Kapitel könnte zu Recht das wichtigste in diesem Buch sein.

Grundsatz 9: Marketing sollte der logischste Teilbereich Ihres Unternehmens sein (aber das ist es wahrscheinlich nicht)

Ich hasse es, mich so zu verhalten, aber ich muß Ihnen leider sagen, daß Sie doch nicht *allein* mit kreativem Marketing den Erfolg für sich pachten. Großartige Marketingleute sind teils Künstler und teils Wissenschaftler. Während sie singend unter der Dusche stehen, haben sie plötzlich eine brillante Idee, was ihre Kunden brauchen könnten, und kritzeln es mit Lippenstift auf den Badezimmerspiegel, damit sie es nicht vergessen. Dann ziehen sie einen dezenten Geschäftsanzug an, schlüpfen durch die Hintertür des Bürogebäudes und gehen an die Arbeit, um ihre Einfälle durch Kundenumfragen, Testmärkte, Verkaufspläne, Messung der Preiselastizität und ähnliches zu belegen. Genauso müssen Sie vorgehen. Sie müssen lernen, wechselweise als wilder Visionär und als sturer Zahlen-Mampfer aufzutreten. Sie müssen zu einem Marketing-Minotaurus werden: mit dem Kopf eines Wissenschaftlers und dem Körper eines Künstlers. Sie werden vielleicht etwas seltsam aussehen, aber zumindest werden Sie sagenhaft erfolgreich sein.

Grundsatz 10: Alles ist Marketing

Ich schaffe mir kein eigenes kleines Imperium, ich lege nur eine einfache Tatsache dar. Alles, was Ihr Unternehmen macht, ist Marketing, in dem Sinn, daß jede Handlung das Potential hat, Kunden zu beeinflussen, und sich entweder positiv oder negativ auf's Geschäft auswirkt. Trotzdem ist die Marketingabteilung oder der Marketingfunktionsbereich oft einer der kleinsten im gesamten Unternehmen. Wenn Unternehmer in unterschiedliche Rollen schlüpfen, setzen sie den Marketinghut am seltensten auf. Das heißt, daß die meisten Unternehmen ihre Marketingressourcen nur unzureichend nutzen. Sie sehen nicht viele Gelegenheiten, um mit den Kunden in Berührung zu kommen. So können Sie als Marketingmensch große Gewinne einfahren, allein dadurch, daß Sie ungenutzte Hebel in Bewegung setzen.

Hier ist ein sehr simples (aber preisgünstiges und aussagekräftiges) Beispiel dafür, aus dem Grundsatz, daß alles Marketing ist, einen Vorteil zu ziehen. Wenn Sie Rechnungen verschicken, zählen diese wahrscheinlich zum Finanzbereich, nicht zum Marketing. Trotzdem können Sie sie auch zugunsten des Marketing einsetzen. Erstens, versichern Sie sich, daß die Inkassopolitik Ihres Unternehmens kundenfreundlich ist. Ich weiß, Sie wollen keine Geschäfte mit Taugenichtsen machen. Aber einige Unternehmen machen den Fehler, selbst langjährige treue Kunden wie Taugenichtse zu behandeln, sobald sie das erste Mal mit einer Zahlung in Verzug kommen. Das verscheucht die Kunden nur. Zweitens, denken Sie über Wege nach, wie Sie Kundentreue aufbauen und Verkäufe durch Rechnungsbeilagen erhöhen können, wie z.B. durch einen Minikatalog, ein besonderes Angebot, ein Preisrätsel oder andere Verkaufsförderungsmaßnahmen. All das kann über den normalen Versand Ihrer Rechnungen verteilt werden. Sie sehen, alles *ist* Marketing, zumindest dann, wenn Sie die nötige Phantasie haben, es dazu zu machen!